社会福祉事業の生成・変容・展望

鵜沼憲晴
Unuma Noriharu

法律文化社

はしがき

　財界主導で行われている今般の社会福祉「改革」は，一層加速度を増して進められている．当該「改革」においては，経営主体の多様化をはじめとする福祉市場の拡大が主眼とされており，ともすれば社会福祉事業の形骸化，あるいは接客ビジネスとボランティア活動への解消を招きかねない．
　今，まさに，社会福祉事業とは何か，社会福祉事業はどうあるべきかが問われている．
　本研究は，これらの問いに答えること，そしてその実現に求められる法的課題を明らかにすることを目的とする．そのために，まず社会福祉事業の変遷過程を社会事業法から辿る．そして，社会福祉事業の現状とそのルーツを明らかにした上で，今後の課題を提示する．
　序章では，あらためて本研究の目的，意義を述べる．そして本研究の対象である「社会福祉事業」を確認した上で，7つの構成要素と4つの背景を分析枠組みとして提示する．また社会福祉事業の成立・変容過程を5期に区分することを述べる．
　第1章から第5章では，各時期において，7つの構成要素が，いかなる背景によっていかに変容したのかを明らかにする．
　終章では，第1章から第5章を踏まえ，構成要素ごとにその変容過程を再確認し，そのルーツを明らかにする．そして，社会福祉事業のあり方を提示し，その具現化に求められる課題を提起する．
　社会福祉事業とは何か，どうあるべきかという壮大なテーマに対し，本研究が応え得るのはほんの一部に過ぎない．しかし，上記のような矢継ぎ早の「改革」が断行される状況において，そしてテーマが拡張化・ミクロ化・断片化している昨今の社会福祉学における研究動向において，史的変遷を踏まえつつ社会福祉事業全体を俯瞰しようとする本研究は，一定の価値を有すると考える．また，本研究が社会福祉事業に関する研究の必要性を喚起するならば，社会福祉学への幾ばくかの貢献になるだろう．

目　　次

はしがき

序　章　目的および研究方法 ──────────────── 1

　　第1節　研究目的──社会福祉事業をめぐる現状を踏まえて　1
　　第2節　本研究の意義──先行研究の検討を踏まえて　3
　　第3節　研究方法　12

第1章　社会事業法による構成要素の萌芽期 ────────── 25

　　第1節　はじめに　25
　　第2節　社会事業法制定の背景　25
　　第3節　社会事業法制定に至る過程　31
　　第4節　社会事業の構成要素　34
　　第5節　戦時下の社会事業　47
　　第6節　小括──社会事業の法的範囲と
　　　　　　　　　行政監督による質確保の導入　48

第2章　社会福祉事業法による構成要素の形成期 ───────── 51

　　第1節　はじめに　51
　　第2節　51年法制定の背景　52
　　第3節　法案段階における社会福祉事業　65
　　第4節　51年法施行後の社会福祉事業　99
　　第5節　この時期における社会福祉事業の構成要素　103
　　第6節　小括──理念，種別，経営主体制限の創設　115

第3章　福祉六法体制と第1種社会福祉事業の拡大期 — 117

第1節　はじめに　117
第2節　高度経済成長と国民的運動の隆盛　118
第3節　福祉六法体制の確立　122
第4節　福祉六法体制後の福祉政策　133
第5節　この時期における社会福祉事業の構成要素　138
第6節　小括——第1種社会福祉事業の拡大と法的手続の多様化　152

第4章　「八法改正法」による第2種社会福祉事業への移行期 — 155

第1節　はじめに　155
第2節　「八法改正法」に至るまでの背景　156
第3節　「八法改正法」の成立　169
第4節　この時期における社会福祉事業の構成要素　172
第5節　小括——理念の改正と第2種社会福祉事業への移行　190

第5章　社会福祉法による対象事業の拡散期 — 193

第1節　はじめに　193
第2節　失われた10年と政治的混迷　193
第3節　社会福祉法への過程　202
第4節　社会福祉法制定以降の動向　209
第5節　この時期における社会福祉事業の構成要素　218
第6節　小括——対象事業の拡大と契約制度　247

終章　社会福祉事業の変容と今後の展望 — 249

第1節　はじめに　249
第2節　社会福祉事業の変容　249
第3節　社会福祉事業再構築への方向性　276

第 4 節　本研究の成果と今後の課題　305

引用文献
あとがき
索　引

序　章

目的および研究方法

第1節　研究目的——社会福祉事業をめぐる現状を踏まえて

　社会福祉事業は，戦前の社会事業法を一部継承して立法化された社会福祉事業法において初めて規定された．以降，福祉六法体制への移行，1990（平成2）年における老人福祉法等の一部を改正する法律（以下：「八法改正法」）[1]，2000（平成12）年における社会福祉法等により，新規事業を追加してきた．30あまりでスタートした社会福祉事業は，現在70種類を超える．この点は，国民の切実なるニーズに対応してきた成果として，評価できるものであろう．
　しかし，社会福祉事業をめぐり，以下のような現状がある．
　第1に，福祉関連事業の台頭がある．例えば特定非営利活動法人が行う「保健，医療又は福祉の増進を図る活動」，「子どもの健全育成を図る活動」（特定非営利活動促進法第2条，別表），公益法人が行う「障害者若しくは生活困窮者又は事故，災害若しくは犯罪による被害者の支援を目的とする事業」，「高齢者の福祉の増進を目的とする事業」，「児童又は青少年の健全な育成を目的とする事業」（公益社団法人及び公益財団法人の認定等に関する法律第2条，別表），厚生労働省・国土交通省によって推進されているサービス付き高齢者向け住宅（高齢者の居住の安定確保に関する法律第5条第1項）等が挙げられよう．これら福祉関連

---

[1] 本法は，老人福祉法をはじめ，社会福祉事業法，身体障害者福祉法，児童福祉法等，福祉関連八法の改正を内容とするものであった．よって本研究では，本法を「八法改正法」と略して述べることとする．

事業の急速な振興は，社会福祉事業との差異を曖昧化させることにつながる．

第2に，社会福祉事業の種別区分が不明瞭になっていることが挙げられる．周知のとおり，社会福祉事業法は，社会福祉事業を第1種と第2種に区分した．その根拠について，当時，社会局長であった木村は，抽象的ながら「人を収容して生活の大部分をそのなかでいとなませる施設を経営する事業を主とし，これに経済保護事業で，不当な搾取がおこなわれやすい事業をふくませた」のが第1種であり，第2種は「社会福祉の増進に貢献するものであって，これに伴う弊害のおそれが比較的にすくないもの」とした（木村 1955：34，39）．しかし，第2種社会福祉事業には，例えば認知症対応型共同生活援助事業のように，実態的には入所型施設経営事業に相当するものが含まれるようになり，木村の見解にそぐわない状況が生まれている．

第3に，事業手続の多様化がある．「共通的基本事項」を規定する社会福祉法（第1条）において事業手続が規定されているにもかかわらず，個別分野法ごとに，あるいは事業ごとに，許可，認可，事前届出，事後届出等が規定されている．これら手続の多様化は，上記第2と同様，種別区分の曖昧化を助長し，社会福祉事業全体の整合性の欠如を招いている．

第4に，社会福祉事業経営主体の多様化がある．「八法改正法」および2000（平成12）年の介護保険法施行により，第2種社会福祉事業への多様な経営主体の参入が促進された．そして今やその流れは，経営主体における「原則」が存続するにもかかわらず（社会福祉法第60条），高齢者福祉施設経営事業を中心に第1種社会福祉事業にも及ぶ．こうした事態は，上記第1と同様，福祉関連事業との境界を曖昧化し，社会福祉事業の定義を不明瞭にさせる[2]．

以上から，社会福祉事業の法的構成に大きなゆらぎが生じていることが推察されよう．

社会福祉事業は，国民の健康的・文化的・社会的かつ主体的な生活を営む権利の保障を目的とし，公的責任の下に公的財源によって実施される事業である．上記福祉関連事業・活動がめざましい発展と量的拡大を遂げようとも，社

2）　高沢 2005：6，古川 2009a：15等を参照．

会福祉事業が，生活困難となった国民の権利を保障する中核的サービスであり砦であることに変わりはない．だからこそ，上記社会福祉事業をめぐる現状につき，社会福祉事業はどうあるべきかを追求し，当該事業の法的枠組みを再構築していくことが喫緊の課題なのである．本研究は，これらの課題に応えるべく，以下の3点について考察することを目的としている．

第1に，社会事業法における社会事業および社会福祉事業法案における社会福祉事業関連条文の成文化過程から，社会福祉事業法の制定当初における社会福祉事業の構成要素がいかなるものであったかを明らかにする．

第2に，社会福祉事業に関連する改正の背景，根拠および経緯を踏まえ，社会福祉事業の構成要素がどのように変容してきたか，そしてその構成要素が現在どのような状況にあるのかについて明らかにしていく．

第3に，以上を踏まえ，社会福祉事業を再構築するための方向性を提示する．

第2節　本研究の意義——先行研究の検討を踏まえて

本研究は，上記目的を遂行すべく，社会福祉事業における構成要素ごとにその変容過程を把握するという方法を採る．その意義を，社会福祉事業に関する先行研究の検討を踏まえて論述する．

第1項　社会福祉事業の立法過程に関する先行研究

村上1987を皮切りに，近年において，丸山1998，北場2000，同2005，百瀬2002，菅沼2005等の，主に占領期を対象とする著書が多数刊行されている．いずれも，社会福祉の基礎構造が形成された時点に立ち戻り，当該構造に至った目的・要因・背景を探ることによって，第2次臨調行革路線なり基礎構造改革の妥当性を検証する1つの指標を掲示することを目的としている．例えば菅沼は「社会福祉研究には新たに発生したニーズへの対応，当面するニーズの充足に問題意識が集中する傾向があるため，歴史的な問題意識を度外視しやすい」が，このような立場は「浮き草のように議論が定まらなくなる危険性を

有する」ため,「過去との対話を通じて自己の位置を確認することはやはり不可欠である」とし,「占領期が現在の社会福祉の基軸となる理念を導入された時期であることは疑いがな」く,よって「この理念との対話を通じて現在の位置を確認することが重要」と指摘する(菅沼 1997:380).上記先行研究の主な考察対象は,占領期に公布された個別分野法ごとの成立過程,もしくは措置制度や社会福祉法人等の特定領域の創設過程であり,多くの示唆を得ることができる.

また,児童福祉法研究会編 1979a,同編 1979b,寺脇 2007,寺脇編 1996,同編 2007,同編 2010,同編 2011,同編 2012-2013,桑原編 1988,同編 1999,同編 2006,同編集代表 2000,同編集代表 2005,池田・土井編 2000,田中 2005,長谷川 2007等による法制成立史料,法制一覧,福祉関係者所有の資料の開示,社会福祉関連年表等の先行研究も,社会福祉関連史料の発掘・開示,あるいは時代・時期分析に寄与する史実の時間的整序・総覧という点で大きな意義をもつであろう.

しかし,社会福祉事業が成文化されて60年が経過したにもかかわらず,その原点を探るべく当該事業の立法過程に遡って考察を行った研究は,管見の限り未だ少ない.また,社会事業法および社会福祉事業法の立法過程に関する研究には,吉田 1979b:17-55,小川 1990:1-41,蟻塚 1998a:2-12,同 1999:37-45,熊沢 2000:115-142,社会福祉法令研究会編 2001,寺脇 2013:5-27等があるが,いずれも社会福祉事業に焦点をあてたものではない.

社会福祉事業の成立およびその変容過程を辿る研究が乏しい理由としては,児童福祉法や生活保護法に比して法立案過程における史料が乏しいこと,およびGHQとの関係の有無が考えられる.とりわけ後者に関しては,第二次世界大戦後に立法化された生活保護法,児童福祉法,身体障害者福祉法は,第2章で述べるとおりGHQによる占領政策の中心であり,PHWメンバーの意向が色濃く反映されたものであった.同時にわが国の厚生官僚が「想像力・独創力をも実行した」時期でもあった(Tatara 1997:16).こうしたGHQと厚生官僚双方の動向は,社会福祉基礎構造のルーツを探るという意味において重要であると同時に,そのダイナミズムは研究対象としても極めて魅力的である.しか

し，社会福祉事業が規定された社会福祉事業法は，GHQ による影響が大幅に減退する占領末期に公布・施行されたため，研究対象となり得なかったのではないか．また，上記措置制度や社会福祉法人は，社会福祉事業と同様，社会福祉事業法に規定されたものであるが，憲法第89条の公金・公財産の支出制限と民間事業経営者への補助をめぐって，徹底した「民主化」を図る GHQ が警戒した点であった．よって社会福祉事業法案において厚生官僚が最も腐心したものでもあった[3]．また，生活保護法・身体障害者福祉法における民間事業経営者の認可・補助規定等においても，GHQ との折衝過程は研究者にとって興味深いものであったろう．他方，社会福祉事業の種別，事業手続，行政監督等の規定に関しては，GHQ による介入はほとんどなく厚生省社会局の一部官僚によって創案されたため，研究対象としての魅力に欠けていたと思われる．

しかし，現在，社会福祉事業は，上記ゆらぎの渦中にある．古川は，「アカデミックな歴史研究の世界に流行りなどありそうにもないが，明らかに流行りがある」とし，「歴史に強い関心が向けられる時代」とは，「危機の時代，あるいは変動の時代，変革が求められる時代」であると述べる（古川 2009b：ⅲ-ⅴ）．本研究は，社会福祉事業のゆらぎという「危機」・「変動」に直面し，新たな「変革が求められる」現在であるからこそ，歴史の原点に立ち返り，社会福祉事業を再構築すべく，その成立・変容過程に関心を向けて検討するものであり，この点において大きな意義を有すると考える．

第2項　社会福祉事業に関する法制研究

(1) 社会福祉事業法制に関する研究の現状

社会福祉事業に関連する法制研究としては，小川 1992：101-108，蟻塚 2002：117-123，桑原 2006：30-38，宇山 2006：94-180等がある．しかし，いずれも法解釈および課題提起はなされているものの，社会福祉事業に関連する条文については，木村に依拠した列挙，第1種・第2種の種別，適用除外規定，施設最低基準等，概説の域を出るものではない．また，吉田が「社会事業

3）戸沢 1982b：61-64，熊沢 2000：138等を参照．

法並びに戦後に成立した社会福祉事業法は，必ずしも社会事業法制研究者の興味ある課題とならなかった」と分析するとおり（吉田 1979a：355），社会保障（福祉）法学者による先行研究も多いとはいえない状況がある．

そもそも社会福祉学は，「社会福祉」とは何かについては追求してきたが，「社会福祉事業」関連法制については積極的に関心を寄せてこなかったのではないか[4]．しかし，社会福祉事業は，他の隣接領域の研究対象に比して法施策に基づいて成立している部分が極めて大きい．この点につき，蟻塚も「もちろん，…法制度からの社会福祉の把握については異論はあろう」が，「わが国の社会福祉に占める法律社会福祉の比重は高いということは事実であ」るとしている（蟻塚 2009：149）．それ故，社会福祉事業の関連規定の成立・改正過程を対象とする本研究は，社会福祉という現象に迫る重要かつ有効な方法の1つであると考える．

わずかながら存在する社会福祉事業の法制研究をみると，①社会福祉事業の範囲について考察するもの，②社会福祉事業と個別分野法の福祉事業との関連を考察するもの，③第1種・第2種の種別区分に関するもの，④社会福祉事業と他の事業を分かつ要件あるいは要素に関するものが挙げられる．①では，例えば佐藤は，「司法と福祉とのドッキング」や「医療と福祉とのドッキング」から，「社会福祉事業の内包，あるいは外延を中心に検討が望まれている」とする．また，社会福祉事業には「現金給付，あるいは医療福祉サービス」もあり，「『社会福祉事業』とは何かについて，…単に対象別の福祉関係法の対象者と対象事業の画定をもって完結するものなのであろうか」と疑問を呈する（佐藤 1981：11）．また片岡は，高齢者福祉事業の主体や内容の多様化にふれ，「内容的には第一種あるいは第二種社会福祉事業に該当するものでありながら，小規模のゆえに，適用除外事業とされている事業」について，「再検討が必要と

4） いわゆる社会福祉本質論争においても，法制史・法解釈から「社会福祉」あるいは「社会福祉事業」の法的捉え方を提示し，実態分析や比較法学的視点から立法提起等を試みるような制度論的アプローチを採る者は参加していなかった．社会福祉関連法制の法解釈や研究は専ら行政官僚に委ねられてきたといえる．本質論争については，真田編 1979：3-38，野口 2013：69-85等を参照．

なっているのではなかろうか」と述べる（片岡 1981：22-23）．同様に，京極は「定型的なボランティア活動」や「営利事業については，（社会福祉事業とは：筆者）まったく別のものという形で排除されてしまうが，今後の対応として，それを社会福祉事業と呼ぶかどうかは別として，少なくとも社会福祉の範囲のなかにはそれらを包み込んでいく必要があるのではないか」とする（京極 1988：18-19）．以上の見解は，社会福祉事業の定義を置かず，列挙でもってその範囲を画定するという方法が，高沢による分析のごとく「社会福祉の概念内容と重なり，また別なときはずれる」という問題を提示しているといえる（高沢 1998：33）．②は，例えば阿部による「父子家庭居宅介護等事業」について，個別分野法に規定した上で社会福祉事業法に位置づける必要性の提起等がある（阿部 1990：70）[5]．③には，山本による「施設整備の軽重，公益資金の配分，とくに税制上の大きな格差をもたらしている」第1種・第2種社会福祉事業の「区分は速やかに撤廃されるべき」（山本 1981：20）や，戸沢による「単純な形式的な分け方」であり，「このような分け方は，社会福祉の本質から言ってもおかしいし，いまの税制の扱い方も第一種，第二種とで違い，差別されている」から「根本的に見直しをすべき」とする見解がある（戸沢 1982b：60）．また，厚生省と社会福祉法人の癒着問題や「医療法の規制を緩和して…競争によるサービス向上を図ることの検討が求められている」ことから，「社会福祉事業と非社会福祉事業の区分を撤廃」することを提起する星野の見解もある（星野 1997：68-69）．

　上記①〜③の先行研究は，社会福祉事業の法的範囲や種別区分のあり方といった法構成上の問題を指摘するという点において共通している．いずれも重要な指摘ではあるが，社会福祉事業の法的特徴全体を網羅した上での分析ではない．これらに比して④は，社会福祉事業とは何かにつき，要件・要素を提示した上で今後の社会福祉事業のあり方を提起している．以下，④を代表する古川と新田の見解を検討する．

5）　なお，父子家庭居宅介護等事業は，現在，父子家庭日常生活支援事業として母子及び父子並びに寡婦福祉法に基づいた事業とされている（母子及び父子並びに寡婦福祉法第31条の7第1項）．

(2) 古川の社会福祉事業における「7つの要件」

　古川は「わが国の社会福祉研究は社会福祉の基本的な性格の解明には多大のエネルギーを割いてきたが，外延的境界を明確化するという作業にはあまり関心を向けてこなかった」という「理論研究」の動向を踏まえ，社会福祉事業の要件を考察する．

　まずウィレンスキーとルボーによる社会福祉の範囲の基準として「①フォーマルな組織として機能していること，②社会的な資金によって運営されており，社会にたいして責任を負うていること，③利益の追求が事業活動の主要な動機になっていないこと，④人びとのニーズが統合的に捉えられていること，⑤人びとの消費的ニーズの充足を直接の課題としていること」を紹介する．これは「十分有効性をもつものであるが，いま少し一般性と今日的な妥当性を追加する」必要があるとする．そして「社会福祉とみなし得るかどうかを判断する要件として①福祉ニーズ対応性，②規範性，③公共性，④非営利性，⑤組織性，⑥継続性，⑦安定性という7つの要件を設定」する（古川 1999：35）[6]．

　そして古川は「およそ1970年代頃までの社会福祉事業は，多分に濃淡はあってもここでいう7つの要件を充足するものであったとみなしてよい」が，「80年代以降，第二種社会福祉事業を中心に多元化の傾向が拡大するとともに，明らかに②規範性，③公共性，④非営利性，⑥継続性，⑦安定性，なかでも②規範性や④非営利性という要件に抵触するような新たな事態がうみだされてきている」と分析する．

　さらに，保育所経営への企業等の参入，介護保険の指定事業者制度「を前提にしていえば，社会福祉の範疇を定める要件として非営利性を掲げることの意味はいまや稀薄になりつつあ」る．しかも「企業等の…参入がさらに一般化することになれば，…②規範性，③公共性，⑥継続性，⑦安定性という諸要件も基準としての意味を薄れさせかねない」現状があり，「結果的には，①福祉

6） なお，古川は，別著で福祉ニーズ対応性，公益性，規範性，非営利性，組織性，規模性，継続性，安定性という8つの要件を設定し，前4者を「社会福祉の内実に関わる要件（内実的要件）」，他を「社会福祉の外形に関わる要件（外形的要件）」とまとめているが，本文下記の筆者による指摘はこの8つの要素にも該当する（古川 2005：166-169）．

ニーズ対応性という要件を満たしてさえいれば,経営主体の性格,供給の方法や内容のいかんを問わ」ない「状況も十分ありうる」とする(古川 1999：38).こうした動向を踏まえ,「社会福祉の範疇に属するものとして認められるためには」,「営利的経営主体」については「②規範性や③公共性,⑥継続性,⑦安定性の確保」が,「民間非営利経営主体」については「⑤組織性や⑥継続性,⑦安定性の確保が求められる」とする(古川 1999：39).

(3) 新田の社会福祉事業における「共通要素」

新田は,「営利企業を含む多様な主体がサービスを提供し」ている「現実と社会福祉事業の概念」との関係を「考え整理する」ことは「重要な問題」であると提起する.そして「社会福祉事業に共通要素はあるのか,あるとしてそれは何か」と「社会福祉事業として規定されることの法的な意味・効果は何か」について整理することを目的として論ずる(新田 2000：167).本研究では,前者についての新田の見解をみていく.

新田は,社会事業法の社会事業規定における政府見解,社会保障制度に関する勧告,社会福祉事業法総則等を踏まえ,社会福祉事業法制定時における社会福祉事業の共通要素を以下の5点にまとめる.すなわち,「(a)事業の消極的目的」である「非営利目的」,「何らかの援助がなければ正常な社会人としての一般的な生活を営むことが困難な者」という「(b)事業の対象者」,「(c)事業の積極的目的・内容」である「自立して正常な社会人としての一般的な生活ができるような状態への回復又はその保全を目的として援助を行うこと」,「無料又は低額」である「(d)事業の対価」,「(e)事業の形態」としての「組織的・継続的活動」である(新田 2000：182).

そしてこれら5点の共通要素につき,その後の老人福祉法に規定された3種の老人福祉施設と有料老人ホームの相違点,「八法改正法」による社会福祉事業法第3条の改正,在宅福祉事業の第2種社会福祉事業への追加等の改正から,「(d)の無料・低額は最早当てはまらなくなり,…(a)の非営利目的も少なくとも事業経営主体については現実的に妥当しなくなっている」ため,共通要素は「(b)の要援助生活困難者,(c)の正常生活への回復・保全援助及び(e)の組織的・継続的活動の三つ」となったとする.しかも社会福祉事業法第3条の改正

文言からすれば，(b)は「身体的，精神的，社会的或いは経済的障害のために，必要な援助がなければ当人にとってあるべき生活を営むことが困難な者」へ，(c)も「当人にとってあるべき生活へと自立させることを目的として援助を行うこと」へと修正することが適当であるとする．これらから，「共通要素のカバーする可能的範囲は…極めて広くな」るため，「一般化・普遍化の結果」をもたらしたと分析する（新田 2000：207）．

(4) 両見解の検討と本研究の意義

1）研究の起点

古川は「外延的境界を明確化するという作業」への無関心という「理論研究」の動向を，新田は「営利企業を含む多様な主体」の参入という「現実」と社会福祉事業の概念との乖離を問題として，要件・要素の抽出という方法を用いながら社会福祉事業の定義を試みる．

いずれも今般の社会福祉事業における動向を危機として把捉した上で，そもそも社会福祉事業とはいかなる事業であったのかと，原点に立ち戻って検討している点に大きな意義がある．それは，前項に示したゆらぎの実態を歴史的転換点にさしかかっていると捉えた上で，社会福祉事業が規定された時点にまで遡り，社会福祉事業の構成要素の成立とその変容過程を明らかにする本研究においても共通する．

2）社会福祉事業の要件・要素の析出方法

古川は，ウィレンスキーとルボーの定義を参考にしながら7つの要件を提示するが，その7つの根拠については言及していない．また，ウィレンスキーとルボーの定義に加える「一般性」と「今日的な妥当性」とは具体的に何なのか，それがなぜ加えられなければならないのかについては不明である．これに対し新田は，社会事業法制定時の政府見解，社会保障審議会勧告，他の社会福祉事業法条文等から実証的に5点の共通要素を抽出している点で，整合性が高いといえる．本研究は，新田の方法を踏まえ，具体的な審議会答申・意見具申，報告書，法令等を中心とした実証的アプローチを採用する．また，古川の④非営利性，⑤組織性，⑥継続性，⑦安定性や，新田の(a)非営利目的，(e)組織的・継続的に顕著であるが，二者とも主に社会福祉事業経営主体の特徴から要

件・要素を抽出していると思われる．しかし，社会福祉事業は，社会福祉事業経営主体のみならず，理念，事業手続，監督行政等の規定によって具象化されるものである．よって，本研究はこれらを社会福祉事業の構成要素として包含し，分析の俎上に載せていく．

3）要件・要素の変容

古川は，「1970年代頃まで」は「濃淡」はあっても全要件を「充足するものであった」とする．また新田は，「八法改正法」によって社会福祉（事業）が「一般化・普遍化」したとする．しかし抽象的な「濃淡」・「一般化・普遍化」という表現が，具体的にどのような事象を指しているのかが不明である．本研究は，まさに，こうした抽象的表現で括られた事象を実証的・具体的に解明することが目的となる．

また古川は，現在，7つの要件のうち「非営利性…はいまや稀薄になりつつあ」り，「②規範性，③公共性，⑥継続性，⑦安定性という諸要件も…薄れさせかねない」という．同様に，新田も共通要素が「三つ」に減少したと分析する．社会福祉事業に共通する要件・要素の減少を取りあげる先行研究は，他にも見受けられる．例えば岡本は，福祉六法の対象において「制定当時の規範による『社会的弱者』を対象としていたという以外の共通性は，…明確にすることができない（傍点：筆者，以下同）」とする（岡本 1993：211）．また品田は，「社会福祉法制には，事前の拠出を要せず，何らかの生活困難事由の発生を要件として現物のサービスを提供するという点において共通性があり，社会保険や公的扶助といったその他の社会保障法制度とは異なるものと認識されてきた」が，「従来まで共通項でくくることが可能であった同法制度体系の特徴をかなりの程度まで減殺し続けている」と分析する（品田 2012：31）．本研究は，これら先行研究の分析結果を基盤とする．その上で，共通要件・要素，「共通性」あるいは「共通項」が減少した現在の社会福祉事業は，いかなるものへ，いかなる要因によって，いかにして変貌したのか，について，構成要素の変容過程から明らかにすることを目的とする．

4）社会福祉事業を包括的に捉える視点

共通要件・要素が欠落している現状について，古川は保育所経営主体の多様

化と介護保険の指定事業者制度導入から，新田は高齢者福祉関連事業から導き出す．両者とも当時の中心的かつ重要な施策に着目した結果であるが，一方で，ともすれば個別分野の限定的な事象をもって社会福祉事業全体の要件・要素の欠落と捉えてしまう危険性をはらむ．岩崎は，「目の前の課題にだけ目を向けていると，いつの間にか現状の追従に終始するようになり，進むべき方向性を見失うことがある．時には目の前の課題だけでなく，全体を俯瞰するように見渡すことが必要」であると述べる（岩崎 2011：3-4）．ならば，社会福祉事業がゆらぐ今こそ，「進むべき方向性」を見出すため社会福祉事業「全体を俯瞰するように見渡す」研究が「必要」な「時」である．本研究では，個別分野ごと，あるいは種別・種類ごとの構成要素の相違に着目しながら，社会福祉事業の横断的分析を行う．

以上より，本研究は，社会福祉事業の立法過程に関する先行研究および制度論的アプローチによる先行研究が極めて少なかったという消極的意義のみならず，構成要素の変容過程の分析による社会福祉事業の包括的現状把握という積極的意義を有すると考える．

第3節　研究方法

第1項　本研究の対象

(1) 社会福祉事業

本研究にいう「社会福祉事業」は，社会福祉事業法第2条および社会福祉法第2条に規定された法定事業を中心に考察する．しかし，社会福祉事業の法立案過程も対象とする本研究の目的上，社会事業法第1条にいう「社会事業」をはじめ法定社会福祉事業の前身となった事業，参考とされた事業，あるいは関連する事業についても必要に応じて取りあげていく．

また本研究では，民間事業経営者による社会福祉事業に焦点をあてる．もちろん，国，地方公共団体，あるいは地方独立行政法人は，社会福祉事業経営の義務または権限を有しており（社会福祉法第60条，生活保護法第40条第1項，第2項，児童福祉法第35項第1項～第3項，「障害者の日常生活及び社会生活を総合的に支

援するための法律（以下：「障害者総合支援法」）」第83条第1項～第3項，老人福祉法第1項～第3項等），いわば公的社会福祉事業というものが存在する．しかし，今や民間事業経営者による社会福祉事業は全体の80.7％を占めており[7]，その実態を前提とした分析が必要かつ妥当であると考える．しかも上記社会福祉事業のゆらぎとして挙げた経営主体や事業手続の多様化は，まさしく民間事業経営者による社会福祉事業において生じている現象である．

よって本研究では，民間事業経営者による社会福祉事業に焦点を絞って検討を行う．

(2) **社会福祉事業の構成要素**

社会事業法，社会福祉事業法および社会福祉法の条文のうち，社会福祉事業に直接関係する規定をカテゴライズすれば，社会福祉事業を構成する要素として以下の7点に集約することができる．

1）社会福祉事業の理念

社会福祉事業あるいは福祉サービスの理念に関する規定であり，社会福祉事業法（平成2法58，：以下，本項において同じ）第3条，第3条の2および社会福祉法第1条，第3条，第4条，第5条が相当する．こうした理念がいかなる背景から規定され，いかに改正されてきたかを明らかにする．

2）社会福祉事業の範囲

社会事業法第1条，および社会福祉事業法・社会福祉法の第2条は，具体的な事業の列挙でもってその法的範囲を規定している．なぜ列挙という方法を採らざるを得なかったのか，その経緯について法成立過程から実証的に検討する．また，個別分野法と列挙方法の関係についても明らかにする．

3）社会福祉事業の事業種別・形態

社会福祉事業法および社会福祉法第2条は，社会福祉事業を第1種・第2種という種別に分けた点において，社会事業法と相違する．なぜ種別を分けたのか，そして本章第1節で述べたごとく，なぜその根拠が抽象的であるのかにつ

---

[7] 大臣官房統計情報部人口動態・保健社会統計課社会統計室「平成23年社会福祉施設等調査の概況」http://www.mhlw.go.jp/toukei/saikin/hw/fukushi/11/dl/toukei6_7.pdf, http://www.mhlw.go.jp/toukei/saikin/hw/fukushi/11/dl/toukei10_11.pdf から筆者集計．

いて，社会福祉事業法成立過程から明らかにする．また，現在に至る過程において，曖昧かつ抽象的な根拠によっていかなる事態が生起したかについても論じる．

　4）社会福祉事業の法的手続

　社会事業法第2条，社会福祉事業法第57条～第59条，第62条～第64条，および社会福祉法第62条～第64条，第67条～69条までに規定される事業手続に関する規定である．当該条文の成立過程を明らかにし，また，これら手続規定と個別分野法のそれが相違し，かつ個別分野法を優先している理由についても究明する．なお，本研究では，事業手続の実態が顕著にうかがえる事業開始手続を中心に論じる．

　5）社会福祉事業の経営主体

　社会福祉事業法第4条および社会福祉法第60条では，第1種社会福祉事業に原則として経営主体の制限が課せられている．なぜ第1種のみに制限が課せられたのか，その理由を社会福祉事業法成立過程から明らかにしていく．また，第2種を含めた経営主体の変容が，いかなる背景によってもたらされたかについても分析する．

　6）福祉サービスの質確保施策

　社会事業法第4条～第7条，社会福祉事業法第65条～第68条，第70条，および社会福祉法第70条～第74条にある，監督行政による調査（以下：事業監査），改善命令等についての規定である．これらの立法過程を明らかにするとともに，第三者評価事業や外部者評価が登場する背景およびそれらと事業監査との関係についても考察する．

　7）　福祉サービス利用者の利益

　社会福祉事業法第60条，社会福祉法第65条にある施設（最低）基準である．当該基準は，上記事業監査の判断基準であり，かつ利用者の生活の質を規定するものである．また社会福祉法第8章第75条～第79条にある利用者の利益保護に関する規定も含める．これら規定がいかなる背景によって創られたのか，また，利用者の利益保護規定として十分なのかについて検討する．さらに，こうした利益保護規定が存在しなかった社会事業法において，利用者の利益がどの

ように捉えられていたのかについても明らかにする．

　上記以外にも，例えば，社会福祉法人，福祉に関する事務所，社会福祉協議会，共同募金，個別分野法に規定される措置（委託）・契約等の利用手続，罰則，費用負担，さらには社会福祉士や精神保健福祉士等の資格，それらを要件とする職種配置等，社会福祉事業に関連する法条文は少なくない．しかし，これらすべてを網羅して論ずる能力を筆者は持ちあわせていないし，膨大になるであろう紙幅を許容することもできない．そして何よりも，本研究の関心は，社会福祉事業を社会福祉事業たらしめる，あるいは社会福祉事業が社会福祉事業として存在・存続するための要素である．よって本研究では，上記7つをそうした構成要素として捉え，当該要素に関係する条文の立案過程およびその改正経過を把握・分析していく．

(3) 個別分野法における社会福祉事業関連条文

　第二次世界大戦以降，福祉三法から福祉六法となり，以降も福祉関連法制は拡大してきた．そしてそれぞれに，理念，事業の列挙，事業手続，事業監査等が規定されている．よって本研究では，社会福祉事業法・社会福祉法のみならず，これら個別分野法における関連条文も本研究の対象として包含する．これにより，社会福祉事業法・社会福祉法における構成要素関連条文と個別分野法におけるそれとの関係性を分析することが可能となり，社会福祉事業の実態がより明確になると考える．

第2項　本研究で用いる史・資料

　本研究において用いる史・資料は，官報，法令全書，いわゆる木村文書といわれる厚生省社会局内部資料（寺脇編 2010，同編 2011），PHW文書（荒・内海・林編 2006）等の現存史料および当時の法立案に携わった厚生省官僚の証言・回顧録を参照する．

　証言・回顧録を参照することについて，菅沼による「政策の全体像を描くには不十分であ」り，「証言の多くはその行為がなされた時点あるいは事件が発生した時点から相当の時間を経過してからなされているため記憶違い，恣意的な解釈など不正確な場合が多く，資料としての信頼性は低い」（菅沼 2005：Ⅰ）

という見解は妥当である．しかし現存史料において，社会事業法案，社会福祉事業法案をめぐる厚生省内の会議や PHW との詳細な交渉過程を明らかにする公文書および議事録は，本章第2節第1項で述べたとおり極めて乏しい．なぜなら，当時の厚生省は，葛西が「私ども厚生省の者と GHQ 当局との折衝は，…文書による指令で指示されたものも勿論あったが，…直接口頭で行われ，それを厚生省では常に口頭で上司に報告し，直ちにそれが処置され，記録として残す措置などとる暇もなかった時期であった」(Tatara 1997：2) と述べる状況にあったからである．そのため，現時点において厚生官僚の証言・回顧録は，史実に接近する貴重な手がかりである．また，その整合性を可能な限り慎重に精査することを前提とすれば，蟻塚の「実証研究の空白を埋めるに十分な役割をはたす」(蟻塚 1999：43-44) との見解も支持する．

第3項　本研究における分析方法と時期区分

本項では，先行研究を検討した上で，本研究における分析方法と時期区分を提起する．

(1) 先行研究における分析方法と時期区分

社会福祉史に関する代表的研究は，吉田，池田の著書である[8]．

吉田は，まず「明治維新以降の社会事業史を大正後半期を境に区分し，それ以前を近代社会事業史，それ以降を現代社会事業史と考えたい」と大きく時代区分する (吉田 1979a：序章14)．そして「現代社会事業」につき，大正デモクラシーと社会事業の成立，日本資本主義の危機と社会事業，日中戦争・太平洋戦争と戦時厚生事業，戦後の社会事業，高度成長期以降の社会福祉と5つの時期区分を行っている．吉田は時期区分の具体的根拠を明らかにしていないが，「私は日本社会事業史において唯物史観が基礎的法則であることを疑わない」とし，また「日本社会事業史においては，経済史を基本に，続いて政治史・思想史等が大きな貢献をした」(吉田 1979a：序章3-5) と記しており，経済史を中心に唯物史観によって展開していることがわかる．

---

[8] 個別分野における歴史研究では，例えば，戦後生活保護行政を監査要綱および監査方針を中心に分析した大友 2000：225-314がある．

吉田の時期区分は,「多くの社会事業研究者は意識・無意識を問わず,唯物史観を使用し,またその影響下にあった」(吉田 1979a:序章 5)と吉田自らが指摘しているように,社会福祉の歴史を考察する上でのスタンダードとなっており[9],現行の社会福祉士養成テキスト等の個別分野における歴史概説を含め,吉田の分析方法や時期区分を踏襲していると考えられる.

 これに対し池田は,まず社会福祉を「自律した社会の全構成員の民主主義的連帯に基づく公共的な事業」として規定し(池田 2007:17),人間解放のための社会共同の段階を示す.すなわち第1段階は,「原生的な共同体規制あるいはその変質による身分制の補強にもとづく抑圧的な労働編成や家族形態の下での地域社会に編成される前近代における社会共同」であり,「資本主義の自由競争により共同体と身分制を解体させ,労働編成や家族形態に個人の自由を導入する地域における社会共同の否定を意識する近代における社会共同」である第2段階を経て,第3段階である「自由原則に依拠して結集した集団が要求するすべてのひとの自由を目ざすための社会的規制から出発」し,「自主的な連帯を実現する…現代の社会共同」に達する,とする(池田 1999:85).その上で,「第三段階として構成される現代」における「社会福祉」を戦前と戦後に二分する.さらに前者を3期(感化救済事業の成立,社会連帯を説く社会事業,厚生事業の国家的展開)に,後者を2期(戦後前期の社会福祉,戦後後期の社会福祉)に分ける(池田 2007:22-31).

 池田の見解は,まず社会福祉を「自律」と「連帯」に基づく「公共的な事業」として理念的に規定し,経済的・政治的変動からの影響を配慮しつつ,そ

---

[9] 枚挙にいとまがないが,例えば,日本社会福祉学会の成果としてまとめられた高田 1999:119-200 も,「第Ⅰ期 一九四五年~一九六〇年 『敗戦処理』と社会福祉関係法の形成・整備期」,「第Ⅱ期 一九六〇年~一九七五年 『高度経済成長』と社会福祉関係法の展開・拡大期」,「第Ⅲ期 一九七五年~一九八五年 『福祉見直し』と社会福祉関係法の動揺・再編期」,「第Ⅳ期 一九八五年~現在 『社会福祉改革』と社会福祉関係法の修正・転換期」とし,高度経済成長やオイルショック等の経済変動を中心に区分している.また,戦後の福祉サービス法制の展開を鳥瞰することを目的として時期区分した河野 2002:64-65 は,「第一期 福祉三法体制に現れた戦後フレームの形成期」,「第二期 福祉六法体制にいたる戦後フレームの拡充期」,「第三期 第二臨調に基づく行財政改革のなかの調整期」,「第四期 少子・高齢化の本格化に対応する改革期」に区分する.

の内在的視点を貫徹させながら，当該事業がいかに展開され，また抑制されてきたかを分析方法とし，かつその変化を時代や時期の区分根拠としている．

(2) **本研究での分析枠組み――4つの背景**

上記吉田，池田による先行研究と本研究の特徴を踏まえつつ，当該構成要素の成立と変容過程に影響を及ぼす背景として以下の4点を考える．

第1に，経済的・社会的変動である．上記のとおり，吉田は経済的変動をその分析方法および時期区分の中心に据えた．社会福祉事業が公的財源による公的監督下において実施される限り，国民の経済状況，ひいては国の財政状況から影響を受けることは当然であろう．しかし同時に，経済的変動に規定されながらも，時としてそれに影響を及ぼす人口構造，就業構造，世帯構成，地域内交流・連携，扶養意識の推移等の社会的変動についてもみていく必要があろう．

第2に，池田が社会福祉史の分析方法として用いた理念がある．ただし，理念は，上記経済的・社会的変動のように急激かつ頻繁に変化するものではないが，それが歴史的社会的存在である人間の営為・思考の産物である以上，緩やかに，しかし確実に推移するものである．[10] 池田が試みたごとく，現在の理念的基盤（池田のいう「自律」と「連帯」）を社会福祉の普遍的モデルとし，それとの遠近によって過去の社会福祉政策・実践を評価・分析するという手法を本研究では採用しない．むしろ，どのような理念がいかなる背景のもとで生まれ，それがどういった形で国民に浸透（法定化）され，また社会福祉事業に関連していったのかを一定の時期ごとに析出することで，各時期の社会福祉事業における構成要素（理念）の変容を明確にできると考える．

第3に，公的機関の動向がある．中央行政機関（省庁）は，実質的な立法作業を担い，かつ省，局レベルによる命令によって社会福祉事業の種類および事業経営の条件や環境を設計・整備する立場にあることから，社会福祉における法制研究において当該行政機関による立案過程をみていくことが欠かせない．

---

10) 菅沼は，「公的扶助の変化」が経済システムの変化より緩慢である理由として，「制度化された規範を変更するには一定の手続きを必要とすること」と，「規範それ自体の変化が緩慢」であることを挙げている（菅沼 2005：15）．

また「官僚制」においては，省庁別に「特定の立場を代表する代理人として政策形成に参加」しているからこそ，「公共セクターの『市場』」における「事業拡張競争」が生じ，ひいてはその競争に勝利することが「権力志向の競争」の勝利につながるとされる（村松 1994：26）．とりわけ社会福祉事業を主管する厚生労働省は，各局・課の所掌する分野が「各々専門性が高いため，基本的に各局ごとに縦割りの行政となっている」こと，「個別にそれぞれの所掌する施策に応じた予算を所管しており…，各局の通常業務の遂行に当たっては各局の自律性が高い」ことを特徴とする（城山・鈴木・細野編 1999：180-183）．とすれば，省庁間のみならず厚生労働省内の部・局・課間の「権力志向の競争」に注視する必要があろう．

　さらに，国会および各種委員会や政局など立法府に関連する事象は，上記行政機関の職務について基本的な方向を示唆するものである．よって，社会福祉事業に関連する行政および国政双方の動向を把握する必要がある．

　第 4 に，国民による運動もしくは活動がある．前者は主に生活困窮者，要援護・要介護者，福祉サービス利用者・家族，福祉施設や社会福祉協議会等の現場職員による何らかの法施策を国に求める要求・請願運動，もしくは既存法施策や施行・実施されつつある法施策に対する反対運動がある．これらが国政や社会福祉法制に影響を及ぼす可能性は，大いに想定されよう．また後者には，要援護・要介護者（当事者），その家族，施設職員等の福祉関連専門職者，地域住民による先駆的・開拓的活動がある．こうした活動は，社会福祉事業の「対象」から「切り捨てられ」る人たちに対するサービスを提供するという意味で社会福祉事業の補完となり，またのちに「共有され」，「政策課題」として法定化される可能性があるものでもある（永岡 2007a：131-132）．

　本研究では，とりわけ強い影響をもたらすと考えられる以上 4 点に絞って考察を進める．なお，それ以外の背景として，例えば「自然現象」については第 1 章および第 5 章において震災を，「国際関係」については第 4 章および第 5 章において経済的動向や理念との関連でふれている．

(3) 本研究での時期区分

　本研究の目的は，社会福祉事業における構成要素の成立とその変容過程を上

記4点の背景を踏まえながら析出し，社会福祉事業のあり方を提起することにある．当該変容過程の析出に関連し，社会福祉事業の構成要素が大きく変容する社会福祉関連法制の成立あるいは改正に焦点を置き，本研究は試論的に以下のような時期区分を設定する（表1）．

1）社会事業法による構成要素の萌芽期

本時期は，1938（昭和13）年の社会事業法成立を中心とし，第二次世界大戦までを対象とする．社会事業法は，救護法，母子保護法，少年教護法，医療保護法等，一定の公的責任を掲げた法律が次第に整備されてきた時期に，すべての社会事業を対象とし，当該事業の範囲を定め，また当該事業の監督・補助規定を定めた最初の法律であり，社会福祉事業法の基盤となったものでもある．

2）社会福祉事業法による構成要素の形成期

本時期は，第二次世界大戦以降，売春防止法が制定された1956（昭和31）年までを対象とする．死文化した社会事業法に代わり制定された社会福祉事業法によって，社会福祉事業の種別，適用除外事業，施設最低基準，経営主体（社会福祉法人），公的補助および監督等，社会福祉事業に関する条項が規定され，社会福祉事業の構成要素が一定整備された．また，本時期に制定された生活保護法，児童福祉法，身体障害者福祉法，売春防止法は，経済的自立を目的とする点において共通していた．

3）福祉六法体制と第1種社会福祉事業の拡大期

本時期は，精神薄弱者福祉法，老人福祉法，母子福祉法が成立し，福祉六法体制が確立した1960年代から，身体障害者療護施設経営事業が第1種社会福祉事業に追加された1972（昭和47）年までを対象とする．精神薄弱者福祉法，老人福祉法における特別養護老人ホーム，身体障害者福祉法における身体障害者療護施設は，社会福祉事業における理念と対象が次第に変化する本時期の象徴である．すなわち，経済的自立に加え，日常生活自立をも自立（更生）概念に含むようになってくる時期である．

また高度経済成長，それにともなう家庭内扶養機能の低下，自民党単独政権の危機，および障害児・者に関連する当事者組織等による先進的・開拓的事業や要求運動が，社会福祉施設緊急整備5ヵ年計画に代表される入所型施設経営

事業の量的拡大をもたらした点も，本時期の特徴といえよう．

　4）「八法改正法」による第2種社会福祉事業への移行期

　本時期は，1973（昭和48）年以降「八法改正法」に至るまでを対象とする．1970年代後半以降は，オイルショックを契機とする経済的変動に対応すべく，第2次臨調行革における小さな政府による政策が進められた．社会福祉事業における当該政策は，ノーマライゼーション理念を取り込みながら，在宅福祉サービスを第2種社会福祉事業に含める「八法改正法」によって具現化されていく．

　5）社会福祉法による対象事業の拡散期

　本時期は，「八法改正法」以降2000（平成12）年の社会福祉法に至る過程を中心とし，2015（平成27）年4月に国会に提出された「社会福祉法等の一部を改正する法律案」（7月31日衆議院可決，9月24日参議院厚生労働委員会付託・会期切れによる継続審議）までを主たる対象とする．社会福祉法では，「個人の尊厳の保持」を福祉サービスの「基本的理念」とし，福祉サービス利用者の利益保護を同法第8章として新設した．また，対象事業を「社会福祉を目的とする事業」へと拡張した．そして社会福祉法以降では，障害者自立支援法による応益負担の導入，多様な社会福祉事業経営主体の参入，地方分権による最低基準の条例化等により，これまでの社会福祉事業の枠組み解体がさらに加速していく．

　なお，本研究では，以下，1951（昭和26）年の社会福祉事業法（昭和26法45）を51年法，「八法改正法」によって改正された社会福祉事業法を90年法と称する．また，引用条文はすべて当時のものとする．

表1 本研究における時期区分

	主な経済的・社会的背景	社会福祉事業に関する主な法制度の成立・改正 (※太字が当該時期を代表する法制)
社会事業法による構成要素の萌芽期	1910年代後半 白米相場の高騰 1923. 9 関東大震災 1928. 6 治安維持法改正 1929～1930 世界恐慌 1931. 9 満州事変 1938. 4 国家総動員法 1941. 3 治安維持法改正 1941. 12 米・英に宣戦布告（太平洋戦争）	1929. 4 救護法 1931. 3 軍事救護法中改正法 1936. 11 方面委員令 1937. 3 母子保護法 **1938. 4** **社会事業法**
社会福祉事業法による構成要素の形成期	1945. 8 ポツダム宣言受諾 1945. 12 「要援護世帯生活実情調査」要援護者304万5,357人と発表（総人口の9％） 1946. 11 日本国憲法 1946. 9 「児童狩り込み」措置の実施 1948. 1 SCAP, 身体障害者49万人と発表 1950. 10 社会保障制度審議会「社会保障制度に関する勧告」 1951. 11 日米安全保障条約 1956. 10 厚生白書刊行「果たして戦後を終わったか」	1945. 12 生活困窮者緊急生活援護要綱 1946. 2 旧生活保護法 **1947. 12** **児童福祉法** 1948. 5 国立光明寮設置法 1948. 12 児童福祉施設最低基準 **1949. 12** **身体障害者福祉法** 1950. 5 新生活保護法 1950. 5 社会福祉主事の設置に関する法律 **1951. 3** **社会福祉事業法** 1952. 12 母子福祉資金の貸付等に関する法律 1956. 5 売春防止法
福祉六法体制と第1種社会福祉事業の拡大期	1960. 12 国民所得倍増計画閣議決定(経済成長率13.2％を達成) 1962. 8 社会保障制度審議会「社会保障制度の総合調整に関する基本方策についての答申および社会保障制度の推進に関する勧告」 1968 GNP 世界第2位へ 1970. 12 社会福祉施設緊急整備5ヵ年計画	1960. 12 **精神薄弱者福祉法** 1963. 7 **老人福祉法** 1964. 7 **母子福祉法** 1967. 8 児童福祉法改正（重症心身障害児施設の追加） 1967. 8 身体障害者福祉法改正（法目的の改正） 1972. 7 **身体障害者福祉法改正（身体障害者療護施設の追加）**

序章　目的および研究方法

期	社会・経済的動向	法制度
「八法改正法」による第2種社会福祉事業への移行期	1973. 10 オイルショック 1974 戦後初のマイナス経済成長率 1977 男性の平均寿命世界1位 1981. 7 第2次臨調行革審第1次答申 1983. 2 第2次臨調行革審最終答申 1983- 「完全参加と平等」をテーマとする障害者の10年開始 1984. 1 厚生省「1人暮らし高齢者100万人超」と発表 1985. 4 NTTとJTが発足（1987. 4　JR発足） 1989 株価3万9,800円の市場最高値 1989. 3 福祉関係三審議会合同企画分科会「今後の社会福祉のあり方について」 1989. 12 高齢者保健福祉推進10ヵ年戦略	1981. 6 母子及び寡婦福祉法 1982. 8 老人保健法 1984. 10 身体障害者福祉法改正（理念を更生への努力から参加機会の確保に改正） 1990. 6 「八法改正法」（在宅福祉事業を第2種社会福祉事業に追加）
社会福祉法による対象事業の拡散期	1994 高齢化率7％から14％へわずか24年で達成 1994. 3 高齢社会福祉ビジョン懇談会「21世紀福祉ビジョン」 1994. 12 新・高齢者保健福祉推進10ヵ年戦略 1995 高齢者がいる世帯のうち、三世代世帯を高齢者のみ世帯が初めて上回る（国民生活基礎調査） 1995. 7 社会保障制度審議会「社会保障制度の再構築」 1999. 7 地方分権の推進を図るための関係法律の整備等に関する法律 1998. 6 中央社会福祉審議会社会福祉構造改革分科会「社会福祉基礎構造改革について（中間まとめ）」 2001. 6 小泉政権による構造改革（経済財政諮問会議「骨太の方針」発表） 2005 合計特殊出生率、戦後最低の1.26 2008 リーマンショック以降、不安定就労層増加、ワーキングプア、格差社会等の言説拡大 2009 厚生労働省「特養入所待機者42万人」と発表 2010 「被保護世帯数」第2次大戦後を含め過去最高を記録 2011. 5 「第1次地方分権一括法」 2012. 12 第2次安部内閣「アベノミクス」と称する経済成長戦略を発表 2013. 4 日本銀行「量的・質的金融緩和」政策を導入 2014. 6 「医療介護総合推進法」	1994. 6 老人福祉法改正（処遇の質に関する条文の追加） 1995. 5 精神保健及び精神障害者福祉に関する法律 1997. 6 児童福祉法改正（保育所利用における契約方式の導入） 1997. 12 介護保険法 2000. 6 社会福祉法 2005. 6 介護保険法改正（要支援1・2、地域包括支援センター） 2005. 11 障害者自立支援法 2011. 6 介護保険法・老人福祉法改正（特養経営主体として社会医療法人を追加） 2012. 6 「障害者総合支援法」 2012. 8 子ども・子育て支援法（認定子ども園の新設） 2013. 12 生活困窮者自立促進法・改正生活保護法 2014. 10 母子及び父子並びに寡婦福祉法 2015. 5 社会福祉法等の一部を改正する法律案

第1章

社会事業法による構成要素の萌芽期

第1節　はじめに

　社会福祉事業は，序章第1節で述べたように51年法において初めて規定されるが，51年法の社会福祉事業関連条文の多くは社会事業法を継承したものである[1]．後述するように，民間事業経営者に対する措置委託，補助，行政監督という事業体制は，1929（昭和4）年の救護法においてすでに作られていた．しかし，すべての社会事業を列挙という方法で網羅し，当該事業の委託，補助，行政監督等の構成要素を規定したという点において，社会事業法は51年法の原型をなしていたといえる．よって本章は，社会事業法の背景を検討した上で，社会事業法における社会事業の構成要素を明らかにする．

第2節　社会事業法制定の背景

第1項　昭和初期における生活困窮者の増加

　商品経済の浸透による労働力の都市部への流入と米生産高の減少，第一次大戦による外国米輸入制限は，深刻な米供給不足をもたらし，1917（大正6）年9月の「暴利取締令」にもかかわらず，米穀市場での白米相場は高騰し，他生産品の価格にも大きな影響を与えた．米，砂糖，繰綿，石炭の卸売価格（東

---

1) 木村・吉田・一番ヶ瀬 1978：33，吉田 1979a：355等を参照．

京）をみると，1915（大正4）年から1920（大正9）年にかけて，それぞれ3.4倍，2.4倍，3.1倍，2.9倍となっている（日本統計研究所 1958：254）．こうした事態は，とりわけ低所得雇用者層の生活に大きな打撃を与え，その不満・怒りは米騒動として全国に波及し，6,235人もの検挙者を出した（一番ヶ瀬 1981：46）．また，1923（大正12）年9月に起こった関東大震災は，死者・行方不明者11万人，工場・家屋の倒壊・焼失による失業者・罹災者340万人という被害をもたらした．さらに，1922（大正11）年の銀行恐慌，1927（昭和2）年の金融恐慌に1929（昭和4）年の世界恐慌が追い打ちをかけ，地方銀行・中小企業の破産・倒産が続出した．また，大手都市銀行および大規模産業においても政府・日本銀行の救済を必要とする事態となった．池田によれば，当時の経済指標として，1926（昭和元）年を100とした場合，1930（昭和5）年には88，1931（昭和6）年には76と下落する一方，失業者指数は1925（大正14）年を100とした場合，1930（昭和5）年には343，1931（昭和6）年には446と急増している（池田1986：654-656）．また，上記恐慌が農業に与えた影響も大きく，相次ぐ冷害・凶作と帰農者（都市部失業者）の増加は，小作農民の窮乏化を招いた．

　こうした経済恐慌・農業恐慌は，都市周辺のスラム街や農村における一家心中・離散家族を生み出し，全国の生活困窮者は推計550万人に達した（池田1986：686）．

第2項　政府による統制

　当時の救貧保護施策の目的は，1918（大正7）年7月3日の救済事業調査会第1回会議における水野内務大臣による挨拶（内務省社会局 1920：9）に象徴される．

> …經濟狀態ノ變轉ニ伴ヒ社會政策上ノ各種問題ニ就キテ…施設ヲ要スルモノ愈々多キヲ加フルノミナラズ更ニ歐洲大戰ノ波動ハ時々刻々ニ我邦ノ思想界竝物質界ヲ衝盪スルアリ世態人心亦爲ニ種々ノ變革ヲ來スノ虞ナシトセズ隨テ將來更ニ幾多社會問題ノ湧起ヲ免レザルベク即チ之ニ對應スヘキ…

　当時は，来るべき大戦に向けての軍備増強を優先し，天皇制中央集権国家に

第1章 社会事業法による構成要素の萌芽期

向けた施策を整備していく過程にあった．だからこそ，上記「挨拶」にあるように，深刻化する「社會政策上ノ各種問題」への対応とともに，増加する「變革」思想の拡大防止が救貧施策の意義・目的であった．それは1929（昭和4）年の望月内務大臣による救護法制定理由「國民生活ノ不安ト思想ノ動搖ヲ防止スル」[2]からもうかがえる．

なお1929（昭和4）年に可決された救護法は，「救護ヲ受クル者ノ居宅ニ於テ之ヲ行フ」（第11条）ことが基本であるが，それが不可能あるいは不適切と判断される場合は「養老院，孤兒院，病院其ノ他ノ本法ニ依ル救護ヲ目的トスル」「救護施設ニ收容」または「收容ヲ委託スルコト」（第6条，第13条）とされた．「地方長官ノ認可」（第7条，施行規則第1条）を受けた民間救護施設は，「市町村長ガ救護ノ爲行フ委託ヲ拒ムコトヲ得ズ」（第8条）として市町村長による措置委託を拒否できず，地方長官の監督に服すこととなるが（第30条，施行規則第9条），市町村による「救護費」の負担（第18条）および国，道府県からそれぞれ1/2以内，1/4の「補助」（第25条，施行令第26条）によって安定的な財源確保が見込まれた．また「救護施設ノ用ニ供スル建物」および「土地」については，「租税其ノ他公課ヲ課スルコトヲ得ズ」（第31条）として税制上の優遇を受けていた．処遇面では，「救護施設ノ長」は，被収容者に対し「適當ナル作業ヲ課スルコトヲ得」（第15条，施行規則第6条）とされていた．しかし政府は1931年度の予算編成も実現できず，それに対し全国方面委員会議は救護法実施期成同盟会を結成し，マスコミや議会を巻き込みながら施行の早期実現を訴えた結果，1932（昭和7）年7月より救護法はようやく施行された（昭和7勅令210）[3][4]．

以降，翌年の児童虐待防止法および少年教護法公布，1937（昭和12）年の母

---

2) 「官報號外　衆議院議事速記録第三十四號　救護法案　第一讀會」1929：760
3) 方面委員の実施促進運動については柴田 1940を，競馬法改正や罹災救助基金法改正等，内務省社会局による恒久的な財源確保のための他省への働きかけについては，寺脇 2007：255-294を参照．
4) 吉田は，救護法実施実現に寄与した方面委員の意識について「近代的ヒューマニズムというより志士仁人的なものであ」り，「庶民の困窮をわがこととして活動した篤志家であったから成功したのであろう」と分析している（吉田 1979a：229）．

子保護法,軍事扶助法公布等,救貧・人的資源培養・統制・治安を抱き合わせた法施策が相次ぎ[5],同年の近衛内閣による「挙国一致」,「尽忠報国」および「堅忍持久」を掲げた「国民精神総動員実施要綱」後,その傾向は一層強化され1938(昭和13)年の国家総動員法や厚生省の創設につながっていく.

第3項 民間事業経営者による助成要求

他方,貧困の原因を「個人貧」から「社会貧」にあると捉え[6],またアメリカの専門技術の導入[7]等によって慈善事業と訣別した社会事業は,急激な施設数拡大を果たし,社会的に認知されるようになっていった.

しかし,救護施設や母子保護施設等,既存法に基づく施設以外の民間の社会事業施設(いわゆる私設社会事業)では,依然として個人・企業からの寄付・献金に財源を依存していた.当時の社会事業団体の収入内訳をみると,例えば東京市内308施設を対象にした調査では,図1のごとく「寄付・会費」,「補助・奨励金」,「その他」が38%を占めており,その額は事業運営に大きな影響を与えるものであった.

本節第1項で述べた経済恐慌は,それら寄付・献金額を激減させ,施設長は資金集めに奔走する毎日であった.社会局保護課長であった灘尾は,社会事業法の必要性を以下のように述べる(灘尾 1940:120)[8].

---

5) 母子保護法によって救護法の対象外である労働能力ある母親もその子どもとともに法対象となり,生活扶助,養育扶助,生業扶助,医療扶助を受給できるようになった.また,同年公布の軍事扶助法も対象となる「傷病兵」の範囲を拡大し,また除隊者,遺族・家族までも対象に含めた.1937(昭和12)年の国庫支出をみると,救護法642万円,軍事扶助法3,391万円となっており,軍人への厚遇がわかる.
6) 大正初期の河上肇,細井和喜蔵および高野岩三郎等による貧困調査・家計調査は,貧困が資本主義体制における構造的問題であることを析出し,これらを受け社会事業における対象も生江 1923等によって「経済貧」とりわけ「社会貧」であることが主張されるようになった.
7) その先駆けは,リッチモンドを啓蒙的に紹介した三好 1924:19-26,同 1929:84-98であった.また,科学的社会事業の体系化を志向した竹内 1938は,当時の援助技術論の到達点であったとみてよいであろう.なお,この時期における社会事業理論については,野口 2011:第7章,岩本 2011:37-48等を参照.

最近經濟界の影響に因り經營が相當苦しくなって來て居る爲，社會事業を經營する人々がその經費を得るために苦心して肝腎の仕事の方は人に任せて金をつくる事に東奔西走しなければならぬといふ狀況になって居る．…この狀況を出來るだけ改善して時勢の要求に對應して行かねばならぬと云ふ政府の考へ方が今日の社會事業法を急いでつくらなければならなかった一つの理由となったのである．

経済的窮状にある民間事業経営者らは，1931（昭和6）年1月には「私設社會事業ニ對シ國庫補助金下附請願」を，同年3月には「社會事業助成獎勵ニ關スル件」を衆議院議長宛に上申した．また，補助金獲得を目的として同年9月に開かれた全日本私設社會事業連盟結成大会において，「私設社會事業助成竝社會事業統制委員會設置ニ關スル法規ノ制定ニ關スル建議」を提出し，土地家屋の免税，建設・経常費に対する補助，建設・増設費の低金利融資，公共料金の減免，統制委員会の府県への配置につき，速やかな法制定を要望した．同連盟は，1933（昭和8）年5月に「國家公共團體ニ財的保障ヲナサシムル」ことと「一定ノ統制ニ服セシムル」ことを目的とする「社會事業團體法」制定要項を発表する．その内容は，認可制によること，対象範囲を列挙

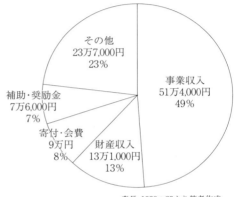

図1　東京市における民間社会事業団体の収入内訳

その他 23万7,000円 23%
事業収入 51万4,000円 49%
補助・奨励金 7万6,000円 7%
寄付・会費 9万円 8%
財産収入 13万1,000円 13%

森長 1938：23より筆者作成

8）　別稿でも，灘尾は，社会事業法を述懐して「当時，社会事業家，ことに民間社会事業家の諸君が非常に困っちゃったんですね．景気は悪いし，金は集まらないしというので，資金面で非常に困ったというので，東奔西走して，肝心の園長さんが園をるすにして，お金集めに出かけてしまうというようなかなりひどい状況になっておったと思うのです」，「なによりも社会事業家が，金がなくて困り抜いているというのが（社会事業法制定の：筆者）一つの動機だったと思いますね」と発言している（灘尾・吉田・一番ヶ瀬 1978：30-31）．

9）　高木は当時をふり返り，私設社会事業連盟が結成された背景として「慈恵救済の思想が非常に濃厚に残っていた」点と，「経営費の問題」から「公で補助しろ」，「金を出せとか，というふうな政治運動になってきた」点を挙げる（高木・吉田・一番ヶ瀬 1977：31）．

主義によること，認可および監督は主務官庁とし，事業種類によって一部を地方長官に委任できること，認可事業に対しては設備費1/2以上，経常費1/3以上を公費で補助すること等であった．同連盟は「社會事業助成法」(同年10月・牧 1933：2)，「社會事業統制法」(1936年2月)[11]と法案名称を修正しながら[12]，毎年のように公的補助と一定の統制を規定する法律を要望し続けた．

　1937（昭和12）年3月の第8回全国社会事業大会決議においても各地代表から同旨法案の要望が出されたが，上記「社會事業統制法」が「一番良く，整って居る[13]」ということからこれを採択し，同法について引き続き検討するための継続委員会が中央社会事業協会に設置された．同委員会は，協議の結果を「社會事業助成法制定方要望に關する件建議」として同月の国会に提出し[14]，国庫の一定額の補助金交付，統制連絡その他社会事業の助長発達に関し調査審議するための統制委員会の設置，社会事業施設の事業所に使用される土地建物に対する租税の免除，社会事業施設の官公署に対する照会手続等についての手数料徴収免除，社会事業施設へ寄付した者への褒章条例の適用等を内容とする「社會事業助成法要綱」を建議した．同要綱は，建議の理由を「…庶民大衆の生活不安を訴ふるの聲愈々高き現下社會の情勢に照らして…社会事業の使命役割の重大なるを認識し速かに斯業…を助長すると共に之に適當なる統制を加へ…眞に救済教化の實を擧げしめ以て國民生活の安定向上民力の培養を期せられぬことを望む」としている[15]．

　以上のように，民間事業経営者は，事業経営の存続に向けた財源補助を強く要請した．また，上記建議理由にもあるとおり，「適當なる統制」も法制定の

---

10)　「巻頭言」私設社會事業4　1933：1参照．連盟は，本要項を土台とし，1933（昭和8）年12月には「内務省社会事業助成規則制定ニ關スル研究参考案」を発表している．

11)　「巻頭言」私設社會事業36　1936：1参照．

12)　1936（昭和11）年3月に開催された第4回全国私設社会事業協議会において，法案立案担当者であった三輪が，「最初は社會事業團體法，次いで助成法と改め，更に現在の統制法となった」と説明している（「全國私設社會事業協議會議事録」私設社會事業38　1936：10）．

13)　「第五回全國私設社會事業大會　議事録」私設社會事業52　1937：8-9

14)　「官報號外　第七十回帝國議會衆議院議事速記録第二十號　議長ノ報告」1937：475

15)　記事「社會事業助成法制定方要望に関する件建議」社會事業彙報11(1)　1937：20-21

目的としていた．それは，施設の量的拡大にともない，営利，自家財産の合法的な脱税，あるいは私財確保の手段とする者が増加したためであり，政府の意図する思想統制とは相違していた．

第3節　社会事業法制定に至る過程

第1項　社会事業調査会への要綱諮問

　上記「社會事業助成法要綱」とは別に，「私設社會事業法案要綱」が1937（昭和12）年4月に起草されている．これはヘレン・ケラー来日とともに社会事業に対する国民的関心が高まり，また国民生活の安定を強調する林内閣の重要課題として成案されたものであった．が，同年7月の支那（日華）事変に始まった軍事体制への移行により，臨時帝国議会への提案は断念された．

　しかしその後も，上記「社會事業助成法要綱」が「私設社會事業法案要綱」を参考にしながら継続的に審議され，「社會事業の全體的進展を期するには公私の社會事業が夫々其の特色を發揮し相携へて國家の要求に應じて進む可きであると云ふ見地に依り」，「社會事業法」と名称を改め（福原 1938：35），適用範囲を公私社会事業全般とする「社會事業法要綱」が内務省社会局によって決定された．そして当該法要綱につき，1937（昭和12）年12月13日付で，馬場内務大臣から社会事業調査会宛に諮問された．附議された同調査会内特別調査委員会において，認可制を届出制に一律化する意見等が出され，同調査会修正案として可決された．

　前節第2項でふれた方面委員による救護法実施促進運動のような大きな潮流とはならなかったものの，民間事業経営者による粘り強い請願活動が，ついに法案として結実したのである．

第2項　法案に対する国会審議

　1938（昭和13）年2月26日，上記修正案が社会事業法案として衆議院本会議に提出された．

　衆議院本会議において木戸厚生大臣は，提案理由として下記のように述べて

いる[16]．

　戰時戰後ニ於ケル社會施設ヲ整備スルノ特ニ緊要ナルヲ思ヒ，是ガ為メ一面社會政策ノ擴充ニ努ムルト共ニ，他面公私社會事業ノ發展ヲ圖ルコトヲ期シテ居ルノデアリマス，…隨テ一般ノ社會事業ニ付テモ，一層積極的ニ其振興發達ヲ期スル為ニ，是ガ助成及ビ監督ノ方法ヲ制度化スルコトノ必要ナルコトハ，政府ノ夙ニ痛感シタル所ナルノミナラズ，關係方面カラモ，屢々其要望ガアツタノデアリマス，即チ政府ニ於テハ是等ノ事情ニ鑑ミ，又前段申上ゲマシタ如キ時世ノ要求ニ察シマシテ，今回本法案ヲ提出スルニ至リマシタ次第デアリマス…．

　当該法案に対し，古田議員から「洵ニ私共少額ニ驚カザルヲ得ヌノデアリマス…監督權ヲ及ボスニ當リマシテ…是ガ大ナル…」，および松本議員から「社會事業ヲ保護助成スルト云フヨリモ，寧ロ監督ヲ嚴重化スルト云フ點ニアル」と，少額過ぎる助成金と過大な監督權についての質疑があった．また伊藤議員からは，「包括的ナ名稱デアリナガラモ，…多クノモノ，…本法ノ埒外ニシテ居リマスル」，「人的要素或ハ組織，乃至ハ設備等ニ關スル所ノ規定ガ，全ク缺除シテ居リマスル」，「免税ニ對シマシテハ，…何故一歩進メテ政府ハ國税ニ及ボサレナカッタカ」，「統制ノ方面ニ属スル規定ト致シマシテハ，…何故認可制度ヲ採用シナカッタカ」と，対象事業，設備・職員体制の基準，免税，届出制の問題について，質疑があった．

　木戸厚生大臣は，監督權については，「決シテ社會事業ヲ法律ニ依リマシテ嚴格ナル監督等ヲ，主トシテヤルト云フ考ハ持ッテ居ラヌノデアリマス」とし，対象事業については，「ソレ等ノ規定セラレテ居リマセヌ各種ノ社會事業一般ニ通ズル，指導監督竝ニ助成ノ方途ヲ定ムル趣旨」と，既存法の対象以外の事業を対象とするとした．また免税については，「救護法，少年教護法等ノ社會事業立法ノ例ニ倣ヒマシテ，…」とした．さらに届出制にした理由として「往々ニシテ社會事業ノ自由活發ナ活動ガ萎縮スル場合モアリマスルシ，元來社會事業ハ有力ナル熱心家ノ獨創的ノ考ヲ本ニ致シマシテ發達シテ参ルベキモノデアリマスノデ，其點モ考ヘマシテ，之ヲ認可制度ト致シマセヌデ，届出ノ

---

[16] 「官報號外　第七十三回帝國議會衆議院議事速記録第十九號　社會事業法案外二件　第一讀會」1938：423

制度トシタ次第デアリマス」と応答した.[17]

　その後,議長指名の27名によって構成される「社會事業法案外二件委員會」が8回にわたって開催され,社会事業委員会の委員構成,対象事業,経営者に対する建物・設備の改良命令,寄付金募集の際の地方長官の許可,届出制度,人員および設備等の基準の要否等について質疑応答がなされた.そのうち,設備等の基準については,本会議に続き,伊藤議員が「實際ノ法的基準ヲ,此中ニ與ヘル必要ハナイデアリマセウカ」,「監督上或ハ指導上,一定ノ基準ヲ中央デ御示シニナリマセヌト,其地方々々デ勝手ニ取締或ハ指導ヲ致シマスト,ソコニ色々ナ不公平ガ生レマセウガ…」と質疑した.それに対し,工藤厚生政務次官は,「勅令或ハ其他ノ命令ヲ以テ,此法律ノ目的ヲ貫徹シタイ」,「不公平ノナイヤウニ,又適切ヲ缺カナイヤウニ…指示スル項目ヲ決定シタイト考ヘマス」と答弁した.[18]

　本会議では,社会事業法案外二件委員會において長野議員から「希望」として出された「社會事業ニ對スル政府ノ助成金五十万圓ハ少額ナリ將來之カ増額ヲ爲シ社會事業ノ目的達成ニ努力スヘシ」,「地方社會事業委員會ハ原則トシテ之ヲ各府縣ニ設置シ中央ノ委員會ト共ニ成ル可ク多クノ地方實際家ヲ參加セシメテ本法ノ運用ニ資スヘシ」の2点を附帯決議とし,[19]全会一致で可決された.[20]また,同日に開催された貴族院本会議で議長指名により18人の特別委員が選出され,同委員による5回の「社會事業法案特別委員會」が開催された.その後,3月20日の貴族院本会議において原案どおり可決され,3月31日,法律第59号として社会事業法は制定・公布された.

　本法は,木戸厚生大臣の提案理由からすれば,各種社会問題に対する「社會

---

17) 「官報號外　第七十三囘帝國議會衆議院議事速記録第十九號　社會事業法案外二件　第一讀會」1938：424-432
18) 「第七十三囘帝國議會衆議院　社會事業法案外二件委員會議録（速記）第二回」1938：13-14, 16
19) 「第七十三囘帝國議會衆議院　社會事業法案外二件委員會議録（速記）第八回」1938：4-5
20) 「官報號外　第七十三囘帝國議會衆議院議事速記録第二十六號　社會事業法案外二件　第一讀會ノ續」1938：624-625

政策ノ擴充」の1つとして社会事業を位置づけ，その「振興發達」を期するために，社会事業運営に対する「助成及ビ監督ノ方法ヲ制度化スルコトノ必要」があり，それを具現化するものであった．ただ，灘尾が「事變の繼續に伴ふて益々其の生活上の諸問題を生起せしめつつあるは明瞭なる事實であって，之に對處すべく諸般の適切なる方策を講ずるは蓋し全國民をして偕和協調進んで國策の遂行に協力せしむる所以であると思ふ」と説明するように（灘尾 1938：2），本章第2節第2項に挙げた一連の保護立法と同様，戦時下における国民統制という目的を併せもつものであった．

第4節　社会事業の構成要素

第1項　理　念

　社会事業法は理念規定を置いていないが，対象事業の目的で類型化すれば，貧窮対策・保護事業（生活扶助事業，経済保護事業），援護・育成事業（児童保護事業，その他の事業，指導・連絡・助成事業），医療事業（施療・施薬・救療事業）の3種類に大別できる．経済的困窮に対する直接的な対策・保護は貧窮対策・保護事業であるが，それ以外の事業についても，身体虚弱の児童を収容して保護する事業，盲聾唖その他身体の機能に障害のある児童の保護をなす事業，心身耗弱児童を収容して保護する事業等の一部児童保護事業を除き，経済的困窮から派生する生活問題への対策といえよう．

　それは，浴風園保護課長であった小澤が「社會事業法が對象と定めた範圍は取りも直さず本來の意味の社會事業，即ち貧困者に對する社會事業家の人格的交渉に依る救助，保護を本體とする貧困者救助並保護事業である」と述べ（小澤 1938：11），また中村が「社會事業の人的對象は，貧困者及貧困を原因とする精神的道徳的並に身體的弱者及之等の集團である」とし，「從って我國に於ける社會事業は児童保護事業の一部を例外的に見る以外は，原則として貧困を中心に取扱ふ事業だと云ふことが確認せられた」（中村 1938：37-38）としているところからもうかがえよう．すなわち，社会事業法は，経済的困窮者を対象とする保護・援護を理念としていたといえる．それは，本章第2節第1項でみ

た経済恐慌・農業恐慌による経済的困窮者の爆発的増加という当時の経済・社会的背景に対応したものであった．

ただし，上記理念を前提とすれば，東京育成園・園長の松島による「其の主流が保護を本體とする貧困者救濟事業の如くであり，…甚だ消極的である．例へば兒童保護，醫療，教化，近隣に對する事業の如きは，其の方針を僅か積極化すれば，直ちに社會事業法の範圍を脱出するが如き危險に晒されてゐる」（松島 1939：31）との指摘のごとく，経済的困窮者救済を第一義目的としない事業の専門化が進んだとしても，社会事業法の対象から疎外される危険性を併せもっていた．

第2項　社会事業の範囲

(1) 対象事業

社会事業法施行前は，多岐にわたる事業名が混然雑居していた．例えば，生活扶助事業に該当する施米や感恩講等，児童保護事業に該当する海浜保養所，林間学校，子守学校等，施療・助産事業に該当する巡回診療，巡回産婆，診療割引券配布事業等，経済保護事業に該当する公益市場，公設市場，公設浴場，共同浴場，簡易食堂，公設食堂等である（厚生省社會局 1938：59-77）．

そうした実態に対し，社会事業法は，①生活扶助事業，②児童保護事業，③施療・施薬・救療事業，④経済保護事業，⑤その他勅令（「社會事業法第一條ノ規定ニヨル事業指定ノ件」昭和13勅令445第1条）で定める事業，⑥以上の社会事業に関する指導，連絡または助成をなす事業の6種別とした（第1条）．また，各種別に属する具体的な事業名称は，新設・整理した上で施行規則第1条～第4条に列挙した．灘尾は，「社會事業の観念については一應通念に從ふこと，として現在一般に社會事業と考へられているものは凡て適當な範圍内に入れることを考へ乍らして立法の便宜上列擧主義を採り法第一條に之を掲げた」とし，また「即ち今般制定せられた社會事業法は，現に此等社會事業を餘す處なく網羅せんとする趣旨を以てこれを逐一列擧した次第である」という（灘尾 1938：

---

21)　例えば「救護所」は，社会事業法によって初めて採用された事業名であった．

3-4).社会事業の「観念」を「通念」に従うものとし,便宜上「列擧主義」を採ったのは,「社會事業ノ何タルカニ付テハ…明確ナル定義ヲ下スハ困難」であったからである(厚生省社會局 1938：54-55).

ただ灘尾は,社会事業であるか否かは「極めて微妙なものがあるが」,「一般的な標準」として,①「社會的弱者の保護,救濟を目的とするもの」,②「収益を目的とすることは其の性質に反するもの」,③「對價又は報酬を要求すべきものではな」く,「受くるとしても…低廉なること…保護救濟を受くる者がその負擔に耐へ得るが如き程度のもの」,④「繼続的組織的なもの」,⑤「計畫性を持つもの」を挙げている(灘尾 1940：2-4).すなわち,社会事業法は,保護・救済目的,非営利性,無償あるいは応能負担,継続性,組織性,計画性を社会事業共通の「標準」としていた.

しかし,社会事業として判断することが困難な場合,例えば一般の幼稚園なみの保育料を徴収する「託児所」が相当あるとする地方行政庁に対し,灘尾は「本法の適用を受くる社会事業として法文の上に規定せられたる事項は行政官廳として,これを實行に移し,必要なる行政處分なり…に依って行政官廳の好意ある指導の下に,社會に適應せる指導監督を行ふべき」と述べている(灘尾 1940：161-162).とすれば,灘尾は,「託児所」という名称を掲げる事業者ならば,上記「標準」(この場合は非営利性,無償・応能負担)の存否にかかわらず社会事業法の指導監督下に服すると想定していたこととなる.逆に,「公設市場・公益市場」,「公益浴場」,「簡易食堂」については,「社會事業的性質ヲユウセザルモノ」が現存するため,その名称によって直ちに適用事業となるのではなく,「実質ヲ檢シテ適否ヲ決スル」(厚生省社會局 1938：72,75-76)とされていた.これら行政見解の矛盾は,前節第2項でふれた伊藤議員の質疑にもあったように,対象事業の名称の列挙に留まり,事業目的・事業内容・設備・職員配置等,法定社会事業として満たすべき具体的事業基準が示されていなかったことに起因したと考えられよう.

(2) **適用除外事業**

勅令(「社會事業法第一條ノ規定ニヨル事業指定ノ件」第2条)により適用除外とされたのは,①他法・勅令による社会事業,②司法保護事業,③軍事援護事

業，④実施期間が6ヶ月未満の事業，⑤社団・組合の事業で，その加入者を対象とする事業，⑥小規模事業，⑦小規模助成事業であった．①については，「當該法律勅令ニ依リ保護ヲ受クル者以外ノ者ヲモ併セ取扱フ場合ニ於テハ其ノ範圍ニ於テ本法ヲ適用スルコト」となる（厚生次官―各地方長官宛「社會事業法施行ニ關スル件依命通牒」1938）．具体的には，他法令によらない者を収容保護施設で5人以上，その他で20人以上取り扱う場合は，本法の適用を受けた．また，⑥は収容保護施設では常時5人未満，その他では20人未満の者を取り扱う場合であり，「本法を適用せしむることは適當ならずとして除外」される（灘尾 1940：124）．ただし同一団体および同一施設において各種社会事業を行う場合は，その対象人数の合計が20人以上ならば社会事業法の適用を受けた．

　他法・勅令による社会事業を適用除外とする点は，「社會事業を網羅した法律」（相田 1938：102）を望んでいた社会事業関係者からの批判が集中した．例えば岡は，「綜合的一般法であるといふ點も形式的に一應さうみられぬではない」が，「組織的發展と具體的指導監督を一層強化しなければならぬ機會が到来すれば，本法から分科して特別法となるべき事業が甚だ少なからぬ」ので，「一時の寄合世帯に過ぎないではあるまいか」と述べている（岡 1938：2）．同様に，高木も「大體社會事業法と云ふ名稱から云ふと，凡百の社會事業が，悉くこれに依って取締られるかの如き語感を持つが，…何とも始から無力な法律である．…この法律は歯の抜ける様に，一つ宛減って，無力なものが最後まで，取殘されて，名前だけは堂々と社會事業法と銘打って鬼面をかぶって人を脅すであらう」と述べる（高木 1939：41）．

　社会事業関連法が立法化される度に実質的対象範囲が狭まる本法は，その名称とは裏腹に他法の補完的役割に留まる法律であった．よって「社会事業関係法の基本法たることを目的とした」，「日本ではじめての社会事業基本法」という吉田の見解（吉田 1979a：355，363）は，いささか過大評価であり妥当しないと考える．

第3項　社会事業の事業種別

　法案段階では，事業開始手続において実質的な種別化が検討されていた．

当該手続について，本章第3節第1項でみた「私設社會事業法案要綱」において届出制か認可制かが争点となっていた．届出制の長所は，新興事業を生む可能性があること，民間社会事業を萎縮させないこと，一定の型に拘束されないこと等が挙げられた．逆に短所としては，不十分な監督規制となること，悪質事業者の参入の危険があること，助成・免税を得難いこと等が挙げられた．一方，認可制の長所は，民間社会事業の完全統制，十分な監督規制，悪質なものの排除，免税等の特典が挙げられ，短所として新興事業の排除，創意工夫に対する弊害，独立自営という気風の損失等が挙げられた（福原 1938：33-34）[22]．そして，最後案として，届出の義務を課し，その中で特に必要あるものについては認可制度を設け，主務大臣は予算の範囲内で認可社会事業に対し助成金を交付するとともに租税公課を免税し，統制監督の十全を期するという内容でまとめられていた．

　社会事業調査会に諮問された社会事業法案要綱も，上記「私設社會事業法案要綱」を継受し，「第三　社會事業ヲ經營スル者其ノ事業ノ爲養老院，育兒院，病院，託兒所，宿泊所其ノ他命令ヲ以テ定ムル収容保護ヲ目的トスル施設ヲ設置シ又ハ之ヲ變更セントスルトキハ其ノ位置，構造，設備及利用方法ニ付豫メ地方長官ノ認可ヲ受クヘキコト」[23]という項目があった．すなわち，この段階においては，事業開始手続において事実上の種別化が検討されていたのである．

　しかし，諮問を受けた社会事業調査会において，前田委員による「位置トカ構造トカ設備トカ…ニ渉ッテ嚴シクイッテ認可スルトカセヌトカトノ條項ハ可成面倒ニナル恐レガアリマス」との意見等があり[24]，1937（昭和12）年12月24日に「原案第三の収容保護を目的とする施設の認可は削除」とする社会事業調査会修正案が可決され，事業開始手続は，届出で一律化された[25]．その後，本章第

---

22)　福原は「届出」と「許可」とを比較して述べている．が，本文で取りあげた「社會事業助成法要綱」，「私設社會事業法案要綱」，「社會事業要綱」，いずれにおいても「許可」は条文案に出てこない．また，福原の示す「許可」の長所・短所は「認可」に該当すると考える．よって，本研究において，福原の見解は「届出」と「認可」について述べたものとする．

23)　記事「社會事業法案愈々來議會に提出　法案要綱を社會事業調査會に諮問」社會事業彙報11(9)　1937：5

3節第2項でみたように，国会審議でも認可制度の必要性が指摘されていたが，木戸厚生大臣は「自由活發ナ活動ガ萎縮スル場合」があるし，そもそも社会事業は，「有力ナル熱心家ノ獨創的ノ考ヲ本ニ致シマシテ發達シテ参ルベキモノデ」その独自性を保持するために届出制を採用したと答弁している．

以上から，一律に列挙し，かつ事実上の種別を設けなかった理由は，地方行政における運用が困難であったこと，社会事業が有する創造性・独自性を尊重したこととなろう．

第4項　社会事業の法的手続

上記のような法案審議を経て，本法では，社会事業の開始後2週間以内および廃止4週間前までの届出義務が規定された（社会事業法第2条，施行規則第6条第1項，第4項）．届出を課したのは，行政長官が，管内において「如何ナル社會事業ノ経營セラルルカヲ知リ本法ノ運用ニ遺憾ナキヲ期スルヲ要スルガ故ニ」，また「其ノ事業ニ収容保護セラルル者ノ処置，財産ノ処分等ニ付キ適切ナル指導ヲ加ヘ得ル機會ヲ得ル爲」である（厚生省社會局 1938：84）．

届出の具体的手続は，東京市の場合，①届出人が区役所社会課に所定の届書を4通提出，②区社会課は，届書の記載事項の確認後に1通を同課で保存，3通を「市社会局庶務課調査掛」宛てに送付，③受け付けた市社会局庶務課は，直ちに「掛員」を届け出た事業所へ派遣し届出の内容を調査，④記載事項に誤りがなければ，届書1通を市社会局庶務課に保存，2通を府社会課に送付，⑤府知事は届出書の受領を市区および届出人に通知，1通を府社会課で保存，1通を厚生省社会局に送達，の順で行われた（東京市 1939：8）．③における調査

---

24)　記事「社会事業法案第一回特別調査委員會」私設社會事業59 1938：7参照．なお，前田委員の発言に生江も「至極同感」としている．その他，福原によれば「他の取締法規の運用其の他行政の實際に於て…同様の効果を擧げることは必ずしも困難ならざる」との意見があった（福原 1938：35）．

25)　記事「社会事業法案要綱修正可決さる」社會事業彙報11(10) 1938：8-11．なお，その他，法案要綱から法案への修正点は，寄付金募集を公募制に限定すること，社会事業経営命令（第13条として条文化されたもの）にともなう国庫補助率明記の削除，罰則を罰金のみに限定すること等があった．

は，あくまで「届出事項ノ正否ヲ調査」するに過ぎず（「社會事業法施行細則執行心得」昭和13東京府知事発訓令27第1条，第2条），事業内容の適切性を判断するためのものではなかった．また届書に記載する「事業ノ種類」（規則第6条第1項）は，「成ルベク社會事業法施行規則第一條ノ規定ニ依ル事業指定ノ件第一條及ビ社會事業法施行規則第一條乃至第五條ニ列擧セラレタル文字ヲ使用スルコト」となっていた（「社會事業法施行細則」昭和13府令41備考四）．

　この届出制に対して，社会事業関係者から批判があった．例えば松島は，「何故調査會提出案の認可制を採らなかったかと云ふことである．…認可制によって助成を充分にし，非認可の施設は助成財團等の機能を活用し，認可内容に引上げると云ふことの努力が，全體の爲により必要であるのではないだらうか」と述べる（松島 1938：23）[26]．社会事業の社会的認知の拡大，社会的地位および信用の向上，そしてそれにともなう公的助成額および寄付金額の増加をも期待していた民間事業経営者にとって，「認可制」は欠かせない要件であった．また，救護法が民間救護施設に対して「地方長官ノ認可」を課していた点からすれば，「届出」は法的な格下げとして捉えられても無理はなかろう．

　一方，上記東京市を例とした届出事務の具体的処理過程にみられる中央集権体制からすれば，対象事業となる要件を低く設定し，より広範な統制を行うことも意図していたと思われる．また，松島による批判から逆説的に推察すると，認可制にともなう助成額の増加を抑制する目的もあったと考えられよう．

　しかし，実態では，上記社会事業経営者の反発や行政指導の不徹底もあって，あえて届出をなさず法外事業として継続する事業者や，「何を考へてか折角受理された届出を經營方針變更の理由で却下して呉れと云ふ願出さへ出す珍現象」（尾上 1939：17）も存在した．よって，当時の社会事業経営実態としては，①他の法律・勅令によって行われる事業，②社会事業法に規定される届出を行い，法的規制のもとに行われる事業，③あえて届出をなさず，法外施設として行う事業，④他の法律・勅令と社会事業法，いずれの規定も受ける事業の4種類があり，社会事業に対する統制という見地からは，なおも複雑な状況に

---

[26]　その他，相田 1938：101，中村 1938：52等を参照．

あったと考えられる[27].

第5項　社会事業の経営主体

(1) 経営主体

社会事業法は，事業経営主体に何ら制限を加えていない．よって私人，法人を問わず，また外国籍の者が届け出た場合も「差別ガナク之ヲ認メルコトニ」していた[28].

表2　1937（昭和12）年現在の経営主体別事業者数

	計	国立	道府県立	市立	町立	村立	財団法人	社団法人	その他
事業者数	6,011	6	99	763	842	893	457	155	2,796

中村 1938：41-43より筆者作成

社会事業法施行前年である1937（昭和12）年現在の経営主体をみると（表2），「その他」が圧倒的に多い（46.5％）．経営主体に関してはこうした実態に即したと考える．

(2) 経営主体への助成

経営助成に関する条文はわずか2条であり，しかも「豫算ノ範圍内ニ於テ補助スルコトヲ得」（第11条）と消極的であった．それは，1937（昭和12）年の「救護法中改正法律」（昭和12法18）において，「市町村財政ノ窮迫セル今日，本法ノ圓滑ナル運用ガ妨ゲラレル虞ヲ生ジタ」ため，国の補助1/2「以内」を，すでに1/2の確定率としていた救護法第25条第1項[29]と対照的であった．この点

---

27) ただ，本法の対象事業は，道府県，市町村その他の公共団体（水利組合，北海道土工組合，府県組合，市町村組合等）による土地・建物（職員住宅，収益財産は除く）に対する租税（国税では財団・社団法人に対する所得税，地方では地租付加税，特別地税，家屋税等）その他公課（水利組合費等）が免除された（社会事業法第10条）．この点は，本法対象事業となる大きな誘因となった．
28)「第七十三囘帝國議會衆議院　社會事業法案外二件委員會議録（速記）　第二囘」1938：18
29)「官報號外　第七十囘帝國議會衆議院議事速記録第十五號　救護法中改正法律案外一件第一讀會」1937：341

について民間事業経営者から厳しい批判が集中した．例えば岸田は，「補助乃至は助成に關するものは僅かに十，十一の二條に止まり，…然も肝心の十一條に於てさへ豫算の範圍内に於て補助する事を得といふ極めて微的な寧ろ曖昧な字句に止って居る事を知り，失望と言ふよりも寧ろ唖然たらざるを得なかった」と述べる（岸田 1938：40，その他，松島 1938：21-27）．

しかも「補助ハ政府ノ義務ニ非ズ任意ニ屬スル事項ナルモ其ノ趣旨ハ本法ノ適用ヲ受クル凡テノ社會事業経営者ニ對シテ補助スルノ要ナク又國庫豫算経理ノ都合モアルヲ以テ，豫算ノ範圍内ニ於テ社會事業経営者ノ中補助ヲ適當ト認メタルモノニ對シ補助セントスルモノニ外ナラズ」（厚生省社會局 1938：146，施行規則第19条）とあるように，社会事業法の対象すべてに対し補助するものではなく，政府裁量の範囲で補助できるとしているに過ぎなかった．「適當ト認メタルモノ」とは，施行規則第19条により，成績優良にして将来事業を継続する見込み確実のもの，特別の事由ある場合を除き事業開始後3年以上を経過したものとなっており，規模要件として「収容保護」の場合は常時10人以上を，その他の場合は30人以上を取り扱う事業であることが挙げられ，助成事業，財政的に良好であり補助の必要性無きもの，および官公営事業は除外された．

さらに，その補助助成額は社会事業法が公布・施行された1938年度で50万円であった．1936（昭和11）年現在で民間事業数3,266，経費総額年間約5,500万円の規模にまでなっていた当時において，また民間社会事業経営者から「少なくとも三百萬圓の支出が期待せられてゐた」点からすれば[31]，あまりに少額であるといえよう．それは，社会事業法以前から継続してなされていた地方私設社会事業助成金が，1935年度ですでに総額約112万円，1936年度で約125万円に達していたことからもうかがえる[32]．

社会事業法施行年度の補助金決定過程をみると，補助内申団体数は1,000を

---

30) 本文の金額については，灘尾 1940：113-115を参照した．
31) 記事「社會事業法案愈々來議會に提出 法案要綱を社會事業調査會に諮問」社會事業彙報11(9) 1937：3
32) 府縣制第101条，市制第115条，町村制第95条における「公益上の寄付又は補助」の規定による助成金額を指す．金額については尾上 1939：26を参照．

42

超えており,そのうち規格に合致しなかったため除外されたものを除くと,986団体が詮議にかけられている.そのうち,補助を適当と認められた団体は903団体であり,内申団体の92%であった.事業種類別にみると(図2),「児童保護事業」が約半数を占め(52.6%),次いで「隣保事業」(15.0%),「施薬救療および助産保護事業」(10.8%)が続いている.

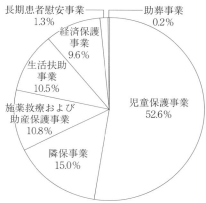

図2 事業種類別にみた補助の割合

堀田 1939:14より筆者作成

1937(昭和12)年12月末現在における民間社会事業経営者数が,生活扶助事業1,913,児童保護事業649,医療または助産事業229,経済保護事業201,隣保事業96,病者慰安事業11,助葬事業3であることを踏まえれば[33],児童保護事業,隣保事業に対する配分が相対的に多いことがうかがえる.そして補助を受けた児童保護事業の「大部分約八〇パーセントと云ふものが託児所」(堀田 1939:15)であったことからすれば,あらためて救護法や母子保護法等による事業以外の社会事業が本法の対象であったといえよう.

各施設には,事業成績,前年度の決算額および確定収入,経営者の熱心度という4つの配分方針から補助額が決定された.「補助の内容,割合等一切官僚獨特の秘密主義にて公表されず,地方委員會其他何物も利用され」なかったため(松島 1939:32),1施設あたりの具体的な補助額については不明だが,単純計算で約550円となり,世論においても「僅五十萬圓の補助を以て『社會事業財政難の緩和』云々を口にするのは余りにも蟲が良過ぎ,これで補助金の不足の分だけ,取締の煩瑣の方で補はれたら,民間事業家は閉口する外はないのである」[34]という批判が展開された.

---

33) 厚生省社會局保護課(1938)「私設社會事業團體數調」

(3) 経営者に対する委託

　地方長官は，社会事業経営者に対し要保護者の入所を委託する権限を有し，その委託がある場合，社会事業経営者は正当の理由以外で拒否することはできないとされた（第3条）．正当な理由とは，「収容餘力ナキ」場合，「小児ノミノ収容施設ニ大人ノ収容ヲ委託スル場合」，「女子ノミノ収容保護施設ニ男子ノ収容ヲ委託スル場合」，「経営者ガ財政逼迫セルニ不拘委託料ヲ支給セラレズ若クハ其ノ額ガ極メテ小ナル場合」，「市町村営ナル社會事業施設ニシテ當該市町村ニ住所ヲ有セザル者ノ収容ヲ認メザルモノニ委託ヲ命ジタル場合」等が考えられていた（厚生省社會局　1938：89-90）．

　委託を受けた経営者は上記理由以外で拒否することはできなかったが，「必ズシモ委託料ノ支拂ヲ前提トスルモノニ非ズ従テ委託アリタリトシテモ委託料ノ支給無キガ故ヲ以テ委託ヲ拒ムコトヲ得ズ」とされていた（厚生省社會局 1938：90-91）．さらに灘尾にいたっては，委託の「法律的性質は地方長官が其の施設が本來保護すべき種類の要保護者を引取り施設に収容することを促す行政處分」であるから，「社會事業の經營者が之（委託料：筆者）を負擔することとなる」とまで言い切っている（灘尾 1940：221-222）．入所委託に委託料の支給が行政の義務としてともなっていなかった点は，生存権が憲法に規定されていない時代とはいえ，救護法第8条，第18条，第25条の委託とは明らかに相違しており，民間事業経営者にとって理不尽な規定であった．江口は，「助成と監督を表裏一体のものとして構成するという民間団体に対する国の関与方式が，この社会事業法によって初めて導入されたのである」とする（江口 1996：7）．確かに社会事業法は，民間社会事業の「助成と監督」を「初めて導入」した法律であったが，上記厚生省社会局や灘尾の見解からすれば，「表裏一体のものとして構成」したとの評価はできないであろう．

---

34)　東京朝日新聞1938（昭和13）年2月17日付社説．同様に「甚だ消極的なるを感ぜざるを得ぬ」とする大阪毎日新聞同日付社説も参照．ただし，社会事業法施行前年度が17万9,000円に過ぎなかったこと，開戦のための軍備費にすでに多額の予算が投入される現状にあったこと，にもかかわらず施行翌年の1939（昭和14）年では倍額の100万円が予算化されたこと等を鑑みれば，一定評価できよう．

本章第2節第3項で述べたように，この時期では慈善事業から社会事業へと改称する動きがみられた．にもかかわらず，社会事業行政の基底には，依然として相互・隣保扶助を主幹とする思想が残存していたのである．

第6項　質確保施策としての行政監督

監督規定は，改良命令，建物・設備使用の禁止または制限（第4条），寄付金募集の際の地方長官の許可（第5条），地方長官による報告，書類帳簿の提出，事業監査等の権限（第6条），本法および本法による処分に違反した社会事業経営者に対する事業経営の制限または禁止（第7条）と4つの条文に規定され，法の本質的目的が社会事業経営に対する監督・統制にあることを表している．

事業監査および事業制限・禁止処分規定を導入した背景には，安田社会局長が「稀には社會事業に従事する動機を自己の眼前の衣食に求め，社會事業の必要性適合性の認識なく一種の企業慾に驅らるゝ徒輩もあり，…経営の能力を缺くもの等も尠くない」（安田 1938：47）と述べるように，一部社会事業家と称する者の信用失墜行為や従来の「大福帳的な施設経営」（吉田 1979a：363）に対する行政官僚の不信感があった．信用失墜行為への警戒については，寄付金募集における地方長官の「許可」を要するとした点からもうかがえる．相田によれば，①収容幼少年を引率して街頭等で「我らは父母もなく兄弟もない天涯告の孤児である」等と唱歌させた後，筆・紙・墨・雑記帳等を押し売りする，②筆・墨等を送達した後に「院費に充当するから購買してもらいたい」と押し売りする，③年頃の婦人に訪問させて同情を訴えた後に物品を押し売りし，断ると「同情心の乏しい家だ」と悪口を言って去る，④寄付金を経営者の遺族が私有財産として取り扱う等の事例があったという（相田 1938：103-104）．よって「世人が従来より以上に安んじ進んで之に應ずるように措置すること」のために，寄付金の監督規定を置いたとする（灘尾 1938：5-6，同 1940：146）．

行政官僚は，社会事業法を上記のような悪質業者の「取締手段」（安田 1938：47）として位置づけ，救護法と同様（救護法第7条，第8条，第25条，第30条等），行政監督による健全経営を目指したのである．

一方，民間事業経営者は総じて反対の意を表明した．その理由は以下の2点

に集約できる．第1に，独自の創意・工夫で展開・発展を遂げてきた誇り・自負によるものである．灘尾の述懐によれば，社会事業法案に対し私設社会事業連盟関係者は「そもそも社会事業を取り締まるとは何だ」，「善人が善事をするんじゃないか．それを取り締まるとは何だ」と「大分やかましかった」とされる（灘尾・吉田・一番ヶ瀬 1978：31）．経営難から補助金は欲しい，しかしそれと引き替えにこれまで培ってきた経営ノウハウについて行政の指図を受けるのは我慢ならない，という抵抗感であろう．第2に，行政監督を行う地方官庁（役人）に対する不信感である．生江は，本章第3節第1項で述べた社会事業調査会第1回特別調査委員会で「時トシテ單ナル感情ノ支配ヲ受ケ，役人ガ壓迫的態度ヲ以テ社會事業家ニ臨ム場合ガナイトハ保シ難イ．否地方ニ於テハ概シテソウシタ事例ヲ澤山耳ニスルノデス」と発言している．同様に，松島も「社會事業は實踐であり技術である」が，「行政の擔當者に技術官を見出すことは，現状に於ては極めて少ない」がために，「僅かの行違ひから一方的に感情を害し，漸て不當の干渉に進み，非正當なる壓迫に終に施設の機能に迄影響を及ぼした」という事例もあり，「歷史的にも特色ある民間施設が一官廳或は一役人の狹隘なる獨斷的主觀に禍ひされて挫折するが如きことあらば問題である」と述べる（松島 1938：21）．地方官庁の専門的見識や実情に即した柔軟な解釈の欠如，主観的・感情的・威圧的態度に対する民間社会事業経営者の不満がうかがえよう．

　なお，前節第2項でふれたように，「社會事業法案外二件委員會」における工藤政務次官の答弁には，「勅令或ハ其他ノ命令」や地方への「指示」によって「不公平ノナイヤウニ，又適切ヲ缺カナイヤウニ」したいとあった．が，結局，事業監査の方法やその根拠となる「基準」に関する具体的な勅令・命令は発令されなかった．よって伊藤議員が懸念した「其地方々々デ勝手ニ取締或ハ

---

35)　厳重な取締り法規との危惧から，全日本私設社会事業連盟は，1937（昭和12）年12月，大村社会局長宛てに「社會事業法案ノ立法ニツイテハ助成ヲ主トシ全國社會事業の助成發達ヲ促進スルヲ本旨トセラレタキコト」との陳情を行っている．その他，松島 1938：24，岸田 1938：42-43，松島・吉田・一番ヶ瀬 1973：28等を参照．
36)　記事「社會事業法案第一回特別調査委員會」私設社會事業59 1938：7-8参照．

指導」する実態，および上記民間事業経営者の見解にある役人の「狹隘なる獨斷的主観」による「壓迫的態度」が法施行後も継続・助長され，全国統制的な質確保施策としては，未だ不十分であったと考える．

第7項　社会事業利用者についての利益

社会事業法には，上記のように地方長官による事業監査等の権限（第6条）および本法による処分に違反した社会事業経営者に対する事業経営の制限または禁止（第7条）を規定する条文があったが，社会事業利用者の利益を直接的に規定する条文は存在しない．また，社会事業法第14条にある罰則すべてが寄付金に関する規定である点，および前項でふれた安田の不正経営に対する見解から，社会事業法は，あくまで社会事業の健全経営を主たる目的とした統制・監督法であったことがうかがえよう．

第5節　戦時下の社会事業

社会事業法公布直後から，牧の「我が國…の使命を完全に果す爲には人的資源の培養充實が最も重要なる問題となる．…而して社會事業も亦，…其の置くべき眼目を國家目的遂行に協力参加すると言ふ大所に定むべきであると要求される」（牧 1938：27）や江森の「皇軍將兵に對し，…名譽ある傷痍軍人に對する保護對策これが現下における眞に重大なる社會事業であらねばならぬ」（江森 1938：9）のごとく，社会事業界は本章第3節第2項で述べた人的資源培養あるいは傷痍軍人優遇保護を目的とする施策に積極的に呼応する．また，「『社會事業』を以ってする事は甚だ物足りなさを感ぜしめる．厚生事業とか國民文化事業とか民力培養事業とか…とに角新しい用辭が考へられる事が一つの必要であると考へる」（竹中 1938：55）等の見解を受け，その名称を厚生事業へと変更することにも迎合した．そして1940（昭和15）年には，日本社会事業研究会が「日本社会事業新体制要綱—国民厚生事業大綱—」を提示し，その中で天皇制国家主義を社会事業の理念として採用することを表明するに至る．

第二次世界大戦開戦以降，医療保護法，国民医療法，戦時災害保護法等，上

表3　社会事業法による補助金額の推移

	昭和13年度	昭和14年度	昭和15年度	昭和16年度
補助金額	434,500	804,500	792,500	796,100
補助団体数	899	1,198	1,318	1,717
内申団体数	982	1,306	1,456	※

※昭和16年度の内申団体数は未明

社會事業研究所　1943：43-45および
同　1944：35-38から筆者作成

記目的を主眼とした法律が矢継ぎ早に立法化される．しかし経済的困窮を対象とする社会事業法は，改正されることなく放置された．また年を追うごとに「内申団体数」・「補助団体数」は増加するが，施行の翌年度以降，補助金の増額はなかった（表3）．

　すなわち，社会事業法は，上記社会事業界において高揚した天皇制国家体制への同調とは対照的に，軍事救護や傷痍軍人医療施策の「傍役的存在」（吉田1979a：364）となったのである．

　また第二次世界大戦後においても，民法改正にともなう一部改正（昭和22法223，社会事業法第16条の「戸主，家族，」の削除）と厚生省設置法にともなう改正（昭和24法154，「中央社会事業委員会」を「中央社会事業審議会」へ，「地方社会事業委員会」を「地方社会事業審議会」へ名称変更）以外の改正はなく，補助関連条文にいたっては1946（昭和21）年11月の「都道府県及び市町村以外の者の設置する社会事業施設に対する補助に関する件」（昭和21年発社143）によって早くも死文化していた．

第6節　小括——社会事業の法的範囲と行政監督による質確保の導入

　社会事業法は，民間社会事業経営者による立法請求運動の成果ではあるが，国による社会統制政策の一環という側面が色濃く反映された法律でもあった．例えば，社会事業法の対象においては，条文および施行規則によって種別と事業名称を列挙し，また施行細則によって届書に当該施行規則にある事業名称で

記載するよう指導したことで，事業名称の全国的統制を実現した．また質確保においては，一部社会事業家と称する者の信用失墜行為や不明朗会計に対し，行政監督による健全経営が目指された．

　しかし，対象事業の具体的採否基準は不明であり，地方行政の裁量に委ねられる部分が多かった．また事業監査についても，具体的基準が存在せず，地方行政庁（職員）が専門的知見を持ちあわせていない実態とも相まって，生江や松島の批判にあるとおり有効な監督がなされたとはいい難い．よって社会統制という意味では，法形式として整備はされたが，その実際的運用面からすれば曖昧かつ不十分であったといえる．また，民間社会事業経営者が切望した補助は，条文化されはしたものの「豫算ノ範囲内」に留まり，その額は微々たるものに過ぎなかった．また原則として拒否できないとされた委託においても，その補助は「政府ノ義務ニ非ズ」とされ不合理な公私関係を強いられた．

　以上のように，社会事業法は多くの問題をともなっていた．しかし，すべての社会事業を網羅し，統一的な事業名称および適用除外事業を規定し，さらに行政監督と補助を導入した点は，51年法の土台となり重要な柱として受け継がれることとなる．

第2章

社会福祉事業法による構成要素の形成期

第1節　はじめに

　本章は，第二次世界大戦後から売春防止法が公布される1956（昭和31）年までを対象とする．この時期において最も注目すべきは，死文化した社会事業法に替わって51年法が制定されたことであろう（51年法附則第2項）．51年法は，社会福祉事業のみならず，社会福祉審議会，福祉に関する事務所，社会福祉主事，社会福祉法人，社会福祉協議会，共同募金等，「社会福祉事業の全分野の共通的基本事項」（第1条）を網羅した法律である．

　本章では，社会福祉事業の構成要素について，その法立案過程を辿り，どのような背景と目的によって規定されたかを解明していく．そこで，第二次世界大戦直後における生活困窮者の増加が，先行した福祉三法はもちろん，社会福祉事業の理念にも大きく影響を及ぼしたことが明らかとなろう．また社会福祉事業の列挙や種別区分については，前章でみた社会事業法や社会事業調査会に諮問された時点での法案要綱と同様の手法であるため，そのまま敷衍したかのようにみえる．しかし実際には，省内他局・課との調整・妥協から紆余曲折を経た産物であり，それがその後の社会福祉法制に大きく影響していくことが明らかとなろう．

　51年法制定時における社会福祉事業の構成要素成立過程を明らかにすることは，序章第1節で述べた本研究の目的の1つである．よって社会福祉事業に関する法案条文の変遷については，とりわけ詳細に検討していきたい．

第2節　51年法制定の背景

第1項　生活困窮者の増大と旧生活保護法の制定

　初めて日本本土を戦場とした第二次世界大戦は，都市部を壊滅させ，工業生産は戦前の2割に急落した．また，終戦直後の物価は戦前の500倍，逆に実質賃金は3割に低下し，都市部の国民はヤミ市で食糧を調達し，辛うじてその日の飢えを凌ぐ生活を続けていた．また，復員兵士や海外引揚者の生活困窮が加わり，まさに国民総飢餓状態の様相を呈していた．要援護者数を，厚生省社会局が行った1945（昭和20）年12月現在での「要援護世帯生活実情調査」からみると，81万6,014世帯，304万5,357人であり，総人口の9％を占めていた．

　この中で第二次世界大戦後の社会福祉政策は，GHQ主導によって進められる．GHQは，政府に対し，上記生活困窮者に対する「無差別平等」施策を1945（昭和20）年12月に覚書「救済並福祉計画ノ件」において指令した．それに呼応する形で，同月，政府は「生活困窮者緊急生活援護要綱」を閣議決定し，直ちに実施した[1]．同要綱は，対象者を「一般国内生活困窮者及左ニ掲グル者ニシテ著シク生活ニ困窮セルモノトス」と労働能力保持者まで含め，戦前の救護法からすれば「劃期的なことであった」（黒木 1958：212）．一方，後述のようにGHQによる非軍事化・民主化方針のもと軍人恩給停止措置が行われ，「五七〇万人余」（厚生省五十年史編集委員会 1988a：584）の恩給受給が不可能となった．

　1946（昭和21）年2月，GHQは覚書「社会救済」を発表し，非軍事化・民主化に貫徹された三原則（無差別平等，国家責任・公私分離，必要充足）を指示した．これに基づき，戦前の救護各法を統廃合した旧生活保護法が制定される．しかし，内藤の「国民は国家が本法の保護を行う責務を有しておることによっ

1）　SCAPIN404と「生活困窮者緊急生活援護要綱」との関係は，厚生官僚においても見解が相違する．黒木は「政府は戦後の新しい事態に応ずるために…自発的に閣議決定した」とする（黒木 1958：212）のに対し，小山は「政府は総司令部指導の下に」策定したとする（小山 1950：13）．なお同要綱の実施時期についての各説は，田多 2009：61-62参照．

て反射的利益を受けるものと介すべきである」(内藤 1947：22-23) や葛西の「反射的利益を受けるだけであると解釈したんです」(葛西・吉田・一番ヶ瀬 1974：38-39),「権利として請求するという考え方はいけない．反射的利益を受けるという考え方がいい，と考えていました」(財団法人社会福祉研究所 1978：281) 等，厚生官僚の見解・述懐のとおり，保護請求権は認められていなかった．

なお，居宅保護を原則としつつ，保護施設への入所についても規定された．保護施設は，「宿所を提供する事業」,「託児事業」,「授産事業」を行うとされ (第6条, 昭和21厚令38第1条)，施設長は施設入所者に対して「能力に応じた」「適當な作業」を行わせることができた (第14条, 昭和21厚令38第7条)．保護施設の設置は，市町村・民間事業経営者いずれも「地方長官の認可」が，廃止には「地方長官の許可」が必要であった (第7条, 昭和21厚令38第5条)．また民間事業経営者による保護施設においては，市町村長による委託を拒むことはできなかった (第8条, 第12条)．いわゆる施設最低基準は規定されなかったが，地方長官は「報告を提出させ，又はその設備，事業若しくは會計の状況を調査する」権限をもっていた (昭和21厚令38第6条)．事業費については，民間事業経営者による保護施設の場合，事務費については全額公費負担となり，設備に要する費用については3/4を都道府県が，その2/3を国庫が負担するとされた (第24条, 第26条, 第30条)．以上からすれば，保護施設に関する規定は，前章第2節第2項でふれた救護法における救護施設の諸規定と大きく相違する点はなかったといってよい．

第2項　児童福祉法・身体障害者福祉法の制定

(1) 児童特有のニーズと児童福祉法の制定

戦前・戦中における児童保護対策は，前章第2節第2項で述べたとおり，人的資源培養を目的としたものであった．これに対し，第二次世界大戦後は，1945 (昭和20) 年「戦災孤児等保護対策要綱」(次官会議決定) が「今次戦争下戦災ニ因リ父母其ノ他ノ適当ナル保護者ヲ失ヒタル乳幼児学童及青年」を対象として以降，戦災孤児・引き揚げ孤児から浮浪児となった者を中心に展開され

た．1946（昭和21）年4月の「浮浪児其の他児童保護等の応急措置実施に関する件」（昭和21社発387）では，「内務省警保局とも打合済みなるに付為念」との前文があり，「社会事業主務官公吏の他少年教護院職員，少年教護彙員，方面委員，社会事業団体職員，警察官吏等」を活用して，「公園其の他浮浪児の徘徊する虞ある場所を随時巡察して浮浪児等の発見に努め」，「保護者に引渡し又は児童保護施設等に収容する等」の対応が徹底された．同年9月には浮浪児による犯罪の増加・凶悪化に対し，「少年に対する防犯機構の整備について」（昭和21発警108），「主要地方浮浪児等保護要綱」（昭和21発社115）が相次いで発令された．後者は，緊急に対策を要する「主要地方（京浜，京阪神，中京及び北九州）」に，厚生，教育，勤労，警察，司法，鉄道等の関係部課官署等からなる「浮浪児等保護委員会」を設置し，浮浪児の「常時発見」・「一斉発見」・「巡廻発見」を行い，一時保護所・児童鑑別所等の「収容保護所」に送るとされた．実態においても「腰にはピストルを提げた警官を主体に，円陣をえがいて地域一帯の浮浪児を包囲作戦で，トラックに追い込み積み込」むという方法が採られた（全国社会福祉協議会編 1966：28）．こうした「児童狩り込み」は，内務省警保局や地方警察署官が加わっているところからもうかがえるとおり，治安・防犯対策を目的としたものでもあった．しかし，入所先の保護所・児童保護施設も，定員超過のすし詰め状態であり，かつ深刻な食糧難が続いていたため，脱走する児童も少なくなく，狩り込みをくり返すということが続いた[2]．

　1946（昭和21）年10月，GHQは，覚書「監督保護を要する児童の件」にて「今までのところ政府は，貧窮児童のために有する計画を効果的行動に移すのに成功しなかった」と上記対策での失敗を認め，「中央政府の機関」による「児童の福祉に関する全事項に於て，…指導をし責任を取る必要がある」と，新たな児童対策の必要性を提起した（児童福祉法研究会編 1979a：668-669）．すなわち，一般生活困窮者としてのみでは充足できない「the special needs of children[3]」への積極的対応を求めたのである．

---

[2]　「浮浪児保護状況調」からみると，1946（昭和21）年4月は保護820人のうち159人が，5月は968人のうち263人が，6月は907人のうち208人が，7月は1,033人のうち246人が「再保護」である（寺脇編 1996：368）．

上記覚書を踏まえ，1947（昭和22）年1月の中央社会事業協会児童福祉常設委員会「中社協の児童保護法要綱案を中心とする児童保護に関する意見書」における「立法そのものにも積極性を与へねばならないから法の対象は全児童に及ぶ様，構成せられることが必要」との意見，同月の中央社会事業委員会児童対策小委員会「児童保護事業の強化徹底策に関する小委員会成案報告」の「児童福祉法とも称すべき，児童福祉の基本法を制定することが，喫緊の要務である」とする意見も参照しながら，18歳未満のすべての児童を対象とする2月3日付「児童福祉法案」ができる．そして，同年3月の児童局設置，4月から6月にかけてのフラナガン神父による全国的な児童福祉啓蒙活動の展開，5月の全国児童福祉大会開催と，児童福祉に対する気運が醸成されていく中で，いよいよ6月2日付「児童福祉法案」が作成され，同年12月に可決，公布・一部施行された．

本法によって，旧生活保護法第6条および同法施行令第1条における託児事業を営む保護施設は，児童福祉施設とみなされ，入所児童に対する生活扶助費は，本法による措置費により支出するとされた（「児童福祉法施行に関する件」昭和23発児20）．また，翌年12月には，入所児童に対するサービスの質を担保し，かつ不十分な設備・職員配置による劣悪な処遇の排除を目的とする「児童福祉施設最低基準」（昭和23厚令63）が制定された．

なお，民間事業経営者による児童福祉施設への措置委託および運営に対する公的補助は条文で規定されたものの（児童福祉法第35条第2項，第51条），1946（昭和21）年10月のGHQ「政府ノ私設社会事業団体ニ対スル補助ニ関スル件」および同年11月の「都道府県及市町村以外の者の設置する社会事業施設に対する補助に関する件」（昭和21発社143）によって厳格化された．すなわち，「国庫資金」は，「困窮者に対してそれが最も経済的な且実行し易き方法であると認

3） 1946年10月6日付PHW文書"STAFF STUDY"（財団法人社会福祉研究所 1978：72）．なお，公衆衛生福祉局福祉課のエバンスは，1946（昭和21）年11月に「児童福祉」と題する小論を発表し政府に政策課題を提起している．その中で，"The purpose of Child Welfare Program is to provide specialized services to these children, who, because of some physical, mental or social handicap, require specific plans to meet their particular needs."と述べている（財団法人社会福祉研究所 1978：85）．

められたときのみ」,「私設社会事業団体の再興,修理,拡張を行う事に使用してよろしい」という条件であった．そしてその条件は国庫のみならず,「その府縣において…独自に編成した予算（純然たる縣費）がある場合」においても適用された．しかし，憲法が公布されると，第89条解釈により一切の補助を禁止し，措置委託や民間事業経営者への公的補助は当面「陽の目をみないまま」（高田 1951：343）とされた．上記発令時においてGHQは，「公私分離」における公的責任を救済の「管理運営責任」と捉えていたが，憲法第89条の解釈を踏まえ，国の公的責任はサービス提供を行う「実施責任」までを併せもつものとし[5]，結果，民間事業経営者等への委託を認めないとしたのである．

(2) **特殊の対策と身体障害者福祉法の制定**

一方，身体障害者福祉法は，GHQによる徹底した非軍事化政策のため，極めて難航した．傷痍軍人に対する医療および保護制度は，1945（昭和20）年11月の「軍事保護院に関する件」による軍事保護院の保護院と医務局の分割，翌年の保護院廃止，「陸海軍病院に関する覚書」による陸海軍病院・傷痍軍人療養所から国立病院・国立療養所への名称変更および一般人への開放，「恩給及び年金に関する件」による軍人恩給額の厚生年金相当額への引き下げ，1946（昭和21）年1月の覚書「或る種の政党，政治的結社，協会及其の他団体の廃止の件」による大日本傷痍軍人会[6]の解散，同年2月の覚書「社会救済」の「無差

---

4) 「厚生省社会局長宛　社会事業法に基づく私設の施設に対する縣費補助について伺」および「和歌山縣知事宛　社会事業法に基く私設の施設に対する縣費補助について回答」（寺脇編 2010：資料番号011001―2701, 011001―2702）

5) 江口は，GHQが想定していた公的責任とは，「管理運営責任」と「公的責任実施」の「二つの意味を包含していた」と述べる（江口 1996：13-17）．

6) 傷痍軍人の互助組織である大日本傷痍軍人会は，当然，GHQによる本文覚書およびそれに基づく「政党，協会其他結社の禁止等に関する件」（昭和21勅令101）に抵触するため，自発的解散を余儀なくされた．が，その1ヶ月後の1946（昭和21）年2月には，財団法人協助会と名称を変更し，会員である傷痍軍人を対象とした授産事業，義肢修理事業，生活困窮者・重度傷痍者に対する見舞金の支給等の活動を継続した．しかし，協助会も上記勅令の対象であったため，1948（昭和23）年1月，「財団法人協助会の解散等に関する件」（昭和23総・厚令1）により解散となり，同会の事業・財産を厚生大臣が接収・継続した（同省令第2条，第4条）．

別平等原則」に基づく優遇策の全面的禁止によって，徹底的に解体された．傷痍軍人対策からの軍備復活を警戒するGHQは，一般の障害者に対しても「無差別平等原則」から積極的な施策の展開を認めず，経済的自立に向けた再教育や技能修得を促す「失明者保護に関する件」(昭和22社乙発85)，義肢等の修理に生活保護法の適用を指導した「生活困難な傷痍者に対する義肢の調整修理について生活保護法の適用に関する件」(昭和22社乙発87) が発令されたものの，あくまで生活保護制度の枠内での生活扶助や生業扶助が適用されるのみであった．

しかし，上記優遇策の廃止は，当時の身体障害者49万597人の約66％を占めていた傷痍軍人の生活困窮を生み出し，かえって政府の新たなる緊急対策の必要性を生じさせた．さらに一般身体障害者についても，生活保護による金銭給付のみでは充足され得ない「特殊の対策」，すなわち技能取得や職業訓練等が国会でも要求されるようになった．こうした動きに，厚生省は「生活保障」という点における「無差別平等」を掲げ，身体障害者保護対策確立に向けたGHQへの働きかけを強めていった．「傷痍者保護」施策が傷痍軍人の優先・優

---

7) 優遇策としては，例えば，軍人傷痍記章（昭和13勅令553）による傷痍記章の授与の他，「国鉄又は私鉄に無料または割引で乗車する」こと，たばこ等の専売品の「小売人の指定に関して優先権」，「租税の減免」，「農産漁村出身の傷痍軍人の負債処理についての便法」，「子女の育英にかかわる学費補給等」があった（厚生省社会局更生課 1990：5）．

8) 本文のデータについては，財団法人社会福祉研究所 1978：91，173を参照した．なお，全国初の「身体障害者実態調査」(1951) では，傷痍者74万7,285人，うち傷痍軍人23万6,098人であった．

9) 陸海軍病院・傷痍軍人療養所の廃止にともない強制退院させられた「退院不能」傷痍軍人は，白衣姿で街頭に立ち募金活動を行う他なかった．なお，当初，国民はあたたかく迎えたが，横暴かつ説教がましい募金者が増えるにつれ，「白衣募金者」の一掃が叫ばれるようになる（厚生省医務局 1955：214）．成立した身体障害者福祉法第16条第2項第3号の「身体障害者が更生の能力がありながら，こじき，募金その他正常でない行為によって生活していると認めた」場合に「身体障害者手帳の返還を命ずることができる」とした規定は，以上のような実態から加えられた（松本編 1951：52）．

10) 村上によれば，1947（昭和22）年8月，厚生省がGHQに提出した「傷痍者の保護に関する件（第1次案）」では，傷痍者保護について「生活保護法により保護し得る点については勿論之によって保護してなるのであるが，それと同時にその身体的欠陥に応じた特殊の対策を請求することが必要である」と説明している（村上 1987：172）．

遇措置か否かについて，GHQと厚生省による激しい折衝がくり返された末，GHQの態度は軟化し，1948（昭和23）年2月の「傷痍者生活援護に関する件」（昭和23社発1580）による「傷痍者収容施設」の開設，同年7月の失明軍人寮を一般開放する「国立光明寮設置法」の施行，同年8月の身体障害者施策を専管する社会局更生課の設置（昭和23厚生省訓令351），同月末のヘレン・ケラー再来日に端を発する盲人福祉法制定運動（記事1）等，一連の障害者関連施策・行

---

11) 矢嶋によると，1947（昭和22）年の第1回国会では，「傷痍者の保護に関する請願」等4件が，同年第2回国会では5件，1948（昭和23）年の第3回国会では「盲人福祉法制定に関する請願」等6件が請願されている（矢嶋 1997：51）．

12) しかし，当時，厚生省社会局厚生課長補佐であった佐野の「我われの立場からいうと，数万人の傷痍軍人や軍属が，恩給もなくなり，働く職場もないわけですから，厚生省としては，この人びとを社会に送り出すことが，なんとしてもやらなければならない第一の仕事でした」（佐野・實本・仲村 1989：20）や，木村の「あれは何といっても一番問題があったのは，傷痍軍人が街頭や国電の中で物乞いをやっていた．あれが問題になって，傷痍軍人を何とかしなければならぬということを考えていた」（木村・吉田・一番ヶ瀬 1978：31）との言葉から，身体障害者福祉法は，なおも傷痍軍人を対象の中心に据えた保護対策であったことがうかがえる．

13) 村上によると，本文上記「失明者保護に関する件」，「生活困難な傷痍者に対する義肢の調整修理について生活保護法の適用に関する件」に関する時事通信英訳記事に対し，GHQは「無差別平等の原則」に反するとした．それに対し，厚生省は「時事通信の記事について」（昭和22社乙発103）で，その英訳記事は誤訳であり，生活困窮者の保護が「無差別平等でなければならず殊に旧軍人軍属について特別の優先的取扱をしてはならないことは十分に承知して居」ること等を挙げ，誤解を解こうと努力している．また，「傷痍者の保護に関する件（第1次案）」について，GHQは元傷痍軍人に対する恩給停止の代替措置としての優遇策であることを懸念しており，打ち合わせ席上で，「戦争による障害とかの原因別区別を行わないこと」を厚生省側出席者の葛西と確認し合っている．さらに同年10月提出の「同（第4次案）」についても，GHQは「無差別平等でなければならぬ．元軍人が相当いる．それを特に目指してそのために他の不具者の便宜が阻まれないようにせねばならぬ」と回答している（村上 1987：170-173）．木村はのちに，「なかなかそれをやっていいと言わないんですよ．向こうは知っているんだ．傷痍軍人をやるのに決まっていると思っているから，こっちは，身体障害者をやらなければいかぬ，それを言ったら，向こうは，それはいかぬとは言えないわけです．」と述べている（木村・吉田・一番ヶ瀬 1978：31）．また葛西も「身体障害者福祉法の制定というのは，私どもが非常に苦労した問題なんですよ．なぜならば，ネフさんのところに身障者問題を持っていくと，いつもそれはだめだ，生活保護で無差別平等でやれ，傷痍者でも何でも生活保護でたくさんだ，こう言って聞かないんですよ」とふり返る（ネフ・吉田・葛西・松本等 1979：36）．

第 2 章　社会福祉事業法による構成要素の形成期

記事 1　盲人福祉法制定運動

出典　朝日新聞1948（昭和23）年 8 月31日付記事

事により身体障害者のための福祉法制定が大きく注目されるようになった．

　そして同年12月の「傷痍者の保護更生に関する法律案要綱」が社会局更生課内で試案されて以降，少なくとも計12の法案が国会提案に至るまでに作成された．

　第 5 次案（寺脇編 2010：資料番号011103―0401）では，対象規定において「生活能力の減退」が「職業能力が損傷している」と制限され（第 3 条），具体的な障害種別では「結核性疾患，精神障害等」が削除された．対象制限の理由として，社会局更生課の今村は，「精神障害や内臓疾患を含むとすればラインを引

---

14)　ヘレン・ケラーは，マッカーサーの主賓格で来日し，GHQ はその活動に積極的な支援を行った（寺脇 2008：23-24）．

く技術上の困難の問題がある」ことから「判定が比較的容易である感覚機能，運動機能の障害に限定された」こと，「これら（精神障害等：筆者）を含むことによって対象は百万から数百万に及ぶかも知れず，限られた財政力によって之を賄うことは到底不可能である」ことの2点を挙げている（今村 1950：22-23, 厚生省社會局 1950：54-55, 松本編 1951：23, 36）．後者の点は，ドッジラインとシャウプ勧告による財政緊縮のもと，施行年度である1950年度において，更生課による予算要求約37億円に対し配分額は地方財政平衡交付金を合わせても3億7,000万円に留まったことからも裏付けられる．

その後，シャウプ勧告適用年度である1950年度の前に法案を成立させるため，第12次案が衆参両院厚生委員会による同時提案という「複雑な取扱い」（木下 1985：56）で上程され，1949（昭和24）年12月に公布された．

なお，「身体障害者福祉施設」について，第8次案では「身体障害者更生援護施設，医療保健施設及び職業安定施設」を総称する「広義の概念」（「昭和二十四年九月　身体障害者福祉法案」寺脇編 2010：資料番号011103—0801）としていた（第8次法案第5項第1項，第4項）．しかし，「公共職業安定所及び公共職業補導所」を厚生省所管の身体障害者福祉法における「職業安定施設」とする点について労働省が反対した結果（「身体障害者職業補導事業の厚生省移管の反対理由（二四・一・一四）労働省」寺脇編 2010：資料番号011103—1801），広義の概念（「身体障害者福祉施設」）が削除され，「身体障害者更生援護施設」と「医療保健施設」のみとなった．よって条文見出しを「施設」とし，「身体障害者更生援護施設」が身体障害者福祉施設として新たに規定された（身体障害者福祉法第5条第1項）．また第6次案以降，国または地方公共団体が設置するもののみを「身体障害者福祉施設」としており，立法化された「身体障害者更生援護施設」においてもその設置主体規制は引き継がれた（身体障害者福祉法第27条第1項〜第3項）．よって，同施設と同様の業務を行う民間事業経営者による施設は「身体障害者の更生援護の施設」（身体障害者福祉法第38条）として届出制を採り，行政による最小限の指導監督に留め，措置委託すら法制化されなかった．

---

15)　本文の金額については，佐野 1951a：28を参照した．

なお今村は，本法について「一般世上の大きい期待にも拘らず極めて不充分なものとなった」とし，「妥協の決着点」とする．そしてその他の「不充分」な例として，施設入所者に対する「生活費，医療費，訓練費や必要な旅費」につき，「生活保護法とは別に直接この法に基づく支給が為されることが強く要望されていた」にもかかわらず「実現をみない結果となった」ことを挙げている（今村 1950：26）．

(3) 新生活保護法と保護施設への助成

旧生活保護法は，本節第1項で述べたように，国の責任を明示した画期的な法律であったものの，欠格条項（第2条），親族扶養優先（第3条），争訟権の欠落，「補助」機関としての民生委員（昭和21勅令426により方面委員から改称）の継続（第5条）等の問題があった[17]．また1949（昭和24）年2月に愛知県軍政部の指示によって愛知県知事が行った不服申立に関する疑義照会（昭和24社会79）[18]とその回答（昭和24社乙発55），および同年4月の不服申立制度（昭和24厚令17）の導入とその行政解釈（昭和24社乙発106）は，保護請求権の矛盾を露呈させた[19]．

これら問題に対する改善策が同年9月の社会保障制度審議会「生活保護制度の改善強化に関する件」で提起され，1950（昭和25）年5月には当該意見を全面的に受け入れた新生活保護法が制定された．

なお，旧生活保護法も民間事業経営者への委託制度を置いていたが，児童福祉法同様，憲法第89条解釈によりGHQから許可を得ることができず無実化していた．しかしその後，民間事業経営を維持していくための方策がGHQと厚生官僚の折衝によってくり返され，新生活保護法では上記「政府ノ私設社会事

---

16) 松本編 1951：6を参照．
17) なお，本文上記の問題は，旧生活保護法での国会審議においてすでに指摘されていた．庄司議員，坪川議員，山崎議員等の質疑を参照（「官報號外　第九十囘帝國議會衆議院議事速記録第十八號　生活保護法案　第一議會」1946：287，289，291）．
18) 愛知県では，すでに保護について不服がある場合に市町村長等への「異議申立制度」を独自に実施しており，本文の疑義照会は，そもそも当該異議申立制度についてのパンフレットを要保護者へ配布してよいかを問うものであった．
19) 小山 1950：38を参照．他県の不服申立制度や愛知県軍政部の動向については，田中 2005：97-106を，愛知県知事の疑義照会から新生活保護法の保護請求権の形成に至るGHQ内部の憲法解釈や社会局保護課との折衝については，菅沼 2005：242-248を参照．

業団体ニ対スル補助ニ関スル件」にある条件がそのまま条文化される形で，民間事業経営者への財政援助の方途が開かれた（新生活保護法第74条）．

第3項　民間事業経営者に対する助成・監督の必要性

　こうした中で深刻な問題として浮上したのは，新生活保護法によって認可された保護施設以外の民間事業経営者に対する補助であった．1947（昭和22）年から創設された共同募金でも，施設収入の20％に過ぎなかったことから明白であるように，民間事業経営者は寄付・募金等の民間資金による自主的経営が事実上ほぼ不可能であった．しかし，上記「政府ノ私設社会事業団体ニ対スル補助ニ関スル件」および「都道府県及市町村以外の者の設置する社会事業施設に対する補助に関する件」により，民間事業経営者に対する補助金が厳格に制限されていた．さらに憲法公布後における厳格化は，社会事業法の事実上の死文化をもたらし，民間事業経営はいよいよ財政上の窮地に陥った．

　一方，本節第1項で述べたように，第二次世界大戦直後，失業者および生活困窮者が急増していた．しかし，それらに対する経済・労働政策は立ち遅れ，結果，旧生活保護法に基づく授産施設の増加を招いた．授産施設経営事業は困窮者対策において中心的役割を担ったが，中には不明瞭な経理，資材・製品の闇取引，不当搾取によって営利追求を貪る「看板だけの」（岸 1949：4-6）事業者も少なくなかった．厚生省は1947（昭和22）年7月に「授産事業の運営について」（昭和22社乙発112）を発し，事業経営主体を「公共団体又は公益法人もしくはこれに準ずる組織体」とする等，授産施設経営事業の是正の方向を示したが，「その性格に於て明瞭を欠くもの，或いはその経営内容が社会事業として妥当でないものがなお相当数存在」（「授産事業の整理について」前文）することから，1949（昭和24）年8月の「授産事業の整理について」（昭和24社乙発200）および1950（昭和25）年4月の「授産事業の刷新について」（昭和25社乙発51）によって，授産施設経営事業の詳細な運営方針を定め，これを厳格に実施することとした．特に「授産事業の刷新について」では，生活保護法に基づく施設の

---

20)　本間 1950：23を参照．

第2章 社会福祉事業法による構成要素の形成期

記事2　社会福祉事業法案に対する世論

「社會事業屋」を締出す
近く法案提出　收益にも目光る

出典　朝日新聞1951（昭和26）年3月3日付記事

みならず社会事業法によるものについても，事業経営主体を地方公共団体または公益法人に限定し，個人経営を認めないとした．

しかし，度重なる授産施設の不正経営，さらには1948（昭和23）年1月に発覚した寿産院連続乳児殺人事件[21]以降，社会事業に対する社会的信用の回復，すなわち不正防止を目的とした行政監督が大きな課題となって立ち現れた．それは，社会福祉事業法の国会上程についての新聞記事に「"社會事業屋"を締出す」との見出しで「社会事業の美名にかくれて貧困者を食いものにしている團体をふるいにかけ」る法律と紹介され（記事2），本文後述の参議院厚生委員会社会福祉事業に関する小委員会において，社会福祉事業法案の要望事項に「不良社会福祉事業の粛正を断行する」ことが挙げられていることから[22]，社会的にも強く要請されていたことがうかがえよう．

こうした状況の中，「國民社會事業法案」（寺脇編　2010：資料番号010701―0101,

---

21)　新宿の寿産院長とその夫が，預かった乳児100人以上を餓死，凍死，窒息死させた猟奇的事件．1952（昭和27）年，東京高裁で主犯格の院長に懲役4年，夫に懲役2年の判決で結審した．
22)　「第十回国会参議院　厚生委員会会議録」17（1951：1）

PHW―00708.8 April.1948）が1948（昭和23）年2月に姫井議員によって提案さ
れ，同年3月および翌年11月には参議院で「國民社會事業法案」[24]，「社会事業基
本法要綱案」（寺脇編 2010：資料番号010701―1201）が創案される．また，民間
団体である日本社会事業協会においても，同年10月に「社會事業基本法要綱全
國審議會」を立ち上げ，1949（昭和24）年2月に「社會事業基本法要綱」を発
表した（寺脇編 2010：資料番号010701―0301）．

　同年12月には，私立学校法が公布される．当該法案作成段階において，最後
まで「容易に決定せず，…暗礁に乗り上げた」のは，学校法人と憲法第89条と
の関係であった．そこでは，「『公の支配』に属するためには…事業内容，人事
及び財政等にわたって公の機關から具體的に指導又は監督されることが必要で
ある」との見解と「強力かつ廣範な監督權を私立學校に對して設けることは私
立學校の自主性を阻害し，時代に逆行するものである」との見解が対立したと
いう．最終的には，公的補助金・貸付金の支出根拠となる「公の支配」の範囲
で私立学校の自主性を尊重する「妥協案」が私立学校法第59条になった（福
田・安嶋 1950：7．30-35）．ただし，国会参考人であった日本学術会議代表の我
妻は，個人的「意見」として，同条について「この法案の考え方自体ないし
は，行き方自体について，遺憾の念を禁じ得ない」，「公の支配に属する私立学
校とは，これ自身矛盾を含む観念」であり，「一時の窮乏のために，公の支配
に属したという刻印を押されることは，私立学校の矜恃を捨てること…」と，
私立学校の自主性の堅守を訴えており[25]，上記見解の対立の激しさをうかがわせ
る．

23）　姫井議員によって提起された「國民社會事業法案」は，「社會福祉の増進と健康で文化的
　　な國民生活の向上を圖ることを目的」とし（第1条），「國又は都道府縣市町村以外の個人
　　又は團体が經營する社會事業」（第2条）である「國民社會事業」を対象とした法案であっ
　　た．
24）　姫井議員からの提案を受け，参議院法制部が創案した「國民社會事業法案」は，既存法
　　と相まって「國民社會事業を整備し，その健全な発達を助長し，以って社会福祉の増進と
　　健康で文化的な國民生活の向上とを図る」ことを目的とし（第1条），「政府以外の者が経
　　営する社会事業」である「國民社會事業」（第2条）を対象とする法案であった（寺脇編
　　2010：資料番号010701―0201）．
25）　「第六回国会衆議院　文部委員会議録」7（1949：5）

しかし，こうした学校法人と憲法第89条との関係は，最初期の法骨子である「社会事業法案改正要綱」において，「社会事業法人」を創設し「社会事業の公共性を高め之に對する監督を一層嚴にすると共に必要により之を公の支配に属せしめ私立學校同様に公費の補助の道をひらくこと」とあるように，民間事業経営者に対する公的助成実現への大きな足がかりとなった（寺脇編 2010：資料番号010701―0601）．

　以上のような経緯により，厚生省内部において，いよいよ1950（昭和25）年初頭から本格的に法案作成が開始された．1950（昭和25）年5月に改正された医療法（昭和25法122）第4章による医療法人制度[26]，同月の更生緊急保護法第5条における更生保護事業経営者[27]，そして同年10月に提出された社会保障制度審議会による「社会保障制度に関する勧告（以下：「1950年勧告」）」における「特別法人制度」による公共性向上についての提言[28]は，民間事業経営に対する公的助成，ひいては社会事業を網羅する法律の立法化の必要性をさらに確固たるものとした．上記学校法人における議論とは対照的に，公的助成と公の支配について民間事業経営者側から大きな異議が出されなかったのは，戦前の救護法や社会事業法，あるいは新生活保護法においての既存経験があり，また上記のとおり深刻な財政危機に瀕していたからだろう．

第3節　法案段階における社会福祉事業

第1項　本研究の対象法案

　上記のような背景から作成された法案のうち，本研究において検討するの

---

26) 蟻塚は，「25年医療法改正において第5条で医療法人を規定しており，これらも念頭において作業は続行することとなった」と述べている（蟻塚 1999：42）．
27) 黒木 1951a：545，同 1951b：62参照．なお，学校法人制度が社会福祉法人創設の参考とされたことは多くの先行研究で指摘されているが，緊急更生保護法における更生保護会との関連についてはあまり触れられていない．
28) 同勧告では，「特別法人制度の確立等によりその組織的発展を図り，公共性を高めることによって国及び地方公共団体が行う事業と一体となって活動しうるよう適当な措置をとる必要がある」とした（社会保障制度審議会 1950）．

は，表4に掲げる14法案の社会福祉事業関連条文である．

これら以外にも，1949（昭和24）年末の社会事業法改正案，1950（昭和25）年7月12日付の法案（寺脇編 2010：資料番号010805―0101），第5章福祉地区のみに関する法案（寺脇編 2010：資料番号01706―0601，01706―0602）が確認できるが[29]，本研究では，社会福祉事業に関する条文が検討できる上記14法案に限定して考察する．

なお，50年1月25日法案は「法案要綱」であるが，本研究では厚生省として開示した最初の「法案」とみなして考察対象に加える．酷似した法案（50年1月23日法案）が「法案要綱」（50年1月25日法案）より先に創案されている点については，「急ぎ法案を完成させたために」，「局内などでの折衝用に，『要綱』と名付けたものを作成する必要があった」とする寺脇の見解が妥当であろう（寺脇 2013：14）．

また，50年4月法案としたものの謄写には，手書きで「昭和二十五年四月」と記されているのみであり，その年月の真偽は不明である．この点につき小川は，「昭和二十五年全国社会事業大会要綱」（昭和二十五年全国社会事業大会事務局）に「四月基本法第一案，五月同第二案，六月同第三案」とあること，本法案第1条に「生活保護法（昭和二十五年法律第　号）」とあり新生活保護法が「未だ法律番号を附して公布されていない段階であること」から，「四月第一案とみるべきであろう」としている（小川 1990：38）．本研究は，小川の見解に従って50年4月法案とする．

さらに50年10月法案は，GHQ／PHW史料として英訳された法案である．この法案にも年月が記されていない．しかし，1950（昭和25）年10月19日に黒木社会局庶務課長が当該法案について PHW に状況報告を行っており（PHW―00712. 19 October. 1950），その際，添付資料として提出された可能性が高い．また，法名称に「社会福祉事業」を使用していること，第2条において個別分野法の事業を適用事業としていないこと，同条で「社会事業法の適用を受ける事

---

[29] 中川は「福祉に関する事務所」に関する部分だけでも「約二十回も印刷をし直した」と述べており（中川 1980：82），それを含めれば他にも多数の法案があったといえる．なお，吉田 1979a：486，熊沢 2000：141も参照．

第2章 社会福祉事業法による構成要素の形成期

表4 社会福祉事業法案の名称および関連条文

年月日	法案名称	作成主体	本研究における略称	理念	対象事業の範囲	事業種別	法的手続	経営主体	質確保施策	利用者の利益
1950年1月23日	社会事業基本法案	社会局庶務課	50年1月23日法案	第2条 第3条 第4条	第5条	第6条 ※1	第160条 第37条 第41条	第6条	第156条 第157条 第158条	第155条 第35条 第38条
1950年1月25日	社会事業基本法案要綱	厚生省	50年1月25日法案	第1 第2 第3	第4	第5 ※1	第160 第36 第40	第5	第156 第157 第158	第155 第37 第38
1950年4月手書	社会事業基本法案	厚生省社会局庶務課	50年4月法案	第2条 第4条	第5条	第6条 ※1	第35条	第6条	第38条～第41条	第36条
1950年5月20日	社会福祉事業基本法案	厚生省社会局	50年5月法案	第3条 第4条	第2条	―	―	―	―	―
1950年6月1日現在	社会福祉事業基本法案	厚生省社会局	50年6月法案	第3条	第2条	―	―	―	―	―
1950年9月	社会福祉事業基本法案	日本社会事業協会編	協会案	第3条	第2条		第45条～第47条	第4条	第33条～第41条	第48条
―	SOCIAL WELFARE WORK FUNDA-MENTAL BILL	General Affairs Section Social Affairs Bureau Ministry Welfare	50年10月法案	第3条	第2条		第26条	―	第29条～第32条	第27条
1950年11月	社会福祉事業基本法案	厚生省	50年11月法案	第1条 第2条	第3条	第3条 ※1	第24条	第3条	第26条～第28条	第25条
1951年1月	社会福祉事業基本法案	厚生省	51年1月①法案	第1条 第2条	第2条	第3条	第22条	第3条	第25条～第28条	第23条
1951年1月	社会福祉事業法案	厚生省	51年1月②法案	第1条 第2条	第2条	第3条	第22条 第23条	第3条 第22条	第26条～第28条	第24条
1951年2月6日	社会福祉事業法案	―	51年2月6日法案	第2条	第2条	第3条	第21条	第3条	第24条～第28条	第22条
1951年2月24日	社会福祉事業法案	―	51年2月24日法案	第3条	第2条	第2条	第57条～第59条 ※2	第4条	第65条～第70条 ※2	第60条 ※2
1951年2月28日	社会福祉事業法案	厚生省	51年2月28日法案	第3条	第2条	第2条	第57条～第59条 第62条～第64条	第4条	第65条～第70条	第60条
1951年3月1日	社会福祉事業法案	―	51年3月法案	第3条	第2条	第2条	第57条～第59条 第62条～第64条	第4条	第65条～第70条	第60条

※1 明確な種別区分はないが,事業経営主体制限に相当する条文
※2 法案そのものに手書きの修正メモが多数挿入・記入されており,当初の51年2月24日法案の条文か否かが未明

業」を対象としておらず附則第2条で「社会事業法を廃止する」としていること，第3条「社会福祉事業の本旨」があること，附則第1条で施行期日に，「date ,1950」，とあることを踏まえると，協会案以降50年11月法案以前に作られた可能性が高い．よって本研究では当該法案を10月法案と仮定して論じる．

　協会案は日本社会事業協会による上記「社會事業基本法要綱」に50年6月法案を踏まえた修正を加えたものであり，厚生省による法案ではない．しかし，以降の厚生省（社会局）案に少なからぬ影響を与えたことがうかがえるため，考察対象に含めておく．[30]

　ちなみに，序章第2節第1項で挙げた51年法制定過程を論じた先行研究では，寺脇 2013：5-27以外，50年10月法案，50年11月法案，51年1月②法案，51年2月6日法案，51年3月法案を取りあげていない．その点からも本研究は51年法立案過程の解明において一定の貢献を果たすと考える．

第2項　法案過程

　本項は，上記14法案の社会福祉事業に関連する条文を中心に検討する．法案をより詳細に時期区分すれば，50年1月23日法案から50年4月法案を「素案期」，50年5月法案・6月法案を「基本法案期」，協会案をはさみ50年10月法案から51年2月6日法案までを「社会福祉事業定義試案期」，51年2月24日法案以降を「共通事項規定法案期」とすることができる．[31]

(1)　素　案　期

1) 50年1月23日法案・50年1月25日法案

　この時期は，前節第3項でふれた「國民社会事業法案」等を踏まえ，社会局

---

[30]　黒木 1951a：68を参照．また，中川は，同法案要綱が「今日の社会事業基本法案に対して，その骨子の或部分を提供していると称しても差支えなかろう」としている（中川 1950：5）．

[31]　寺脇は，1948（昭和23）年〜1949（昭和24）年までの参議院，社会事業関係者，社会局庶務課等による試案を「第一期」，1950（昭和25）年1月〜9月までの法案を「第二期」，1950（昭和25）年10月〜1951（昭和26）年3月までの法案を「第三期」と区分している（寺脇 2013：7-9）．

庶務課内で具体的な立法作業を開始した時期である．よって黒木の意向を強く反映したものであり，また法律として不十分な点が多いものでもあった．

まず理念では，50年1月23日法案は，「個人の尊嚴をあらゆる社会関係の基礎として，すべての國民が等しくその保障せられた生活水準を向上し，民主的で文化的な生活を保持し得るよう，互に協力しなければならない」（第2条），「国は，國民が人たるに値する生活を営むに必要な生活の保障と援護を行う責任を負う」（第3条），「社会事業は，前二條に規定するところに従い，援護を要する人に対して，人間の完成をめざし，平和的な国家及び社会の形成者として，その能力と機能を発揮しうるように援護するものでなければならない」（第4条）とした．第2条の「個人の尊嚴」を「あらゆる社会関係の基礎」と置く点に憲法第13条が，第3条の「人たるに値する生活を営むに必要な生活の保障」に憲法第25条第1項が，そして第4条「平和的な国家及び社会の形成者」としての「人間」の「完成」を目指すところに憲法前文が大きく影響していることがわかる．50年1月25日法案第3でも，1月23日法案第4条の「人間の完成」が「自立」に変更された以外ほぼ同旨であり，これら2つの法案は，とりわけ憲法との関連を強く意識した法案であったことがうかがえる．社会事業協会は，本法案総則を「憲法の條項と照應するものであり，…新しく社会事業の基本的性格を，法的に示したものとして意義深いものが窺える」として評価した（谷川 1950：2-3）

また対象事業においては，50年1月23日法案・50年1月25日法案いずれも，「一　生活保護事業／二　医療保護事業／三　経済保護事業／四　児童保護事業／五　身体障害者保護事業／六　その他政令で定める事業／七　前各号の事業に関する連絡助成，調査又は研究をなす事業及びその連絡をなす事業…」と7つの大まかな分野で列挙するに留まり，具体的な事業名を挙げていない（50年1月23日法案第5条，50年1月25日法案第4）．また事業経営主体を「前條に定める社会事業は，國，地方公共団体，社会事業団体，社会事業法人及び別に法律で定める日本赤十字社でなければこれを行うことができない」としており（50年1月23日法案第6条第1項，50年1月25日法案第5第1項），基本的にすべての社会事業に対し事業経営主体の制限がかけられている．事業経営主体制限につ

いては,50年1月23日法案が社会局庶務課案であることから,法立案の中心にいた黒木による「ほとんどの社会福祉事業は社会福祉法人が経営すべき」とする見解(戸沢 1982b:64)を反映したと思われる.黒木が「ほとんどの社会福祉事業は社会福祉法人が担うべき」と主張する理由は,「個人の行う事業には安定性と継続性なく,又経済と経理が混淆され,弊害を伴いがちなことが問題となり,先ず授産事業について,経営主体を制限し,…この思想が社会福祉事業法に規定された経営主体の問題である」(黒木 1951c:12)と述べている点からうかがえるとおり,本章第2節第3項で述べた不正事業経営者の排除と社会福祉事業の信用回復のためであった.また,「民間団体に対する財政援助の問題を解決するために社会福祉法人制度が考え出された」(黒木 1951b:65)とも述べており,民間事業経営者すべてを社会福祉法人にすることによって,社会福祉事業の安定的財政が可能になると想定したからでもあった.

事業手続では,50年1月23日法案・50年1月25日法案ともに,公的社会事業施設と私的社会事業施設に分けて定められている.私的社会事業施設は,市町村が社会事業施設を設置するための手続を準用し,設置については「省令の定めるところにより都道府縣知事の許可を」,休止または廃止の場合は「政令の定めるところにより,都道府縣知事の許可を」受けなければならないとされていた(50年1月23日法案第160条,第37条第2項,第41条第2項,50年1月25日法案第160,第36,第40).

同様に,私的社会事業施設の基準においても,公的社会事業施設の運営に関する条文を準用し,「すべての生活部面について適正を期し,その構造及び設備は,衛生上防火上及び保安上適切と認められるものでなければならない」とされた(50年1月23日法案第155条,第38条,50年1月25日法案第155,第38)[33].

また事業監査については,都道府県知事による報告の徴収,会計簿等の検査,上記基準に達していない場合の改善命令,施設の使用制限もしくは事業停

---

32) 黒木 1951a:67-68,厚生省 1951:247等を参照.
33) しかし,公的社会事業施設における「厚生大臣が定める設備及び運営に関する基準」を,私的社会事業施設にも準用する意図があったかについては定かではない(50年1月23日法案第160条,第39条参照).

止，行政処分に違反した場合の許可の取消等の権限を規定した（50年1月23日法案第156条～第158条，50年1月25日法案第156～第158）．

2）50年4月法案

50年4月法案からは「國民の社会的責任」を見出しとする条文が消え，「国及び地方公共団体の責任」を見出しとする第2条「国及び地方公共団体は，すべての国民が健康で文化的な生活を保持できるよう必要な援護を行うとともに，国民相扶の精神に基く私人の行う社会事業を奨励助長し，もって日本国憲法第二十五條の理念の実現に努めなければならない」における「国民相扶の精神」という表現に集約された．が，同条の「すべての国民が健康で文化的な生活を保持できるよう」，「日本国憲法第二十五條の理念の実現」および第4条「社会事業は，個人の尊嚴に基き，援護を要する人に対して，自立してその能力と機能を発揮し，平和的な国家及び社会に貢献する成員となるように援護するものでなければならない」における「個人の尊嚴」，「平和的な国家」等，憲法との関連を強く意識した点は，上記2つの法案と同様である．また第2条は，「私人の行う社会事業を奨励助長し」という表現から，民間事業経営者に対する助成を意図していることがわかる．

対象事業では，第5条で「一　生活保護法の適用を受ける事業／二　児童福祉法の適用を受ける事業／三　身体障害者福祉法の適用を受ける事業／四　その他政令で定める事業…」と既存個別分野法の「適用」事業を主たる対象事業として明示するとともに，第6条「援護を要する者を施設に収容して援護をなす事業は，国，地方公共団体又は別に法律で定める日本赤十字社若しくはこの法律により社会事業施設の設置の許可を受けた社会事業法人でなければ行うことができない」と，初めて事業別に経営主体が制限された．「収容」施設経営事業にのみ経営主体の制限を課す規定は，上記2つの法案からすれば条件緩和となるのだが，50年4月法案においてそれが意図されたのは，ほぼ同時に公布（5月4日）された新生活保護法第40条・第41条において，本章第2節第3項で述べた授産施設の不正経営を払拭すべく，保護施設設置主体を都道府県，市町村および公益法人に限定したことが関係したと考えられる．

なお，熊沢は，「同月（1月：筆者）末から2月にかけて」の「民間の社会事

業は社会事業法に規定するのでよい」との「GHQ」による「発言」から，50年4月法案第1条「目的」に「国及び地方公共団体の行う社会事業の運営に必要な基本的事項を確立する」ことが挙げられたとし，「公的社会事業を中心とした法案となった」という（熊沢 2000：130）．しかし，本研究では，以下より，相違する見解を採る．第1に，熊沢は，木村忠二郎先生記念出版編集刊行委員会 1980：519-521から当該箇所を引用しているが，「民間の社会事業は社会事業法に規定するのでよい」と述べた主体は同著に記されておらず，よってそれがGHQのコメントであるかは不明である．この点につき秋山は，当該コメントを木村自身のものとし，「その（社会福祉事業の：筆者）『純粋性』を保持しようと考えていた」とする（秋山 1981：47）．本研究においても，本章第2節第2項で述べたGHQの憲法第89条解釈，シャウプ勧告での法人見直し，身体障害者福祉法に規定された事業経営主体制限等の状況から，また当該コメントの前に「保護施設という制度によって私の施設に公の手が入りすぎて私の社会事業の創意工夫と努力とが減殺されることになる虞がある」（木村忠二郎先生記念出版編集刊行委員会 1980：520-521）との記述があることから，当該コメントは木村自身の見解であると考える．当該コメントにある「社会事業法」は，このコメントが「50年2月3日」付けであることから，50年1月25日法案を指しているのであろう．第2に，50年4月法案第5条は，「市町村その他の者」あるいは「公益法人」による経営を認めていた児童福祉法や生活保護法の「適用事業」（児童福祉法第35条第2項，生活保護法第41条第1項）をも「社会事業」として対象に包含している．第3に，熊沢が引用する第1条の後段は，「公私社会事業の全分野における組織的発展を図り」となっている．

　以上より，50年4月法案に「公的社会事業」を中心とする意図があったとは捉え難い．熊沢が挙げた第1条は，「国及び地方公共団体の行う社会事業の運営」に必要な基本的事項，すなわち社会事業審議会，民生地区，社会事業職員，社会事業従事者試験等の「確立」を目的としていたとの解釈が妥当ではないかと考える．

　社会事業の事業手続に関しては，「公的社会事業」・「私的社会事業」の区分を廃止し，「社会事業施設」の章を設けている（50年4月法案第6章）．そして，

第2章　社会福祉事業法による構成要素の形成期

上記「援護を要する者を施設に収容して援護をなす事業」の事業経営主体の制限規定と関連し,「社会事業法人又は日本赤十字社が社会事業施設を設置,休止又は廃止しようとするときは,…都道府県知事の許可を受けなければならない」としている（50年4月法案第35条第1項）. ただし,「他の法律により認可を受けた場合には, その認可をもって前項の許可と見做す」（同条第2項）とされたため, 本法案による「許可」を他法の「認可」とみなすという法規定上の問題をはらんでいた.

施設基準および事業監査に関する条文は,「公的社会事業」・「私的社会事業」区分の廃止にともない統合された以外は, ほぼ50年1月23日法案を踏襲した（第36条～第40条）.

(2) **基本法案期**

50年5月法案および50年6月法案は, 個別分野法の上位法として, すなわち「基本法」としての位置づけを意識した法案であったと考える.

1) 50年5月法案——「社会事業」から「社会福祉事業」へ

まず50年5月法案において,「社会事業」が「社会福祉事業」へと変更される点が注目される. その変更の理由として51年法成立直後に刊行された行政執務提要は,「社会事業の分野も愈々廣く, 所謂人間の基本的要求の総てに應ずべきこととなり, 機能の分化は技術の深味を増し, 従來の消極的な慈善乃至救貧事業の域を完全に脱するに至った. 此の為に, 社会事業は…今や社会福祉事業と呼ばれる傾向にある」としている（厚生省 1951：2）. 本法立案の中心にいた木村も,「消極的な貧困の状態におちいったものを保護するにとどまらず, 貧困の状態におちいることを防止することから, さらにすすんでは積極的な福祉の増進までをもその目的にふくませたいという意気込みをあらわしたもの」と同旨の見解を示している（木村 1955：15-16）. 黒木も,「児童福祉法, 身体障害者福祉法等の福祉という字句と概念の解釈から社会事業法という語を社会福祉事業法と改めるに至り…」と, 既存二法にある「福祉」の概念を引き継いだとする（黒木 1951b：68）. そしてその定義を「単に一部の人々にたいする救貧法にとどまらず, 防貧さらに広く積極的な社会全般の福祉の増進を図ること」とし,「児童福祉法において福祉ということばが, …社会福祉事業法にお

73

いて，あらたに社会福祉事業ということばが用いられたのも，この積極面をあらわしたいという考えにほかならない」と述べる（黒木 1952：56）[34]．

いずれも「社会福祉」への移行は，経済保護中心から基本的要求全般への拡大，および救貧的・事後的事業から防貧的・積極的事業への展開を根拠としていることがわかる．

しかし，木村は一方で，「社会福祉事業と社会事業とがどういう関係になるのかについては，まだきまっているとはいえないようである．わたしなども，…この二つを同じもので，つかう気持ちにいくらかちがいがあるといったようなことでお茶をにごしているのであるが，実際には，福祉ばやりからきたので，いずれにせよ，理屈はあとからつけるというものであろう」と告白している（木村 1961：70）．退官後も「社会事業というのじゃ変える意味がないからね，あのころ社会福祉というのがはやったから，それだけのことなんです．別に何の意味もない」，「（社会事業と：筆者）だいたい同じなんですよ．だから突っ込んで理屈をつけるためには，ああいうことを言わなければしょうがないんじゃないですか」，「『社会福祉』という言葉はむしろ憲法の関係から来ているのじゃないかと私は思います．自然そうなっちゃったので考えたものじゃないのです」と発言をしている．「『解説』（『社会福祉事業法の解説』：筆者）のなかには，『予防的』という言葉を入れていらっしゃいましたね」と確認する一番ヶ瀬にも「そういう理屈は後からつけたんですよ」と否定する（木村・吉田・一番ヶ瀬 1978：33-34）[35]．また，黒木も「…こうして社会福祉事業法が制定公布

---

34) 当時，厚生事務官であった飯原も「社会事業」の「本質たるや如何にと問えば，…保護を与え救済を行なう人々の心理的満足に専ら重きが置かれるに止まり，為に著しく主観的・恣意的な行為に走る傾向があ」り，また「貧困者に対する経済的な給付を第一義なもの」としていたが，「『要保護性』を経済上のそれにのみ限らず…何等かの『社会的調整』を要することとして，単に救貧に止まらず進んで『貧乏線』以上の福祉まで保障せんとするのが近似に於る斯業の課題となってきている」とし，よって「『社会事業』をもってしては到底新しい事業内容まで意味することが困難である」ことから，「社会福祉事業という名称に変更された」とする（飯原 1951：6）．

35) なお，こうした木村の述懐から，百瀬は「社会事業よりも積極的な福祉の増進を目的に社会福祉事業と改称した，と後世講学上もっぱら木村著を根拠にのべていた幾多の著書論文は，本人のこの回想で論拠を失ってしまった」とする（百瀬 2002：84）．

されるに至るのであるが，これによって社会（福祉）事業体系の基礎がようやく定まるに至った．この法律の劃期的意義は，社会福祉事業体系の整備拡充によるわが国の社会事業の現代化の達成にあり，戦後六ヶ年にわたって，発達してきた現代社会事業は，ここで一応の整備をみる…」（黒木 1958：462）と，「社会福祉事業」，「社会（福祉）事業」，「社会事業の現代化」あるいは「現代社会事業」をそれぞれの定義を明確にしないまま混然と使用する．そもそも当該文章がある著書『日本社会事業現代化論』は，一貫して「社会事業」という語句を使用している．黒木自身の定義の曖昧さは，例えば「社会事業」と「福祉事業」の混在のごとく，他著書でも散見できる（黒木 1952：188-189）．

　以上より，法立案者にとっては，建前とは裏腹に「社会福祉事業」という語句にさしたる意味はなく，「社会事業」とほぼ同義語であったことがうかがえる．

　ではなぜ「社会福祉事業」という語句を，50年5月法案以降に使用せざるを得なかったのであろうか．上記木村発言を糸口に，史実を整理しながら推察する．

　まず「社会福祉」は，木村発言にあるように「憲法の関係から来」た語句であった．すなわち，憲法第25条第2項の審議過程において，当初 social welfare の訳語として使用されていた「社会的福祉」（1946（昭和21）年2月のマッカーサー草案第24条）あるいは「社会の福祉」（同年3月の憲法改正草案要綱第23および4月の憲法改正草案第23条）が，衆議院本会議で「社会福祉」という造語になったのである[36]．現に，憲法審議の間に成立した旧生活保護法第1条は「…社会の福祉を増進することを目的」としていた．そして憲法制定直後から，郵便貯金法（昭和22法144）第1条，地方財政法（昭和23法109）第9条，学術会議法（昭和23法121）前文，改正地方自治法（昭和23法179）第2条，民生委員法（昭和23法198）第1条，厚生省設置法第4条（昭和24法151），お年玉つき郵便葉書等の発売に関する法律（昭和24法224）第5条，国土総合開発法（昭和25法205）第1条等，法目的に相当する条文に使用され，木村発言にある「福祉ばやり」を

---

[36] 憲法第25条の制定過程については，高柳・大友・田中編 1972：170-176，佐藤・佐藤 1994を参照．

うかがわせる．これら法令はすべて幸福な「状態」という意味で「社会福祉」を使用した．

しかし，社会福祉主事の設置に関する法律（以下：「社会福祉主事法」）以降で「社会福祉」の意味が変化する．「社会福祉主事法」は，新生活保護法の国会審議過程において，「社会福祉主事」が「単に生活保護制度の運用においてだけでなく，広く児童福祉法および身体障害者福祉法においても採用されるべき」として支持され（三和 2000：210），山下議員他6名による議員提案という形で，急遽，上程されたものである．その第2条第1項第4号および第2項において「社会福祉事業に従事している者」を社会福祉主事任用資格要件の1つと規定しており，これが「法文上社会事業という言葉に代えて社会福祉事業と使用された最初」とされている（厚生省 1951：295）．

厚生省は，「社会福祉主事法」成立後，本条にいう「社会福祉事業」を「生活保護事業，児童福祉事業，身体障害者福祉事業，その他概ね厚生省社会局，児童局及び引揚援護廳援護局の所管に属する事務の系統に属する事業」と説明した（厚生省 1951：295）．つまり，「社会福祉主事法」によって，「社会福祉」は幸福という抽象的状態という意味に加え，その手段たる具体的な事業の総称的意味を併せもつことになったのである．

「社会福祉主事法」は，1950（昭和25）年4月29日上程後，同日衆議院厚生委員会でのわずかばかりの質疑応答を経ての採決，参議院厚生委員会の審査を省略しての本会議可決，翌30日の衆議院本会議可決とわずか2日間で成立し，5月15日に公布された．

そしてその5日後に50年5月法案が出されることとなる．よって，50年5月法案以降に「社会福祉事業」へ変更された背景には，憲法制定以降の法令における「福祉ばやり」の様相があったこと，そして直接的には，「社会福祉主事法」が「社会福祉事業」を条文に規定したことがあったといえよう．

なお，「社会福祉主事」という名称は，社会事業主事を参考としたものであろう．「地方社會事業職員制」（大正14勅令323）は，「地方ニ於ケル社會事業ニ関スル事務ニ従事セシムル為北海道地方費又ハ府縣費ヲ以テ…左ノ事務職員ヲ置クコトヲ得」とし，「社會事業主事」と「社會事業主事補」を規定しており，

第2章 社会福祉事業法による構成要素の形成期

これに準じたと考えられる[37]．しかし，「社会福祉主事法」を提案した議員がなぜ「社会福祉事業」という語句を使用したのか，厚生省は山下議員らが提出する前に上記「社会福祉主事法」第2条の語句表現を把握していたのかについては不明である．

　前者については，提案議員の中でもさほどの思慮はなく上記「福祉ばやり」からのことではないか．なぜなら，当該法の厚生委員会および本会議審議において「社会福祉事業」の名称や概念に関する質疑応答は皆無だからである．また，国会で最初に「社会福祉事業」を口にしたのは，第1回国会参議院本会議で児童福祉法案についての厚生委員会審議経過を説明した塚本厚生委員会委員長であるが（「第一回国会参議院会議録」55（1947：18）），当該委員会において塚本以外で「社会福祉事業」という語句を使用した者はおらず，塚本も他の箇所では「社会事業」を用いていることから，塚本自身による言い誤りであろう．その後も，1948（昭和23）年5月の参議院厚生委員会での姫井議員による発言（「第二回国会参議院　厚生委員会会議録」3（1948：7））や，同年6月の衆議院厚生委員会に池谷議員らが提出した請願（「第二回国会衆議院　厚生委員会議録」9（1948：1））等に「社会福祉事業」がみられるが，前後の脈絡あるいは当該請願内容から「社会事業」との単なる混同と考えられる．いずれも，木村の述懐にある「自然そうなっちゃった」，あるいは「憲法からきた」「福祉ばやり」がうかがえよう．

　後者については，新生活保護法に関する衆議院厚生委員会で，早くも木村が「（社会福祉主事と民生委員は：筆者）常に密接な協力関係がなければならぬ．この関係を充分明らかにすることによりまして，今後は両者が相提携して，日本の社会事業制度の全般をうまく運営いたして行くようにいたしたい」と答弁していることから[38]，厚生省は当初より社会福祉主事を他の福祉法関連行政事務ま

---

37) 社会事業研究生制度および社会事業主事制度創設の過程や任免・待遇等の実態については，藤田・阪野 1985：75-123を参照．また，社会事業主事の具体的業務に関しては三上 1981：383-402を参照．なお，三上は「社会事業研究生」修了者であり（日本社会事業大学社会事業研究所 —：8），愛知県の初代社会事業主事として愛知県方面委員制度創設に貢献した人物である（永岡 2006：117-119）．

38) 「第十回国会衆議院　厚生委員会議録」17（1951：6）

で包含した任用資格にする予定であったと考えられる．よって，山下議員らによる「社会福祉主事法」提案は，あらかじめ厚生省も承諾していたのであろう[39]．にもかかわらず，「社会福祉主事法」第2条第1項第1号にある厚生大臣の指定科目に，「社会事業」という語句が依然として使用されているのは（「社会福祉主事の資格に関する科目指定」昭和25厚告226），個々の条文の具体的な語句表現までつき詰めて摺り合わせをしていなかったからであろうか．木村回顧での「自然そうなっちゃった」という言葉は，こうした混然とした状況を表しているのではないかと考える．

　以上のように，「社会事業」から「社会福祉事業」へ変更された真相は，表向きの理由に比して消極的・受動的であった．そしてこの変更が，周知のとおり，その後の社会福祉学界における対象規定の錯綜をもたらすことになる[40]．

　いずれにしても，50年5月法案は「社会福祉主事法」を踏まえた名称変更であり，以降の法案ではすべて「社会福祉事業」を使用している．

　2）基本法としての50年5月法案・50年6月法案

　50年5月法案第1条は，「この法律は，社会事業法（昭和十三年法律第五十九号），児童福祉法（昭和二十二年法律第百六十四号），身体障害者福祉法（昭和二十四年法律第二百八十三号）及び生活保護法（昭和二十五年法律第百四十四号）の施行について，その適正な運営を期するために必要な基本的共通事項を確立するとともに，社会福祉事業の全分野における組織的発展を図り，もって社会の福祉を増進することを目的とする」と，それまでの「基本的事項」の確立から「基本的共通事項」の確立へと修正された．これに対し，民間事業経営者から，「公私社会事業の憲章として期待された基本法が通則となってしまっておる」

---

39) 当時の保護課長小山と「社会福祉主事法」を国会に提案した山下議員は，山下が福祉業界出身ということもあり，「生活保護制度の改善強化に関する件（勧告）」立案過程においてすでに近しい関係にあったようである（厚生省社会局保護課編 1981：116）．よって「社会福祉主事法」を国会に提出する際，社会局保護課の了承は得ていたと考える．

40) 「社会事業」および「社会福祉事業」の語義については，竹内 1952：5-10，孝橋 1952：11等を参照．その他，高度経済成長期以降の政策・実践を「社会福祉事業」とする見解として吉田 1974：2を，社会福祉の対象規定に関する諸説・論争・混迷については真田編 1979：220-258，古川 2005：367-410等を参照．

(中川 1950：6)，「…当初は，…基本的事項を確立する性格をもたせていたが，…遂に現行社会事業関係法規の共通事項を定める共通法的性格のものとなってしまったことは最も遺憾とするところ」(山口 1950：11)との批判的見解が示された．その根拠として，山口は「生活保護専門分科会」の規定が「現行法はあくまで優先し，現行法に洩れているものを取上げている」こと，「生活保護法その他の法律に，施設についての規定がある」ことを挙げる（山口 1950：13）．しかし筆者の見解は，後述のように，むしろ50年5月法案，50年6月法案において基本法的性格が鮮明になったと考える．すなわち，「生活保護専門分科会」は，基本的共通事項である「社会福祉審議会」の分科会の1つとして規定されており，「施設についての規定」は個別分野法にて規定し，本法はあくまで基本的共通事項に限定して規定する意図があったと捉える．

さて，理念については，条文見出しを「社会福祉事業の本旨」と変更し，「社会福祉事業は，個人の尊厳と社会連帯の理念に基き，援護育成を要する者に対し，平和的な国家及び社会の成員として，その能力を発揮できるよう，援護育成を行うものでなければならない」（50年6月法案第3条）と，その中核に「個人の尊厳」とともに「社会連帯」を追加している点が注目される[41]．厚生省社会局にとって50年6月法案は「社会福祉事業体系の整備確立を期するものであって，理想案…」（「社会福祉事業法案作成の経緯（二六，二，一二）」寺脇編 2010：資料番号010703―0601）とされ，公表されたことからもうかがえるように，理念として一定の完成度を具備したといえよう[42]．それは，協会案第3条「社会福祉事業の本旨」および50年10月法案も同案をほぼ踏襲したものであったことからもうかがえる．

また「国及び地方公共団体の責任」は，50年4月法案と同様の内容で第4条に移動し，50年6月法案以降，条文見出しは「行政準則」と修正された．

対象事業について50年6月法案は，「一　生活保護法（昭和二十五年法律第百四十四号）の適用を受ける事業／二　児童福祉法（昭和二十二年法律第百六十四号）の適用を受ける事業／三　身体障害者福祉法（昭和二十四年法律第二百八十

---

41)　50年5月法案第3条は，「援護育成」が「援護扶育」となっていた他はほぼ同旨．
42)　黒木 1951a：68．厚生省 1951：247-248等を参照．

三号）の適用を受ける事業／四　公益質屋法（昭和二年法律第三十五号）の適用を受ける事業／五　社会事業法（昭和十三年法律第五十九号）の適用を受ける事業」（50年6月法案第2条）と，社会事業法を改正した上で復活させている点に特徴がある[43]．

　熊沢は，改正社会事業法案について，「特別法人…ではない民間団体を対象とした法律となる構想」であったとし，「そうした民間団体も野放しにするのではなく，最小限の規定のみの法を適用するという考えを示しているのであろう」とする（熊沢 2000：131）．「最小限の規定」とは，「厚生大臣が設備および運営に基準を定めるとしつつも，従来の社会事業法にあったような委託や寄付金募集の許可の規定はない」というものであった．よって50年5月法案は，「国および地方公共団体や特別法人らの行う事業に限定したものとなった」という（熊沢 2002：102）．

　しかし，社会事業法第1条および勅令「社会事業法第一条ノ規定ニ依ル事業指定ノ件」（昭和13勅令445第2条）からすれば，改正社会事業法案の実質的な対象事業は，50年4月法案以前に社会事業として列挙されていた「その他政令で定める事業」であったのは明らかである．そして，例えば「国及ビ地方公共団体以外ノモノニシテ…施設ニ入所又ハ入院セシメテ保護ヲナス事業」を開始する場合は都道府県の「許可」を受けること，ただし「社会福祉事業基本法ニ依ル社会福祉法人」の場合は「届出ヲ以テ代フルコト」（50年6月法案附則12　改正社会事業法案第2条）ができるとなっていた．また，「厚生大臣ハ…中央社会福祉審議会ノ意見ヲ聞キ社会事業施設ノ設備及ビ運営ニツキ基準ヲ定ムベシ」（50年6月法案附則12　改正社会事業法案第3条）とされていた[44]．これらより，50年4月法案以前の「その他政令で定める事業」の事業開始・変更手続，最低基準，事業監査等の規定について50年5月法案・50年6月法案に準拠しつつ改正

---

43)　なお，50年5月法案第2条では，対象である法律に法令番号が付与されておらず，また公益質屋法の適用事業は対象とされていなかった．

44)　なお，50年5月法案附則12　改正社会事業法案第2条では，「社会福祉法人」は「社会福祉事業法人」となっており，また第3条では「中央社会福祉審議会」が「中央社会事業審議会」のまま修正されていなかった．

したものであったことがわかる．それは50年6月法案に対する山口の「法案は生活保護法，児童福祉法，身体障害者福祉法，公益質屋法の適用を受ける事業を，この法律にいう社会福祉事業としてある．なお，これでは不充分なので，廃止の運命にあった現行社会事業法を生かし，これを附則で改正して，改正社会事業法の適用を受ける事業をも包含せることゝしてある」との見解からもうかがえよう（山口 1950：11）．よって熊沢による50年5月法案・50年6月法案の対象事業が「国および地方公共団体や特別法人らの行う事業に限定したものとなった」という見解，および改正社会事業法は「特別法人…ではない民間団体を対象とした法律となる構想」であったとする見解には，いずれも同意できない．

さらに，熊沢の「『社会事業』は民間を，『社会福祉事業』は公的なものを意味するものとして使用された」との見解（熊沢 2000：141）についても支持できない．本研究では，50年6月法案の場合，「社会事業」は生活保護法，児童福祉法，身体障害者福祉法，公益質屋法の適用を受ける事業以外の事業（改正社会事業法案の「適用」事業）であり，「社会福祉事業」は，同法案第2条から，社会事業法を含む個別分野法の「適用」事業の総称として使用されたと解釈する．

しかし，「社会事業」と「社会福祉事業」の区別については，上記のように木村や黒木をはじめ厚生省において曖昧なものであった．ちなみに「1950年勧告」の「第四編 社会福祉」の冒頭では，「…社会福祉とは，国家扶助の適用をうけている者…が，自立してその能力を発揮できるよう，必要な生活指導，更生補導，その他の援護育成を行うことをいうのである．…同時に，民間社会事業に対しても，その自主性を重んじ，特性を活かすとともに，特別法人制度の確立等によりその組織的発展を図り，…国及び地方公共団体が行う事業と一体となって活動しうるよう適当な措置をとる必要がある」とされており，熊沢の見解のごとく，社会福祉事業は公，社会事業は民間という区別があるように見受けられる．だが，同勧告「社会保障制度案の主要事項に対する説明」では，「如何に公的社会事業の活動分野が拡張せられようとも，…民間社会事業は，今後とも第一線の開拓者であり，国，地方公共団体は…民間社会事業相互

の組織的発展を図り，公的社会事業と一体となって活動しうるように，これを発達助長せしめること」とあり，「社会事業」という名称を公私に使用している．行政のみならず民間側においても曖昧であったといえよう．

　以上より，改正社会事業法案は，生活保護法，児童福祉法，身体障害者福祉法および公益質屋法に規定される事業以外の社会福祉事業を「社会事業」としてまとめ，事業手続や事業監査等を規定することで，既存個別分野法に規定される事業と同等の法的地位に置くことを目的とするものであったと考える．そして50年6月法案は，生活保護法，児童福祉法，身体障害者福祉法，公益質屋法，社会事業法の適用事業を社会福祉事業として列挙し，当該事業を経営できる特別法人の設立・運営および事業監査等を規定する等，個別分野法の基本法として「基本的共通事項」を規定したものと捉える．すなわち，「基本的共通事項」は基本法たる「社会福祉事業基本法」で規定し，各社会福祉事業については社会事業法を含む個別分野法で規定する，という法体系が意図されていたと考える．それは，50年4月法案まで存在した社会事業施設の事業手続，経営主体，施設基準および事業監査規定が，50年5月法案・50年6月法案の条文に含まれていない点からもうかがえよう．

　しかし，死文化していた社会事業法を改正・復活させる法案に対し，中川は「而して又第二條に於て，…『社会事業法の適用を受ける事業』をも加えておって，無價値に等しい社会事業法をも列挙せざるを得ない破目に至っている」と批判した（中川 1950：6）．また山口も「これ（社会事業法の適用事業を加えている：筆者）がため，劃期的新立法として期待せられた基本法は，現行法規の共通法的色彩を一層濃くし，その体裁から見ても奇妙な姿となっている」とする（山口 1950：11）．さらに1950（昭和25）年の全国社会事業大会における50年6月法案に対する地方意見でも，「從來より問題の『社會事業法』について本法案は單に社會事業法の一部改正にとゞめて居るが，これは不可解で社會事業法の必要事項は當然基本法におりこみ，死文化された現行社事業法（ママ：筆者）はこれを廃止しなければ意味をなさない」（全國社會事業大會事務局 1950：9）とあり，民間事業経営者は概ね批判的であったようである．そして，これら意見を反映した協会案は，後述のように第2条において社会事業法によ

る事業を含めず,「社會事業法…は廃止する」(協会案附則15)とした.

(3) 社会福祉事業定義試案期

協会案の影響を受けた50年10月法案は,社会事業法を再び廃止することとし,50年4月法案時点へ回帰したものであった.そして50年11月法案以降は,総則部分を刷新し,「社会福祉事業」の定義を試みるようになる.

1)協会案および50年10月法案——改正社会事業法案の再廃止

50年10月法案は,理念的条文である第3条「社会福祉事業の本旨」において,50年6月法案をそのまま引き継いだ.

適用事業については,協会案第2条「一,生活の保護に關する事業/二,児童の福祉に關する事業/三,身體障害者の福祉に關する事業/四,醫療保護に關する事業/五,授産,宿泊その他經濟保護に關する事業/六,隣保事業その他社會教化に關する事業/七,社會事業のためにする共同募金の事業/八,社會事業のためにする助成及び融資に關する事業/九,社會事業に關する指導,連絡,調整,調査及び研究に關する事業/十,その他政令で定める事業」に依拠し,「(1)生活保護事業/(2)児童福祉事業/(3)身体障害者福祉事業/(4)医療保護事業/(5)経済保護事業/(6)その他政令で定める事業/(7)前各号の事業に関する連絡,助成,指導(guidance),訓練,調査または研究(research)をなす事業/(8)前各号の事業のための共同募金に関する事業」と社会福祉事業を抽象的に列挙した上で(50年10月法案第2条第1項),具体的事業については50年1月23日法案・50年1月25日法案同様,「政令で定める」とした(同条第2項).そして附則第2条において協会案附則15同様,「社会事業法…は廃止する」とした.

個別分野法によらず分野のみを掲示した理由では,協会案および中川の「第2條の制約された適用範囲は訂正されなければならないであろう」(中川1950:6-7)との見解に代表される社会福祉事業経営者からの批判に譲歩したことが挙げられる.また50年6月法案において「社会事業法の適用を受ける事業」とされていた事業をはじめ,個別分野法の適用事業以外の事業をも本法の対象に包摂可能とすることで,対象事業の漏洩回避を試みたとも考えられる.

また,50年10月法案では,「都道府県以外の者が,社会福祉事業施設を設置,休止又は廃止しようとするときは,厚生省令の定めるところにより都道府県知

事の許可(the permission)を受けなければならない」(50年10月法案第26条第1項),「社会福祉事業施設は,援護を要する者の食事,被服,居室,保健,衛生,娯楽,教養および作業その他すべての生活部面において適正を期し,その構造および設備は,衛生上,防火上,保安上適切と認められるものでなければならない」(50年10月法案第27条第1項),「都道府県知事は,第26条第1項の許可を受けた社会福祉事業施設の設置者または管理者に対して,法令に定める施設基準を維持させるために,必要な報告をさせ,指導することができる.また都道府県知事は,社会福祉事業査察員をして,その設備および運営の状況もしくは会計等の帳簿書類を検査させ,実地につき監督させることができる」(50年10月法案第29条第1項)等,「社会福祉事業施設」の法的手続,施設基準,事業監査に関する規定が,ほぼ50年4月法案時のまま復活する.これには,以下の2つの理由があったと考えられる.

第1に,改正社会事業法案第2条で適用されるはずであった「医療保護事業」等についての事業手続・事業監査の規定を,当該法案の再廃止にともない取り込まざるを得なくなったためである.黒木は,「社会事業法は一般法であったため,施設に関しては特別法の成立によって,その規定する範囲が僅かなものとなったのであるが,残された施設,例えば特殊婦人更生施設その他授産施設等についての最低基準と,これに対する監督規定を必要とし社会福祉事業法において補完的規定としてそれが実現されることとなった」としており(黒木 1951b : 65-66, 160),個別分野法で規定される社会福祉事業以外の社会福祉事業を対象とする規定であることを明らかにしている.それにともない,「他の法律によって認可(the approval)を受けている場合は,この法律による許可を受けたものとみなす」等,既存法のみなし規定も50年4月法案第35条第2項以来,ほぼ同様の条文で復活した(50年10月法案第26条第2項,第3項).

第2に,協会案第35条,第39条,第45~第47条を参照し,かつ「公私社会事業の施設について規定を欠いているようであるが,それは生活保護法その他の法律に施設についての規定がある故かもしれないが,公私社会事業において,施設は重要な地位を占めるものであるから,基本法にはこれに関する規定をおく必要がある」(山口 1950 : 13)という民間事業経営者の要望に配慮したと考

第2章　社会福祉事業法による構成要素の形成期

えられる．

　以降，社会福祉事業の事業手続，施設基準および事業監査規定は，51年法まで引き継がれる．蟻塚は，51年法によって「サービスの給付に関する法と，それらの実施に関する組織を定める法という，わが国固有の社会福祉関係法の構造が生み出され」た，あるいは「社会福祉事業法…を基礎構造として，分野別のサービス給付を定めた社会福祉関係法を上部構造にした…社会福祉の法制の体系が本格的に完成することになった」との見解を示している（蟻塚 2008：20，23）．上記第2の理由からすれば，蟻塚の見解は妥当である．しかし，上記第1の理由を踏まえるならば，51年法は蟻塚のいう「サービスの給付に関する法」あるいは「上部構造」的側面をも併せもつ法律になったと捉えることもできる．よって，少なくとも社会福祉事業に関する条文については，51年法を「基礎構造」とする「社会福祉の法制の体系」が「本格的に完成」されたとは解し難い．

　2）50年11月法案――社会福祉事業の定義

　50年11月法案では，第1条において「この法律は，日本国憲法の精神に則り，社会福祉事業の全分野にわたり，…」とあり，第2条の「健康にして文化的な最低限度の生活を回復，保全すること」と相まって，依然，憲法との関係を意図する表現が使用されている．しかし，これまでの「社会（福祉）事業の主旨（あるいは本旨）」に欠かさずあった「個人の尊厳」および「社会連帯」という中核理念および「能力を発揮できるよう」とする目的が欠落してしまった．

　また，それまでの「社会（福祉）事業の主旨（あるいは本旨）」が，社会福祉事業を定義する第2条「この法律において『社会福祉事業』とは，児童，老人，若しくは心身に障害のある者その他自立的生活能力に欠けるところのある者及び正常な社会的一般的生活水準より脱落し，背離し又は著しくそのおそれある者に対し，個別処遇，集団処遇若しくは組織化活動により，援護し，育成し，若しくは更生させることを専門（ママ：筆者，以下同）とするものの活動を通じて，それ等のものの健康にして文化的な最低限度の生活を回復，保全することを図る事業及びその事業に必要な資源を提供する目的をもってする助成連

85

絡事業であって，専問的公益事業をいう」に包摂された．社会福祉事業の定義を置くに至った背景には，直前10月の「1950年勧告」第4編前文における社会福祉（事業）の定義，「ここに，社会福祉とは，国家扶助の適用を受けている者，身体障害者，児童，その他援護育成を要する者が，自立してその能力を発揮できるよう必要な生活指導，更生補導，その他の援護育成を行うことをいうのである」が影響したと考える．対象事業については，既存個別分野法の「適用」事業等の列挙に替えて，社会福祉事業の対象者を明らかにし，上記のごとくこれまでにあった「社会（福祉）事業」の「本旨」あるいは「主旨」を規定した条文の内容と統合させたものとなった．

　また第3条は，「社会福祉事業の中　別表に掲げる種類の事業を行うものは，國，地方公共団体又はこの法律により設立の認可を受けた社会福祉法人でなければ行うことができない」としており，原則として事業種別経営主体制限に関する条文規定を復活させた．また，社会福祉事業のうち経営主体制限を課す事業のみ具体的に列挙し，その列挙の方法は身体障害者福祉法における「身体上の障害」と同様，末尾別表に掲げる方法を採用した．当該別表では，「一　生活扶えき事業」，「二　児童福祉事業」，「三　身体障害者福祉事業」，「四　医療保護事業」，「五　経済保護事業」，「六　前各号に掲げるものの外，これに準ずると認められるもの」と50年10月法案同様に分野ごとに分け，さらにそれぞれの分野に該当する具体的事業名を列挙している．協会案および50年10月法案での抽象的な適用範囲や具体的な事業名を政令に委ねることを不適切と判断しつつ，協会案の意向を汲み，個別分野法に規定されている事業を含め，個別具体的な事業名を別表で列挙するというスタイルが意図されていると考えられる．しかし列挙されている事業には入所型施設経営事業以外のものもあり，別表「六　…これに準ずると認められるもの」に該当する事業も含めると，第3条で事業種別経営主体制限を規定しつつも，再び，その経営主体制限をほぼすべての社会福祉事業に適用しようとしていたと捉えることができる．この理由として，第1に，協会案がその第4条において「社會福祉事業は國，地方公共團軆又はこの法律により設立の認可を受けた社會福祉法人でなければ行うことができない．但し他の法律により設立せられた公益事業を行う法人…及び政令で

定めるものは，この限りでない」と，原則としてすべての社会福祉事業で経営主体を制限したことが挙げられる．第2に，「1950年勧告」において，「民間社会事業に対しても，その自主性を重んじ，特性を活かすとともに，特別法人制度の確立等によりその組織的発展を図り，公共性を高めることによって，国及び地方公共団体が行う事業と一体となって活動しうるよう，適当な措置をとる必要がある」とされ，「民間社会事業」を担う「特別法人」の「公共性を高めること」が重視されたと考えられる．

なお，別表「五　経済保護事業」に列挙されている宿所提供事業，沐浴施設経営事業，簡易食堂経営事業は，本法案から新たに追加されたが，当時，厚生事務次官であった葛西による述懐から，葛西本人の提案であったことがわかる．すなわち「黒木君が（法案を：筆者）持ってきたのです．ぼくは，一寸読んで見て，こんなものはだめだ，といったら，…『それではどこがおかしいですか』というから，『左記に掲げるものを社会福祉事業というと書いているが，ここには書いていない．例えば，安いふろ屋をやるとか安飯を食わす食堂とか簡易宿泊所などは社会福祉事業ではないのかね』と聞いて見た．…それから一週間ぐらいたったら，黒木君がやって来て，『次官，あなたが言うように案を作り変えてきました．これなら文句ないでしょう』と言ったよ．」としている（ネフ・吉田・葛西・松本等 1979：37-38）[45]．このやりとりが史実であるならば，予定していた国会提出期日が迫りながらも，また本法案において「社会福祉事業」の定義を試みているにもかかわらず，その概念なり該当要件についての十分な検討を経ないまま，実態のあるものを法立案担当者のなかば思いつきで取り入れた事業もあったということになろう．

事業手続においては，「市町村又は私人が，社会福祉事業施設を設置，休止又は廃止若しくは事業の種類を変更しようとするとき」に都道府県知事の許可を受けなければならないとした（50年11月法案第24条）．「私人」とは，「社会福

45）　葛西の発言にある「『左記に掲げるものを社会福祉事業という』と書いて」ある法案は，その発言からすれば50年11月法案が登場する「一週間ぐらい」前のものである．よって当該法案は，50年10月法案以降50年11月法案以前に作られ「局議で決め」られた（ネフ・吉田・葛西・松本等 1979：38）幻の法案である可能性が高い．

祉法人」,「公益法人又は宗教法人のうち,厚生大臣の許可するもの」(50年11月法案第3条) であった.

また,第28条では,協会案第47条,50年10月法案第26条第3項における「みなし規定」から「他の法律の規定により,社会福祉事業施設に関し,許可,施設の基準,又は監督の方法が定められている場合には,…適用しない」と,適用除外規定に修正された.この点からも,次第に「基本法」的性格からその位置づけが降下していったことがわかる.なお,施設基準を規定した第25条第2項において,「授産施設その他被収容者に作業を課す施設はその事業収益につき搾取その他不正の行為があってはならない」とわざわざ授産施設経営事業のみを取りあげて禁止行為を規定したのは,本章第2節第3項で述べた当該事業による不正経営を念頭においてのことだろう.

3) 51年1月①法案

51年1月①法案では,理念として50年11月法案第1条の「日本国憲法の精神に則り」を「日本国憲法第二十五条の精神に則り」と具体的に明示した(51年1月①法案第1条).

また,第2条第1項は,50年11月法案同様に「この法律において『社会福祉事業』とは,援護,育成または更生を要する者に対し,その生活の常態を保障し,社会の成員として,その能力を出来るだけ発揮せしめることを目的として行う事業で,生活保護法(昭和二十五年法律第百四十四号)児童福祉法(昭和二十二年法律第百六十四号)身体障害者福祉法(昭和二十四年法律第二百八十三号)公益質屋法(昭和二年法律第三十五号)の適用を受ける事業,その他これらに準ずる社会福祉を目的とする事業をいう」と,社会福祉事業の定義が置かれた.が,50年11月法案にあった憲法第25条第1項に関連する「健康にして文化的な最低限度の生活を回復,保全」との文言が消え,逆に50年11月法案で削除された「能力を発揮する」目的が復活した.

対象事業に関しては,個別分野法の「適用を受ける事業」という表現を復活させると同時に「これらに準ずる社会福祉を目的とする事業」を「社会福祉事業」に含めた.既存個別分野法の「適用」事業以外の事業を取り込む意図がこの法案でも継続されていることがわかる.この意図は,「社会福祉事業は左の

六種をいう」として「一　生活扶えき事業／二　児童福祉事業／三　身体障害者福祉事業／四　医療保護事業／五　経済保護事業…」と抽象的に列挙し（51年1月①法案第2条第2項），具体的な対象事業の規定においても「前項第一号に掲げる事業を例示すると概ね次の通り」（同条第3項～第7項）と，例示列挙へ改めたことからもうかがえよう．個別分野法の適用事業を中心としつつそれ以外の事業を含めて列挙する方法は，社会福祉法まで受け継がれている（社会福祉法第2条第2項第1号，第7号，第3項第1号，第8号[46]）．列挙する場所を別表から法条項に掲げる形式へと変更したのは，条文の明瞭性，整合性を考慮してのことであろう．ただ，「社会福祉を目的とする事業」までをも「社会福祉事業」に含むとすることで，それぞれの定義がわかりづらくなったともいえよう．

　経営主体制限規定に関しては，「社会福祉事業の中，左に掲げる種類の社会福祉事業を行はうとするものは，別段の定めある場合を除き，国，地方公共団体，この法律により設立の認可を受けた社会福祉法人又は別に法律で定める日本赤十字社のみが行うことができる」（51年1月①法案第3条第1項）と，分野ごとに再び入所型施設経営事業および経済保護事業のみを限定列挙している点で50年11月法案と相違する．すなわち本法案第3条第1項は，入所施設経営事業・経済保護事業とその他の事業とを明確に区分する原型となったといえよう．

　事業手続，施設基準，事業監査については，50年11月法案をほぼそのまま踏襲した（51年1月①法案第22条，第23条，第25条～第28条）．

---

[46]　社会福祉事業法・社会福祉法第2条は「限定列挙」であるとの見解がある（新田 2000：179，桑原 2006：31）．しかし制定当時の社会福祉事業法について木村は，「経済保護事業」には「簡易食堂，公益市場，公共浴場等」が含まれ，「医療保護事業」には「入院に関連して寝具を…貸与するもの等もありうる」としており（木村 1955：42-43），限定列挙と解すことはできない．現在は，木村の挙げた施設・事業に「該当する施設はないと考えられ」ており，また「新規開始については抑制方針が採られている」（社会福祉法令研究会編 2001：96-97）．しかし，条文に「その他の施設」（社会福祉法第2条第3項第8号）との表現がある以上，厳密にいえば限定列挙とは解し難い．

4）51年1月②法案——「基本」の削除

51年1月②法案以降では，法名称から「基本」が削除されている．その理由として，児童局による圧力と「基本」法の特徴があったと考える．

前者について中川は，「児童福祉法は児童福祉の基本法である」と児童局が主張し，「調整が法制局審議の段階まで難航したこと」を明らかにしている（中川 1980：82）．黒木は，その結果，「基本法が共通法となり，共通の文字も抹消した」（黒木 1951a：68）としている．「社会福祉事業共通法」なる法名称の法案がこの時期に作成されたか否かについては不明であるが，児童局の主張に譲歩して「基本」を削除した可能性は高い．後者について黒木は，「教育基本法という基本法の先例があ」るが，本法は「基本理念のみを規定するものでなく，主として組織に関する規定であるので，一応基本という語がとりやめられた」とする（黒木 1951b：75）．直後の51年2月6日法案は，「総司令部，各省の意向を考慮して，…最終案（二月六日）を決定した」とされている（厚生省 1951：248）．とすれば，51年1月①法案および②法案以前の段階で，各省庁との調整が実施されていたはずであり，その中で上記黒木の見解にあるような示唆を受けたと考えられる．以上2点より本研究では，厚生省内外からの批判・示唆から「基本」が削除されたと解する．いずれにしても，ここで上位法的「基本法」を目指す厚生省社会局の目論みが完全に潰えたとみなすことができよう．寺脇も「法の性格としては，それまでの社会福祉の基本法から，社会福祉関係の三法…に基盤を置く共通的組織法としての側面を前面に出したものへと，性格を変えたといえる」（寺脇 2013：19）とする．

その他，51年1月②法案での変更点は，対象事業の範囲を規定した第2条第8項第2号の文章表現，経営主体制限規定の移動（51年1月①法案第3条第1項から51年1月②法案第22条第1項へ），行政監督における「検査」（51年1月①法案第25条）と停止命令（51年1月①法案第26条）の併合（51年1月②法案第26条第1項・第2項）等である．ちなみに，寺脇は50年1月①法案と50年1月②法案は「名称のほかには異なるものはなく，同文である」（寺脇 2013：19）とする．内容はほぼ51年法1月①法案を踏襲するが，上記のような細かな修正や条文移動があったことは確認しておきたい．

5）51年2月6日法案

　51年2月6日法案第1条では，51年1月②法案まであった「日本国憲法第二十五條の精神に則り」が法目的から削除され，「この法律は，社会福祉事業の全分野にわたる基本的な事項を確立し，社会福祉事業が公明且つ適正に行われることを確保し，もって社会福祉の増進を期することを目的とする」とされた．またこれまでの全法案でいずれかの条文にあった「すべての国民が健康（健全）で文化的な生活」ができるよう「必要な援護育成」を行うとする国・地方公共団体の責任（50年1月23日法案第3条，50年1月25日法案第2，50年4月法案第2条，50年5月法案第4条，50年6月法案第4条，50年10月法案第4条，50年11月法案第4条，51年1月①法案第4条，51年1月②法案第4条）が削除され，憲法第25条第1項の関連条文が本法案ですべて消えた．

　理念については，50年11月法案，51年1月①法案，51年1月②法案と同様に，社会福祉事業を定義する中で「援護，育成又は更生を要する者に対し，必要な指導その他の措置を講じ，社会の成員としてその能力を発揮せしめることを目的として行う事業」とされたが（51年2月6日法案第2条），50年11月法案第2条から次第に簡素化された観は否めない．

　対象事業の範囲については，「別表第一及び第二に掲げる事業」（51年2月6日法案第2条）と，再び末尾別表を復活させて列挙した．また本法案から，「その他これらに準ずる社会福祉を目的とする事業」という表現が社会福祉事業の定義から削除され，「別表第二」の「第四種事業」，「第五種事業」に具体的な事業名称でもって列挙された．

　事業種別および経営主体については，「社会福祉事業のうち，別表第一に掲げる事業（以下「特定事業」という．）は，国，地方公共団体及びこの法律に定める社会福祉法人のみがこれを経営することができる」（51年2月6日法案第3条第1項），「第一項に掲げる者以外の者が社会福祉事業のうち，別表第二に掲げる事業（以下「一般事業」という．）を経営しようとするときは，厚生省令の定めるところにより，厚生大臣又は都道府県知事に届け出なければならない」（同条第3項）と，「特定事業」，「一般事業」という名称で事業経営主体制限事業とそれ以外の事業を区別するようになった．別表第一は，「第一種事業　一　養

老施設経営事業／二　救護施設経営事業／三　厚生施設経営事業／四　助葬事業／第二種事業　一　乳児院経営事業／二　母子寮経営事業／三　養護施設経営事業／四　精神薄弱児施設経営事業／五　盲児施設経営事業…」とされ，第四種事業まであった．また別表第二は，第六種事業までが列挙された．

　別表第一に特定事業として挙げられた経営主体制限事業は，51年1月①法案同様，入所型施設経営事業と経済保護事業であり，事業手続では，「市町村又は社会福祉法人が，特定事業の施設を経営する場合，その事業の種類を変更し又は休止し若しくは廃止しようとするときは，…都道府県知事の許可を受けなければならない」とされた（第21条第1項）．

(4) 共通事項規定法案期

　51年2月24日法案以降は，社会福祉事業の定義に関する条文が消え，事業名称を条文で列挙することとした．またそれにともない，理念的条文の見出しが「趣旨」となり，既存法の理念に依拠した内容になっていく．すなわち，「基本法」的性格から「共通事項」規定法的性格への降格がより明確になったといえよう．

　1）51年2月24日法案——憲法に関連する表現の消滅

　51年2月24日法案では，社会福祉事業の定義に相当する表現が削除された．木村は51年法の解説で「社会事業ないし社会福祉事業の定義は，きわめて困難」であったため，「その範囲を列挙的に定め」る方法を採用したと述べている（木村 1955：16, 33）．この説明を上記法立案過程に則して補完すれば，「1950年勧告」を受けて50年11月法案から51年2月6日法案まで社会福祉事業の定義を試みたが，その「困難」故に断念し，51年2月24日法案以降で「列挙的に定め」る方法を採ったということであろう．

　なお，その列挙事業の範囲について，51年2月24日法案の直前，厚生省社会局内で再検討されている．例えば，「生計困難者に対する無料又は低額の診療事業は，社会福祉事業として存続させる必要があるか」，結核後保護施設経営事業，収容授産施設経営事業，精神障害者後保護施設経営事業，婦人保護施設経営事業，有料老人ホーム経営事業を第1種社会福祉事業に加える必要があるか，長期患者慰安事業，隣保事業は第2種社会福祉事業に加える必要があるか

等である(「社会福祉事業法中検討すべき問題点」寺脇編 2010:資料番号010707—0301).収容授産施設経営事業および生計困難者に対する無料又は低額の診療事業は,生活保護の生活扶助,住宅扶助,医療扶助や健康保険との関連において問題になったのであろうが[47],51年2月24日法案以降でそれぞれ第1種社会福祉事業,第2種社会福祉事業として採り入れられている.それ以外の事業は,結局,51年法の時点では取り入れられなかった.その理由として,結核後保護施設経営事業および精神障害者後保護事業については本章第3節第2項で述べた身体障害者福祉法立案過程において除外されたことが,婦人保護施設経営事業は後述する売春等処罰法案の先行きが不明瞭であったことが考えられよう.また有料老人ホーム経営事業および隣保事業は,行政解釈において,51年法第2条第2項第1号に「ふくまれるものがある」(木村 1955:36),および「分割して,各々の分類の中に含まれる」(黒木 1951b:87)とされた[48].

そして,定義を廃し社会福祉事業の列挙としたことと連動して,50年10月法案まであった「社会福祉事業の主旨(本旨)」に関する条文が「社会福祉事業の趣旨」という条文見出しとなり,「社会福祉事業は,援護,育成又は更生の措置を要する者に対し,その独立心をそこなうことなく,正常な社会人として生活することができるように援助することを趣旨として経営されなければならない」として復活した(51年2月24日法案第3条).しかし,50年10月法案以前の「主旨」あるいは「本旨」と51年2月24日法案の「趣旨」に共通点はほとんどない.また,「能力を発揮」するという表現も削除され,「正常な社会人として生活することができるよう」という,これまでとは明らかに異質の表現が採用された.そしてこれ以降,大きな修正はなく51年法第3条となる.

対象事業は,「『社会福祉事業』を分けて第一種社会福祉事業及び第二種社会福祉事業とする」(51年2月24日法案第2条第1項)と,51年2月6日法案におけ

---

47) 木村 1955:36, 43を参照.
48) なお,社会事業法において「我が國に於ける社會事業の沿革等から見てもぜひ指定されなければならない」(灘尾 1950:123)として勅令の指定を受けた長期患者慰安事業がこの時期まで議上に挙がり,かつ後年においても社会福祉事業となっていない理由については未明である.

る「特定事業」が「第一種社会福祉事業」,「一般事業」が「第二種社会福祉事業」と名称変更されたが[49], それぞれの範囲は51年2月6日法案を受け継いでいる. また経営主体についても,「特定事業」を受け継いだ「第一種社会福祉事業」のみ,「国, 地方公共団体又は社会福祉法人が経営することを原則」とした (51年2月24日法案第4条).

施設基準については, 51年2月6日法案第22条第1項「食事, 被服, 居室, 保健, 慰安, 教養及び作業その他施設の運営に関し, 適正を期し, その構造及び設備が, 衛生上, 防火上及び保安上適切と認められるものでなければならない」にみられるとおり, 50年4月法案第36条第1項, 51年10月法案第27条第1項の具体的表現を踏襲してきた. しかし, 51年2月24日法案では,「厚生大臣は, 社会福祉施設の設備の規模及び構造並びに被援護者等に対する処遇の方法について, 必要とされる最低の基準を定めなければならない」と大幅に簡略化された (51年2月24日法案第60条第1項). ただ,「被援護者等に対する処遇の方法について」という表現は, 当時の福祉三法にはないものであり, サービス内容に関する最低基準の余地を残した.

その他, 事業監査の条文見出しを「検査」から「調査」に変更する等の細かな修正がなされた.

なお, 社会福祉協議会の事業内容につき, 51年2月6日法案までは「一 社会福祉事業に関する調査／二 社会福祉事業の綜合的企画…」と「社会福祉事業」を対象としていたが (51年2月6日法案第59条第1項), 51年2月24日法案以降,「社会福祉を目的とする事業に関する調査／二 社会福祉を目的とする事業の綜合的企画…」へ変更された (51年2月24日法案第74条第1項). その背景に, 51年2月20日付で提出された中央更生保護委員会「社会福祉事業法案に関する修正意見」がある. そこに, 更生緊急保護法の適用事業を「社会福祉事業」とすること, 共同募金の配分先に「更生緊急保護法による更生保護会」を追加すること, 社会福祉協議会の事業内容について「一 社会福祉を目的とす

---

49) 51年2月24日法案以降現行社会福祉法に至る第1種・第2種という名称は, 51年2月6日法案別表第1における「第一種事業」,「第二種事業」,「第三種事業」…に由来するものであろう.

る事業の調査，二　社会福祉を目的とする事業の綜合的企画…」とすること等の要望があった．厚生省社会局は，社会事業法における「司法保護ニ關スル事業」(「社會事業法第一條ノ規定ニ依ル事業指定ノ件」昭和13勅令445　第2条) と同様，更生保護事業は「刑事政策の見地から特別の保護をくわえようとする事業」であり，よって「社会福祉事業法にいう社会福祉事業にふくまない」とした (木村 1955：44)．しかし，更生保護会を共同募金の配分先として追加することに関しては譲歩したのだろう[50]．それにともない，共同募金の配分先と一体の関係にある社会福祉協議会の構成者にも加わった (51年2月24日法案第71条)．そして更生保護事業経営者が社会福祉協議会の構成者に加わるとなると，その事業内容は「社会福祉事業」のみに限定できないため，中央更生保護委員会の「修正意見」にあるとおり，「社会福祉を目的とする事業」を採用したのだろう[51]．

２) 51年2月28日法案——事業手続の変更

51年2月24日法案から51年2月28日法案にかけて[52]，施設を設置して第1種社会福祉事業を経営する場合，施設を必要としない第1種社会福祉事業を経営する場合，第2種社会福祉事業を経営する場合に3区分し，それぞれの開始，変更，休止手続について規定された (51年2月28日法案第57条～第59条，第62条～第64条)．そこでは，事業経営主体制限が課せられている事業を，市町村，社会福祉法人が開始する場合の手続につき，従来の「都道府県知事の許可」から「届出」へ変更した点が注目される (51年2月28日法案第57条～第64条)．木村は，届出にした点について「その主体 (国，地方公共団体，社会福祉法人：筆者) が確

---

50)　黒木 1951b：68を参照．

51)　なお，本研究で取りあげた一連の法案のうち，最初に「社会福祉を目的とする事業」という表現を使用したのは，本文上記のとおり51年1月①法案第2条である．

52)　本規定は，51年2月24日法案に同旨の手書き修正メモが挿入されていることから，51年2月24日法案作成時，あるいは修正時から51年2月28日法案作成時にかけて創案された可能性がある．

53)　51年2月24日法案には，都道府県知事の許可に関する条文 (第57条) に対し，届出へと修正する直筆メモが添付されていることから，まさに2月24日法案の審議の場で修正されたと思われる．

実なものであるから，…届出をもってたりる」(木村 1955：205)との見解を示している．しかし，経営主体である社会事業法人あるいは社会福祉（事業）法人の規定は，本章第２節第３項で述べたとおり本法の目的が民間事業経営者への補助にあったことから，50年１月23日法案以降すべての法案に欠かさず存在していた．とすれば，当初より届出とされていてもよいはずである．なぜ本法案の段階で「許可」から「届出」に変更される必要があったのであろうか．

厚生省内部資料「社會福祉事業法案と行政制度調査委員會議（ママ：筆者）の勧告との関係について」(寺脇編 2010：資料番号010702－0401)には，1950(昭和25)年12月の「行政事務再配分に関する勧告」を受け，市町村等が事業を開始する場合につき「届出」へ変更したことが記されている．本勧告は，「シャウプ使節団の勧告の趣旨を尊重しこれを尊重するために」置かれた地方行政調査委員会議により，「市町村には第一の優先権が与えられるべき」(地方行政調査委員会議 1950：1-2)という原則のもと，「市町村，都道府県および国相互間における事務の配分の調整…についてその計画の大綱」を提示することを目的としていた(地方行政調査委員会議 1950：序)．提起されている具体的な行政事務配分のうち，福祉関連法は新生活保護法，民生委員法，「社会福祉主事法」，児童福祉法のみであり，未だ法案段階であった社会福祉事業法についてはふれられていない．また，新生活保護法，児童福祉法においての具体的な提起は，「生活保護は，市町村の事務とする」こと，「保護の基準は，地域差を加味して法律で定め」ること，「妊産婦の保健指導並びに助産施設，母子寮及び保育所への入所措置は，市町村の事務とする」こと，「助産施設，母子寮及び保育所については市町村，精神薄弱児施設，盲ろうあ児施設については府県がそれぞれ行う」こと等であり(地方行政調査委員会議 1950：18-19)，都道府県知事による保護施設または児童福祉施設経営事業の「認可」を届出に変更するよう求めているわけではなかった．さらに，高橋が「(地方分権の：筆者)傾向に対する反動的な動き」として警察法改正や「市町村教育委員会の（ママ：筆者）廃止すべしとする意見」を挙げ，「中央集権化の氣運が見られないともかぎらない」とし，「昨年十二月，この勧告がなされたが政府でも國會でも，まだこれに対するなんらの動きも見られない」と懸念したとおり(高橋 1951：70

-71），本勧告は各省庁の徹底的な反対・抵抗にあい，町村合併（町村合併促進法）以外，結果的にほとんど実現されなかった[54]．そもそも，前年末に発表された「行政事務再配分に関する勧告」への対応がなぜ翌年の2月28日法案まで反映されなかったのか，という点で疑問が残る．

　しかし，上記厚生省内部資料を前提とすれば，以下のように考えられる．第1に，既存法ひいては各省庁の既得権益の大幅削減を意味する本勧告の提起は結果的に実現されなかったが，本勧告が発表された当時，閣議決定を目前に控えた社会福祉事業法案に対しては一定の拘束力が働いたのではないか．第2に，本勧告「総論」において「地方公共団体に移譲される事務は，行政の目的を達成するための必要最小限の処理を確保することを目的として，できる限り，その事務処理の手続及び方法を簡単に，且つ，明確にすることが必要である．いうまでもなく平均的な地方公務員の執務能力にとって充分に処理可能な状態であることが，行政事務の能率的運営に必要だからである」（地方行政調査委員会議 1950：12）とされている点から，機関委任事務という点については譲らなかったものの，せめて「許可」から「事務処理の手続及び方法」が「簡単」かつ「明確」な「届出」とすることについては，社会局庶務課が譲歩したのではないか．51年2月28日法案第57条第1項，第61条第1項，第64条第1項は，上記理由による変更であったと推察する．

　3）国会での審議

　51年2月28日法案から「條」等の旧漢字や条文表現の細かな修正がなされた後，51年3月法案が閣議決定された．しかし，その後，さらに第13条，第16条等に修正が行われている．それは地方自治庁との軋轢によるものであった．黒木が打開のため，3月7日に岡野地方自治庁長官と調整を図ろうとしたが失敗に終わる（PHW―00710, 7 March. 1951）．それを受け，翌日にPHWのメッカーが調整を行った．結果，福祉に関する事務所の最低構成員数3人が町村において確保することが困難であるとの認識を示す地方自治庁に対し，地方自治

54）　地方行政調査委員会議は，1951（昭和26）年9月にも「行政事務再配分に関する第二次勧告」を発表し，東京都および北海道についての特例等を補足している．しかし，本文でふれた同旨理由により，本勧告についても実現に至らなかった．

法第284条第１項を踏まえ，町村は一部事務組合による設立を可能とする条文（第13条第５項）を挿入する旨の修正で合意に至った（PHW―00708, 8 March. 1951）．こうした経緯により，ようやく３月13日，「社会福祉事業法案」として国会に上程された．

同日から衆議院厚生委員会において法案審議がなされたが，本委員会では，「隣保共存」あるいは「社会連帯の感覚なり考え方を制度の上に組み合わせて行」く必要性（金子議員），身体障害者福祉に関連する予算について（堤議員），国立光明寮および傷痍軍人保護について（苅田議員，松谷議員）等，社会福祉事業法案に直接関係しない質問が相次いだ．[55]

一方，参議院では，３月15日から厚生委員会が法案審議に入った．本委員会では，山下議員から法案の条文順に多様な質問がなされたが，そのうち，社会福祉事業に関するものとして以下のような質疑応答があった．まず，民間事業経営者への委託費については，黒川厚生大臣は「その（国・地方公共団体の：筆者）責任を転嫁するようなことなく，…なお同時にその民間社会事業家に対して十分その自主性を尊重すべき」とした．また，社会福祉法人については，木村が「社会福祉法人につきましては第一種社会福祉事業のみをいたしますもののために作ったものとは考えていないのでして，…社会福祉事業というものを本来やる法人ならば，原則として社会福祉法人であるべきだ」と回答した．さらに社会福祉事業適用除外事業の条件については，「どこかで線を引かなければならんというところで，従来の社会事業法の線で以て一応こういう線を引いてみたわけでございます」とした．適用除外事業である更生保護事業が共同募金の配分先とされている矛盾について「奇異に感じ…非常に不愉快に感ずる」との山下議員による批判に対しては，「完全に法務府の意向にそのまま従ったというだけ」であり「特別な意味を我々といたしましては持っておらない」との見解を示した．[56] この木村の答弁からも，51年２月24日法案第74条第１項における中央更生保護委員会への不本意な譲歩がうかがえよう．その他，石原議員から社会福祉主事，共同募金の配分先についての質疑があった．その後，松原

---

55)「第十国会衆議院　厚生委員会議録」9（1951：1-5），「同」10（1951：4-24）
56)「第十国会参議院　厚生委員会会議録」15（1951：20）

議員を小委員長とする社会福祉事業に関する小委員会による3月20日，22日の審議を踏まえ，同日の厚生委員会で可決，24日の参議院本会議で可決した．

同日，参議院から送付を受けた衆議院厚生委員会では，青柳議員から，社会福祉法人による収益事業，民生委員法，生活保護費等について，井之口議員から，社会福祉主事，生活保護適用，共同募金等についての質疑があった後，賛成多数で可決した[57]．そして3月27日の衆議院本会議で可決され，51年法は成立する[58]．

第4節　51年法施行後の社会福祉事業

本節では，1956（昭和31）年までの主要な社会福祉関連法制の成立・改正について明らかにしていく．

第1項　身体障害者福祉法改正

1951（昭和26）年5月末には，51年法との調整を図る「身体障害者福祉法の一部を改正する法律」において，身体障害者福祉法第4条中の「職業能力が損傷されている」が削除された[59]．この背景には，身体障害者手帳の交付による各種免除との関連があった．すなわち，高齢者や重度障害者は，「職業能力の回復の見込みがない」あるいは「更生の可能性がない」と判断され障害者手帳が交付されないケースが各地で生じたため，「交通機関の無料パスと税金の減免」が受けられないという問題があり，「社会的恩典」を考慮してのことであった（佐野・實本・仲村 1989：27-28）．よって「このことは本法の対象について，何等実質的な変更をもたらすものではない．…例えば老衰による障害を有する者であって更生の可能性の殆んどないもの等が本法の目的，主旨等から判断して

57）「第十回国会衆議院　厚生委員会議録」17（1951：3-11）
58）「官報号外　第十回国会衆議院会議録」24（1951：439-447）
59）その他の改正として，社会福祉事業法の成立にともない，社会福祉法人が身体障害者更生援護施設を設置経営できるよう改正が行われた（第27条第4項）．また「身体障害者更生指導施設」を「し体不自由者更生施設」へ，「中途失明者更生施設」を「失明者更生施設」へ，「義し用具製作施設」を「補装具製作施設」へと，既存施設の名称変更がなされた．

表5 年次別にみた死因上位5位の推移

年次	第1位			第2位			第3位			第4位			第5位		
	死因	死亡数	死亡率	死因	死亡数	死亡率	死因	死亡数	死亡率	死因	死亡数	死亡率	死因	死亡数	死亡率
昭和22年	全結核	146,241	187.2	肺炎及び気管支炎	136,524	174.8	胃腸炎	106,838	136.8	脳血管疾患	101,095	129.4	老衰[1]	78,342	100.3
23	全結核	143,909	179.9	脳血管疾患	94,329	117.9	胃腸炎	87,890	109.9	肺炎及び気管支炎	78,911	98.6	老衰	63,639	79.5
24	全結核	138,113	168.8	脳血管疾患	100,278	122.6	肺炎及び気管支炎	81,812	100.0	胃腸炎	75,748	92.6	老衰	65,574	80.2
25	全結核	121,769	146.4	脳血管疾患	105,728	127.1	肺炎及び気管支炎	77,565	93.2	胃腸炎	68,540	82.4	悪性新生物	64,428	77.4
26	脳血管疾患	105,858	125.2	全結核	93,307	110.3	肺炎及び気管支炎	69,555	82.2	悪性新生物	66,354	78.5	老衰	59,796	70.7
27	脳血管疾患	110,359	128.5	全結核	70,558	82.2	悪性新生物	69,488	80.9	老衰	59,514	69.3	肺炎及び気管支炎	57,586	67.1
28	脳血管疾患	116,351	133.7	悪性新生物	71,578	82.2	老衰	67,514	77.6	肺炎及び気管支炎	62,091	71.3	全結核	57,849	66.5

1) ここでいう「老衰」は「精神病の記載のない老衰」を指す

厚生省「人口動態統計年報」より筆者作成

対象たり得ないことは従前通りであること」とされた(「身体障害者福祉法の一部を改正する法律の施行に関する件」(昭和26発社89), 佐野 1951b:11).

また1958 (昭和33) 年4月には, 「社会福祉事業法の一部を改正する法律」により, 第1種社会福祉事業に結核回復者後保護施設経営事業が追加される. 1951 (昭和26) 年の結核予防法以降, 結核入院患者急増を受け, 1955 (昭和30) 年3月の社会保障審議会「結核対策の強化改善に関する件」勧告に基づき, 1957 (昭和32) 年の結核予防法改正による健康診断全額公費負担, 1958 (昭和33) 年12月の国民健康保険法による医療費負担軽減等, 予防, 早期診断・早期治療, 医療費負担軽減に関する措置が講じられた. また, 化学療法・抗生物質の開発, 麻酔技術・輸血技術の向上, 外科手術の衛生環境改善による術後感染の危険低下等もあり, 1950 (昭和25) 年まで常に死因1位 (死亡率146.4) で

あった結核は，翌年には2位となり，1953（昭和28）年には5位（死亡率66.5）に後退した（表5）．

その一方で，結核による後遺障害者への対策が急務となった．しかし，結核は当時の身体障害者福祉法の「身体障害者」の該当要件（同法別表）に含まれていなかったため，「結核回復者を収容し，医学的管理の下にその更生に必要な指導及び訓練を行う」結核回復者後保護施設経営事業は，社会福祉事業法を根拠とする事業として加わった（社会福祉事業法第2条第2項第5号）[60]．

第2項　児童福祉法改正

1951（昭和26）年6月に児童福祉法が改正され，保育所の対象を「保育に欠ける児童」とした他，補装具の公布・修理が在宅障害児対策として追加され，精神薄弱児施設，療育施設（児童福祉法第42条，第43条）同様，「独立自活」することを目的として規定された．

また，1953（昭和28）年の中央青少年問題協議会小委員会にて，家庭にいながら昼間だけ施設で訓練する方が効果的である児童の存在が明らかとなり，1957（昭和32）年4月には，前年5月に東京に設立された小金井児童学園設立を受け，「児童福祉法の一部を改正する法律」が施行され，第1種社会福祉事業に「日日保護者のもとから通わせて，これを保護するとともに，独立自活に必要な知識技能を与えることを目的とする」精神薄弱児通園施設が追加された（第42条の2）．

第3項　売春防止法による婦人保護施設

1956（昭和31）年5月には，「売春防止法」が制定され，第1種社会福祉事業に婦人保護施設を経営する事業が追加される．同法は，1946（昭和21）年1月のGHQ「公娼廃止ニ関スル覚書」にともなって急増した私娼に対する同年11月の社会局長通達「婦人保護要綱」に端を発する．同通達では全国17ヶ所に婦

---

[60]　なお，同施設はその後，1967（昭和42）年の身体障害者福祉法改正において，結核による呼吸機能障害が「内部障害」として含まれるとともに内部障害者更生施設が新設されたことから削除される．

人保護施設を設置し，売春婦の入所，更生保護対策等が含まれていた．一方，GHQ覚書を受け，翌年1月には処罰面を重視した「婦女に売淫をさせた者等の処罰に関する勅令」（昭和22勅令9）が公布され，各都道府県・市町村の条例において売淫業者の取り締まりが実施された．[61] 1952（昭和27）年の主権回復にともない，公娼制度復活が取りざたされるようになると，婦人団体を中心に「公娼制度復活反対協議会」が結成され，「純潔問題に関し勅令第九号法制化に関する請願書」を作成し同勅令を法律化する運動を展開した．

　GHQ覚書の完全実施のため，そして婦人団体運動に押されて提出された「売春等処罰法案」は，1948（昭和23）年6月（審議未了），1953（昭和28）年3月（解散・廃案），1954（昭和29）年6月（会期切れ・継続審議），同年12月（廃案），1955（昭和30）年1月（解散・廃案），同年6月（本会議否決）と5度の法案提出・不成立に見舞われた．

　しかし，次第に性道徳の低下，風俗びん乱，基地問題，売春介在業者と国会議員の癒着[62]に対する社会的批判の高まりを受け，1955（昭和30）年7月，衆議院法務委員会は「いわゆる売春等に関する諸問題」に対し，「速やかに抜本的綜合施策を樹立し，これを実施する必要があ」るため，「政府は，この際内閣に強力なる審議機関を設け，…総合対策を策定し，…政府の責任において速やかに実施励行すべきである」と決議した．これを受け，1956（昭和31）年3月に売春対策審議会が総理府に設置され，[63]同年4月に「売春等の防止及び処分について」を答申し，ここで提起された「売春等の防止及び処分に関する法律」

---

61)　しかし，1953（昭和28）年の同勅令第2条違反での有罪者数は769名に過ぎず，全業者数1万6,678名からしてその運用は極めて消極的だったことがわかる．さらにいわゆる「赤線区域」は黙認された（勝尾 1956：4-5）．

62)　神崎によれば，選挙投資や資金贈与を売春業者・赤線業者から受けていた保守党議員による「男の性本能は法律で禁止できないとか，共同便所が必要であるとか，売春婦がいなくなると良家の子女が強姦されるとか，売春婦を一カ所にまとめておかないと性病が町中にひろがる」等を理由とした根強い反対があったという（神崎 1956：9-17）．

63)　1953（昭和28）年に設置された売春問題対策協議会が1955（昭和30）年に答申した「いわゆる売春問題対策について」に対し，政府は「理想案」であり「国家財政の現状では到底許されない面もある」として応じなかった．同協議会は同年10月に廃止され，政府関係者によって構成する売春対策審議会が設置された（勝尾 1956：7）．

案がほぼ原案どおり「売春防止法」として可決された．

　婦人保護施設経営事業は，本章第3節第2項でみたように51年2月24日法案時点で社会福祉事業となることを見送られていたが，あらためて本法に根拠を置く第1種社会福祉事業として社会福祉事業法に規定された．しかし，同施設についての条文は，「都道府県は，…設置することができる」とする1ヶ条のみであり（売春防止法第36条），市町村および社会福祉法人が設置する場合およびその事業監査については，社会福祉事業法が適用されることとなった．

第5節　この時期における社会福祉事業の構成要素

第1項　社会福祉事業の理念

　本章第3節第2項での検討から明らかなように，50年10月法案以前の「社会（福祉）事業の主旨（本旨）」と51年2月24日法案以降における「社会福祉事業の趣旨」に共通点は極めて乏しい．この点について，黒木は，マーカソン著「公的扶助の理論と実際」にある「安全保障は個人の独立心を害うことなく，…又出来る限り早く独立復帰出来る様に，これを必要とする人々に与えられなければならない」との結論に至る文章が，「社会事業の理念を再び宣明したもの」であり，「後の社会福祉事業法の根本理念理念となっている．即ち同法第三条社会福祉事業の趣旨はここに基く」としている（黒木 1951b：35）[64]．この黒木の見解については，全国社会福祉協議会編 1964：506も「社会福祉事業の新概念を規定した」51年法第3条は「ネフ氏の社会事業についての新概念，つづくマーカソン氏の新理論の象徴的表現であった」[65]としていることから，信憑性は高いといえるだろう．とすれば，50年10月法案以前の「主旨」・「本旨」と51

---

[64]　厚生省 1951：205-217にかけて，マーカソン論文の抄録が掲載されている（本文該当箇所は同書207頁）．ただし，同書は，マーカソン論文の題目を「公的扶助の方針と実際」としている．また『現代社會事業の基礎』所収のマーカソン執筆担当部分「第二章　公共扶助（生活保護）実施に必要な民主々義の諸原則」においても，「個人の独立を犠牲とすることなしに，そして民主的な思考及び行動を奨励し，いわば，できるだけ速やかに彼らをして独立の状態にもどしうるような条件のもとに與えられなければならない」（マーカソン 1950：29-30）と，同旨見解が掲載されている．

年2月24日法案以降の「趣旨」に連続性はなく，後者はマーカソン論文を参照したものであった．

なぜそれまでの法案で蓄積されてきた語句，すなわち「個人の尊厳」・「社会連帯」という理念，「平和的国家」・「能力を発揮できるような援護育成」という目的，「健康（健全）で文化的な生活」という保障内容等，憲法前文，第13条，第25条に関連する語句を用いず，マーカソンの，しかも公的扶助に関する論述にある表現に変更する必要があったのか．

その理由として，「基本法」から共通的基本事項を規定するに留まる法的性格の変化，憲法第25条第1項と直接関係する新生活保護法第1条・第3条との調整，「平和的国家」という表現と朝鮮戦争開戦前夜という時期との関係も考えられる．しかし，多くの失業者・引揚者・戦災者が未だ経済的困窮に陥っており，またシャウプ勧告における緊縮財政下にあった当時を踏まえると，とりわけ新生活保護法の自立および身体障害者福祉法における更生概念との関連が深いとみてよいだろう．

木村は，51年法第3条の意味を「生活保護法が，生活に困窮するすべての国民にたいし，…その最低限度を保障するものであるが，それとともにその自立を助長することを目的としていること」および「身体障害者福祉法が，身体障害者の更生を援助し，その更生のために必要な保護を行い，もって身体障害者の福祉をはかることを目的とし…，それとともに，身体障害者が，みずからすすんでその障害を克服し，速やかに社会経済活動に参加することができるように努めることを期待していること」と「同じ趣旨によるもの」と説明する（木村 1955：47）．小山による「生活保護法…だけで社会福祉の全分野における整備が完了した訳でもないので，…同じ精神が幾つかの特別法を制定させた．即ち災害救助法…，児童福祉法…及び民生委員法…，身体障害者福祉法…の制定がこれである．かくて戦後の救済福祉制度は生活保護法という強力なる幹を中心として幾つかの枝を出し，その体系を一応完成したのである」（小山 1950：

---

65) 「ネフ氏の社会事業についての新概念」とは，1946（昭和21）年9月の救済福祉関係専任職員事務研究会での発表要旨「社会事業についての新概念」であろう．当該要旨は厚生省 1951：183-188に掲載されている．

17) との説明，および高沢による「旧生活保護法の分肢＝特別法，すなわち，…児童福祉法…，身体障害者福祉法…は，…生活保護中心主義の副産物ともいえる特別法の位置しかもっていなかった」（高沢 2001：301）との分析も同旨であろう．

　すなわち，社会福祉事業の理念は，紆余曲折の後，ほとんどの適用事業が既存個別分野法に規定される事業の追認に留まった結果，生活保護法における「自立」，身体障害者福祉法の「更生」，および児童福祉法における精神薄弱児施設・療育施設の目的とされた「独立自活」と同様，経済的自立に矮小化された[66]．マーカソンが著した公的扶助の諸原則の一部が社会福祉事業の趣旨として採用されたのは，こうした理由があったからだと考える．本章第3節第1項で取りあげた木村の「社会事業」と「社会福祉事業」の内実に確たる相違はないとする述懐は，この点を裏付けるものであろう．そして，51年法施行以降に追加された児童福祉法における精神薄弱児通園施設および身体障害児補装具交付・修理事業，売春防止法における婦人保護施設経営事業，社会福祉事業法における結核回復者後保護施設経営事業，隣保事業等の定義・目的からも，引き続き経済的自立を目的としていることが確認できよう．

　さらにこれらの背景には，大蔵省との予算折衝が関連していたと考えられる．辻村は，児童福祉法案における精神薄弱児施設関連条文案を述懐する中で，「大蔵省的感覚」は「税金で吸い上げた国費を，底なしの壺の中に投入することは好ましくない，被救済者が他に（ママ：筆者）納税者になれるような救済でないと予算もくれず，法案に賛成もして貰えなかった」ことを明らかにしている（辻村 1964：23）．社会福祉事業法案においても，こうした「大蔵省的感覚」を受け入れ，社会福祉事業の理念として「経済的自立」を置くことが不可避であったのではないか．

　しかし換言すれば，「経済的自立」を理念とした事業であれば大蔵省に認め

---

66) 竹内は，「社会福祉事業の具体的種別を見ると，…いずれもいわば保護，救済事業的な性格のもののみであって，僅かに『児童厚生施設』というのが，稍々積極的なものとして含まれているに過ぎない」と述べ，「積極的社会福祉の理念を，本法の中に見出すことができるであろうか」との疑問を提示した（竹内 1951：14）．

られることを意味する．すなわち，当該理念は，厚生省自らの権力志向，すなわち予算・権限の拡大を図る糸口でもあった．だからこそ厚生省は，「もはや戦後ではない」と宣言した経済白書に対し，同年に刊行された厚生白書において，「もはや『戦後』ではない，というのが，最近の一つの流行語になっている」が，「果して『戦後』は終ったかどうかを，事実に即して，冷静に考えてみる」とし，今なお経済的貧困の渦中にある者が存在することを強調する必要があった．そして「身体に障害のある児童は，…経済的な理由などによって放置され，その結果不具癈疾者として一生不幸な生涯を送ることを余儀なくされる場合が多い」ため，早期発見・治療により「将来の自活能力を与えることが肝要である」とし，「精神薄弱児」も「その大多数は，もし適切な保護指導または教育の機会が与えられれば，将来社会の一員として自活・自立することが期待できるのである」と，経済的自立を目指す社会福祉事業の有用性を示したのである[67]．

以上の理由から，日本国憲法下において51年法が新たに立法化されたにもかかわらず，理念は，依然として社会事業法における経済的困窮からの自立が存続された．

第2項　社会福祉事業の範囲

本章第2節第2項で述べたとおり，児童福祉法は孤児・浮浪児等の限定的対象から「すべての児童」（児童福祉法第1条）へ，身体障害者福祉法は傷痍軍人優先保護施策から一般の身体障害者（身体障害者福祉法第1条）へと，それぞれ第二次世界大戦直後から対象の拡大を図りつつ立法化された．いずれも，生活保護法では解決され得ない「the special needs」への対応あるいは「特殊の対策」の具現化であった．しかし前項でみたように，社会事業法ひいては新生活保護法と同様の経済的自立を理念に据えたためか，51年法によって新規追加された事業は「児童厚生施設経営事業」，「児童の福祉の増進について相談に応ずる事業」，「身体障害者の更生相談に応ずる事業」等，わずかにとどまった．

---

67) 厚生省「厚生白書　昭和31年版」http://www.mhlw.go.jp/toukei_hakusho/hakusho/kousei/1956/dl/03.pdf

第2章 社会福祉事業法による構成要素の形成期

　社会福祉事業の範囲規定の方法については，本章第3節第2項でみたように，50年11月法案から51年2月6日法案まで社会福祉事業の定義を試みたが，その「困難」故に断念し，51年2月24日法案以降で「列挙的に定め」る方法を採ることとなった．結果，個別分野法で規定される事業を社会福祉事業法において種別に分けた上で再掲するという手続が，以降で継続されることとなる．

　ただし，1958（昭和33）年の結核回復者後保護施設経営事業および隣保事業の追加にみられるように，社会福祉事業法そのものを根拠として追加される社会福祉事業も例外的に存在した．これは，50年5月法案，50年6月法案において社会福祉事業基本法を目指したものの，50年10月法案において改正社会事業法案を再廃案としたため，改正社会事業法案の対象となるはずだった事業を50年10月法案で取り込まざるを得なかったことに起因する．こうして各個別分野法のいずれにも該当しない社会福祉事業は，社会福祉事業法に規定されるルールもこの時期に成立した．これにより本法は，「共通的基本事項」を規定する法律（第1条）であると同時に，社会事業法と同様，個別分野法および売春防止法をはじめとする福祉関連法の補完的機能をもつ法律となった．

　また，社会福祉事業適用除外事業の規定により，一定の社会福祉事業の該当要件が消極的に示された．すなわち，「実施期間が6ヶ月未満」という点から「継続性」が，「社団または組合の行う事業」という点から「一般性・普遍性」が，「収容保護」5人未満およびその他事業20人未満という点から「規模性」が導かれる．序章第2節第2項で検討した古川の見解は，前章第4節第2項で示した灘尾の見解とともにここから析出されたのであろう．しかし，ある事業が社会福祉事業となるための該当要件は，社会事業法と同様に規定されず，行政判断に委ねられた．

第3項　事業種別および経営主体

　本章第3節第2項でみたとおり，51年1月①法案以降，再び入所型施設経営事業と経済保護事業のみに事業経営主体の制限を課すこととなり，それが現行社会福祉法まで存続されている．ここでは，なぜ51年1月①法案の時期に事業経営主体制限が課せられたのかについて検討する．

木村は，社会福祉事業を第1種・第2種に分けた理由を「その対象に対する影響の軽重」としている（木村 1955：33）．すなわち序章第1節で述べたように，第1種は「公共性のとくにたかい事業であって，…その人格の尊厳に重大な関係を持つ事業」であり，第2種は，「社会福祉の増進に貢献するものであって，これに伴う弊害のおそれが比較的にすくないもの」である（木村 1955：34, 39）．先行研究および厚生労働省も，この木村の見解に準拠している（小川 1992：101-103, 桑原 2006：31, 社会福祉法令研究会編 2001：はしがき，68-69, 80等）．しかし木村が強調する社会福祉事業の「純粋性」保持および「公共性」の向上（木村 1955：28, 32, 49）とは，本章第3節第2項で述べた黒木の見解と同様，悪質な授産事業経営から生じた社会福祉事業に対する批判を払拭し，「社会的信頼を得ることができるようにする」（「社会福祉事業の施行について」昭和26厚生省発社56　第1）ことに他ならない．[68]ならば，50年11月法案どおり，ほぼすべての社会福祉事業経営主体を制限すべきではなかったか．以降の法案で再び入所型施設経営事業と経済保護事業のみに経営主体制限を課し（51年1月①法案），事業経営主体を問わない「一般事業」（51年2月6日法案第3条第3項）もしくは「第2種社会福祉事業」（51年2月24日法案第2条第2項）を設けざるを得なかったのはなぜか．

　また，本章第3節第2項でふれたように，木村は国会にて，「社会福祉法人」は「第一種社会福祉事業のみをいたしまするもののために作ったとは考えていない」と答弁している．51年法の解説においても，「社会福祉事業をおこなうことをその本来の目的として組織される法人ならば，原則として社会福祉法人であることをたてまえとすることを本旨とし…，第二種社会福祉事業にぞくするもの…であっても，…社会福祉法人の本来の目的となるものにほかならない」（木村 1955：146）としている．これら答弁・解説について新田は，「法定社会福祉事業をわざわざ二種に区分したことと，区分したにもかかわらず両事業いずれでも法人設立の本来の目的となるとした社会福祉法人制度との関係にやや

---

68)　木村は，国会でも「社会事業（ママ：筆者）をいたしまする主体に対しまする対世間的な信用を確保いたしますると同時に…」と説明している（「第十回国会参議院　厚生委員会会議録」15（1951：5））．

『首尾一貫しない』ものがあるように感じられる」(新田 2000：185) と指摘する．そのとおり，木村の答弁・解説は，上記種別区分および経営主体制限を課した理由（木村 1955：39）との間で明らかに矛盾している．これはどういうことであろうか．

　戸沢は，この件につき黒木と「当時児童局企画課長」であった内藤との間で対立があり，「官房総務課の法令審査の席でももめた」という．そして「ほとんどの社会福祉事業は社会福祉法人が経営すべき」とする黒木に対し，内藤は「養老院のような大規模施設ならともかく，保母が一人か二人しかいない小さな保育所などでも，なぜ社会福祉法人というような，どえらいものを作らなければならないのか」と強く反対したとされる（戸沢 1982b：64-65）．

　黒木と対立したとされる内藤は当時，養護課長であったから（厚生省五十年史編集委員会 1988b：81），戸沢の見解には信憑性という点で疑問が残る．しかし当時の保育所には，確かに小規模ないし個人経営のため社会福祉法人に求められる資産を保有することが困難なケースが多かった．とすれば，現実態から批判した内藤に黒木が譲歩せざるを得なかったのではないか[69]．

　また，当時の法令審査は，高橋によれば「一か条あたり平均三時間かかるのが常識」であった（厚生省社会局保護課編 1981：314-317）．現に新生活保護法は，法制局に提出した1949（昭和24）年11月上旬から閣議決定の1950（昭和25）年2月7日まで，約3ヶ月を要している．これを前提とすると，51年法の閣議提出が1951（昭和26）年3月1日であることから，法令審査は1950（昭和25）年12月初頭から開始されたはずである．とすれば，法令審査は，ほぼすべての社会福祉事業に経営主体制限を課した50年11月法案を対象に開始されたこととなり，戸沢の証言にある黒木と内藤のやりとりがその席上であり，その結果が51年1月①法案に反映された可能性は高い．

　種別について北場は，第1種社会福祉事業を「戦前に社会事業法を制定する

---

[69] 社会福祉事業法案を社会局・児童局間で調整すること自体は，50年4月法案あたりから決まっていた（PHW—00708, 24 April. 1950）．その他，戸沢の見解を裏付けるものとして，本文上述のとおり，中川の「児童福祉法は児童福祉の基本法である」と主張する児童局との「調整が法制局審議の段階まで難航した」とする述懐がある（中川 1980：82）．

表6　年度別，局別にみた一般会計歳出予算構成比率

局　別	昭和23年度	昭和24年度	昭和25年度	昭和26年度	昭和27年度
厚生省総予算	100.0	100.0	100.0	100.0	100.0
社　会　局	38.3	44.8	51.2	48.0	61.1
児　童　局	1.4	4.2	2.0	2.0	0.9
保　険　局	4.6	6.1	6.3	9.0	7.7
そ　の　他	55.7	44.8	40.4	41.0	30.2

厚生省 1953:『昭和27年社会福祉統計年報　第1部』より筆者作成

際，民間社会事業には許可主義を採用することが検討されていた『収容施設』に，戦後になってその問題が顕在化した授産施設などの一部の『経済保護事業』が加えられたと考えられる」とし，第2種社会福祉事業を「社会事業法制定の際には，届出主義の採用が検討されていたもの」としている（北場 2000：205）．しかし，上記法案過程からすれば，少なくともこうした単純な過程や理由で規定されたのではないことがわかるだろう．

51年法成立過程において，他省庁および厚生省内他局・課への譲歩は他にもある．例えば，1950（昭和25）年12月の地方自治庁・地方財政委員会「社会福祉事業基本法案に対する意見」による「福祉に関する事務所」への変更，社会福祉法人の他法人からの寄付金の損金算入，市町村民税での法人の均等割撤廃，入場税免税の拡大，付加価値税の免除等の先送り等である[70][71]．

こうした譲歩が必要になった背景には以下の2点が考えられる．

第1に，福祉三法体制がすでに確立しつつあったことである．そのため，新法立案過程における修正要請は，既存三法を担当する局・課にとって特権事項であったのであろう．とりわけ国内初の「福祉法」を担っていた児童局，および予算の半数を占めていた社会局（表6）のさらに中心的存在であった社会局保護課（表7）からすれば，社会局庶務課が創案した社会福祉事業の全分野にわたる「基本法」案に対し，心理的抵抗が生じたのではなかろうか．

本章第3節第2項で述べた法名称に対する児童局の批判，および戸沢による

---

70)　黒木 1951b：42-51，厚生省社会局保護課編 1981：162を参照．
71)　木村 1955：197-200，黒木 1951b：190-191を参照．

表7　年度別,事項別にみた一般会計歳出予算構成比率

事項別	昭和23年度	昭和24年度	昭和25年度	昭和26年度	昭和27年度
社会局予算総額	100.0	100.0	100.0	100.0	100.0
生活保護	98.8	94.6	93.3	95.4	56.7
遺家族等援護	—	—	—	—	40.1
その他	1.2	5.4	6.7	4.6	3.2
児童局予算総額	100.0	100.0	100.0	100.0	100.0
児童福祉事業	21.2	8.2	17.8	13.3	25.1
児童福祉施設整備	—	—	63.5	62.3	57.0
その他	78.8	91.8	18.7	24.4	17.9
保険局予算総額	100.0	100.0	100.0	100.0	100.0
社会保険国庫負担金	—	43.6	41.2	37.9	33.3
国保助成	—	54.9	57.5	50.2	55.6
その他	100.0	1.5	1.3	11.9	11.1

厚生省 1953：『昭和27年社会福祉統計年報　第1部』より筆者作成

「私らは"小山イズム"だから,そんな法律は要らない,…生活保護だけやっていれば結構だ,なんていうことを言っていた」(戸沢 1982a：75-76)との発言,あるいは黒木の「小山保護課長の構想」ではそもそも「生活保護主事」であったため(黒木 1961：19),「当時の保護課長は,(社会福祉主事ではなく：筆者)生活保護主事でいいじゃないかというんだな」(厚生省社会局保護課編 1981：161)との回顧から,児童局および社会局保護課の社会福祉事業(基本)法案に対する態度は決して肯定的・積極的ではなかったことがうかがえる.

第2に,序章第2節第1項で述べたように,51年法立案時期がGHQ占領末期であったことである.すなわち,終戦直後の旧生活保護法,児童福祉法,身体障害者福祉法の場合は,GHQの厳密なる審査を通過しなければならなかったが,それさえ通過すれば他省庁および省内他局・課との調整はさほど必要ではなかった.しかし新生活保護法以降では,朝鮮戦争の勃発,対日講和七原則の発表等もあって,GHQの積極的関与は次第に減少し,51年法のGHQ審査にいたっては「僅かに一時間半という記録」(黒木 1951b：68)を作ったほどであった.反面,他省庁や省内他局・課間での折衝が公然と行われるようになり,それにともない調整や譲歩せざるを得ない事項が増加したのではないか.

黒木による「占領軍の威令も相当弱っておったときでしたから，なかなか強行できない．結局，当時反対したのが自治庁と大蔵省なんです．…それは相当強硬な，下手すりゃ私の役人としての命とりになるような反対にまで，政治的にエスカレートしていったわけですよ」，「もうアメリカさんが頼りにならんですね．こっち一人でやらなきゃならんでしょう」との回顧（厚生省社会局保護課編 1981：162-164)[72]や，本節第1項で述べた辻村と大蔵省との児童福祉法に関する折衝は，それを裏付けるものであろう．

　以上より，本研究は，社会福祉事業の種別化の真相を，社会福祉事業の「純粋性」・「公益性」確保のため民間事業経営主体のほぼすべてを社会福祉法人にしたい社会局庶務課が，小規模・零細保育所の実態から否定した児童局に譲歩して設定したものと考える．そして，上記新田が指摘する「首尾一貫しない」木村の答弁・解説は，社会局長という立場としての答弁・解説と個人的見解（社会局庶務課案への賛同）としての答弁・解説との混用によるものと判断する．木村による「この法律（51年法：筆者）は，妥協の連続によって成立している」との告白（木村 1955：2）は，事業経営主体制限，共同募金の配分先への更生保護事業の追加をはじめ，上記他省，省内他局・課への譲歩に対する社会局庶務課の惜念を代弁するものであろう．

　51年法において社会福祉事業に種別区分が導入され，またその区分が「対象に対する影響の軽重」という曖昧な根拠に基づくのは，以上のような経緯によるものであったと考える．

第4項　事業開始等の法的手続

　本章第3節第2項でみたとおり，51年法は，施設を必要とする第1種社会福祉事業とそれ以外の第1種社会福祉事業および第2種社会福祉事業に分け，それぞれの事業開始等の手続について事前あるいは事後の「届出」を規定した．

---

[72]　さらに黒木は，福祉に関する事務所の新設反対で「最後の最も強力なものは行政管理庁長官と内閣官房長官であった」，「知事会や自治庁や大蔵省の税制懇談会まで反対するという騒ぎで反対勢力の強さと執拗さに驚かされもし悩まされた」と吐露している（黒木 1961：18）．

と同時に，個別分野法における同旨規定を優先させた．

　事業手続を規定したのは，50年5月法案・50年6月法案における改正社会事業法案を50年10月法案において再廃案としたため，改正社会事業法案の対象となるはずだった事業および当該事業の事業手続・事業監査等の規定を取り込まざるを得なくなったためである．それにともない，既存の個別分野法の優先規定も復活させた．

　また事業開始手続等を51年2月28日法案以降において，「許可」から「届出」としたのは，地方行政調査委員会議勧告に譲歩した結果であった．

　これらより，児童福祉法における乳児院・養護施設・精神薄弱児施設，新生活保護法における養老施設・救護施設等は，社会福祉法人等による設置につき都道府県知事の認可を必要とするのに対し（児童福祉法第35条，生活保護法第41条），社会福祉事業法によって規定される社会福祉事業施設の設置および社会福祉事業法の規定に従って設置される身体障害者更生援護施設（身体障害者福祉法第27条）や婦人保護施設（売春防止法第36条）は事前届出となった．

　すなわち，この時期において，同じ「施設を必要とする第1種社会福祉事業」でありながら事業開始等の手続における行政関与に差異が生じることとなったのである．

第5項　質確保施策および利用者の利益

　社会福祉事業の質確保施策には，事業監査規定（調査，都道府県知事による改善命令，事業制限・停止権限）がある．また利用者の利益については，当該質確保の根拠となる施設最低基準が規定された．

　しかし，本章第3節第2項で述べたとおり，法案素案期における最低基準は「食事，被服，居室，保健衛生，慰安教養及び作業その他すべての生活部面について適正を期し，その構造及び設備は，衛生上，防火上及び保安上適切と認められるものでなければならない」と具体的に例示されていたが（50年4月法案第36条第1項，50年10月法案第27条第1項等），51年2月24日法案以降で簡略化されてしまった（51年2月24日法案第60条第1項）．また当該基準の具体的規定方法については，50年11月法案または51年1月①法案において「生活保護法，児

童福祉法等の施設すべてに亘り、統一的な基準を定めることが考えられ」た時期もあったようであるが（松本編 1951：68）[73]，51年法第70条により，結局，個別分野法の管轄局・課ごとに定められ，その規定様式・方法も個別分野法によって相違することとなった．

そのため，いずれも施設設備，職員の職種および人員数，健康管理の規定に重点が置かれ，上記50年10月法案までにあった具体的例示の名残であろう「被援護者等に対する処遇の方法」の基準（51年法第65条）は，ほとんど反映されなかった．例えば制定当時の児童福祉施設最低基準（昭和23厚令63）でみると，総則第2条において「児童福祉施設に入所している者が，…心身ともに健やかにして，社会に適応するよう育成されることを保障するもの」とある．にもかかわらず，例えば助産施設についての11ヶ条のうち，設備に関するもの4ヶ条，職員配置に関するもの2ヶ条に対し，サービス内容に関するものは，健康診断について規定するもの1ヶ条に留まる．保育所においても，9条のうち，設備に関するもの4ヶ条，職員配置に関するもの1ヶ条であるが，保育内容に関するものは1ヶ条のみで，しかも健康状態の観察，個別検査，自由遊びを規定するに留まっていた．

さらに，主要な最低基準であった設備基準においても，例えば母子寮での「母子室」は「1室以上」・「0.75坪以上」となっており（「児童福祉施設最低基準」（昭和23厚令63）第41条第1項第2号，第3号），「母子不可分の原則」といえども「児童に主眼を置いてその福祉をはかることを目的とする以上」，「青春期を迎える男の子は，例へ母親でも別室は望ましい」という現場職員の指摘（芹沢 1964：16）どおり，対象の発達や心身状況に適応したものとはいえなかった．

以上から，施設最低基準が規定されたものの，利用者の利益に関する視点は，社会事業法と同様，極めて稀薄であったことがうかがえる[74]．

---

[73] 厚生省社会局「社会事業施設最低基準要綱案」寺脇編 2010：資料番号010901─0101参照．なお，厚生省社会局内では，遅くとも1948（昭和23）年頃から，社会事業施設最低基準協議会を設け，児童福祉施設を除く社会事業施設全般の最低基準を審議していた（厚生省社會局「昭和23年度社会事業施設最低基準要綱案」寺脇編 2010：資料番号010901─0301）．

なお，それには行政による対象者観も関連していたと考える．例えば，「児童福祉法案逐条説明（答弁資料）」では，第40条の精神薄弱児施設の目的にいう「独立自活に必要な知識技能を与える」について「馬鹿は馬鹿なりに飯を食う術を教えようとするものであって，学校教育を意味しない」とあり（児童福祉法研究会編 1979a：808），実際の参議院厚生委員会においても米澤厚生省児童局長が，「まあ馬鹿は馬鹿なりと申しますか，こういうふうな意味の獨立自活ということであるのでありまして，その意味で御了承を願いたいと考えるのであります」と回答している[75]．また，本節第１項で取りあげた昭和31年版厚生白書では，「障害児」や「精神薄弱児」は，「一生不幸な生涯」を送る，「非社会的あるいは反社会的行動をとる」とされ，身体障害者援護措置を述べている箇所においては，「身体障害は，人間をおそう不幸のなかでもきわめて深刻なものの一つ」とされている．

身体障害・精神薄弱を「馬鹿」として，あるいは「不幸な生涯」の根源として捉え，また治安維持の視点から障害児・者を「非社会的」・「反社会的行動をとる」犯罪予備軍と捉える限り，利用者の利益という視点の欠如は，当然の帰結であろう．

第６節　小括──理念，種別，経営主体制限の創設

51年法は，社会福祉事業における構成要素を法的に形成した法律であった．

中でも社会福祉事業の理念（社会福祉事業の趣旨），種別区分，第１種社会福祉事業の原則的経営主体制限，厚生大臣による施設最低基準の策定義務は，社会事業法にはなかった新設規定である．また対象事業の範囲でも，列挙という手法は社会事業法を踏襲しながらも，個別分野法に規定された具体的な事業名称を再掲する方法へ変更した．これらは，社会福祉事業経営の「公明かつ適正な実施」という法目的（51年法第１条）に則した内容といえる．

74）　新田は，社会福祉事業法を「事業主体（助成）法というべきものであり，この点でも戦前の社会事業法を継承した」と述べる（新田 2000：186）．
75）　「第一回國会参議院　厚生委員会会議録」13（1947：4）

しかし，条文化された理念の経緯を詳細に辿ると，50年10月法案までの「主旨」あるいは「本旨」においては，憲法前文，第13条，第25条との関連がみられ，第二次世界大戦での人的資源培養策や社会統制手段と化した社会事業（厚生事業）に対する反省がうかがえるものの，51年2月24日法案以降に急転回し，結局，「独立心をそこなうことなく，正常な社会人として生活することができるよう」な援助となった．すなわち，理念は社会事業法において想定されていた「経済的自立」が継承されたのである．そしてそれは，「独立自活」を目指す児童福祉施設，身体障害者更生援護施設，婦人保護施設等，本時期に社会福祉事業として列挙された事業ほぼすべてに共通する理念であった．51年法を主管した社会局庶務課からすれば不本意な結果であるが，第二次世界大戦後の膨大な経済的困窮者数，シャウプ勧告による緊縮財政，社会局保護課や大蔵省等の省庁間および省内他局・課間の権力志向競争がそれを余儀なきものとした．

　また，社会福祉事業そのものの定義が置かれなかった点は，社会事業法と同様である．本章第3節第2項で明らかにしたとおり，50年11月法案から51年2月6日法案までの定義の試みが頓挫し，結局，対象事業の「列挙」という方法が再採用されたのである．具体的な事業名称の列挙は，それぞれの施設最低基準と相まって，対象事業の法的範囲をより明確にすることに成功した．しかし，いかなる事業がいかなる根拠で社会福祉事業となるかは，社会事業法同様，行政判断に委ねられることとなった．

　以上からうかがえるとおり，51年法は，確かに社会福祉事業における構成要素の形成に寄与した法律であった．しかし同時に，社会事業法がはらむ問題や限界をそのまま継承した側面も持ちあわせていたといえよう．

　さらに，社会福祉事業を3類型した上でそれぞれの事業手続を置いたものの，個別分野法の当該規定を優先した点は，次章でみる福祉六法体制における当該規定のさらなる多様化を生む要因となる．

第3章

福祉六法体制と第1種社会福祉事業の拡大期

第1節　はじめに

　本章では，福祉六法体制の確立から1972（昭和47）年の身体障害者福祉法の一部を改正する法律（昭和47法112）までを対象とする．精神薄弱者福祉法および老人福祉法は，終戦直後の児童福祉法，身体障害者福祉法，生活保護法とは異なる経済的・社会的変動を背景にもつことから，構成要素のうち，とりわけ理念や社会福祉事業の範囲において変容をもたらした．当該変容は，活発な国民的運動や当事者運動により，児童福祉法および身体障害者福祉法を根拠法とする社会福祉事業の範囲にも影響を及ぼしていく．また，経済的・社会的変動にともなう新たな社会問題に対応すべく，とりわけ第1種社会福祉事業の量的拡大が図られた時期でもあった．

　本章では，まずこの時期における背景を，高度経済成長期における経済的・社会的変動，審議会等の動向，国民的運動や革新自治体の動き，および政治的動向を中心に押さえていく．そして，それらを踏まえ，精神薄弱者福祉法，老人福祉法および母子福祉法の成立過程および1970年代前半にかけての心身障害児・者福祉事業の多様化と社会福祉施設緊急整備5ヵ年計画に至る経過について明らかにする．最後に，以上からこの時期における理念，社会福祉事業の範囲を含めた構成要素の変容を析出していく．

第2節　高度経済成長と国民的運動の隆盛

第1項　国民所得倍増計画と社会問題の噴出

　1958（昭和33）年12月の国民健康保険法および1959（昭和34）年4月の国民年金法の成立によって，皆年金皆保険となる．1960（昭和35）年の経済審議会「所得倍増計画の答申」をほぼ敷衍した同年12月の「国民所得倍増計画」は，それらの保険料を元手とする大規模な経済・産業投融資によって実行された．1962（昭和37）年の「全国総合開発計画」は重化学工業化へ拍車をかけ，それにともなう道路，港湾，鉄道，用地・用水等のインフラ整備に膨大な設備投資がなされた．その結果，国民総生産（GNP）は，1955（昭和30）年からの10年間で31兆7,929億円となり，実質成長率10.1％を記録した．池田を継いだ佐藤内閣では，1965（昭和40）年から貿易収支が黒字基調に転じ，1968（昭和43）年にはGNPで西ドイツを抜いて第2の経済大国となり，1965（昭和40）年からの5年間の実質成長率は11.2％となった．このように高度経済成長は，第1次高度成長期（1955〜1964年）には設備投資を基軸とした内需拡大，第2次高度成長期（1965〜1973年）には工業製品の輸出拡大によってもたらされた．これによって，対中学卒業予定者求人倍率6倍という雇用安定状況が生まれ，就業者の所得は上昇し，国および地方自治体の税収入は増加の一途を辿った．

　一方，ホワイトカラー層の増加，女性就業者の増加，都市化，核家族化等，産業構造の変化による地域社会および家庭生活における急激な変化は，育児，教育，介護等の地域・家族機能の脆弱化を生み出し，新たな社会問題として顕在化することとなる．とりわけ，育児や高齢者扶養の問題は，本章第4節第1項・第2項で述べるように，世帯構造，人口構造の変化が加速する中で深刻になりつつあった．

第2項　社会福祉充実への提言

　こうした状況に対し，社会福祉施策の充実化を求める提起が相次ぐ．
　例えば，1961（昭和36）年7月に厚生省は「厚生行政長期計画基本構想（試

案)」を発表し，生活保護を「最も基本的な目標」としつつも，養老施設，軽費老人ホーム等の高齢者対象施設2,000ヶ所の増設，障害児を中心とする要保護児童すべてを受け入れるだけの児童福祉施設数の確保，地域偏在の是正，職員の養成等，社会福祉施設に関する施策を掲げた．

　また翌年8月には，社会保障制度審議会が「社会保障制度の総合調整に関する基本方策についての答申及び社会保障制度の推進に関する勧告」（以下：「1962年勧告」）を発表する．「1962年勧告」は，社会保障を4部門から構成されるとした「1950年勧告」を継承しつつ，社会保険を「一般所得階層に対する施策（一般的な防貧対策）」，社会福祉を「低所得階層に対する施策（個別的な防貧対策）」，生活保護を「貧困階層に対する施策（直接的な救貧対策）」，公衆衛生を「すべての階層に共通する施策（防貧対策の基盤）」とし，対象と機能を区分した．その上で，「現在の社会福祉の最大の欠陥は，…単に推奨するのみであって，これに対して積極的に責任を国がとらないことである」と，その整備は国の責任であることを明記した．また「一定条件にある低所得層の権利として確保される方向に進まなければならない」とし，その対象の特徴を踏まえれば，「原則として受益者に費用を負担させるべきではな」く，「社会福祉の費用は原則として国と地方公共団体が負担すべきである」と，公的財源によって運営されるべきとする．そして「この固有の分野はあまりにもゆるがせにされてきた」ため，「とくにこの分野を開拓し，貧困におちいるおそれの最も強いこの方面に対する施策に税金を重点的に投入すべきである」とした．「1962年勧告」は，社会保障の枠組みこそ「1950年勧告」を継承したが，社会福祉を「権利として確保される」ものとし，「重点的」位置に置いた点は，生活保護の派生的施策として「社会福祉」を捉え，「社会保険」を「社会保障の中心」としていた「1950年勧告」と明らかに相違していた．

　さらに，1972（昭和47）年の経済白書は「新しい福祉社会の建設」を副題とし，成長と福祉の乖離の是正を問題とした．翌年2月の「経済社会基本計画」でも，「活力ある福祉社会の実現」を目指し，社会保障費の国民所得費を1977（昭和52）年に8.8%まで引き上げること，そのために厚生年金や老齢福祉年金の給付水準の向上と「寝たきり老人」や心身障害者等の「全員収容」の体制を

確立すること等を提起した．

いずれも，本節第1項で示した新たな社会問題に対し，早急なる社会福祉施策の充実を提起するものであった．

第3項　革新自治体の増加と先駆的事業

1950（昭和25）年以降から6期にわたる京都府政をはじめ，1967（昭和42）年には東京，1971（昭和46）年には大阪が革新自治体となり，この動きは一気に他府県市町村へと波及した．1964（昭和39）年12月に22人の会員で発足した革新市長会は，1973（昭和48）年12月には136人にまで増えている[1]．

それにともない，地方自治体独自の取り組みも活発化する．1960（昭和35）年には，岩手県旧沢内村が老人医療費無料化に踏み切り，1969（昭和44）年4月には秋田県が80歳以上の者の入院・外来医療費自己負担分の一部（自己負担額のうち外来1,000円，入院2,000円を超える部分）の公費補助制度を開始した．同年12月には，東京都も70歳以上の福祉年金受給者を対象とした老人医療費無料化制度を開始する．以降，他道府県も老人医療費対策を次々と採用した．こうした地方の動きを受け，1972（昭和47）年2月に老人福祉法が改正され，老人医療支給制度が全国的に実施されるようになる[2]．他にも乳幼児医療費助成制度，心身障害者扶養年金，重度心身障害者手当等，各自治体の特性に応じた福祉関連事業が独自に展開された．

また1973（昭和48）年8月には，摂津市が保育所建設費の実額と国庫負担額との差額を請求する訴訟（いわゆる摂津訴訟）を起こす．1976（昭和51）年12月の東京地裁判決は，「具体的な負担金請求権は生じない」として請求を棄却し，1980（昭和55）年7月の東京高裁の再棄却で確定した．しかし，地方自治体が国を相手どった訴訟は全国都市部の革新運動を呼び起こし，その圧力から国は東京地裁判決前の1973（昭和48）年12月に，児童福祉法施行令の一部を改正する政令（昭和48政令371）によって国庫補助整備費の定率負担を導入せざるを得なかった．

1）　新しい地方自治を考える会　1979：186-187を参照．
2）　老人医療費無料化についての評価と課題については，橋本　1972：85-90等を参照．

第4項　国民的運動

　1955年体制という安定した長期保守単独政権のもとでは，社会党ですら「表面的な強硬姿勢と裏面での取引的妥協」（歴史科学協議会編 2000：313）という矛盾を内在化させるのみであった．

　こうした中で保守・革新のバランスを補完したのが，米軍基地反対運動や原水爆禁止運動等の新しい国民的運動であった．これらは，炭労・電産闘争にみられるような労働組合を中心とする対資本要求争議とは異なり，草の根レベルから様々な年齢階層，職業階層からの参加者を巻き込み，地域ぐるみで推進していくところに特徴があった．1960（昭和35）年の「日本国とアメリカ合衆国の間の相互協力及び安全保障条約」（新安保）への反対運動は，統一ストライキ（560万人，580万人が参加）をはじめ，米軍基地反対運動，原水禁運動，教育運動等，様々な領域の運動を巻き込む結節点であった．

　また，高度経済成長による国民生活の急変から生じた社会問題への対応を求める要求運動も展開された．四大公害裁判を代表とする生命・生活・環境を守る住民運動，小児マヒワクチン要求運動，保育所要求運動を含む女性運動等がその例として挙げられよう．

　社会保障・社会福祉関連の運動では，1953（昭和28）年5月に日本社会事業職員組合，翌年11月に生活と健康を守る会が結成されている．以降，1958（昭和33）年9月には，日本患者同盟，全国生活と健康を守る会連合会，原爆被爆者協議会等が参加する中央社会保障推進協議会が発足した．また，1957（昭和32）年8月に朝日茂によって提訴された生活保護基準違憲訴訟は「人間裁判」と称され[3]，生存権保障に関する具体的な内実について社会的関心を惹起した[4]．

---

[3] 1960（昭和35）年第1審勝訴，1964（昭和39）年控訴審国勝訴，1967（昭和42）年上告審途中に朝日死亡のため訴訟終了．

[4] 太宰元厚生事務次官は，朝日訴訟第1審判決がなされたときの状況を「日患同盟をはじめ，革新新党，労働団体等の支援の闘争が全国的に高まり，平素は生活保護法などに全く縁のない社会の人々の間にも，…保護水準の当否をめぐってやかましく論じられるに至った」と述べている（厚生省五十年史編集委員会 1988a：1196）．

第5項　政権維持の方途

　本節第2項でみた「1962年勧告」以降における社会福祉施策の充実に向けた提言の裏には，自民党政権の度重なる選挙での大敗も絡んでいた．自民党の得票率は，1960（昭和35）年では58％であったが，1972（昭和47）年には47％と過半数を割る状況に至っていた．そのため，社会福祉施策の充実は，得票率低下の中で単独政権維持を目論む自民党の「状況に強いられた」選択（新川 2005：90）であった．

　また，上記革新自治体の誕生と国民的運動の勢力も，政府にとって大きな脅威となって立ち現れた．それは，1970（昭和45）年4月の経済審議会「新経済社会発展計画」での，「社会的摩擦や社会的緊張を緩和するためには，明確な目標意識をもった社会保障の充実になおいっそうの努力を傾注することが必要…」や，1972（昭和47）年7月の社会保障問題懇談会「報告書」における「わが国の社会保障はその規模が絶対的にも相対的にも小さすぎること，その内容において著しく医療部門偏重であること」が「一向に改善されておらず，これらが社会保障の現実に果たしている役割を著しく不満足なものとしていることは今や国民共通の実感となって」おり，そのため「もはや…社会保障の矮小化を招来する行動は許されないと考えるべきであろう」との言葉からうかがえよう．

第3節　福祉六法体制の確立

　上記のような背景のもと，精神薄弱者福祉法，老人福祉法，母子福祉法が制定される．以下，これらの成立過程を明らかにする．

第1項　精神薄弱者福祉法

　児童福祉法施行年である1948（昭和23）年には，精神薄弱児施設の草分けであった滝乃川学園や近江学園をはじめ，戦前から事業を営む施設が続々と児童福祉施設として認可を受けた．しかし，たちまち対象者である「18歳未満」という年齢制限の問題に直面することとなる．それは，「十八才の厄年」（登丸・

第 3 章　福祉六法体制と第 1 種社会福祉事業の拡大期

渡辺 1961：64）との表現からうかがえるとおり，精神薄弱児施設の目的である「独立自活」（児童福祉法第42条）が不可能な障害児の保護者にとって深刻なものであった．

　精神薄弱者が法の網の目からこぼれている実情に対し，1953（昭和28）年11月，中央青少年問題協議会「精神薄弱児対策基本要綱」意見具申は，精神薄弱児実態調査の実施，精神薄弱の早期発見・特殊教育，精神薄弱者に対する救護施設の拡充，精神薄弱児・者対策を包括した総合的立法を提案した[5]．また，1956（昭和31）年 5 月の中央児童福祉審議会「児童福祉行政の諸問題に関する意見具申」は，精神薄弱児施設の入所期間延長についての特例を提起した．

　これらを踏まえ，翌年 3 月には「厚生省設置法の一部を改正する法律」で国立精神薄弱児施設が新設され（厚生省設置法第27条の 2），翌年 4 月の「児童福祉法の一部を改正する法律」において，当該施設の入所期間を「その者が社会生活に順応することができるようになるまで」として年齢制限を撤廃し（児童福祉法第31条），1958（昭和33）年 6 月に国立秩父学園を開設した（昭和38厚令45）．さらに1952（昭和27）年 7 月の近江学園信楽青年寮，1958（昭和33）年11月の全国精神薄弱者育成会による名張育成園職業補導施設等の先駆的事業[6]や精神薄弱者施設新設を求める運動は[7]，1959（昭和34）年 3 月の「社会福祉事業法

5）　ただし，同年，これを踏まえて次官会議で決定された「精神薄弱児対策基本要綱」は，「不良行為を伴う知的障害児の収容設備の整備拡充」，「知的障害児を収容している少年院の拡充強化」，「知的障害児を対象とする精神病院の増床」，「遺伝性の精神薄弱者に対する優生手術の促進」等をも提起しており，防犯・治安を目的とした精神薄弱児（者）対策をも含んでいた．しかし石野は，そうした「社会防衛論的なもの」が結果的に「児童に留まっていた知的障害者福祉を成人へと目を向けさせることとなり，児童福祉法に頼っていたことから一歩を踏み出すものでもあった」と分析する（石野 2007：136）．

6）　戦前期においても，八幡学園，滝之川学園，筑紫学園等，児童保護施設において成人施設（寮）を附設するところもあった．各施設の経緯と実態については，山田 2009：第 2 部を参照．

7）　育成会はその後も相次いでモデル施設を設置し，これら実践事例をもとに精神薄弱者施設の新設を訴えた．また愛護協会は，その機関誌「愛護」掲載のコラム等で，救護施設における更生理念の欠如，粗悪な環境，多様な入所者の属性等の「ネガティブキャンペーン」を行い，「親亡き後のわが子の将来に不安を募らせている障害児の家族の理解を得」た（富永 2007：201）．

の一部を改正する法律」における精神薄弱者援護施設経営事業の追加に結実し，以降，都道府県に1ヶ所ずつ公立施設を整備することとなった．

これを好機とした育成会，全日本特殊教育研究連盟，日本精神薄弱者愛護協会の3団体は，精神薄弱者問題懇談会を発足し，精神薄弱者福祉法制定要求運動を精力的に展開し，1960（昭和35）年3月の精神薄弱者福祉法成立を導いた．

本法は，その目的として「更生」と「保護」とを並列して掲げている点を特徴とする．高田社会局長は，同年2月25日の参議院社会労働委員会における「社会保障制度に関する調査の件」に関する審議において，「（精神薄弱者福祉法は：筆者）更生の援助とそれから保護とが並列に書いてございます．身体障害者福祉法等におきましては，保護をするということも書いてありますが，その保護は，すべて更生を援助するために保護するというふうな書き方をしております．それでこういうふうに書き分けましたのは，…精薄者の重度な方々につきましては，これは更生を援助するということは，非常に幅が小さくなりまして，保護が重点になりますので，その重度な精薄者の保護ということを予想いたしまして，実は第一条を書き分けておるわけであります」と答弁している[8]．すなわち精神薄弱者福祉法は，当初の身体障害者福祉法が「職業能力」を「損傷」している障害者のみを対象とし，経済的自立を主眼とする「更生」法に留まっていた「限界を発展させる内容を含む」（山田 1987：118）ものであった．一方，本答弁で比較対象とされた身体障害者福祉法の「更生」概念においても，すでに松本社会局更生課長が「必ずしも社会的経済的に独立することを意味するものではなく，…それまで日常の起居に他人の手を借りなければならなかった者が，自分の力で日常生活を送ることができるようになっただけでも更生であるということができる」としており（松本 1954：14），前章第4節第1項で述べた1951（昭和26）年における法対象に関する改正と相まって，行政解釈において「更生」概念はすでに1950年代中頃から拡張されていた[9]．

しかし，精神薄弱者福祉法は，一般的には未だ経済的自立を目的とする法案として受けとめられていた．毎日新聞1960（昭和35）年2月8日付社説では，

8）「第三十四回国会参議院　社会労働委員会会議録」21（1960：4）

本法案について「心身障害者を自立させよ」との見出しで「精薄者の場合も，身障者と同じように，いかにして彼らにふさわしい職場を与えるか，ということが大きな問題になってくる．…職業をもつことは，人間としての自信とほこりをもつことである」と報じている（記事3）．

本法によって，上記精神薄弱者援護施設経営事業が移管され，また第2種社会福祉事業として精神薄弱者更生相談事業が追加された．

第2項　老人福祉法

(1) 老人福祉法の成立

高齢者を対象とする行事では，1950（昭和25）年に兵庫県が定めた「としよりの日」が先駆である．また施設においては，1953（昭和28）年7月，神奈川県が鎌倉公立有料老人ホームを設立し，以降，被保護世帯ではない低所得高齢者を対象とする有料老人ホームが増加していった．さらに1961（昭和36）年1月には浜松市の聖隷保養園が十字の園を，翌年8月には名古屋市立瑞穂寮が特殊養老施設厚生院を開設し，介護機能という点において生活保護法における養老施設の限界を感じた民間事業経営者による独自の事業も実施されるようになっていった．一方，在宅福祉事業も，1956（昭和31）年4月に長野県での家

9） 本文後述のとおり，身体障害者福祉法第1条は1967（昭和42）年に改正されるが，これについて当時更生課にいた實本は，「昭和四十二年の改正では，さらにその趣旨をはっきりと認めています．二十六年の改正は第四条の定義を，そして四十二年は第一条，法の目的のところまで踏み込んだわけです」，「それ（「生活の安定に寄与する」：筆者）を目的に入れて，二十六年の改正をさらに明確にしたわけです」と述べていることから（佐野・實本・仲村 1989：28），すでに1951（昭和26）年の改正において，厚生省内ではすでに更生概念の拡大を意図していたことがうかがえる．前章第4節第1項で述べたように，1951（昭和26）年の改正にもかかわらず「本法の対象について，何等実質的な変更をもたらすものではない」としたのは，当時占領下であったこと，シャウプ勧告の影響から身体障害者福祉政策に対する予算が十分に確保できなかったこと等が関係したのであろう．

10） 翌年以降は中央社会福祉協議会によって全国的に展開され，1952（昭和27）年には全国養老事業大会において「国民の祝日とすること」が決議された．

11） 1961（昭和36）年4月には，有料老人ホームは，民間営利事業経営者による有料老人ホームと区別するため，「軽費老人ホームの設置および運営について」（昭和36社発207）において，入所対象，目的等が規定され，設置費補助がなされるようになった．

記事3　精神薄弱者福祉法に対する一般的イメージ

社説　心身障害者を自立させよ

目が見えなかったり手足を失った人たち、あるいは知能が低いものを身にもつ人たちが、長い間ちっこかれていたこの三つの法案は、ぜひ今国会で成立させてほしい。

身体障害者の数は約百万といわれているが、現在身体障害者雇用促進法案と精神薄弱者福祉法案がそれである。これらの法案を必要とする人たちの、いまの意義はきわめて大きい。日本の社会政策にもう一つの新しい翼を加えるものといってよい。こういう法案は、ぜひ今国会で成立させてほしい。

身体障害者の置かれた今のきびしい環境、不幸な現実の姿に同情は持たねばならないと同時に、そのおくれてたどるにより、働く意欲と能力を持つ身体障害者には、いちだんと職場をもってもらいたいとの意義は言うまでもなく、対策をとるにあたっては、その重要性を考え、まだ十五万人ほどの、働く意欲のある身体障害者がいる。そのうち完全失業者は六万五千以上のものは、一般に比べて多い五倍以上にのぼる。

身体障害者の雇用ということは先進国の実情を学べ

なおいっそうの高い雇用率を求めている国もある。いかに欧米に比べ、わが国にして低いかがわかる。民間の会社でも、その努力が強く求められている。戦後、民間の会社でも五十人以上の常用職員を雇っている職場では、金額の〇・五形を目標にするというので、政府諸官庁、公社までが二朶にたり職場だけを採用することは誤りとさびる。そのために、試験にあたっても身体障害者の採用条件を求めたらは、なおさらのことを条件にした、いわば通過点にすぎないかも。

日本をはじめ欧米の十七カ国が、どのような方法によって盲者に一定の職場を保障しているか、その実情を調べると、イギリスをはじめヨーロッパの十数カ国が盲者の雇用を義務づけるのは、時期的早いが、すでに十数年前からこの種の法律によって盲者の一定の職場を保障しており、その成果に応じて発展させている。たとえば盲者にしてもほんの一定の道路研究、技術進歩を通じてどういう身体障害者にどんな仕事に適しているかの適職研究、技術研究、設備の改善にまずイカリを入れ、それからさらに職場の向上を努力しなくてはならない面もある。

身体障害者の雇用ということは

ない。民間の会社でも、国のによっての不幸な人々を救うため、身体障害者雇用の義務を課する。民間の会社では障害者を採用する努力目標を求めて、その緩やかな条件を決して作ってしまうのではない。身体障害者でも能力を持つ身体障害者ならば、民間を問わず、身体障害者でも能力に応じて仕事を与えるよう、いろいろ対策が必要である。

さらに、たとえ十分な職場がない人にもは一つの温かい環境があるものだ。民間の会社でも、毎日本の社会、たとえ同じ形ばかりの道も、同じ上手に歩けるか、保安官、日本でも観察官、民間の会社など、身体不自由な人には同じような職場がある。また警察官、毎日本の社会もよい職場がある。

今国会に出される精神薄弱者福祉法案として打ち出されている点は、大きな意味を持つものといえる。しかし、精神薄弱者の福祉を持つ法案は、いかにして、かれらに一段上の職場を与えるか、また一般の人と同じ能力を与えるよう、精神薄弱者に対する一般の意識を深めるなど、身体障害者と同様に努めなくてはならない。それが、技術指導や、政府や民間団体がまず関心を深めなくてはならない。

出典　毎日新聞1960（昭和35）年2月8日付社説

---

12)　全国社会福祉協議会老人福祉施設協議会編 1984：200，548-550を参照．また，特殊養老施設の「特別基準」（職員数）の認可を受けるため，1人あたりのおむつ交換時間の算出等，生活保護施設の枠内でいかに介護機能を充実させるかの腐心については，同：196-198，547を参照．

庭養護婦派遣事業（5市5町12村で社協に委託して実施）を皮切りに，1958（昭和33）年4月の大阪市「臨時家政婦派遣事業」，1959（昭和34）年の布施市「独居老人家庭巡回奉仕員制度」等，各自治体に拡大した．1962（昭和37）年4月には，厚生省が「老人家庭奉仕事業運営要綱」（昭和37発社157）を規定すると同時に「家庭奉仕員活動費」が予算化され，約30の地方自治体で計279人が就業している（木村 1962：9）．また，上記公・民による先駆的事業と並行して，1949（昭和24）年の全国養老事業大会決議をはじめとする老人福祉法制定に向けた運動も展開された[14]．当該運動は，やがて老人クラブ連合会等の当事者組織も参加するまでに拡大する[15]．

こうした民間の動きに呼応し，民社党は1961（昭和36）年10月に，自民党は同年11月に「老人福祉法案要綱」をまとめた．自民党の紅露老齢福祉対策部長は，「平均寿命が伸びた半面（ママ：筆者），老人福祉対策は児童福祉など他の社会保障部門より著しく立ち遅れ，定年制度も絡んで老齢層対策は大きな社会問題となっている」ため，「老人福祉の"基本法"を制定しようとするもの」としている[16]．

厚生省は，当初，予算的都合から「時期尚早」として老人福祉法に消極的であった[17]．しかし上記民間団体や政党の動き，社会局施設課業務への「老人福祉事業の指導及び助成に関すること」の追加（昭和36政令157），上記軽費老人ホーム経営事業と老人家庭奉仕員設置費補助金の予算化，1962（昭和37）年7月の社会福祉審議会小委員会「老人福祉施策の推進に関する意見」中間報告および同年12月の同「意見」等によって，次第に省内の気運が高まった．そして同年8月，厚生省社会局施設課は老人福祉法原案を作成し，大蔵省へ翌年度歳入歳出見積書を送付する際に「併せて」（田原 1985：31）提出した．当該法案は，年金，就労，住宅等，高齢者の生活に関連する施策を網羅した総合法的な

---

13) 大山による答弁「第四十三回衆議院 社会労働委員会議録」44（1963：15）
14) 全国社会福祉協議会老人福祉施設協議会編 1984：286を参照．
15) 橋本は，本文後述の自民党による老人福祉法制定の公約は，全国老人クラブ連合会の「票田としての価値が，一層『評価』されてきた」からだとする（橋本 1976：248）．
16) 東京新聞1961（昭和36）年11月20日付記事「自民『老人福祉法要綱』成る」
17) 大山 1964：33，厚生省社会局老人福祉課 1974：3の瀬戸発言等を参照．

性格であったが、各省庁の反対から最終的にそれらは第4条の一般的な訓示規定[18]としてまとめられてしまう。その点について大山社会局長は、国会で「老人福祉のほかに、たとえば年金の問題でありますとか、…老人の職業なり労働の問題…住宅の問題…いろいろほかにもあると思います。…それらを全部総合した法律を作るということは、不可能とは申し上げられませんが、非常に困難があり、また現在の法制の建前からいうと、必ずしも適当であるまい、こういうように考えまして、…厚生省所管、特に社会局所管というようなことに相なろうかと思います」と答弁している[19]。また社会局施設課長の瀬戸も、「何せ生活万端にわたります関係上省内の各局、各課、各省にも行政が関連するので、一つの老人福祉法という法律に、すべての老人に関することを具体的に規定することは、立法技術上非常に困難があったわけです」と述べている（座談会 1963：5-7）[20]。すなわち、関連する「省内の各局、各課、各省」との権力志向競争によって、当初の法案であった「全部総合した法律」から「社会局所管」の法内容へと「骨抜き」（座談会 1963：5-7での紅露発言）にされたのである。

　老人福祉法案は1963（昭和38）年7月に可決され、養護老人ホーム、特別養護老人ホーム、軽費老人ホーム経営事業が第1種社会福祉事業として新たに追加された。また第2種社会福祉事業として老人福祉センター経営事業が追加された。

---

18)　当該老人福祉法原案の具体的な条文内容は不明である。岡本は、上記「中間報告…の内容に近いものであったといえる」としている（岡本 1993：148-149）。「老人福祉の"基本法"」を目指した自民党案を骨子としたならば、本文のように老人施策を網羅した法案であった可能性は高い。

19)　「第四十三回国会参議院　社会労働委員会会議録」25（1963：15）

20)　換言すれば、高齢者の生活関連施策を具体的に列挙することが「立法技術的に」困難であったに過ぎず、よって老人福祉法第4条の抽象的訓示規定に留まったことが、即、当該生活関連施策の未整備を意味するわけではなかった。「（具体的施策を：筆者）やりますから具体的なもの（を老人福祉法で列挙するのは：筆者）はまあかんべんしてくれと、これは裏ばなしなんですが」と瀬戸が述べているとおり（座談会 1963：9）、1963（昭和38）年の寝たきり老人についての税控除、1964（昭和39）年の公営住宅法改正による第2種公営住宅（老人世帯向公営住宅）、1966（昭和41）年の雇用対策法による中高年齢者の雇用率規定等、老人福祉法によらない一定の「生活関連施策」が創設されている。

(2) 特別養護老人ホームの新設

特別養護老人ホームの新規導入の背景は，何よりも養老施設入所者の質的変化にあった．すなわち高齢化・入所期間の長期化にともない心身機能が低下した入所者の増加である．そうした入所者に対応すべく，1955（昭和30）年5月に出された「養老施設，救護施設及び更生施設の設備及び運営について」（昭和30発社72）において「静養室」（施設定員の概ね15％に相当する人員が入所するに足る広さ）が設けられていたが，もはやそれのみでは対応できなくなっていた（写真1）．

写真1　当時の養老施設の様子

出典　全国社会福祉協議会 1958：148

全国養老事業協会は，すでに1950（昭和25）年開催の第3回全国養老事業大会において，「養老施設最低基準に病室（医療法によらざる）を認め適正の経費の支出が得られるよう配慮されたい」との提案を掲げ（全国社会福祉協議会老人福祉施設協議会編 1984：289），また同年に実施した養老施設調査において，入所者の23％が病人であることを明らかにしている[21]．翌年には大阪養老院や同和園が独自に病弱入所者を対象とする診療所や病舎を併設し，以降，上記十字の園等のような看護機能をもつ施設が相次いで作られた．こうした事態を受け，全国養老事業協会は「特殊養老施設」（昭和34年全国老人福祉事業関係者会議），「身体障害者養老施設」（昭和35年全国老人福祉関係者会議），「看護老人ホーム」（昭和37年全国老人福祉事業関係者会議）と，名称を変更しながらも，ほぼ毎年のように医療・看護機能を強化した施設の新設を提起した．

当然，各法案にも，「老人病院」（九州社会福祉協議会連合会「試案」第6条），「老人医療施設」（自民党「老人福祉法（案）」第20条），「国立老人病院」（民主社会

---

[21] 本文データについては芦澤 1951：10参照．ただし芦澤は，調査施設76の総収容者数4,129人，そのうち病人996人と報告しており，それを前提とすれば病人の比率は24.1％となる．

表 8　養老施設入所者の健康状態

収容者 41,353人(100%)				
健　康 26,492人(64.1%)	病　弱 14,861人(35.9%)			
	臥伏していない 11,050人(26.7%)	臥伏中 3,811人(9.2%)		
		慢性疾患 2,377人(5.8%)	身体障害 596人(1.4%)	その他 838人(2.0%)

厚生省社会局施設課 1962：「養老施設調査」より筆者作成

　党「老人福祉法（案)」第11条）として反映されていた．厚生省も，1962（昭和37)年現在で養老施設入所者の1/3以上が「病弱」であり，「臥伏中」も約１割ほど存在すること（表８)，「生活保護階層でない老人のうちにも…同様の状態にあるものが約３万人程度ある」ことから，厚生白書にて「ナーシングホーム（看護施設)」設置の必要性を提起していた．[22]

　それ故，厚生省は当初の老人福祉法案から老人福祉施設に「老人病院」を含めていた（大山 1964：158)．しかし法案審議過程において「福祉施設のなかに医療施設である病院を包含するのは好ましくない」という意見から削除された（森 1974：76)．1962（昭和37）年８月に厚生省が創案した「老人福祉法要綱」では「看護老人ホーム」という名称となり（写真２)，上記歳入歳出見積書のとおりに1963年度予算として大蔵省に認められたものの，「看護婦・医師の確保難や医療側の反対」（森 1983：14）によって立ち消えとなり，結局，医療機能が不十分な特別養護老人ホームとする他なかったのである．[23]が，介護を主たる目的とする特別養護老人ホームは，やがて老人福祉事業，ひいては社会福祉事

22）厚生省「厚生白書　昭和37年度版」http://www.mhlw.go.jp/toukei_hakusho/hakusho/kousei/1962/dl/03.pdf 参照．なお，1963（昭和38）年６月に厚生省が行った高齢者実態調査報告では，「床にひききりの老人」を「約23万人」と推計している．厚生省「厚生白書　昭和39年版」http://www.mhlw.go.jp/toukei_hakusho/hakusho/kousei/1964/dl/09.pdf 参照．

写真2　厚生省「老人福祉法要綱」(1962.8) 第3章第15

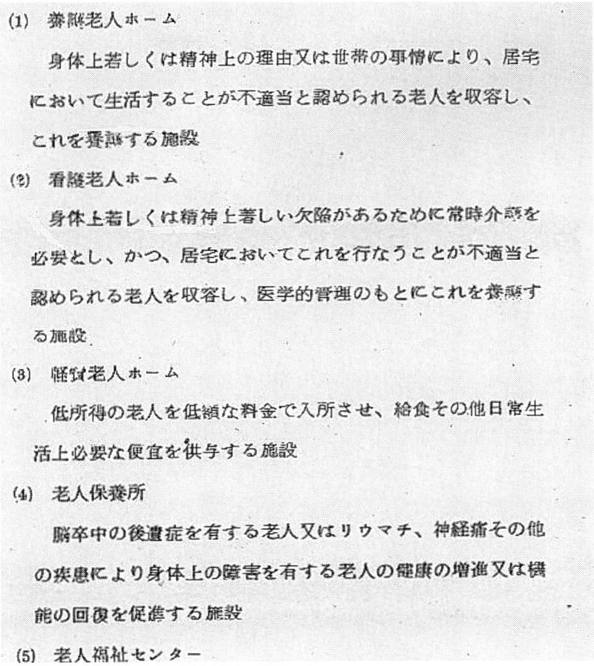

(1) 養護老人ホーム
　　身体上若しくは精神上の理由又は世帯の事情により、居宅において生活することが不適当と認められる老人を収容し、これを養護する施設

(2) 看護老人ホーム
　　身体上若しくは精神上著しい欠陥があるために常時介護を必要とし、かつ、居宅においてこれを行なうことが不適当と認められる老人を収容し、医学的管理のもとにこれを養護する施設

(3) 軽費老人ホーム
　　低所得の老人を低額な料金で入所させ、給食その他日常生活上必要な便宜を供与する施設

(4) 老人保養所
　　脳卒中の後遺症を有する老人又はリウマチ、神経痛その他の疾患により身体上の障害を有する老人の健康の増進又は機能の回復を促進する施設

(5) 老人福祉センター

出典　寺脇編 2010：資料番号 070413―3701

業関連法制をリードするものとなっていく．

第3項　母子福祉法

1937（昭和12）年に制定された母子保護法は，旧生活保護法の成立と同時に廃止・吸収された．しかし，1947（昭和22）年現在で，いわゆる戦争未亡人

---

23)　同旨見解として，小笠原 1985：101，岡本 1993：154を参照．また，1962（昭和37）年11月の「老人福祉法大綱」における「看護老人ホーム」，1963（昭和38）年1月の「老人福祉法案要綱」における「医学的管理のもとに養護する施設」としての特別養護老人ホーム，そして国会で提案された老人福祉法案における「養護することを目的とする施設」としての特別養護老人ホームと，次第に医療・看護機能が削られていく過程については，上乃園 2005：22-23を参照．

表9　1947年現在における未亡人数

戦没者未亡人	戦災者未亡人	外地引揚未亡人	一般未亡人	合計
371,406名	112,105名	82,894名	1,317,489名	1,883,894名

井上 1956：18より筆者作成

（「戦没者未亡人」,「戦災者未亡人」,「外地引揚未亡人」の合算）56万人を含む188万人もの未亡人が存在していた（表9）．

　これを受け，1950（昭和25）年11月には，母子福祉対策国会議員連盟，日本社会事業協会，同胞援護会，母子愛育会等7団体によって全国未亡人団体協議会（以下：全未協）が結成され，翌年早々から母子福祉法制定のための国会請願署名活動を精力的に展開し，約2ヶ月で50万人以上の署名を集めた（山高 1953：20）．また1952（昭和27）年9月の厚生省児童局「全国母子世帯調査結果報告書」では，母が「失業」・「無職」である世帯は10.2%，就業している場合でも月収5,000円未満が64.8%を占め，「生活保護法による保護を受けている」26.8%,「同上（生活保護：筆者）ではいないが困難している」19.6%と，経済的困窮に陥っている母子世帯の実態が明らかにされた．さらに「力尽きて親子心中というような悲劇」が「一再ならず新聞上に報道された」（昭和31年版厚生白書）[24]．こうした状況下で，未亡人を対象とする単独法の要求が一段と強まった．そして同年12月，参議院母子福祉小委員会による「母子福祉法案」のうち，売店設置と専売品販売許可に関する条文を衆議院提出案に採り入れる形で両院本会議を通過し，母子福祉資金の貸付等に関する法律が公布された．

　しかし，貸付金だけでは支援として不十分であること[25]，「常勤に比しはるかに低い賃金で単純作業に従事させることのできる労働力給源」とされる女性雇用者の実態（窪田 1971：94）[26]が母子世帯の経済的自立を困難としていたこと，

24）　厚生省「厚生白書　昭和31年版」http://www.mhlw.go.jp/toukei_hakusho/hakusho/kousei/1956/dl/03.pdf
25）　益田は，東京都での母子福祉資金償還率が昭和28年度（1年目）は91.9%であったのに対し，昭和31年度（4年目）1月末現在では54.6%と低減しており，その理由として「事業の失敗」,「事業の不振」,「家族の病気・死亡」等を挙げる．その上で「事業に対する技術的指導」や「一層の社会保障制度の充足」を提起している（益田 1957：72-73）．

それに高度経済成長によってもたらされた住居・消費財の保有状況を含む「重層的」問題（一番ヶ瀬 1976：310-312）が加わり，これらが総合的な母子福祉法制定の要求につながった．

全未協は全国社会福祉協議会とともに「母子福祉法案要綱を作成して…請願，陳情として根強く繰り返して要望」（井上 1956：26）し続けた．結果，1964（昭和39）年7月，ようやく「母子福祉法」が公布された．が，具体的施策のほとんどが母子福祉資金の貸付等に関する法律からの移行であり，公営住宅供給に関する特別配慮（第18条）・雇用促進（第19条）に，全未協を中心とする母子福祉運動団体が求めていた「総合法」の「片鱗」（山高 1964：13）がうかがえるのみであった．

なお，衆議院社会労働委員会において，「母子福祉法というなら，母子寮はやはり…ここに持ってくるべきじゃないか」という長谷川議員の質疑に対し，黒木は「確かに，おっしゃるように母子福祉法の中に母子寮を入れるべきであります．…次の改正の機会に，ぜひ社会局の保護施設を含めまして，母子寮の規定と挿入したいと考えております」と答弁している[27]．しかし，以降の改正において母子寮あるいは「浮浪母子寮」[28]が取り入れられることはなかった．

第4節　福祉六法体制後の福祉政策

第1項　保育および障害児・者福祉事業の整備・拡大

(1)　保育・障害児福祉事業

高度経済成長にともなう核家族化，女性の社会進出に加え，都市化・高層住宅化による遊び場の減少といった社会的変動が，保育ニーズの増大をもたらす．1967（昭和42）年8月に厚生省が実施した「要保育児童実態調査」による

---

26)　なお窪田によれば，1962（昭和37）年現在，女性の被雇用者と家族従事者の割合は44.9：41.1となり，初めて家族従事者の割合を上回った（窪田 1971：94）．
27)　「第四十六回衆議院　社会労働委員会議録」39（1964：9-10）．
28)　黒木によれば，「更生施設，あるいは宿所提供施設…に相当するもの」であり，「浮浪しておる母子を収容保護」し，「更生の基礎的な措置に当たる」施設をいう（「第四十六回参議院　社会労働委員会会議録」29（1964：4）．

と，要保育児童は約148万人，そのうち約51万人分の保育所不足が明らかとなった[29]．これを受け，翌年12月の「当面推進すべき児童福祉対策に関する意見具申」，1970（昭和45）年1月の「児童福祉に関する当面の推進策について」等において，保育所の増設，乳児保育対策推進，保母の養成確保等の保育対策を掲げた．そしてこれらは，1968（昭和43）年の小規模保育所制度導入，1969（昭和44）年の乳児保育特別対策および児童福祉施設最低基準の改正（保育所保母配置基準）等をもたらした．

障害児分野においては，1950年代後半から重度精神薄弱児をもつ家族の心中事件が相次ぎ社会問題化したことを受け，1958（昭和33）年には全国社会福祉協議会重症心身障害児対策委員会が，1962（昭和37）年には重症重複障害児援護制度促進協議会が設立された．先駆的事業においても，1961（昭和36）年5月の重症心身障害児施設・島田療育園の設立[30]，1963（昭和38）年4月のびわこ学園設立および当該学園内での重症心身障害者施設の設置をはじめ，全国に拡大した．また，貧弱な障害児施策を告発した1963（昭和38）年5月の作家水上による書簡「拝啓池田総理大臣殿」（中央公論6月号）とそれに対する黒金内閣官房長官による「拝復水上勉様　総理にかわり，『拝啓池田総理大臣殿』に答える」（同7月号）はマスコミに取りあげられ大きな反響を呼んだ．さらに1964（昭和39）年6月の全国重症心身障害児（者）を守る会の結成および1965（昭和40）年6月の同会による全国大会（記事4），同年3月の全国進行性筋萎縮症親の会結成，1967（昭和42）年2月の自閉症児親の会全国協議会の発足等，保護者を中心とする当事者運動団体も作られ，重度障害児のための施策充実を訴えた[31]．

これらによって1967（昭和42）年の「児童福祉法の一部を改正する法律」による重症心身障害児施設経営事業の追加，1969（昭和44）年5月の肢体不自由児通園施設の新設（児童福祉施設最低基準の改正・昭和44厚令12）等の追加がなさ

---

29) 厚生省「厚生白書　昭和44年版」http://www.mhlw.go.jp/toukei_hakusho/hakusho/kousei/1969/dl/12.pdf
30) 島田療育園開設の経緯については，小林 2011を参照．また開設以降の当該施設の実態や問題点については，荘田 1983を参照．

れた.

(2) 障害者福祉施策の展開

身体障害者分野においても，1963（昭和38）年に，盲人ホーム，重度身体障害者更生援護施設，および翌年の重度身体障害者収容授産施設の創設等，主に重度身体障害者を対象とする入所型施設の拡充が行われた．

また，1962（昭和37）年9月には全国内部障害者更生施設協議会が，同年12月には全国身体障害者職業更生施設協議会が設立されており，これら団体の運動が1966（昭和41）年11月の身体障害者福祉審議会「身体障害者福祉法の改正その他身体障害者福祉行政推進のための総合的方策に関する答申」をもたらした．[32] 本答申は，身体障害者福祉法の目的を「更生」から「リハビリテーション及び援護の措置を講じ，もって身体障害者の生活の安定と福祉の増進を図ること」にすべきとした．また「従来手薄であった重度身体障害者対策を強化すべきことは当然である」として，結核や心臓病等による内部障害者への対象拡大，社会的・職業的リハビリテーションの促進，短期訓練施設，通所施設・利用施設等の施設整備促進を提言した．

記事4　全国重症心身障害児を守る会全国大会

政府に対策望む　重症障害児を守る大会

出典　朝日新聞1965（昭和40）年6月27日付記事

---

31) 当時の重度精神薄弱児の生活とそれに対する児童福祉行政機関の対応の実態については，山本 1969：97-126を参照．山本は，「人間の尊厳がみすぼらしく空洞化され，やせほそり，うちひしがれ，けちらかされ」いる「事実」に対し，「人間の子どもの尊厳と権利をほりおこし，解き放ち，よりふくらんだものにし人間に人間を，子どもたちに子どもたちを！」と訴えた（山本 1969：125）．

32) 本答申に貢献した1人である調一興は，当時，浅川園のワーカーであった長坂希望とともに東京都内の低肺機能者の実態調査を行い，また結核内科医のインタビューを録音し，それらデータとテープレコーダーをもって関係者を精力的に回り働きかけたという（児島 2005，藤井・佐藤・小川他編 2011）．

これら運動と審議会答申は，1967（昭和42）年8月の身体障害者福祉法改正に結実した．本改正では，「従来，身体障害者福祉法が職業復帰のみを目的としていると解されがちであったので，広く生活の安定に寄与することをも目的に含むことを明らか」にするため，第1条中「身体障害者の福祉を図る」を「身体障害者の生活の安定に寄与する等その福祉の増進を図る」とした（「身体障害者福祉法の一部を改正する法律の施行について」昭和42社230）．社会福祉事業としては，身体障害者更生援護施設に通所型を加えるとともに（第18条，第29条，第30条，第30条の2等），身体障害に内部障害（心臓・呼吸器）が追加されたことにともなう第1種社会福祉事業への内部障害者更生施設経営事業の追加（第30条の3，社会福祉事業法に基づく結核回復者後保護施設の削除）があった．[33]

　さらに，1970（昭和45）年の身体障害者福祉審議会「身体障害者福祉施策の推進に関する答申」を踏まえた1972（昭和47）年7月「身体障害者福祉法の一部を改正する法律」は，腎臓障害の追加およびそれにともなう血液透析医療に対する更生医療の適用，身体障害者療護施設経営事業の追加がなされた．

第2項　社会福祉施設緊急整備5ヵ年計画

　本章第2節第4項でふれた保育所要求運動の一環として開催された1965（昭和40）年4月の第10回働く婦人の中央集会において，「ポストの数だけ保育所を」と決議された．これを受け，1967（昭和42）年4月，厚生省は「保育所緊急整備5か年計画」を立ち上げ，全国33ヶ所の保育所で400人の0歳児入所を目指すとした．また同年9月には，前項で挙げた先駆的事業や保護者を中心とする当事者運動および児童福祉法改正を受け，「重症心身障害児対策5か年計画」を発表し，「要入院重症児童」の全員施設入所を目標に掲げている．さら

33）　本改正について佐野・實本・仲村 1989：28も参照．その他，身体障害者相談員制度，更生訓練費支給制度の新設，「し体不自由者更生施設」から「肢体不自由者更生施設」，「身体障害者収容授産施設」から「身体障害者授産施設」等への名称変更を行った．なお，身体障害者家庭奉仕員による世話は条文に追加されたものの（第21条の3），老人福祉法同様，社会福祉事業として規定されなかった．

に，同年9月に厚生省大臣官房企画室がまとめた「厚生行政の長期構想―生きがいのある社会をめざして―」でも，「福祉サービスの立ち遅れの観が激しく，それは特に社会福祉施設整備の面で象徴的にあらわれて」おり，その「脱却」のため「昭和50年度までの間において，社会福祉施設整備のため総額3,500億円の資本投下をすること」の必要性を訴えた．高齢者関係においても，1970（昭和45）年11月に中央社会福祉審議会答申「老人問題に関する総合的諸施策について」で，「5ヵ年計画」の「老人福祉施設緊急整備計画」を樹立するよう求めている．

表10　社会福祉施設緊急整備5ヵ年計画における予算配分

	金　額（百万円）		
	総　数	公　立	民間立
昭和46年度	36,890	18,713	18,177
昭和47年度	53,811	30,124	23,687
昭和48年度	84,287	50,729	33,558
昭和49年度	108,014	65,913	42,101
昭和50年度	122,281	66,778	55,503
計	405,283	232,257	173,026

厚生省「厚生白書　昭和47年版」～「同　昭和51年版」から筆者作成

そして同月，上記「保育所緊急整備5か年計画」，「重症心身障害児対策5か年計画」，「厚生行政の長期構想」および「老人福祉施設緊急整備計画」を踏まえ，中央社会福祉審議会が，「社会福祉施設の緊急整備について」答申および「社会福祉施設緊急整備5ヵ年計画」を発表する．上記「厚生行政の長期構想」を上回る累計4,052億円（表10）を投じた本計画は，最終年度において達成率102.4%となった．[34]

第3項　地域福祉への模索

上記のとおり，入所型を中心とした施設整備が進む一方で，地域福祉の推進が叫ばれるようになるのもこの時期からである．

東京都社会福祉協議会は，シーボーム報告を踏まえ，1969（昭和44）年9月に初めて「コミュニティ」という視点を採り入れた「東京都によるコミュニティ・ケアの進展について」を知事宛に答申する．「貧困など比較的少数の伝

34）　しかし施設種類別では，保育所を除くすべての施設で目標を下回った．

統的な問題から公害や孤独などを合わせ含む多面的なもの」となっている現状，および対置概念である「インステイテューショナル・ケア」は，「ある人にとって望ましくないものである場合もあることは否定できない」という見解を踏まえ，「コミュニティにおいて在宅の対象者に対し，そのコミュニティにおける社会福祉機関・施設により，社会福祉に関心をもつ地域住民の参加をえて行なわれる社会福祉の方法」と規定した．また1971（昭和46）年12月には，中央社会福祉審議会が「コミュニティ形成と社会福祉」と題する答申を発表した．これは，「国民の生活福祉の向上に欠くべからざるもの」としてコミュニティを，「地域社会すなわち居宅において保護を行ない，その対象者の能力のより一層の維持発展をはかろうとするもの」としてコミュニティケアを規定し，「社会福祉の地域化」を提起した．

　いずれも高度経済成長以降の新たな生活問題および施設偏重政策の問題を取りあげながらその必要性を提起する．しかし，同時に，「実際に獲得された限りがある経費を，最も効率的に使うということも重要な問題」（「東京都によるコミュニティ・ケアの進展について」），「収容施設の増設，拡充の重要性は決して否定されるべきではないが，コミュニティ・ケアにもとづく施設・サービスの充実は資金的・財政的にみてもより効率的なもの」（「コミュニティ形成と社会福祉」）と，財政的メリットを押し出したものでもあった．

第5節　この時期における社会福祉事業の構成要素

第1項　社会福祉事業の理念

　今期において新たな個別分野3法が加わり，いわゆる福祉六法体制が整備された．

　そのうち，精神薄弱者福祉法は「更生を援助するとともに必要な保護を行ない，もって精神薄弱者の福祉を図る」ことを目的として掲げた（第1条）．その意図は，「その障害困難を克服し健全な社会生活，家庭生活を営む」ことであり，「一般的には独立自活の生活ということで職業的な自立更生が重要視されるが，必ずしもそれに限るものではなく，重度の精神薄弱者で…着脱衣や食事

を一人でできるようになることも更生と解すべき」ところにあった（厚生省社会局更生課編 1960：31）．経済的自立から日常生活動作における自立にまで拡大していることがうかがえよう．

また，障害故に経済的困窮に陥っている者のみならず，すべての精神薄弱者を対象とするところも，身体障害者福祉法と相違する点である．そこには，職業能力を損傷した傷痍軍人の速やかなる経済的自立を目指した身体障害者福祉法と，「すべての児童」を対象とする児童福祉法における施策の延長・継続を求める声から生まれた精神薄弱者福祉法との，背景の相違も関係しているといえる．その身体障害者福祉法でも，本章第3節第1項でみた松本の見解や昭和30更発76による解釈を受け，1967（昭和42）年の改正で「生活の安定に寄与する」を追加し（第1条），更生概念の拡大を条文として明記した．

こうした理念の変化が，活発化した運動と相まって，肢体不自由児通園施設，重度精神薄弱児収容棟，重症心身障害児施設，肢体不自由児療護施設，内部障害者更生施設，身体障害者療護施設等，重度心身障害児・者を対象とする施設経営事業の増加をもたらした．

また，老人福祉法おける特別養護老人ホームは，高度経済成長における家庭内扶養機能の脆弱化に加え，養老施設入所者の加齢にともなう心身機能の低下およびそれに対する設備や職員配置の限界から生まれたものであった．そのため，入所条件を年齢（65歳以上），心身機能（「身体上若しくは精神上著しい欠陥」）のみとし，経済的要件を外したところにその特徴があった．

第二次世界大戦直後は，前章第2節第2項・第5節第1項でみたように，基幹である（旧）生活保護法からそれのみでは対応困難な「特殊性」に対応するため，児童福祉法と身体障害者福祉法が分枝した．経済的自立から日常生活上の自立，援護・育成へと理念が多様化するその萌芽は，この時期，皆年金・皆保険および高度経済成長を経て，精神薄弱者福祉法と老人福祉法（とりわけ特別養護老人ホームの新設）の制定へ，そして身体障害者福祉法の「更生」概念の拡大による重度心身障害児・者を対象とする社会福祉事業の充実へと結実した．

一方で，前章第5節第2項でふれたように，1958（昭和33）年には，隣保事

業が第2種社会福祉事業とされている．また老人福祉法における養護老人ホームは生活保護施設の養老施設を継承し，母子福祉資金の貸付等に関する法律および母子福祉法は，戦争未亡人や高度経済成長期における母子世帯の経済的自立を目的としたものであった[35]．よって，本時期は，経済的自立という従来の理念と日常生活上の自立という新たな理念とが複層化した時期であるといえる．木村は，老人福祉法制定時の中央社会福祉審議会において「もし，老人福祉法を制定するのであれば，社会福祉事業法を抜本改正しなければ大きな矛盾が生じてしまう，むしろ，社会福祉事業法を抜本改正すべきだ」と主張したとされる（炭谷 1998：26）．木村が，老人福祉法と社会福祉事業第3条との「矛盾」，すなわち理念の複層化を問題としていたことがうかがえよう[36]．また，本章第3節第1項で述べたように，世論では，未だ経済的自立のみを理念として捉えられていたと考えられ，とりわけ障害者福祉法制と一般市民の間にも理念の複層化が生まれたともいえよう．

第2項　社会福祉事業の範囲

この時期では，高度経済成長を迎えると同時に，都市化，産業化，世帯規模の縮小化，高齢化等にともなう新たな社会問題が噴出した．そこに，革新自治体の先駆的事業や生活向上を訴える国民的運動が相次いで生起した．自民党政府は，政権安定のための懐柔策として経済発展から福祉施策へと軸足を移さざるを得なかった[37]．さらに新藤による「保守・革新を超えた生存権保障の政治シンボル化が，厚生省にとっては，権限や財源の拡張をはかる好機となった」

---

35) 老人家庭奉仕員派遣事業は，対象を被保護世帯高齢者に限定し，かつ家庭奉仕員となる職員を未亡人と想定していた．すなわち本事業も対象・サービス提供者双方の経済的困窮に対する打開策であったといえよう．この点について厚生省「厚生白書　昭和37年版」http://www.mhlw.go.jp/toukei_hakusho/hakusho/kousei/1962/dl/03.pdf，山田 2005：194，渋谷 2014：108-110等を参照．

36) 炭谷は，本文木村の発言について，「社会福祉事業法の立案者からすれば，社会福祉事業法の精神からみて，老人福祉法はそれに相矛盾するもので，社会福祉事業法は，当時の状況から考えてもすでに古くなってしまったと思われたのでしょう．結局は，…社会福祉事業法を改正することもなく老人福祉法が制定され，制度間の矛盾がますます大きくなったのです」との解釈を提示している（炭谷 1998：26）．

(新藤 1996：57) との指摘どおり，こうした経済的・社会的変動および政治動向に乗じて権限の範囲を拡大させようという厚生省社会局・児童局の思惑も働いていた[38]．そしてそれらを可能とするに十分な戦後最大の経済成長があった．

これら背景により，すべての個別分野における社会福祉事業の種類の増加が実現した．中でも，各審議会の答申・意見具申，当事者運動，公私の先駆的事業は，重度心身障害児・者を対象とする社会福祉事業の拡大につながった．

ただし，以下のような問題も同時に生起させた．

第1に，各個別分野における社会福祉事業が確立したことにより，他省庁との管轄領域，あるいは省内他局・課との管轄領域が明確となり，縦割り行政が強化されることとなった点である．前者では，老人福祉法において，就労・住宅・交通機関等における優遇を含めた総合的な「基本法」的性格をもつ法律を目指したが，各省庁の反発により第4条の訓示規定で一括するに留まった点，および母子福祉資金の貸付等に関する法律から「総合法」を目指して改正された母子福祉法において，公営住宅供給に関する特別配慮（第18条），公共職業安定所の雇用への協力（第19条）に「片鱗」がみられるのみとなったことが挙げられよう．後者では，老人福祉法案において，老人病院，看護老人ホームと名称が変わる度に医療分野の反対を受け，結局，現場関係者が求めていた医療機能を十分に持ちあわせない特別養護老人ホームとなった点，および母子福祉法案審議過程において，黒木が「次の改正」で採り入れると回答したにもかかわらず，母子寮および保護施設「浮浪母子寮」が，児童福祉法および生活保護法に留まった点が該当する．一番ヶ瀬は，母子寮を母子福祉法へ移管することに

---

37) 宮本は，「『福祉元年』前後の日本のレジーム拡大は，政治の論理にもとづくものであったが，それは場当たり的な政権維持の政治であり，レジーム全体の設計にかかわるアイディアや理念はきわめて乏しかった」とする（宮本 2008：58）．また宮崎は，「成長のパイの一部を公害対策，福祉に向ける手法」であり，「全てにそれなりの利益＝満足を与え，紛争・対立を激化させない手法」であると分析する（宮崎 1995：143-163）．
38) 1947（昭和22）年では社会局，児童局いずれも4課であったが，1972（昭和47）年には社会局は7課および生活保護監査参事官となり，児童局は児童家庭局と名称変更し6課となっている．ただし，他局・課も分局・増課しており，福祉関連局のみにみられる傾向ではない（厚生省五十年史編集委員会 1988b：20-26）．

疑問を提示した「母子寮を母子福祉法に入れることに関する諸問題についての研究委員会報告」に対し,「現在の母子福祉法と官僚制のもとでの危惧とも思われるが,しかし,余りに消極的である」と批判する(一番ヶ瀬 1976:318).しかし,換言すれば,「消極的」とならざるを得ないほどに「官僚制」が社会福祉法制に影響を及ぼしていたといえよう.

　逆に,他省庁管轄の福祉事業が社会福祉事業法における社会福祉事業として認められない状況も生み出す.前時期においては,婦人保護施設のように,法務省所管の売春防止法に規定される婦人保護施設が第1種社会福祉事業として規定されるケースがあった.しかし,就業年齢層の拡幅,女性就業者の増加といった就業構造の変化にともなって制定された1970(昭和45)年の勤労青少年福祉法,1972(昭和47)年の勤労婦人福祉法等において規定された「勤労青少年ホーム」(勤労青少年福祉法第15条),「働く婦人の家」(勤労婦人福祉法13条)等の「福祉施設」は,目的および事業内容において共通部分が少なくないにもかかわらず,労働省管轄の労働施策であったことから,社会福祉事業として列挙されなかった.

　縦割り行政の弊害は,主管行政の事情によって事業目的や機能が規定され,よって社会福祉事業の目的・機能と利用者の実態がかみ合わない実態を生み出したのである.

　第2に,この時期は,通知等に基づく事業として多くの事業が追加された点も特徴的であった.例えば,家庭奉仕事業を筆頭に,盲人ホーム,重度精神薄弱児収容棟,重度精神薄弱者収容棟,精神薄弱者通勤寮,老人休養ホーム,老人憩いの家等は,社会福祉事業としてではなく通知による運用となっている.社会問題への対応策として多様な事業が模索されることは評価すべきであろうが,何を基準あるいは根拠に社会福祉事業として採り入れるかについて,前章第5節第2項で述べたとおり,行政判断に委ねられる結果をもたらしたといえよう.

　第3に,心身障害児・者福祉事業に顕著であった社会福祉事業の細分化は,逆に利用可能な対象の属性・条件の限定を生み出した.その結果,当該属性・条件に該当しない者が取り残され,また量的整備が進まない事業では多くの待

機者を抱えることとなった．また，対象の細分化は，利用者の同質化を招き，設備や職員配置における専門性の向上と引き替えに社会性・多様性の欠如を生み出すこととなった．杉本は，「このような施設種別の新設，細分化…に見られるのは一貫して障害児・者をその種類・程度によって分類し，施設に収容するという政府の考え方です．この考え方は，…今日に至るまで変わってはいないのです」と述べる（杉本 2008：57-58）．しかし，本章第4節第1項で述べたように，障害者運動・活動の当事者自身も施設種別の新設を要求したのであり，「政府の考え方」だけではなかったといえず，公・民双方の共通目標であったといえよう．

第3項　社会福祉事業の種別・形態

　この時期は，肢体不自由児通園施設，情緒障害児短期治療施設，通所型身体障害者更生援護施設，精神薄弱者援護施設，特別養護老人ホーム，軽費老人ホーム等，第1種社会福祉事業の種類の増加が大きな特徴といえよう．それは，「更生」概念の拡大にともなう「身体障害者」（身体障害者福祉法別表）の範囲拡大や精神薄弱者福祉法の成立，高度経済成長にともなう要介護・要援護ニーズの拡大，当事者運動や先駆的事業がもたらしたものであった．しかし，社会福祉事業の種別という点からみれば，上記第1種社会福祉事業には前時期において「対象への影響が相対的に軽い」とされた通園型あるいは短期入所型の施設経営事業も含まれており，種別区分自体がゆらぎ始めた時期であったともいえる．

　また，入所型施設数の増加もこの時期の特徴といえる．それは，本章第4節第2項で検討した「社会福祉施設緊急整備5ヵ年計画」およびそれに至るまでに提出された政府見解や審議会答申・意見具申における施設整備の提唱からうかがえよう．

　一方で，家庭奉仕事業は，特別養護老人ホームの前身である十字の園以前から全国展開されていたにもかかわらず，そして身体障害者，精神薄弱者，児童を対象とした同事業が規定されたにもかかわらず，市町村固有事務に留まった（「老人福祉法による老人家庭奉仕事業の実施について」昭和38社老70[39]等）．その理由と

表11 個別分野別にみた社会福祉施設数の推移

	昭和26年	昭和30年	昭和35年	昭和40年	昭和45年	昭和50年
総　数	7,070 (100.0)	11,984 (169.5)	13,707 (193.8)	16,453 (232.7)	23,917 (338.2)	33,096 (468.1)
保護施設	959 (100.0)	1,284 (133.8)	1,208 (125.9)	504 (52.5)	400 (41.7)	349 (36.3)
老人福祉施設	—	—	—	795 (100.0)	1,194 (150.1)	2,155 (271.0)
身体障害者更生援護施設	76 (100.0)	143 (188.1)	139 (182.8)	169 (222.3)	263 (346.0)	384 (505.2)
婦人保護施設	—	10 (100.0)	65 (650.0)	67 (670.0)	61 (610.0)	60 (600.0)
児童福祉施設	6,035 (100.0)	10,256 (169.9)	11,916 (197.4)	14,020 (232.3)	20,484 (339.4)	26,546 (439.8)
精神薄弱者援護施設	—	—	—	70 (100.0)	204 (291.4)	430 (614.2)
母子福祉施設	—	—	—	—	52 (100.0)	60 (115.3)
その他の社会福祉施設	—	291 (100.0)	379 (130.2)	828 (284.5)	1,259 (432.6)	3,112 (1,069.4)

※カッコ内の数字は，初出施設数を100とした場合の増加率
厚生省統計調査部「社会福祉行政業務報告」および「社会福祉施設調査」より筆者作成

して，第1に，老人福祉法が社会局施設課で作成された点である．森によると，「従来，『生活保護法の保護施設の設備及び運営に関する指導監督及び助成』に関する事務は，同課（厚生省社会局施設課：筆者）で行われてきたから，これに合わせて老人福祉事業は同課で所管されることとされた」とする（森 1964：31）．老人福祉事業が入所型施設経営事業を中心とすることが前提であったことがうかがえよう．第2に，自治省による家庭奉仕事業そのものに対する反対があった点である．瀬戸は，老人福祉法案作成当時，自治省は「地方自治体に義務を課したり，財政負担を課したりすることは原則的に反対」する立場から，家庭奉仕員に関する「原案の条文に同意しませんでした」と回顧してい

39）　山本は，「国の機関委任事務としたいとの厚生省の意図に反した結果に終わったことが，この制度の成熟を遅らせ，全体として在宅福祉を低水準にとどめている原因」と分析する（山本 1988：56）．

る（座談会 1974：7）．そして第3に，何よりもこの時期の社会福祉政策が，第1種社会福祉事業，とりわけ入所型施設を軸として展開されたことが大きかったといえる．

なお，社会福祉施設緊急整備5ヵ年計画が実施された昭和45年から昭和50年にかけての施設数の推移（表11）では，老人福祉施設と児童福祉施設が増加数・増加率ともに高く，この時期における経済的・社会的背景を反映しているといえよう．一方，身体障害者更生援護施設と精神薄弱者援護施設は，増加率は高いものの施設数そのものが少ない．「社会福祉施設の緊急整備について」答申にて「最も立ち遅れて」いると指摘されたにもかかわらず，目標に対して重度身体障害者施設39.0％，心身障害児（者）施設33.2％に留まった．

入所型施設の増加が全分野に共通する本時期の特徴ではあるが，施設数からすれば個別分野間格差が拡大した時期でもあったといえよう．

第4項　社会福祉事業の法的手続

老人福祉法では，市町村および社会福祉法人が養護老人ホームあるいは特別養護老人ホームを設置する場合，都道府県知事の認可を必要とするとした（老人福祉法第15条）．大山によれば，当初，身体障害者福祉法と同様の手続（昭和33法29による身体障害者福祉法第18条第2項）が考えられたが，社会福祉事業法における届出と老人福祉法上での指定という二重の手続が「煩雑にするだけで全く無意味なものである」ことから，認可制が採用されたという（大山 1964：170-172）．しかし，前章第3節第2項で述べた51年法において届出とした理由（木村 1955：205）は，完全にないがしろにされている．

これによって，同じ第1種社会福祉事業における入所型施設経営事業において，事業開始手続は①生活保護施設，児童福祉施設，養護老人ホーム，特別養護老人ホームを経営する事業は，各個別分野法の規定による都道府県知事の認可，②婦人保護施設，軽費老人ホーム，母子福祉施設を経営事業は，社会福祉事業法による設置届出，③肢体不自由者更生施設，失明者更生施設，ろうあ者更生施設，身体障害者収容授産施設を経営する事業は，社会福祉事業法による設置届出および身体障害者福祉法による措置委託を受けるための都道府県知事

の指定，④精神薄弱者援護施設経営事業は，社会福祉事業法による設置届出および精神薄弱者福祉法による措置委託を受けるための精神薄弱者援護施設基準（昭和36厚告34）適合の判断（精神薄弱者福祉法第16条第4項）という4種類に分かれた．

上記社会福祉事業の範囲でも述べたように，福祉六法体制への移行後において，各個別分野間における縦割り行政の壁がより高くなっていることがうかがえる．これによって，社会福祉事業を種別に分けた意味，ひいては「共通的基本事項」を定めた社会福祉事業法の意味が稀薄化することとなった．

第5項　社会福祉事業の経営主体

1962（昭和37）年の中央児童福祉審議会「児童の健全育成と能力開発によってその資質の向上をはかる積極的対策に関する意見」を踏まえた「保育所の設置認可等について」（昭和38児発271）では，保育所経営主体を原則として国，地方公共団体もしくは社会福祉法人に制限した．この背景には，第1に，社会福祉事業法案時における社会局庶務課の意向がある．社会福祉事業法案策定段階において，経営主体を社会福祉法人に統一したかった社会局庶務課が，児童局に対し譲歩せざるを得なかった点は前章第5節第3項で述べた．しかし，せめて運用面においてでも実現したかった庶務課の意向がここに反映されているのではないか．それは，51年法立案の中心にいた黒木が1961（昭和36）年から児童局長に就任していたことからも推測できよう．第2に，この時期に出された勧告・意見具申に共通する「公的責任」の反映と捉えることもできよう．すなわち，本章第2節第2項で述べた「1962年勧告」は，「現在の社会福祉の最大の欠陥は，…積極的に責任を国がとらないことである」として，国の責任を追及し，「社会福祉の費用は原則として国と地方公共団体が負担すべきである」と，公的財源によって運営されるべきとした．また中央児童福祉審議会による1962（昭和37）年7月の「児童福祉施設最低基準の改善に関する意見具申」および翌年7月の「保育問題をこう考える意見具申」においても，保育の公的責任にふれていた．

これらより，この時期は，社会福祉事業の整備責任およびサービス提供責任

を公的責任として主導すべきと捉えられていた時期であるといえよう．であるからこそ，本来ならば経営主体を問わない第２種社会福祉事業である保育所経営事業に対し，第１種社会福祉事業と同様の原則的制限を課したのである．しかし，社会福祉事業の「共通的基本事項」を定めるという51年法の目的からすれば，保育所のみに経営主体制限を課すことは，他の第２種社会福祉事業との整合性あるいは種別区分根拠の妥当性が損なわれる結果となった．

なお，国・地方公共団体自身によるサービス提供は，社会福祉事業法における社会福祉法人の新設およびそれにともなう身体障害者福祉法改正により相対的に減少していく．反面，社会福祉法人による経営が増加し，その傾向は，社会福祉施設緊急整備５ヵ年計画における保育所，特別養護老人ホームの新設においてさらに加速していくこととなる[40]．

第６項　社会福祉事業の質確保施策

福祉六法体制にともない，厚生大臣が定める施設基準がすべての個別分野において制度化された．すなわち，「救護施設，更生施設，授産施設及び宿所提供施設の設備及び運営に関する最低基準」（昭和41厚令18），「児童福祉施設最低基準」（昭和23厚令63），「身体障害者更生援護施設の基準について」（昭和25社乙発139），「精神薄弱者援護施設基準」（昭和36厚告34），「軽費老人ホームの設備及び運営に関する基準」（昭和36社発207），「婦人保護施設設置要綱」（昭和38発社第36），「母子福祉施設の設備及び運営について」（昭和40発児145），「養護老人ホーム及び特別養護老人ホームの設備及び運営に関する基準」（昭和41厚令19）である．

しかし，上記のとおり，厚生省令，厚生省告示，厚生省各局（長）通知と，当該基準の法的位置づけに統一性がない．また，事業監査の対象も，1970（昭和45）年現在で，社会福祉事業法，精神薄弱者福祉法，母子及び寡婦福祉法は「社会福祉事業を経営する者」（社会福祉事業法第56条，精神薄弱者福祉法第19条第２項，母子及び寡婦福祉法第22条），生活保護法は「保護施設の管理者」（生活保護

---

40)　北場　2000：206-215等を参照．

法第44条第1項），児童福祉法は「児童福祉施設の長」および「施設の設置者」（児童福祉法第46条第1項，第2項），身体障害者福祉法は「施設の長」（身体障害者福祉法第39条），老人福祉法は「養護老人ホーム又は特別養護老人ホームの長」および「その設置者」（老人福祉法第19条第1項）となっており，その範囲および表現に整合性がない．さらに，都道府県知事による改善命令，事業停止または認可（許可）取消についても，51年法が「報告の求に応じず，もしくは虚偽の報告をし，…調査を拒み，妨げ，もしくは忌避し，…被援護者等の処遇につき不当な行為をしたとき」と具体的に掲示しているのに対し（51年法第67条第1項），児童福祉法，生活保護法では改善命令等に関する条文にはなく罰則にのみふれられ（児童福祉法第62条第1項，生活保護法第68条第1項），老人福祉法では罰則にすら該当条文がない．

　厚生省内各局各課の縦割り行政が生み出した上記相違は，社会福祉法制の体系として整合性・統一性の欠如をもたらし，行政実務を担う都道府県にとって運用を困難とした．また行政処分を行う場合の具体的掲示や罰則の有無は，福祉サービスの質確保における個別分野間格差の危険性をも生じさせた．

第7項　利用者の利益

　本章第4節第1項でみたように，この時期において重度心身障害児・者を対象とする入所型施設の細分化，新規事業の創設が相次いだ．それ自体，利用者の利益の拡大と捉えることができよう．

　また，上記最低基準について，居室面積の拡大，職員配置数の増加といった[41]改正が行われ，さらに最低「基準による保護を受ける権利」が地裁判決で認め[42]られる等，利用者の利益内容を向上させる一定の動きがみられる．ただし，「同居者間で常に感情を偽り，感情を殺して対応しなければならない生活，生理現象放屁さえも同居者に遠慮しなければならない生活は『健康で文化的な最

---

[41]　老人福祉施設の設備基準については小笠原 1986：94を，保育所保母の配置基準の推移については宮田 1996：38を参照．ただし，宮田は「量的な拡大の急速さにくらべて労働条件の改善のテンポが明らかに遅れていることがわかる」と批判している（宮田 1996：38-39）．

低限度の生活』ではない」等の理由で76歳男性が提訴した養護老人ホーム個室請求裁判は,「心情は,十々察せられるところである」が,「憲法第二五条第一項…から直ちに,国民に一人一室の老人ホームまで要求しうる権利があるとはいえないし,また,原告にかかる請求権を肯定すべきいわれがないことは,多言を要しない」として棄却された[43].上記地裁判決のように最低基準の保障は権利として認められるも,最低基準の内容そのものの権利性は否定されたといえよう.

　また当該基準は,未だ設備・職員配置に関するものが大半を占める点は前時期と同様であった.例えば本章第4節第2項でみた「老人問題に関する総合的諸施策について」では,「処遇の改善の一環」として,「老人の孤立感を解消し,その生活の充実を図るため」に「談話室等の協同部門」の設置,「施設老人の生活を豊かにするため」に「作業室,庭園,散歩道等」による「施設,生活環境の改善」を求めている.設備の充実による利用者の利益保障が想定されていることがわかるであろう.

　一方,福祉サービスに関する最低基準については,1972(昭和47)年12月での中央社会福祉審議会老人福祉専門分科会「老人ホームのあり方」中間報告において,到来する高齢化社会を踏まえ,「所得のいかんにかかわらず入所できるような施設体系へ移行すべきこと」,老人ホームを「収容の場」から「生活の場」に高めること,「入所者の尊厳を尊重し,自立する生活者としてとらえた処遇への転換を図るべきこと」,「老人ホームの整備は,向上する国民生活水準,変化する老人福祉の思想,多様化する老人のニードに対応するものでなければならない」と,入所者に対する処遇の転換を求めた.しかし,「『最低基準』に影響を与えることはほとんどなかった」(野口 2000:5).

---

42) 保育所の屋外遊技場として使用している土地に,建設予定であった老人憩いの家の着工禁止を求めた裁判.判決では「少なくともひとたび児童が保育所に入所し,そのもとでの保護が開始された以上,…保護基準(最低基準:筆者)による保護を受ける権利があると解するのが相当であ」り,それ故,「本件憩いの家を建設してはならないことを請求する権利があるものというべきである」とした(神戸地決昭和48・3・28).

43) 熊本地判昭和46・10・22.なお,本判例を検討したものとして,河野 1974:274-279,林 1979:267-279を参照.

その福祉サービスの実態については，1969（昭和44）年の行政管理庁「福祉関係等の公共施設の運営に関する行政監察の概要および勧告」および1973（昭和48）年の同庁「老齢者対策に関する行政監査結果に基づく勧告」からうかがうことができる．前者は，「社会需要の多い養護老人ホームにおける寮母，精薄児施設における児童指導員および保母…の職員配置は，極度に困難となって」おり，「公立と民間との給与格差が激しく（全施設平均本俸で約30％の格差），職員の定着率が低い」と指摘している．また「分類収容されるべき者が，他の施設に混在的に収容されて」いること，「都道府県の監査は，必ずしも十分でなく，その効果が上がっていない実態がうかがえる」とし，指導の徹底を提起している（重田 1970：92-93）．後者は，依然「厚生省策定の標準栄養所要量を下回っているところ，入所者のし好をはあくしていないところおよび夕食時間が早すぎるところなどが多く見受けられ」，「入浴回数が十分でないところ」が多く，さらに「基準どおり職員を配置しているところが28施設で，63施設では…基準を下回っており」，設備についても「基準どおり整備されていたところは25施設にすぎず」と指摘した．設備や職員配置が不十分であることに加え，福祉サービスの質という点においても未だ低い状態であることがうかがえる．

　利用者の利益という視点の欠如は，条文において使用される文言にも表れている．

　例えば老人福祉法は，老人ホームへの「収容」という表現を用いる（老人福祉法第11条第1項第2号等）．大山は「ほかの法律におきましても『収容』という言葉を使っておりますので，ただそれを使いましただけで…特に何か悪い者を入れるとか何とかいう意味じゃ毛頭ないわけでございます」と答弁しているが，藤原議員や藤田議員の質疑どおり，第2条の「敬愛」の理念と相容れない文言といえよう[44][45]．児童福祉法第27条第1項第3号および精神薄弱者福祉法第18[46]

44）「第四十三回国会参議院　社会労働委員会会議録」26（1963：5）
45）　なお，宮城は「敬愛」が法律に採りあげられた過程を詳細に検討し，「権利論の根拠にそぐわないとする見解が入り込むことにもなる反面，『敬愛』の字義が，共通認識としての道徳的な意味を深めることで，『優遇措置』へと導く拠りどころを提示していく可能性もあり，実際にいくつかの『優遇措置』を盛り込んで法案作成を進めてきた」と，その両義性を指摘する（宮城 2010：60）．

第 3 章　福祉六法体制と第 1 種社会福祉事業の拡大期

条においては，すでに「入所」という文言が使用されていたが，その場合も「入所させて」とあり，主体性を否定した表現に変わりなかった．

　また特別養護老人ホームの入所対象は，本章第 3 節第 2 項でみたとおり「身体上若しくは精神上著しい欠陥」をもつ者とされた．大山は，「著しい欠陥」を「食事，用便等の日常生活の全般にわたって他人の世話を受けなければならない状態」と説明する（大山 1964：128）．しかし，なぜ「欠陥」という表現を用いたかについては明らかにしていない．おそらく，医療機関ではないことから「傷病」や「疾患」は使用できず，また「障害」をもつ高齢者のみを対象とするわけではないから，それも使用できなかったのだろう．そして上記「収容」と同様，1953（昭和28）年 7 月の公衆電気通信法第52条[47]や1960（昭和35）年の身体障害者雇用促進法第 2 条等[48]の範例に従ったまで，とも考えられる．しかし，「こうした差別用語をなんのためらいもなく使用できる心境，『特養にいるのは欠陥老人だ』と平気できめつけることのできる精神構造，これが『福祉国家日本』のお役人の精神構造であり，そうした中でいまなおホームの老人は『劣等処遇』を強いられているのである」と中川が指摘するように（中川 1978：152），すでに「差別用語」として認識されていたにもかかわらず，社会福祉の法律に「欠陥」という表現を用いるのは，国会答弁等の言葉とは裏腹に，厚生省官僚の人権への無配慮を示すものであろう．

　これらの背景には，①社会福祉施設緊急整備 5 ヵ年計画に代表される量的確保に重点を置いた施策，②厚生白書における「精神薄弱者は，単に知能的な欠陥だけでなく，感情，意思の面においても障害を伴うものが多く，その大部分の者が，家庭や社会に放置されたままになっているので，本人や家庭の不幸もさることながら，種々の犯罪など社会悪の原因ともなって，重大な社会問題の一つに数えられている」[49]，「いわゆる重症心身障害児に対する諸施策は近年広く

46）「第四十三回国会参議院　社会労働委員会会議録」26（1963：4-8）
47）構内交換取扱者資格試験について，公社は「著しく心身に欠陥があって構内交換取扱者たるに適しない者」を受験させないことができるとしていた．
48）本法の「定義」として「この法律において『身体障害者』とは，別表に掲げる身体上の欠陥がある者をいう」とされた．

国民の関心を集め，またその強い支持もあって大きく取り上げられていることは，こうした不幸な児童とその家庭に置かれた社会的状況に照らして…」等の表現からうかがえる，障害を「不幸」とみなす行政官僚の障害観，③当該障害観がもたらした，保護されるべき弱者とみなす対象観，④職権主義による上下意識があると考える．

　だが，中央省庁の官僚のみではない．最低基準における設備重視については，例えば老人ホーム経営者が中心となって提起した「老人ホームのあり方」と題する報告書において，各老人ホームの機能に適した「土地の選定」や「建築設備と構造」が設計例を多用しながら具体的に示されるものの，サービス内容についてふれられていない点からうかがえる（社会福祉事業振興会編 1964：29-78）．また，本章第2節第4項で明らかにしたように，新規社会福祉事業（の対象者となること）を求めて運動を展開した運動団体，乏しい自己財源や補助金の中でも先駆的事業を展開した地方自治体，そのいずれもが，社会福祉事業の多様化や量的確保に傾注していたのであり，「利用者」という捉え方やサービスそのものの内容や質を問う視点を持ちあわせていなかった，あるいは持ちあわせる余裕がなかったのではないかと考える．

第6節　小括——第1種社会福祉事業の拡大と法的手続の多様化

　本時期の背景には，①経済的・社会的変動として，戦後復興および高度経済成長による景気回復とそれにともなう地域・家庭機能の脆弱化・扶養ニーズの顕在化が，②理念では，経済的自立から日常生活自立への拡大が，③政治的動向では，革新自治体による国への圧力と自民党単独政権の危機が，④運動・活動では，福祉関係職員をはじめ当事者・家族等の参加による各団体・組織による活発な要求運動や先駆的事業の展開があった．こうした背景が絡み合い，結

---

49)　厚生省「厚生白書　昭和35年版」http://www.mhlw.go.jp/toukei_hakusho/hakusho/kousei/1960/dl/05.pdf
50)　厚生省「厚生白書　昭和40年版」http://www.mhlw.go.jp/toukei_hakusho/hakusho/kousei/1965/dl/09.pdf

果として，精神薄弱者福祉法，老人福祉法，母子福祉法の追加，1967（昭和42）年の身体障害者福祉法改正による「更生」概念の拡大，重症心身障害児施設，身体障害者療護施設等，重度心身障害児・者を対象とする入所型施設経営事業の新設等をもたらした．これらから，この時期の特徴として，社会福祉事業に関連する情勢にダイナミックな動きがあったこと，そして社会福祉事業の構成要素のうち，社会福祉事業の範囲，とりわけ第１種社会福祉事業の範囲が拡大したことを挙げることができよう．

しかし，②のような個別分野法における理念の変容が51年法第３条に反映されなかったため，両者に齟齬が生じた．また，精神薄弱者福祉法，老人福祉法においては，51年法が既存していたにもかかわらずそれぞれ独自の事業（開始）手続を規定した．これにより，事業手続がさらに多様化することとなり，社会福祉事業内部の整合性の欠如が進んだ．

さらに，51年法に社会福祉事業の定義が規定されなかった点は，②による重度心身障害児・者対象事業を社会福祉事業として包含することに奏功したが，一方で家庭奉仕事業をはじめとする通知事業や労働省管轄の福祉関連事業と，社会福祉事業の境界を不明確にする要因にもなった．

また本時期後半では，第１種社会福祉事業の拡大の裏で，コミュニティケアの検討もなされ始めている．シーボーム報告の影響を受けたそれらは，地域での統合化・一体化したサービス提供とともに財政緊縮をも主眼としており，次章でみる「日本型福祉社会論」および在宅福祉移行の源泉となる．

第4章

「八法改正法」による第2種社会福祉事業への移行期

第1節　はじめに

　本時期は，1973（昭和48）年から「八法改正法」に至るまでを対象とする．
　高度経済成長から一変した経済状況下において，政府は強力な「日本型福祉社会」論のプロパガンダのもと，社会保障改革を次々に断行していく．
　そして，日本型福祉社会・第2次臨調行革路線から逸脱することなく，ノーマライゼーション理念を取り込みながら，深刻化する高齢化社会における要介護ニーズに対応し，かつ厚生省の権限維持・拡大をも図る―これらの要請や目的を一括して実現するために立法化されたのが「八法改正法」であった．
　以下，まずオイルショック以降の経済・社会変動を概観し，そこから生まれた第2次臨調行革の方向性を押さえる．また一方でこの時期に展開されたノーマライゼーション理念の道程を明らかにする．そして，要介護高齢者への対策が喫緊の課題となる中，政局の混乱とバブル景気の頂点を機に，厚生省が主導した「八法改正法」の立案過程を把握する．最後に，こうした動向を踏まえ，この時期における社会福祉事業の構成要素の変容を明らかにする．それにより，社会福祉事業の理念の変化，在宅福祉への転換，さらなる事業手続の多様化等が明らかとなろう．

第2節 「八法改正法」に至るまでの背景

第1項 経済的危機と高齢化社会への突入
(1) オイルショックとバブル崩壊

　アメリカ政府による1971（昭和46）年の金・ドル交換停止と対日輸入課徴金賦課および翌年の緊急経済政策を皮切りに，国際的景気停滞化の様相となる．

　不況の波は，翌年のオイルショックによって一気に加速した．1973（昭和48）年10月，第4次中東戦争がイスラエルと中東アラブ諸国との間で勃発する．直後にOPECは，原油価格を1バレルあたり3.01ドルから5.12ドルへ引き上げた．ほぼ同じくして，OAPECも親イスラエル諸国への石油禁輸を発表する．12月に入るとOPECは1974（昭和49）年より原油価格をさらに11.65ドルに引き上げると発表する．また原油高騰に便乗した石油資本の独占的価格つり上げも横行した．

　石油消費の99％を海外輸入に依存するわが国において，その影響は深刻であった．原油の卸売価格は暴騰し，消費者物価指数前年同月比23％上昇という激しいインフレーション（いわゆる「狂乱物価」）が起きた．またトイレットペーパー等の「物不足心理」による生活用品の買いだめパニックが各地で頻発した．田中内閣は，急遽，国民生活安定緊急措置法を成立させ，その影響を最小限にくい止めようとした．しかし，工業生産・貿易量の大幅縮小，中小企業の倒産，新規採用の延期，失業率の急増から，日本の国際収支は一転して大幅赤字となり，1974（昭和49）年の経済成長率は戦後初のマイナス（−1.2％）となった．さらに1979（昭和54）年のイラン革命を機に再び世界的な石油供給不足となり，スタグフレーションが恒常化した．加えて，上記アメリカ政府による経済政策と1985（昭和60）年9月のG5による「プラザ合意」は円高ドル安を誘導し，同年2月の1ドル260円から翌年12月に1ドル160円となり，1988（昭和63）年1月には121円まで進行する．

　以上のような経済的変動は，貿易黒字に対する国際批判とも相まって，わが国の輸出依存型産業構造に大きな打撃を与えることとなった．

こうした中，中曽根総理大臣の私的諮問機関「国際協調のための経済構造調整研究会」は，1987（昭和62）年に前川リポートと称される報告書を提出する．同報告書は，①自動車，鉄鋼等の主力産業を本格的な多国籍企業として海外展開させること，②輸出品目をコンピューター関連製品，バイオテクノロジー，新素材繊維等の先端技術製品を中心とすること，③そのためにソフト化，サービス化へと産業再編を行うこと，④同時にアメリカをはじめとする国際批判に対応するため，工業製品，農畜産物の大量輸入を促進することを政府に求めた．同報告書に従った政府方針を受け，国内の製造業者は減量経営をせざるを得ず，必然的に雇用者の生活にも大きな影響を及ぼした．

　しかし，上記1980年代後半からの円高は，それに対応した政府・日銀による低金利政策（公定歩合1986年1月5％から1987年2月2.5％へ），企業・個人による証券投資・為替差益への狂奔，住宅需要の高まりと土地投機の増進，それを見込んだ金融機関による住宅金融専門会社（住専）への大口貸付と地価高騰をもたらした．それに1987（昭和62）年6月成立の総合保養地域整備法による全国規模のリゾート開発も重なり，1989（平成元）年末には株価3万9,800円という未曾有の好景気となった（特集1990所収の黒沢洋インタビュー他）．しかし，同年から翌年にかけての政府・日銀による公定歩合引き上げは，株式市場の急落，不動産業の廃退，金融機関の膨大な不良債権化を招いた．わずか3年足らずのバブルは一気に崩壊し，再び深刻な長期不況へと陥っていく．

(2) **高齢化社会の到来と介護問題の顕在化**

　社会的な状況の変化としては，まず第1に，高齢化社会への突入があった．高齢化率は，すでに1970（昭和45）年に7％を超えていたが，その後も不可逆的かつ急速に上昇し続けた．背景には，衛生・環境，栄養面での改善，医療技術の進歩等による平均寿命の延長と，1974（昭和49）年以降の出生率低下による生産年齢人口の減少があった．第2に，高度経済成長期以降，若年世代の都市流入が進み，そのまま都市および近郊地域で核家族世帯を構成したため，農村部の過疎化，平均世帯構成員数の減少，高齢者のみ世帯の増加を招いた．第3に，経済不況にともなう女性就業者数の増加，年金制度の普及および世帯分離による扶養（被扶養）意識の変化による家庭内扶養機能のさらなる低下が

あった.

　これらの社会変動は，1980（昭和55）年の人口問題研究所による要介護高齢者数推計（寝たきり高齢者が1990年，2000年でそれぞれ推計62万人，84万人，認知症高齢者が112万人，185万人）の公表とも相まって，国民に介護問題を顕在化させた.

第2項　自民党の凋落

(1) 自民党政治への不信

　自民党は，1973（昭和48）年の小選挙区制導入の強行（法案提出は断念），1974（昭和49）年7月の参議院選挙における敗北（135議席から129議席），金権選挙批判を理由とした三木副総理・福田蔵相等の辞任，同年11月の立花隆「田中角栄研究—その金脈と人脈」の文藝春秋掲載，同年12月の田中内閣総辞職，1976（昭和51）年7月の田中前総理大臣の逮捕（ロッキード事件収賄容疑），同年12月の総選挙での自民党大敗（271議席から249議席）等，政権発足以来の深刻な危機を経験した.

　政府は，上記危機に対し，生活保護費の生活扶助基準，前章第4節第2項でみた社会福祉施設緊急整備5ヵ年計画の実施および入所者の生活費をはじめとする社会保障給付費の大幅な増額で対応する. そのため，1974年度，1975年度，1976年度の社会保障関係費伸び率は，それぞれ36.7％，35.8％，22.4％となり，それぞれの一般会計伸び率19.7％，24.5％，14.1％を大きく上回り，1976年度には，国民所得比率も初めて10％を超えた. その後，1978年度まで社会保障関係費伸び率は20％台を保ち，国民所得比率は1984（昭和59）年の14.7％まで上昇を続けた. 1970年代後半は，経済的不況にともなう税収入の大幅減額があるにもかかわらず，政府は，大量の国債を発行してまでも社会保障の維持・拡大を志向したのである.

(2) 日本型福祉社会論と第2次臨調行革

　上記社会保障の維持・拡大施策の一方で，オイルショックを契機とする経済不況は深刻化を増し，やがて高福祉政策への批判へと転回される. 1975（昭和50）年7月の中央政策研究所「生涯設計ライフサイクル計画　日本型福祉社会

第4章 「八法改正法」による第2種社会福祉事業への移行期

のビジョン」(村上他 1975：82-92, 103-104)[1]，1979 (昭和54) 年1月の国民生活審議会長期展望小委員会による「21世紀の国民生活像 人間味あふれる社会へ」報告，そして同年8月の経済企画庁「新経済社会7ヵ年計画」は，一様に高福祉を批判し，「個人の自助努力と家庭や近隣・地域社会等の連帯を基盤」とする「いわば日本型ともいうべき新しい福祉社会の実現」を目指すとした[2]．そして，これら日本型福祉社会論と前章第4節第3項で取りあげたコミュニティケア推進の提起が，国レベルのスローガンとして昇華され統合される時期の幕開けとなる．

　日本型福祉社会への転換を強力に推進したのは，1980 (昭和55) 年12月に設置された第2次臨時行政調査会であった[3]．1981 (昭和56) 年3月に土光経団連名誉会長を会長として初会合を開き，以降，同年7月の第1次答申から第5次答申まで「活力ある福祉社会の実現」[4]・「増税なき財政再建」[5]のスローガンのもと，矢継ぎ早に改革の方針を打ち出した．その改革の方向は，主として行政改革と社会保障費用の抑制にあった．

---

1) 同「ビジョン」は，「福祉サービス」について「極度に立ち遅れ」ている分野であり「社会保障政策の成否をうらなう鍵になる」とその必要性を述べる．しかし，「日本人として，豊かな人間らしい生活の最も基礎的な条件は，家族に求められるべきである」，「日本人にとって，私的扶養と公的扶養との関係は，そんなにはっきりと割り切るべきものなのだろうか」(村上他 1975：240-245) として，最終的には抽象的な日本的特殊性を前面に出しながら，親族扶養を奨励する結論を提示した．

2) その他にも，自民党研修叢書編集委員会 1979がある．同書は，「英国病」・「スウェーデン病」が「福祉万能思想」による大幅な「コスト」・「重税」をもたらしたとし，「模倣との訣別」を提起する．こうした一連の「日本型福祉社会」論に対し，社会福祉学研究者は生活実態から批判を展開した．例えば一番ヶ瀬は，「老親との同居率が，確実に減少している」点，「婦人の労働権が"人権"として確認されて」いる点，「老親を介護する家族も高齢者であり，家族だけでは介護困難な家庭がふえてくる」点と「矛盾」しており，「結果として，"改革"どころかむしろ怠慢あるいは，社会福祉の後退をもたらすことになろう」と述べる (一番ヶ瀬 1988：388-397)．

3) 本調査会は，「委員の任命は，両議院の同意を得て内閣総理大臣が行」い (臨時行政調査会設置法第5条第1項)，「内閣総理大臣は答申又は意見を尊重しなければならない」(同法第3条) ほどの権威を付与され，国家行政組織法第8条にいう「審議会」でありながら，明らかに一線を画していた．また総理府に設置され，かつ独立した事務局を設置することで他省庁による干渉・圧力の遮断に成功した．

中曽根政権は，1981（昭和56）年8月「行財政改革に関する当面の基本方針」，1983（昭和58）年5月「臨時行政調査会の最終答申後における行政改革の具体的方策について」において，上記一連の答申を全面的に支持する方向で閣議決定し，1982（昭和57）年の老人保健法制定（高齢者公費負担医療制度の見直し）[6]，1985（昭和60）年の国民年金法改正による年金受給開始年齢引き上げと基礎年金の導入，年金保険料の段階的引き上げ，児童扶養手当法改正による所得額に応じた給付額の設定および都道府県負担の導入，児童手当法改正による対象世帯制限および手当額の縮小，1986（昭和61）年の老人保健法改正による老人保健施設の新設として具現化された．[7]

　社会福祉の領域においても，1986（昭和61）年5月の「国の補助金等の臨時特例等に関する法律」による社会福祉施設の国負担暫定率1/2化および1986（昭和61）年12月の「地方公共団体の執行機関が国の機関として行う事務の整理及び合理化に関する法律」による施設入所事務の都道府県団体事務化，いわゆ[8]

4）「活力ある福祉社会」とは，第1次答申によると「民間の創造的活力を生かし，適正な経済成長を確保しつつ，個人の自立・自助の精神に立脚した家庭や近隣・職場や地域社会での連帯を基礎としつつ，効率のよい政府が適正な負担の下で福祉の充実を図ること」であった．また第3次答申では，「今後わが国が目指すべき活力ある福祉社会とは，…自立・互助，民間の活力を基本とし，適度な経済成長の下で各人が適切な就業の場を確保するとともに，雇用，健康及び老後の不安等に対する基盤的な保障が確保された社会を意味している」としている．

5）「増税なき再建」に道を求めたのは，消費税導入の閣議決定による総選挙（1979年10月）惨敗から，それに替わる財源を求めて法人税引き上げに向かった政府と大蔵省に対し，経団連を中心とする財界が強く反発したからであった．

6）中曽根による「ブレーン政治」の手法とその形成・展開過程については，上西1985を参照．中曽根は，以降も公私諮問機関をつくり，事実上のトップダウンによる政治手法を確立した．また第2次臨調行政改革がスムーズに進行した背景には，いわゆる3K（国鉄，健康保険，米を中心とする食糧管理）赤字で行き詰まる行政運営があった．また，「土光個人の質素な生活がマスコミに報道され，一種のカリスマを作り出していた」（宮崎1995：158）ことも国民から一定の支持を得ることに奏功した．

7）新川によれば，高齢者公費負担医療制度について，厚生省は当初から「保険原理に反する」として消極的であったため，敵対的ではなかったという（新川 2005：119）．

8）その後，1989（平成元）年4月の「国の補助金等の整理及び合理化並びに臨時特例等に関する法律」において，国庫負担率1/2は恒常化された．

る施設の社会化による在宅福祉の推進(「短期入所事業」・「デイサービス事業」の都道府県単独事業化),障害者施設入所者に対する費用徴収の開始および老人福祉施設入所者の費用徴収基準額の改定,1981(昭和56)年6月の無認可児童福祉施設への対応および1982(昭和57)年2月の社団法人有料老人ホーム協会の発足による民間活力の整備等,第2次臨調行革路線に従った改正が行われた.

なお,施設の社会化に関し,1977(昭和52)年11月の中央社会福祉審議会「今後の老人ホームのあり方について」では,「社会化」の目的として「老人ホームの閉鎖性」がもたらす「入所老人」の地域社会からの「孤立」解消を挙げるものの,「老人ホームの地域開放の第一義的意義は,地域福祉対策の一環としての地域住民へのサービスの供与」,すなわち「機能の社会化こそが柱であり,その結果施設の住民理解が得られる」とされた.これに対し,研究者からは入所者生活の社会化を含めて提唱された.例えば大橋は,「施設の社会化」と「施設それ自体の地域化」を峻別し,後者の内容として「入所者の生活圏域の拡大と地域化,自立化」と「地域住民の社会資源としての老人福祉施設」の双方が重要とした(大橋 1978:52, 55-58).小笠原も,「入所老人の生活圏拡大の課題こそ,入所者処遇の保障を第一義とする老人ホームの最も重視されてよいものである」と,「処遇の社会化」の意義を強調した(小笠原 1980:23)[9].しかし,1981(昭和56)年12月の中央社会福祉審議会「当面の在宅老人福祉対策のあり方」では,「福祉施設活用サービス」としての「短期保護事業」と「通所サービス事業」のみが強調され,結果,推進されたのは,あくまでも「機能の社会化」による在宅福祉事業の展開であった.

(3) 消費税導入と高齢者保健福祉推進10ヵ年戦略

1986(昭和61)年12月,自民党は同年6月の衆参同時選挙での公約を破棄し,「売上税」導入を決定する.が,マスコミをはじめとする世論の大反対を受け,1987(昭和62)年3月の岩手県参議院補欠選挙,同年4月の地方選挙等で大敗を喫し,5月,ついに廃案に追い込まれた.しかし,同年11月に総理大臣に就任した竹下は,歴代内閣の悲願であった大型間接税導入に注力し,1988(昭和

---

9) 秋山 1978:40も参照.

63) 年 8 月，消費税法案を含む税制改革関連法案を国会に提出する．これに対し，社会・公明・民社の各党は，「まず，二一世紀の高齢者施策の全体像を示すことが先決である」と主張した（小山 1992：310-311）．そこで，自民党の要請を受けた厚生省・労働省は，急遽，同年10月に「長寿・福祉社会を実現するための施策の基本的考え方と目標について」（以下：「福祉ビジョン」）を作成し，衆議院税制問題等に関する調査特別委員会に提出した．「福祉ビジョン」は，「社会参加できるよう機会の提供と環境の整備を図るというノーマライゼーションの考え方を明らか」にし，そのための整備目標として「高齢者が可能な限り家庭や地域で生活していくことができるように，昭和七五年度を目処に，…ショートステイについては五万床程度，…家庭奉仕員（ホームヘルパー）については五万人程度確保することを目標に整備，増員を図る」，「特別養護老人ホーム，老人保健施設あわせて定員五十万人分程度の整備をめざす」と具体的な数値を挙げた．[10]

税制改革関連法案は，1988（昭和63）年12月に強行採決される．しかし，これに反対する市民運動は1989（平成元）年 4 月の消費税法施行以降も各地で継続され，[11]リクルート事件，GATTによる牛肉・オレンジの輸入数量制限撤廃等のいわゆる自由化問題が重なり，同年 7 月の参議院選挙では，ついに与野党逆転（自民党改選69人・当選36人，社会党改選22人・当選46人）を招いた．

政府は，いよいよ消費税導入の根拠とした「高齢化社会への対応」の具体策

---

10) 「福祉ビジョン」は，1985（昭和60）年 7 月に，「急速な高齢化に対応するための施策」の「総合的な推進を図る」ことを目的として内閣に設置された「長寿社会対策関係閣僚会議」による閣議決定「長寿社会対策大綱」（1986年 6 月）を下敷きとしている．同大綱は，「人生八十年時代にふさわしい経済社会システムの構築を目指し」，雇用・所得保障システム，健康・福祉システム，学習・参加システム，住宅・生活環境システムごとに施策を提起した．そのうち，健康・福祉システムでは，「地域における保健，医療，福祉機能の連携」，在宅看護や在宅介護サービス等の「在宅サービスの拡充」，老人保健施設の制度化・高齢者のニーズに対応した医療施設の整備等の「施設サービスの充実」を掲げていた．

11) 1988（昭和63）年12月には，各界連，大型間接税反対中央連絡会，大型間接税反対中小企業連絡会，税制国民会議等 6 団体が「国民大集会」を開催し，1万2,000人が参加した．また同 6 団体は，消費税施行後の翌年 4 月下旬にも「国民怒りの大集会」を開催し，7,000人の参加を得ている（歴史科学協議会編 2000：482）．

を早急に示さざるを得ない状況に立たされる．そこで，同年12月，自民党は「消費税見直しに関する基本方針」を発表した．同「方針」は，「高齢化に対応した公共福祉サービスの充実」を消費税導入の根拠としてあらためて示し，「高齢者保健福祉推進十ヵ年戦略として目標を定め，強力にその対策を推進する」とした．そして，「総事業費について五兆円を上回る規模を確保する」と具体的な金額まで明示した．

その具体案の作成要請を受けた厚生省・大蔵省・自治省は，「福祉ビジョン」を前倒しし，かつ目標数値を上乗せした「高齢者保健福祉推進十か年戦略」（以下：ゴールドプラン）を同月末に公表した．「消費税導入の趣旨を踏まえ」，「保健・福祉分野ではかつてないことです」と「6兆円強」の総事業費投入を謳い，「在宅福祉推進十か年事業」，「ねたきり老人ゼロ作戦」，「施設対策推進十か年事業」「高齢者の生きがい対策」，「長寿科学研究推進十か年事業」等，要介護高齢者対策を中心に幅広い高齢者向け施策であることを大々的にアピールした．[12] 前章第4節第2項でみた「社会福祉施設緊急整備5ヵ年計画」も種別ごとに具体的な目標数値を挙げていたが，ゴールドプランは，大蔵省・自治省の合意でもあることから，あらかじめ財源確保の見通しが約束されていたという点で画期的であった．

(4) 自民党安定政権の終焉

消費税によって支持率を急落させた竹下は退陣を余儀なくされ，1989（平成元）年6月には宇野内閣が発足する．しかし，くすぶり続ける消費税問題に金権腐敗，自由化問題，そして宇野自身の私的問題までが絡み，自民党は，上記のとおり参議院選挙で過半数割れを喫する．その責任をとって宇野は在職わずか69日で辞任し，同年8月，海部内閣となる．税制改革に揺れた80年代後半は，政治的混迷の幕開けでもあった．

---

12) 例えば「在宅福祉推進十か年事業」では，「全国どの地域でも気軽に利用できるよう在宅福祉サービスを飛躍的に拡充し」とあり，「施設対策推進十か年事業」では「待つことなく，いつでも施設サービスを利用できるよう，高齢者福祉施設を大幅に拡充します」とある．

第3項　ノーマライゼーション理念の波及

(1) 国際障害者年と政府の対応

　国連は，1975（昭和50）年12月において「障害者の権利宣言」を決議したが，その認識が加盟国に浸透していない実態から，1976（昭和51）年12月の総会で1981（昭和56）年を国際障害者年とし，そのテーマを「完全参加」とした．1979（昭和54）年にはテーマを「完全参加と平等」に変更することを再決議するとともに「国際障害者年行動計画」を採択し，加盟国に対し具体的な行動を起こすようその指針を示した．さらに1982（昭和57）年には，「障害者に関する世界行動計画」を決議し，1983（昭和58）年から1992（平成4）年までの10年間を「障害者の10年」とすると宣言した．

　政府は，1976（昭和51）年の国連決議を受け，1980（昭和55）年3月に内閣総理大臣を本部長とする国際障害者年推進本部を設置した．同本部は，1982（昭和57）年3月に「障害者対策に関する長期計画」を決定し，心身障害の発生予防，早期発見・早期治療[13]，リハビリテーションの充実，補装具・福祉機器の開発等を掲げた．

(2) 身体障害者福祉法改正

　国際障害者年を「転換期ととらえ」た（厚生省五十年史編集委員会 1988a：1740）厚生省は，早くも1979（昭和54）年3月，身体障害者福祉審議会に今後の身体障害者福祉施策を諮問した．これに対する1982（昭和57）年3月の身体障害者福祉審議会「今後における身体障害者福祉を進めるための総合的方策」答申では，「リハビリテーションの理念」と「ノーマライゼーションの考え方」を軸とし，「完全参加と平等」を主旨とする新たな身体障害者福祉理念の導入，自立生活のための援助，完全参加を実現するために必要な社会的諸条件の整備，障害範囲の拡充等を挙げた．そして本答申に基づき，1984（昭和59）年8月に「身体障害者福祉法の一部を改正する法律」が公布される．

---

13) ただし，障害の発生予防，早期発見・早期治療を掲げる本計画は，国際障害者年の理念である「ノーマライゼーション」やスローガンである「完全参加と平等」と相容れないものであり，ここに政府によるノーマライゼーション理念の無理解，あるいは意図的な理念の歪曲がうかがえる．

本改正では，第2条の見出しを「更生への努力」から「自立への努力及び機会の確保」とし，第2項として「すべて身体障害者は，社会を構成する一員として社会，経済，文化その他あらゆる分野の活動に参加する機会を与えられるものとする」を追加した．これにより，経済的自立からその意味を拡大させてきた「更生」は，ついに，新たにノーマライゼーション理念を採り入れた「あらゆる分野の活動」への「参加」という表現に置換された．

また，同法第3条第1項の国，地方公共団体の責務に，「前条第2項に規定する理念が具現されるように配慮して」を追加し，第2項の国民の責務には，「社会連帯の理念に基づき」という言葉を挿入した．また，施設への「収容」を「入所」に表現を修正した（第18条，第28条他）．その他，政令で，障害範囲に膀胱障害，直腸障害を新設し，音声・言語機能障害に「そしゃく機能障害」を加えた[14]．

福祉施設関連では，第1種社会福祉事業にある肢体不自由者更生施設，失明者更生施設，ろうあ者更生施設を削除し，「身体障害者更生施設」としてまとめ，「身体障害者更生施設等の設備及び運営について」（昭和60社更4）にて，それぞれ肢体不自由者更生施設，視覚障害者更生施設，聴覚・言語障害者更生施設と名称変更した．また，ノーマライゼーション理念実現の一環として，小規模な生活施設である身体障害者福祉ホームを第1種社会福祉事業に，身体障害者福祉センターを第2種社会福祉事業として追加した．

精神薄弱者関連では，すでに1978（昭和53）年12月の中央児童福祉審議会「心身障害児（者）福祉対策に関する当面の改善拡充策について」意見具申において，少子化にともない減少する精神薄弱児に比して増加する精神薄弱者対策の遅延が問題とされ，精神薄弱者援護施設の計画的整備，居住環境助長のための福祉ホームの設置が提言されていた．それを受け，翌年には精神薄弱者福祉ホームが（「精神薄弱者福祉ホームの設置及び運営について」昭和54発児145），1985（昭和60）年には労働法の適用を受ける精神薄弱者福祉工場が制度化（「精神薄弱者福祉工場の設置及び運営について」昭和60発児104）された．

---

[14] さらに1986（昭和61）年には，小腸機能障害を「身体障害」に加えている．

(3) 精神衛生法の改正

1984（昭和59）年3月に起きた栃木県宇都宮市内の精神科病院でのリンチ殺人が院内部からのリークによって発覚し，看護職員ら5人が傷害致死容疑で逮捕された．これを受け，厚生省は「精神病院に対する指導監督等の強化徹底について」（昭和59衛発425・医発583・社保62）を出し，関係団体の批判を抑えようとした．しかし，国際障害者年を機に設立された障害者インターナショナル（DPI）によって国連「差別防止・少数者保護小委員会」に緊急課題として提起され，「国際人権規約」に著しく違反しているとの国際的批判に曝された．政府は通知レベルの対応ではその批判をかわすことができないと判断し，翌年8月の国連同委員会において精神衛生法改正を明言した．

成立した精神保健法は，精神障害者の「社会復帰を促進すること」や「国民の精神的健康の保持及び増進」および「精神障害者の福祉の増進」を法目的に加え（第1条），精神障害者の「社会復帰の促進を図る」ことを目的とする精神障害者社会復帰施設（精神障害者生活訓練施設，精神障害者授産施設）を追加し（第9条，第10条），第2種社会福祉事業に加えられた．

法目的を含む上記改正の土台となったのは，公衆衛生審議会精神衛生部会「中間メモ」における法改正の「基本的考え方」である．そこには，「適切な精神医療の確保及び社会復帰の推進を図ること」，「一般医療と同様，生活の場に密着したところで，適切な医療を受け得る体制を整備すること」，「精神障害者の社会復帰・社会参加については，その推進を更に協力に進めること」が挙げられていた．当該「中間メモ」にはノーマライゼーションという言葉自体は見当たらないものの，「社会復帰の推進」，「生活の場」，「社会参加」等，酷似する理念に基づいていたといえよう．[15]

第4項　国民的運動の衰退

(1) 労働組合の決裂と革新自治体の消滅

1975（昭和50）年の春闘では，大幅賃上げ要求の立場を崩さない総評と右派

---

[15] 精神保健法に至る詳細な経緯は，広田 2007：第7章，精神保健福祉研究会 2007：第1編を参照．

第4章 「八法改正法」による第2種社会福祉事業への移行期

労働団体の対立が頂点を迎えた．結果，総評の惨敗に終わり，左派労働運動団体は急速にその影響力を低下させる．これにより，賃上げ32.9％であった1974（昭和49）年をピークに，定昇プラス大幅な賃上げのための闘いから，1975（昭和50）年13.1％，1976（昭和51）年8.8％と国民経済との整合性ある賃上げへ方針が転換された．

1983（昭和58）年には労働組合率は30％を割り込み，運動が低迷するとともに，1989（平成元）年11月の総評解散以降，労働運動は日本労働組合総連合会（連合）を主軸とした中道路線にシフトしていった．

また，全都道府県が単年度収支で赤字となった1975（昭和50）年以降，革新自治体に対し，いわゆるTOKYO作戦をはじめとする自民党政府の激しいネガティブキャンペーンが展開された．財政を逼迫させた原因が地方公務員に対する厚遇とバラマキ福祉であるとの批判は，その真偽はともかく[17]，マスコミを動員しながら強力に推進された[18]．結果，1979（昭和54）年の鈴木新都知事誕生により，東京，京都，大阪等の主要自治体の首長は，すべて自治省OBもしくは自民党出身者となった．

これらの事態は，中央社会保障推進協議会にも大きな影響を及ぼした．全国電気通信労働組合（全電通）をはじめとする労働組合から「社保協不要論・解体論」が主張され，「地方社保協にまでひろがるという事態に発展」し，「中央社保協の指導力，求心力が低下し，運動が弱体化する状況が避けられなくなった」（中央社会保障推進協議会編 2008：181-182）．

---

16) 厚生労働省「平成26年 民間主要企業春季賃上げ要求・妥結状況」http://www.mhlw.go.jp/file/04-Houdouhappyou-12604000-Seisakutoukatsukan-Sanjikanshitsu_Roushikankeitantou/0000052265.pdf
17) 自民党による批判の欺瞞性あるいは自治省による東京都への圧力の根拠については，新川 2005：158-170参照．
18) 同年7月の全国革新市長会・基調報告における飛鳥田会長の「革新自治体自身がその中でマンネリ化し，本来果すべき役割を十分に果しているかどうか，これまでのブームにアグラをかいていなかったかどうか」，「革新市長の思いつきや人気取りというかたちで福祉が行われてはならないでしょう」（「『資料・革新自治体』刊行委員会 1990：119-121）という言葉は，革新陣営が抱く危機感そのものであった．

167

(2) 福祉運動の衰退

　社会福祉関連民間団体もこうした流れに影響を受けていく．例えば全国社会福祉協議会は，「在宅福祉サービスのあり方に関する研究委員会」の成果である『在宅福祉サービスの戦略』において，三浦による「ニーズ論」を基軸としながら，在宅福祉サービスが「政策的・制度的に保証される必要性」（全国社会福祉協議会編 1979：4, 170-187）を提起している．また同会社会福祉基本構想懇談会は，1986（昭和61）年に「社会福祉改革の基本構想」をまとめている．そこで，「戦後まもなくして確立したわが国の社会福祉制度の基本的枠組みは，三〇数年を経過した今日，一部には硬直化，陳腐化傾向がみられ，最近の社会福祉ニーズの変化と多様化に即応する社会福祉サービスの発展を阻害しはじめている」とし，現在は「普遍的社会福祉」が求められるという．その「普遍的社会福祉」のため，「受益と負担の関係を配慮した費用負担」，「福祉供給システムの再編」，「公助・共助・自助」の適切な分担等を提起する．

　いずれも上記第2次臨調行革路線を全面的に支持・追認するものであることは明らかである[19]．さらに後者は，在宅福祉事業の推進にともない「国と地方の役割分担」を見直すならば，その実施体制を「できるかぎり」「住民に密接した市町村」に移譲することも主張している．これは，後述の福祉関係三審議会合同企画分科会意見具申に影響を及ぼすものとなった．

　こうした状況下においても，活発に運動を展開した当事者組織は少なくなかったが，全未協による寡婦福祉法制定運動（母子及び寡婦福祉法の成立）を別として，社会福祉事業関連法制の改正に影響を与えるまでには至らなかった．障害児・者運動団体にとって好機であったはずの国際障害者年においても，1980（昭和55）年4月に約110の関係団体が参加して国際障害者年日本推進協議会が結成されたが，参加団体の意見・要望を集約しきれず大きな成果をもたらすことはなかった[20]．

---

19) 経済不況がもたらした補助金の減額，モデル事業の相次ぐ廃止によって，本文後述の地域組織化活動の維持が困難となる．「社会福祉改革の基本構想」は，そうした政策的・財政的背景を受け，社会福祉協議会が自らの存続をかけた転回であったともいえる．
20) 杉本 2008：116を参照．

第3節 「八法改正法」の成立

　第2次臨調行革路線は，前節第2項でふれた施設の社会化のごとく，社会福祉事業にも影響を及ぼした．しかし，1980年代において社会福祉事業法における構成要素関連条文の改正はなかった．第2次臨調行革は，財政再建に有効な手段をとれるところから採っていくという，いわば理念なき改革であり[21]，よって「日本型福祉社会」論に基づく公私バランスは提唱したものの，社会福祉法制の方向性や具体的な改正内容を提示するまでには至らなかったといえる[22]．

　第2次臨調行革を咀嚼し，新たな理念とそれに基づく方向性を掲げ，個別分野法を含めた社会福祉法制全般にわたる改革は，1990（平成2）年の「八法改正」によって実施された．本節は，社会福祉領域における当該改革を「八法改正法」成立過程から明らかにしていく．なお，厚生省内部で「福祉各法は成立してから既にかなりの年月が経過しているが，医療保険制度の改革，年金改革が相次いで行われる中，福祉のみが立ち遅れているとの認識があった」との江口の見解（江口 1991：271）を前提とすれば，「八法改正法」は老人保健福祉部による「権力志向競争」での巻き返しであったともいえよう．

第1項　厚生行政の動向──「今後の社会福祉のあり方について」意見具申

　1986（昭和61）年1月に発足した福祉関係三審議会合同企画分科会は，1987（昭和62）年3月に「福祉関係者の資格制度について」，12月に「社会福祉施設（入所型施設）における費用徴収基準の当面のあり方について」および「今後のシルバーサービスの在り方について」を意見具申し，施設入所措置の団体事務

---

21) 田多は，「八〇年代の改革は，…九〇年代の動きと区別して理解する必要がある」とする．なぜなら，「八〇年代の社会保障改革は…福祉国家体制の根幹をなす労働基本権や生存権を否定する明白な動きは必ずしもみせてはおらず，また福祉国家資本主義に代わる新たな統治原理を提示してもいないからである」（田多 1994：160）と述べる．

22) そうした意味において，単純にあるいは一律にこの時期を「福祉切り捨て」（河合 1981：131，高島 1986：112-133等）あるいは「福祉レジームの削減」（宮本 2008：59）と称することはできないであろう．

化，社会福祉士及び介護福祉士法の制定，シルバー産業の振興等に大きな影響を及ぼしていた．そして1989（平成元）年3月には，同分科会における最終的・総括的意見具申として「今後の社会福祉のあり方について」（以下：「あり方」）を発表する．

「あり方」では，「社会福祉を取り巻く環境の変化」について，「急激な高齢化の進行，技術革新と情報化の急速な展開，国際化の進展等により，国民の生活を取り巻く社会・経済・文化的状況は大きく変化」してきており，「とりわけ，急激な高齢化，平均寿命の伸長は社会保障制度の改革に対して多大な影響を及ぼしている」とする．そして，「人生八〇年時代にふさわしい長寿・福祉社会を実現するためには，福祉サービスの一層の質的量的拡充を図るとともに，ノーマライゼーションの理念の浸透，福祉サービスの一般化・普遍化・施策の総合化・体系化の促進，サービス利用者の選択の幅の拡大等の観点に留意」しながら，「市町村の役割重視」，「在宅福祉の充実」，「民間福祉サービスの健全育成」，「福祉と保健・医療の連携強化・総合化」等6点の「基本的考え方に沿って，新たな社会福祉の発展を図ることが重要である」とした．そして，その「具体的方策」を①社会福祉事業の範囲の見直し，②福祉サービス供給主体のあり方，③在宅福祉の充実と施設福祉の連携強化，④施設福祉の充実，⑤市町村の役割重視，新たな運営実施体制の構築の5点に分けて提起した．

第2項　「八法改正法」の成立

「あり方」を踏まえ，厚生省は具体的な法改正の検討に入り，1990（平成2）年4月に関係審議会答申において了承されたのち，国会へ提出された．社会福祉事業関連条文以外でも，地区社会福祉協議会の新設（90年法第74条），共同募金の配分先拡大（同法第71条），老人福祉計画（老人福祉法第3章の2）・老人保健計画（老人保健法第3章の3）の策定，老人の健康保持に資する事業を行う法人（財団法人長寿社会開発センター）の指定（老人福祉法第28条の2），有料老人ホームの事前届出化および有料老人ホーム協会の設立（同法第29条，第30条），精神薄弱者相談員の導入（精神薄弱者福祉法第15条の2）等，多くの条文が追加・改正

第4章 「八法改正法」による第2種社会福祉事業への移行期

されたにもかかわらず，予算非関連法案であったことからか，強力な反対もなく衆参とも全会一致で可決された．

国会審議の主なるものを挙げると，児玉議員による「国はその二分の一以内を補助することができるものとする…の表現について，福祉関係者の中からどうも不安が強い」という質疑に対し，岡光老人保健福祉部長は，「法律補助の規定としましては，…補助することができるという文言を使うのが慣例でございます」と答弁している．[23] 確かに，「以内を補助することができる」という表現は，第1章第4節第5項で述べたように戦前の救護法・社会事業法等からの「慣例」であるが，厚生労働省所管の現行法でこの「慣例」を継受するのは，難病の患者に対する医療等に関する法律，感染症の予防及び感染症の患者に対する医療に関する法律，麻薬及び向精神薬取締法，児童福祉法，母子及び父子並びに寡婦福祉法，生活保護法，社会福祉施設職員等退職手当共済法，精神保健及び精神障害者福祉に関する法律，「障害者総合支援法」，老人福祉法のみであり，福祉関連法に多いことが明らかであろう．

また，池端議員による「市町村社会福祉協議会等は新たに同法の第七十四条第四項において，『社会福祉を目的とする事業を企画し，及び実施するよう努めなければならない．』このように規定をされております」が，「この点についても明らかにしていただきたい」という質疑に対し，長尾社会局長は「市町村レベルの社会福祉協議会につきましては，民間の自主的な福祉活動の推進の中核として地域住民に密着した地域福祉活動を行うことが期待されておりますが，現在の規定ぶりは必ずしもその活動実態等に即しておりません．このため，…今回の社会福祉事業法の規定を改正することといたしたものでございます」と答弁している．[24]

日下部議員は，老人ホームの居室定員を問題とし，「一人部屋は五.九％ということでございますけれども，…どのようにお考えでいらっしゃいましょうか」と質疑した．これに対し，岡光老人保健福祉部長は「処遇上の観点から個室化がいいのかどうかという議論と，それから絶対量が不足をしておるという

---

23)「第百十八回国会衆議院　社会労働委員会議録」11（1990：27）
24)「第百十八回国会衆議院　社会労働委員会議録」12（1990：8）

中でそこまでもっていけないという現実的な事情と両方の事情が相まっているわけでございます」と答弁した．また同議員による「自分一人の部屋もなく，そして自分の思い出の持ち物も持ち込めない，そういう状態の中で自分の一人部屋がないということはプライバシーが守られないということだろうし，自分のプライドも保たれない」との質疑には，津島厚生大臣が「お一人お一人の多岐にわたる御要望を全部満たすというのは，これはどこの国でもどこの社会でも限度がある，その限度の中でできるだけのことをやろう，こういうことを申し上げておるわけでございます」とした．[25]

堀議員は，改正身体障害者福祉法にふれ，「『更生援護』の『更生』あるいは『更生施設』等が改正法の中に入っておりますので，この点についても将来御検討願いたい」と質疑した．これに対し長尾社会局長は，「『更生』という言葉をできる限り改めたいということで内部で検討をいたしたわけでございます．…ただ，『更生援護』とか『更生施設』という言葉のほうにつきましては，それ自体が慣用的にずっと使われてきておりまして，その用語を改めますことを，ほかの用語として何か適切なものがあるかということを中でない知恵を絞ったわけでございますけれども，適当なものがなくて置きかえができなかった」と答弁している．[26]

いずれにしても，社会福祉事業法改正案において刷新された理念や新規事業の追加等，構成要素に関連する条文に沿った質疑応答は皆無に等しかった．そして1990（平成2）年6月末に「八法改正法」は公布された．[27]

第4節　この時期における社会福祉事業の構成要素

第1項　社会福祉事業の理念

90年法では，初めて第3条が全面的に改正された．51年法第3条と比較すると，以下の相違を見出すことができよう．

第1に，社会福祉事業の理念の具体的内容である．第2章第5節第1項でみ

---

25)　「第百十八回国会参議院　社会労働委員会会議録」9（1990：3-4）
26)　「第百十八回国会参議院　社会労働委員会会議録」9（1990：17-18）

たように，51年法第3条は「その独立心をそこなうことなく，正常な社会人として生活すること」とし，経済的自立を主眼とするものであった．福祉六法体制の整備以降は，前章第5節第1項で述べたように，身体障害者福祉法の「更生」概念の拡大，精神薄弱者福祉法および老人福祉法の成立によって日常生活自立が自立概念に含まれるようになった．さらに本章第2節第3項で述べたとおり，1984（昭和59）年の身体障害者福祉法改正や1987（昭和62）年の精神保健法では，社会参加の視点を採り入れた．これらを受け，90年法第3条では「福祉サービスを必要とする者が，心身ともに健やかに育成され，又は社会，経済，文化その他あらゆる分野の活動に参加する機会を与えられるとともに」とした．「経済」のみならず，「あらゆる分野の活動」への「参加する機会」とすることで，51年法における「正常な社会人としての生活」，すなわち経済的自立からの理念の拡張を目指したのである．同時改正された老人福祉法第3条第1項の「社会的活動に参加する」，および身体障害者福祉法第1条「自立と社会経済活動への参加を促進するため，身体障害者を援助し，及び必要に応じて保護し」，同法第3条「身体障害者の自立と社会経済活動への参加を促進するための援助と必要な保護」も同様の主旨によるものであった．

なお，個別分野法のうち，この時期までに理念相当条文が最も変化したのは身体障害者福祉法である．同法は，第2章第4節第1項・前章第4節第1項で述べたとおり，1951（昭和26）年改正で更生概念の拡大が図られ，1967（昭和42）年には，国，地方公共団体，国民による「不当な差別的取扱」の禁止から国，地方公共団体による更生援護の実施と国民による参与努力への協力に改正

---

27) 江口によれば，厚生省は当初，「地域における社会福祉の基礎整備を促進するための関係法律の一部を改正する法律」案なる名称を考えていたが，内閣法制局から「各改正法の束にすぎないではないか，…いかにも単独法を制定するかのような名称は認められない」とされ，「老人福祉法等の一部を改正する法律」となったという（江口1991：264, 272）．なお，長尾社会局長は「社会福祉事業法等の一部を改正する法律ということで文書課長会議等に私どもは提出をいたしたわけでございますが，…特に法制部門を担当しております部局から，…全体の大きなポイントが老人福祉をめぐる改正ということでくくるのが適当であるという御指摘をいただきまして，老人福祉法等の一部を改正する法律案というふうになった次第でございます．」と答弁している（「第百十八回国会衆議院 社会労働委員会議録」11（1990：6））．

した．また前節第3項で述べたとおり，ノーマライゼーション理念を受けた1984（昭和59）年の改正では，法理念に相当する第2条の見出しを「更生への努力」から「自立への努力及び機会の確保」とした．そして今回の改正は，それを法目的（第1条）にも反映し，「更生」を削除した．しかし一方で，国会審議でもふれられたとおり，「更生援護」あるいは「更生援護施設」が残存する条文もあった（第3条，第5条等）．この点からすれば，「八法改正法」は，90年法の法理念が各個別分野法の具体的条文や事業名称に貫徹されない中途半端な改正であったといえる（表12）．

また，90年法は，「地域において必要な福祉サービスを総合的に提供されるように」（90年法第3条）や「地域に即した創意と工夫を行い」（第3条の2）でみられるように，「地域」という視点も導入した．これらの改正の基底には，上記のとおりノーマライゼーション理念の導入があった．当該理念は，障害（者）観や福祉サービスのあり方をはじめ，就業，環境，住宅等の整備に大きく貢献したといえる．しかし同時に，厚生省からすれば，第2次臨調行革および「あり方」が求めた「在宅福祉対策の推進」，「市場機構を通じたサービスの活用」，「行政権限の移譲」を実現しつつ，「行政の縮減，効率化」という第2次臨調行革路線に抗して自らの権限維持・拡大をも果たす格好の切り札となった．

第2に，「医療，保健その他関連施策との有機的連携」（第3条の2）である．それは，「あり方」における「在宅福祉の充実」および「福祉と保健・医療の連携強化・総合化」が反映されていることが明らかである．すなわち，従来，社会福祉事業の中心であった入所型施設経営事業は，入所者の生活支援が施設内で完結されていた．が，居宅介護等事業をはじめとする個々の在宅福祉事業は，在宅の福祉ニーズをもつ者の生活の一部に一定の時間しか対応できない．よって，全生活面へ対応するならば，国，地方公共団体，社会福祉法人等による「社会福祉を目的とする事業」の「総合的」な提供体制，在宅福祉事業と医療・保健等との「連携」による包括的な提供体制が不可欠かつ不可避となったのである．

第3に，「地域住民等の理解と協力」（第3条の2）の導入である．ノーマラ

第4章 「八法改正法」による第2種社会福祉事業への移行期

表12 身体障害者福祉法の目的，理念，対象の改正推移

	法の目的（第1条）	法の理念（第2条）	国，地方公共団体および国民の責務（第3条）	身体障害者の定義（第4条）
1949年	この法律は，身体障害者の更生を援助し，その更生のために必要な保護を行い，もって身体障害者の福祉を図ることを目的とする．	すべて身体障害者は，自ら進んで障害を克服し，すみやかに社会経済活動に参与することができるように努めなければならない．	国，地方公共団体及び国民は，身体障害者に対して，その障害ゆえをもって不当な差別的取扱をしてはならない．	「身体障害者」とは，身体上の障害のため職業能力が損傷されている18歳以上の者であつて，都道府県知事から身体障害者手帳の交付を受けたものをいう．
1951年				「身体障害者」とは，別表に掲げる身体上の障害がある18歳以上の者であつて，都道府県知事から身体障害者手帳の交付を受けたものをいう．
1967年	この法律は，身体障害者の更生を援助し，その更生のために必要な保護を行い，もって身体障害者の生活の安定に寄与する等その福祉の増進を図ることを目的とする．		1．国及び地方公共団体は，身体障害者に対する更生の援助と更生のために必要な保護の実施に努めなければならない． 2．国民は，身体障害者がその障害を克服し，社会経済活動に参与しようとする努力に対し，協力するよう努めなければならない．	
1984年		1．すべて身体障害者は，自ら進んでその障害を克服し，その有する能力を活用することにより，社会経済活動に参加することができるように努めなければならない． 2．すべて身体障害者は，社会を構成する一員として社会，経済，文化その他あらゆる分野の活動に参加する機会を与えられるものとする．	1．国及び地方公共団体は，前条第2項に規定する理念が具現されるように配慮して，身体障害者に対する更生の援助と更生のために必要な保護の実施に努めなければならない． 2．国民は，社会連帯の理念に基づき，身体障害者がその障害を克服し，社会経済活動に参加しようとする努力に対し，協力するように努めなければならない．	
1990年	この法律は，身体障害者の自立と社会経済活動への参加を促進するため，身体障害者を援助し，及び必要に応じて保護し，もって身体障害者の福祉の増進を図ることを目的とする．		1．国及び地方公共団体は，前条に規定する理念が具現されるように配慮して，身体障害者の自立と社会経済活動への参加を促進するための援助と必要な保護（以下「更生援護」という．）の総合的な実施に努めなければならない．2．国民は，社会連帯の理念に基づき，身体障害者がその障害を克服し，社会経済活動に参加しようとする努力に対し，協力するように努めなければならない．	

イゼーション理念を地域社会で具現化していくために，そして後述する社会福祉協議会が行う「社会福祉を目的とする事業」の推進のために必要な視点であることは疑いない．しかし同時に，地域住民等の「協力」を加えた点は「新経済社会7ヵ年計画」以降において強調されてきた「家庭や近隣・地域社会等の連帯」が反映された結果でもあった．

第2項　社会福祉事業の範囲

社会福祉事業の範囲に関しては，以下の4点が挙げられる．

第1に，在宅福祉事業の社会福祉事業化である．

「あり方」における「社会福祉事業の範囲の見直し」では，在宅福祉事業のうち「公的部門が確保提供すべき部分として市町村の責任において提供される」分野については，「新たに社会福祉事業として法的に位置づけることが適当」としていた（「あり方」3(1)③）．よって90年法で「公的部門が確保提供すべき部分」と判断されたのが，居宅介護等事業，デイサービス事業，短期入所事業の3事業ということになろう．しかし，各市町村で先駆的に取り組まれていた在宅福祉事業は，1970年代で551団体・200種類以上となっており，しかも当該3事業はすでに国庫補助事業化されていたものである．これらからすれば，「あり方」の言葉とは裏腹にわずか3事業のみという感は否めない．その意味で，高沢による「大規模改正であったには違いない八本の関係法律の『福祉八法改正』は，このような（在宅福祉事業の：筆者）事実を追認し，その体系化を進めるための法律的整備を最小限で行ったものであった」（高沢 2005：95）との評価は妥当であろう．

第2に，社会福祉事業の法制化過程である．

第2章第5節第2項で述べたとおり，社会福祉事業法における社会福祉事業規定は，51年法施行以降，基本的に個別分野法で規定される事業を社会福祉事業法において種別に分けた上で再掲するという手続と，いずれの個別分野法にも属さない社会福祉事業を社会福祉事業法で規定するという方法が並行されて

---

28)　三浦 1978：9，三浦・高山・樋口 1983：15等を参照．

きた．新設された父子家庭居宅介護等事業は後者に該当し，その具体的な事業内容は通知によるものであった．第2章第3節第2項で取りあげた蟻塚の見解にある「社会福祉事業法…を基礎構造」とし，個別分野法を「上部構造にした…社会福祉の法制の体系」の「完成」は，この時期においても実現されなかったといえよう．

また，精神保健法に基づく精神障害者社会復帰施設が第2種社会福祉事業に追加される一方で，老人福祉法に基づく在宅介護支援センターは，ゴールドプランにおいて設置目標（300ヶ所）が掲げられたにもかかわらず，通知レベルの事業となった（「在宅老人福祉対策事業の実施及び推進について」別添四「2　在宅介護支援センター運営事業」）[29]．社会福祉事業の法的定義がないことからその採否が行政判断に委ねられる点，その採否基準自体が不明である点は，この時期においても継承された．

第3に，社会福祉事業と民間営利事業との区分についてである．

前節第2項で述べた有料老人ホーム経営事業に対する行政監督権限は，もはや事業経営の制限・停止命令（90年法第67条第1項，第2項）を除き，施設設置をともなう第1種社会福祉事業経営事業と同等の位置づけとなった．これにより，前章第6節で述べた社会福祉事業と関連事業との曖昧な境界線は，当該改正において，社会福祉事業と民間営利事業との区分にも波及した．

第4に，社会福祉を目的とする事業についてである．

本章第3節第2項で取りあげた国会審議の場で，市町村社会福祉協議会は「民間の自主的な福祉活動の推進の中核として地域住民に密着した地域福祉活動を行うことが期待されて」いるが，「規定ぶり」が不明確であるため改正したと長尾は答弁している．しかし，社会福祉を目的とする事業そのものの定義・対象範囲を規定していないため，90年法においてもその「規定ぶり」は不明確なままである．上記理念にも登場してきた当該事業について，ここでその定義を検討しておく必要はあろう．

29）その後，在宅介護支援センターは，1994（平成6）年6月の健康保険法等の一部を改正する法律により，老人福祉法および社会福祉事業法が改正され，「老人介護支援センター経営事業」として第2種社会福祉事業に追加された．

社会福祉を目的とする事業が最初に登場したのは，第2章第3節第2項で述べたとおり，51年1月①法案であった．その後，51年2月24日法案以降51年法に至るまで，社会福祉協議会が行う事業とされた（51年法第74条第1項各号）．51年法には，上記のとおり当該事業の定義・対象範囲が規定されていないが，当時の厚生省法立案者等の見解から，以下の点がうかがえる．
　まず定義については，「地域社会組織化」事業として捉えられていたと考える．黒木は，社会福祉協議会の「事業」は，「共同募金会と相協力して，地域社会組織化活動を行うことが目的であ」るとしている（黒木 1951b：168）．木村も，「社会福祉協議会とは，社会福祉事業の専門技術の一つである『地域社会組織化活動』の機能を総合的におこなう，もっとも代表的な活動形態であ」るとする（木村 1955：166-167）．その地域社会組織化活動の具体的内容については，1949（昭和24）年11月の「社会福祉行政に関する6項目」が参考になる．その第5項では，「厚生省は，全国的及び都道府県の社会事業団体及び施設により自発的に行われる社会福祉活動に関する協議会を設置し…」とされている．また，同「6項目」を受け1950（昭和25）年7月に設置された社会福祉協議会準備委員会が発表した「社会福祉協議会組織の基本的要綱」では，「一定の地域社会において，広く社会福祉事業の公私関係者や関心をもつものが集って，解決を要する社会福祉の問題について調査し，協議を行い，対策を立て，その実践に必要な凡ゆる手段や機能を推進し，以って社会福祉事業を発展せしめ，当該地域社会の福祉を増進すること」としていた[30]．さらに佐藤は，当時の地域社会組織化運動の定義の「核」として「Welfare need に応え，これを充足するために必要な Welfare resources を発達させ動員すること」，「Community に必要な社会福祉計画を樹立し，これに基づいて Social services を創り，且つ社会事業施設機関の活動を連絡調整すること」を挙げている（佐藤 1950：18）．
　また社会福祉を目的とする事業と社会福祉事業との関連について，黒木は

---

[30] 黒木 1958：570-576参照．その他，「基本的要綱」についての検討は真田 1997：123を参照．また，社会福祉協議会の設立の経緯については全国社会福祉協議会編 1961：3-6を参照．

第4章 「八法改正法」による第2種社会福祉事業への移行期

「本法の規定による社会福祉事業（二条）のみならず，社会通念上の社会福祉事業も含まれる」とする（黒木 1951b：171）．木村も，「社会福祉事業より範囲はひろいが，この法律によらぬ社会福祉事業をもふくむという趣旨に解すべき」（木村 1955：216），「社会福祉を目的とする事業は，社会福祉事業より範囲のひろいものであるということになる」（木村 1966：37）としている．

以上より，社会福祉協議会が行う社会福祉を目的とする事業とは，地域の公私社会福祉関係者が「自発的に」「集って」，当該地域の「社会福祉の問題」を「調査」，「協議」し，「対策を立て」，必要な「手段や機能」を「発達」・「動員」・創出することで，「地域社会の福祉の増進」に寄与する事業であり，かつ社会福祉事業を含むものと定義することができる．それは，50年11月法案まで存在した社会福祉協議会の「定義」，例えば50年6月法案第73条「社会福祉協議会とは，社会福祉事業の能率的運営と組織的活動を図ることを目的とし…」や「要件」（同法案第75条「その区域内の社会福祉事業関係者の総意により設立され，且つ，運営される自主的綜合的組織体でなければならない」）とも合致しよう．

こうした事業が社会福祉協議会に求められた背景には，第1に，51年法制定当時，共同募金の配分先をめぐって民間社会事業団体の整理・再建が求められていたことが挙げられる．例えば中央共同募金会は，1950（昭和25）年7月に「都道府縣の区域を單位とする民間社会事業組織の整備に関する意見」において，平均配分額の減少，および社会福祉事業よりも割高となった各社会事業団体への配分額の実情を踏まえ，社会事業団体の濫立抑制，社会事業団体の一元化を提起していた．平均配分額の減少については，佐藤が「配分総額が過去三ヵ年に二倍近くまで増加しているにも拘らず，受配者が四倍に殖えたために」，「満ち足りた配分が行われているとは言い得ず，また潤沢になって行く傾向も示されていない」（佐藤 1950：21）と指摘したとおりであり，結果，第2章第2節第3項で述べたように民間事業経営の逼迫をもたらしていた．また社会事業団体一元化については，「自己領域の利益を主張して」団体相互の「協力体制をとることができず」，「公費補助が停止されたために遽に活動力が弱体化し，また「何れも上からつくられた組織で…独善的・保守的な色彩が濃」かったことから，社会事業界内外の批判が高まっていた（黒木 1958：579-580）．[31]

第2に，福祉に関する事務所の設置等による「集権化」とともに生じる「権力国家の様相を呈する虞」に対し，「地方分権化」による「民主化」を図るため（黒木 1951b：52-53），「市民が自己の福祉を政府や社会事業の専門家に『あなた任せ』にするのではなくて，自己の意思と努力によって獲得する」必要性（黒木 1958：579-580）があったことが挙げられる．51年法第74条第3項「社会福祉事業に奉仕する者から参加の申出があったときは，…これを拒んではならない」は，まさしく「市民」の「自己の意思と努力によって獲得する」「自己の福祉」を担保するための規定であり，その必要性が重視されていたことがうかがえよう[32]．

　よって，社会福祉協議会に関する規定は「わずかに一か条をもうけ，…そのほかは自主的自発的運営にまかせ」（木村 1955：28），実施する「社会福祉を目的とする事業」の「範囲は，一おう模糊たるもの」とし（木村 1966：37, 38），社会福祉協議会が行う事業（51年法第74条第1項各号）を「制限列記」ではない「例示的なもの」とし（黒木 1951b：168），なおかつ関連する社会福祉事業（「社会福祉事業に関する連絡または助成を行う事業」51年法第2条第3項第6号）についても比較的規制の緩い第2種社会福祉事業として規定したと考える．社会福祉協議会の事業が，社会福祉事業の調査，企画，連絡・調整から，社会福祉を目的とする事業に関するそれらへと変更されたのは，第2章第3節第2項で述べたとおり，51年2月24日法案において共同募金の配分先に更生保護事業を追加したためであった．しかし，結果的には，社会福祉協議会の事業内容や独自性をより明確にする規定になったといえる．

　一方，90年法第3条は，「社会福祉事業その他の社会福祉を目的とする事業」と規定し，社会福祉を目的とする事業と社会福祉事業の上記関係を明示した[33]．同時に90年法第3条は，「社会福祉を目的とする事業」の実施主体を「国，地

31）　その他，佐藤 1950：18-20．木村による答弁「第十回国会参議院　厚生委員会会議録」16（1951：2）を参照．

32）　なお，中川は，「市民の社会福祉に対する感覚が果たして成熟しているか」との疑問から，「施肥をしない田畠に種子を播きつけた様なもの」であり，「米國で成功した協議会組織をその儘急速に移植しようとする場合，そこに多くの困難を感ぜざるをえない」との懸念を提示していた（中川 1950：8-9）．

方公共団体，社会福祉法人その他社会福祉事業を経営する者」とし，内容として「地域において必要な福祉サービスを総合的に提供」することを挙げている．以上から，90年法第3条における社会福祉を目的とする事業とは，「国，地方公共団体，社会福祉法人その他社会福祉事業経営者」によって実施され，社会福祉事業を含めた何らかの「福祉サービス」を提供する事業であると定義付けられる．

しかし，51年法にあった社会福祉協議会の業務内容に関する規定，すなわち地域社会組織化事業としての社会福祉を目的とする事業も存続していた（90年法第74条第1項第1号～第5号）．よって，90年法第3条にいう社会福祉を目的とする事業と，51年法から継承されるそれとの整合性が問題となる．

この点につき，「狭義の社会福祉を目的とする事業」と「広義の社会福祉を目的とする事業」とに分けて捉えることが妥当と考える．すなわち，前者は90年法第3条における定義であり，社会福祉事業を包含する事業である．後者は51年法における定義であり，狭義の社会福祉を目的とする事業と福祉サービス提供以外の地域組織化事業とによって構成される．

理念（90年法第3条）に「狭義の社会福祉を目的とする事業」を加え，当該事業によるサービスを「福祉サービス」と称した目的は，国，地方公共団体，社会福祉法人以外の「その他社会福祉事業経営者」を「狭義の社会福祉を目的とする事業」の主体とし，地域に即した創意・工夫，地域住民の理解・協力獲得等の努力義務を課すこと（90年法第3条の2）によって，民間事業経営者の進出を促進させること，および社会福祉事業以外の社会福祉を目的とする事業を法律へ昇格させること，すなわち第2次臨調行革路線への迎合にあったといえよう．

なお，「あり方」で，「見直す必要がある」とされた「無料低額診療事業」（「あり方」3(1)④）は，90年法において廃止されなかった．その理由は不明であるが，厚生官僚であった荻島による「一方で『福祉と保健・医療との連携強化・総合化』を強調しているが，福祉と医療の連携・総合化のモデル例として

---

33) 同様に，90年法第71条においても，「社会福祉事業，更生保護事業その他の社会福祉を目的とする事業」と改正された．

紹介される施設の多くは、社会福祉法人が病院と社会福祉施設の双方を経営し、スタッフやサービスの連携を図っているところではないか」（荻島 1992：40-41）という批判が、当時の厚生省内でもあったものと考えられる．

第3項　社会福祉事業の種別

本章第2節第3項で述べたように、精神保健法における精神障害者社会復帰施設（精神障害者生活訓練施設、精神障害者授産施設）経営事業が新たに第2種社会福祉事業として追加された．しかし、身体障害者福祉法および精神薄弱者福祉法に規定される授産施設経営事業は、第1種社会福祉事業であった（社会福祉事業法第2条第2項第4号、第5号）．同じ目的を有し、同様の形態で経営される事業で種別が相違することは、種別化の根拠をさらに曖昧化することとなった．

また、90年法によって追加された社会福祉事業は、精神薄弱者福祉ホームおよび精神薄弱者通勤寮経営事業の2事業を除きすべて第2種社会福祉事業であった．

社会福祉事業の重点が、前時期における第1種社会福祉事業（入所型施設経営事業）から、居宅介護等事業をはじめとする第2種社会福祉事業へと移行していることが顕著にうかがえよう．

第4項　社会福祉事業の法的手続

法的手続としては、以下の3点が挙げられる．

第1に、第2種社会福祉事業の手続についてである．90年法における第2種社会福祉事業の開始手続は、51年法から変わらず事後届出となっている（第64条）．しかし、追加された第2種社会福祉事業のうち、居宅介護等事業、短期入所事業、デイサービス事業については、その開始手続において、いずれも都道府県知事への事前届出となっている（児童福祉法第34条の3第1項、母子及び寡婦福祉法第15条の2、身体障害者福祉法第26条第1項、精神薄弱者福祉法第18条第1項、老人福祉法第14条）．また、その他の第2種社会福祉事業の開始手続をみると、国、都道府県、市町村以外の者による助産施設、保育所、児童厚生施設の

設置は都道府県知事の認可（児童福祉法第35条第4項），市町村，社会福祉法人その他の者による母子福祉施設および国，都道府県以外の者による精神薄弱者地域生活援助事業は事後届出（母子及び寡婦福祉法第22条，精神薄弱者福祉法第18条第2項，90年法第64条）となっている．さらに，都道府県知事が居宅介護等事業，短期入所事業，デイサービス事業の「事業の制限」または「停止」を行う場合，老人および身体障害者を対象とする事業についてのみ，「あらかじめ地方社会福祉審議会の意見を聴かなければならない」とされている（老人福祉法第18条の2第3項，身体障害者福祉法第40条第3項）．

　同じ第2種社会福祉事業でありながらも，事業手続においてこのような行政関与に差異があることは，前章第5節第4項でみた「施設を必要とする第1種社会福祉事業」とともに，種別区分の根拠を不明確にすることに拍車をかけることとなった．

　第2に，民間営利事業の手続との関係である．その代表格である有料老人ホームについては，前節第2項および本節第2項で述べたとおり，事後届出から事前届出制に改正し，かつ都道府県による事業監査や改善命令までできることとなった（老人福祉法第29条[34]）．これにより，90年法での施設を要する第1種社会福祉事業と有料老人ホーム経営事業（民間営利事業）は，事業開始手続および事業監査という点で差異がなくなり，社会福祉事業の独自性の稀薄化につながった．

　第3に，追加された第2種社会福祉事業の実施主体である．老人福祉法では，居宅介護等事業の実施主体を市町村とし（老人福祉法第10条の4），老人ホームへの入所措置権限を「都道府県，市及び福祉事務所を設置する町村」から「市町村」とした（第11条）．そして，「措置の総合的実施」として，「心身の

---

[34] 宮田は，「今回の法改正は，…社会福祉事業についての現行の制度的枠組みを残した上で，その外側で民間サービス・市場サービスが『自由に』活動できる領域を広げようという政策的意図に力点が置かれたものであった」とする（宮田 1996：98）．宮田が「自由に」をどのような意味・程度として使用したのかは不明である．しかし，本法は，あくまで厚生省をはじめとする行政監督の下での福祉サービス提供を意図していたのであり，よって，本法が民間事業者の「自由」に活動できる領域の拡大に「力点」を置いたという見解は妥当ではないと考える．

状況，その置かれている環境等に応じて，最も適切な処遇が受けられるように居宅における介護等の措置及び特別養護老人ホームへの入所等の措置の総合的な実施」を努めるよう市町村に課した（第10条の3）．同様に身体障害者福祉法においても，居宅介護等事業の実施，身体障害者更生援護施設への入所措置，更生訓練費の支給，更生医療費の支払い，補装具の購入・修理費用の支給等の主体を市町村とした（第9条，第18条，第18条の2，第19条，第20条）．一方，都道府県は，「市町村相互間の連絡調整」，「市町村に対する情報の提供」，「各市町村の区域を超えた広域的な見地」からの「実情の把握」，市町村に対する「必要な助言」と，市町村の支援に退いた（老人福祉法第6条の3，身体障害者福祉法第10条）．それに対し精神薄弱者福祉法では，居宅介護等事業の実施主体を市町村に，短期入所事業の実施主体を都道府県に，精神薄弱者援護施設入所や精神薄弱者地域生活援助事業の措置は都道府県または福祉事務所を設置する市町村とし（精神薄弱者福祉法第9条，第15条の3，第16条），児童福祉法では，市町村を居宅介護等事業，デイサービス事業の実施主体とし，短期入所事業および施設入所措置の主体は都道府県とした（児童福祉法第21条の10）．また母子及び寡婦福祉法では，居宅介護等事業の実施主体を「都道府県又は市町村」とした（母子及び寡婦福祉法第15条の2，第19条の3）．

　実施主体が個別分野法ごとに，あるいは事業ごとに相違する点は，「地域において必要な福祉サービスを総合的に提供」（90年法第3条）すること，および「地域に即した創意と工夫を行」うこと（90年法第3条の2）を理念としたにもかかわらず，「医療，保健その他関連施策との有機的連携」はもちろん，地域に即した個別分野間連携あるいは個別分野内における在宅福祉事業と入所型施設経営事業との連携を当初から困難にすることを内包した改正であったといえよう．

　なお，入所措置権限の市町村への移譲は，基本的には第2次臨調行革路線を基調とするが[35]，細かくみると，当該路線と相違する部分もみられた．すなわち，市町村への権限移譲によって縮小されるはずの国の権限が，維持・拡大されている点である．権限移譲について，江口は「戦後の集権化論と分権化論の対立・妥協の中で，…町村は社会福祉行政についていわば『準禁治産者』とし

て位置づけられてきた」が,「措置権を町村に移譲することにより,町村を一人前の行為能力者として再評価している」意味で,「わが国の社会福祉制度を分権化へと大きく方向転換させるもの」と述べる（江口 1996：49-50）.確かに,「八法改正法」は分権化の起点となったが,その行政運用に大きな役割を担うはずの「福祉に関する事務所」は依然として任意設置であり,また居宅介護事業等の国・都道府県による財政的支援も,予算補助から法律補助へと格上げされたものの,上記国会質疑にもあったように,1/2・1/4「以内」が「補助できる」という曖昧な財源のもとで専門的な福祉行政を独自に町村が遂行するのは困難であった.そのため厚生省は,必然的に個別分野ごとに政令・省令によるマニュアルを多数示し町村を支援することになる.すなわちそこに厚生省の新たな権限が生じることとなるのであり,それが第2次臨調行革による「肥大化した行政」の「見直し」・「縮減」要請に対する厚生省の起死回生策ともなった.

　新藤は,1986（昭和61）年12月の「地方公共団体の執行機関が国の機関として行う事務の整理及び合理化に関する法律」による施設入所措置事務の団体事務化で,厚生省は,「政令で定める基準」による措置を地方自治体に義務化することにより,「『措置』権限を放棄し,財政責任なき基準行政とそれによる行政統制に,自らの存在意義を見いだそうとした」とする（新藤 1996：78）.しかし,同法による改正対象となった福祉関連法（社会福祉事業法,身体障害者福

---

35)　それは第118回国会参議院地方行政委員会において,岩本議員による「臨時行政改革推進審議会…が十二月二十日に国と地方の関係等に関する答申を出しました.政府はこれに対し最大限に尊重」すると「閣議決定されておりますが,今後どのようにされるのか」という問いに対し,奥田自治大臣が「新行革審の答申を最大限尊重するという形で過日閣議決定をなされたことは,今御指摘のとおり」であり,「例えば権限移譲なんかにつきましては,…既に国会に提案されている段階にまでこぎつけております」と答弁しているところからも明らかであろう（『第百十八回国会参議院　地方行政委員会会議録』5（1990：11））.なお,質疑に出てくる「国と地方の関係等に関する答申」とは,1989（平成元）年12月に提出されたものであり,補助金についての制度運用改革を意図したものであった.本答申には,「地域の主体性を高めるためには,…可能な限り地方公共団体への事務権限の委譲等を進めることに併せ,その費用負担についても,事務の主体が費用を負担するという原則を尊重していかなければならない」とある.

祉法，老人福祉法，児童福祉法，精神薄弱者福祉法）における「政令で定める基準」あるいは「政令で定める」という文言を含めた改正は計8ヶ所，「厚生省令で定める」も8ヶ所に過ぎなかった．これに対し「八法改正法」における改正対象（老人福祉法，身体障害者福祉法，精神薄弱者福祉法，児童福祉法，母子及び寡婦福祉法，社会福祉事業法）では，前者が28ヶ所，後者は63ヶ所に及ぶ．新藤のいう「厚生省」の「基準行政」と「行政統制」への移行は，「八法改正法」でさらに進んだといえる．

第5項　社会福祉事業の経営主体

　51年法第3条は，「社会福祉事業は…趣旨として経営されなければならない」と，事業経営主体を明らかにしていなかった．それに対し90年法第3条は，「国，地方公共団体，社会福祉法人その他社会福祉事業を経営する者は…実施に努めなければならない」と，社会福祉事業の経営主体を主語とした条文とされている．これによって本条後半に続く社会福祉事業の理念を遂行する主体が，より明確になったといえよう．

　ただし，留意すべきは，「その他社会福祉事業を経営する者」の追加である．そこには医療法人，宗教法人，公益法人等はもちろん含まれるが，その意図の最たるものは，民間事業経営者の参入であろう．それは，「八法改正法」以前の1988（昭和63）年の社会福祉・医療事業団法改正において，当該事業団が資金貸付できる対象を，社会福祉事業施設等を「設置」または「経営」する「社会福祉法人」から，「社会福祉法人その他政令で定める者」と拡大した時点から準備されていたことであった（社会福祉・医療事業団法第21条第1項第1号[36]）．90年改正では，その貸付業務に「必要な経費の財源をその運用によって得るための基金」（長寿社会福祉基金）をも創設している（同法第33条の2）．また，1989（平成元）年5月の「老人家庭奉仕員派遣事業運営要綱」改正によって，市町村あるいは委託を受けた社会福祉協議会に加え，特別養護老人ホーム等を経営す

---

36)　「政令で定める者」には，精神保健法に規定される精神障害者社会復帰施設を経営する医療法人および公益法人，有料老人ホームを経営する公益法人とともに，有料老人ホームを経営する「営利を目的とする法人」が加えられた（昭和63政令267）．

る社会福祉法人や「民間事業者による在宅介護サービス及び在宅入浴サービスのガイドライン」(昭和63老福27・社更187)を満たす民間事業経営者も事業主体として追加され,同年6月には,それを受けて「民間事業者による老後の保健及び福祉のための総合的施設の整備の促進に関する法律」が成立しているところからもうかがえる[37]．これらは,社会福祉事業経営の準則(90年法第5条)から「逸脱している」状況(栃本 2010：37)をもたらしてまで進められた．

第6項　福祉サービスの質確保および利用者の利益

本節第1項で検討したように,90年法第3条は「あらゆる分野の活動」への「参加」を理念とした．ノーマライゼーション理念を採り入れようとした意図は評価できよう．しかし,「国,地方公共団体,社会福祉法人その他社会福祉事業を経営する者」が主語であり,「福祉サービスを必要とする者」は,参加する機会を「与えられる」存在とされている．それは,身体障害者福祉法第2条第2項「あらゆる分野の活動に参加する機会を与えられる」および老人福祉法第3条第2項「社会的活動に参加する機会を与えられる」という表現とともに,ノーマライゼーション理念との隔たりが未だ大きいといえる．

また,前章第3節第2項および第4節第1項において経済的要件をともなわない要介護ニーズへ対応する特別養護老人ホームの新設および「更生」概念の拡大にともなう重度心身障害者の対象への包摂をとり挙げたが,こうした対象の変容は,福祉サービスの利用形態にも影響を及ぼした．すなわち,経済的自立へ向けた一時的・臨時的利用を前提とした利用形態から,人生の終焉に至るまでの長期利用への移行である．よって,入所型施設は,必然的に「生活の場」として捉え直される必要があった．そのため1977(昭和52)年の「老人ホームのあり方」では,すでに雑居性などの「救貧」体質から脱却し「収容の

---

[37] 河合は,財団法人長寿社会開発センター「地方老人保健福祉計画研究班中間報告」が「公的セクター…のほか,社会福祉法人やシルバーサービス(企業)等の民間セクターの位置づけも不可欠の構成要素」としているところから,老人保健福祉計画の方向性も「『サービス供給主体の多元化』という名の民間委託化・営利化といってよい」と述べる(河合 1991：110).

表13 老人福祉施設の夕食時間

施設種別	時間 年	～4:29	4:30～4:59	5:00～5:29	5:30～5:59	6:00～
特養 (%)	52	34.3	53.8	10.6	0	0.5
	57	2.9	49.0	41.0	4.3	0.9
養護 (%)	52	31.9	51.9	15.2	1.0	0.7
	57	5.1	53.7	36.2	3.7	1.1

出典 小笠原他 1985:158

場」から「生活の場」へ高めることを「老人福祉施設の緊急の課題である」と答申していた．施設現場でも，例えば長島和光園のバイキング食，任運荘のおむつ随時交換，山水園や第二小山田特別養護老人ホームによる認知症高齢者専門の設備や対応，美吉野園によるおむつ外し運動（錦織 1982），宇治明星園における入所者自治会[38]等の先駆的実践がなされるようになった．

しかし，全国社会福祉協議会老人福祉施設協議会が実施した「全国老人ホーム基礎調査」は，当時の老人福祉施設における「『生活の場』の処遇」が不十分であることを示している．例えば，夕食は「4:30～4:59」，「5:00～5:29」の時間帯が多く，そのため朝食から夕食までの時間幅が家庭よりも「2時間から4時間30分前後も短い」こと（全国社会福祉協議会老人福祉施設協議会編 1986：74．表13），「3食共盛り切り」が老人福祉施設平均83.5％と高く，「自ら楽しんで取るもの」から「ほど遠い現実」（全国社会福祉協議会老人福祉施設協議会編 1986：76）があること（図3），入浴時間が，特別養護老人ホームの場合は「午前中」が多く，日常生活において通常と思われる夜間入浴の実施率が極めて低いこと（表14）等である．上記のように，先進的・独創的な工夫によってサービスの質を向上させる施設も存在したが，全体としては未だ「生活の場」には程遠い実態があった．

しかし，こうしたサービスの実態，ひいては入所者の利益に大きく関係する

---

[38] 宇治明星園の自治会活動については，辻村 1978：70-75を参照．

図3 老人福祉施設の盛り切りの割合

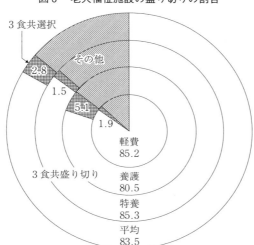

出典　全国社会福祉協議会老人福祉施設協議会編 1986：77

表14　入浴時間

	午前のみ	午前～午後	午後のみ	午後～夕食後	夕食後	その他	無回答	計
特　養	40.1	21.7	35.2	0.5	0.5	0.9	1.2	100.0 (1068)
養　護	1.9	9.1	74.7	4.9	7.9	1.1	0.4	100.0 (748)
盲養護	3.2	32.3	54.8	6.5	0	3.2	0	100.0 (31)
軽費A	0	5.0	68.6	8.8	16.4	1.3	0	100.0 (159)
計	22.1	15.9	52.9	2.9	4.5	0.9	0.8	100.0 (2006)

出典　小笠原他 1985：158

施設最低基準について，「あり方」は「当面，さらに，これを改正する必要はない」とした（「あり方」3(4)②）．前節第2項でみたとおり，国会審議の場で「自分の思い出の持ち物も持ち込めない，そういう状態の中で自分の一人部屋

がないということはプライバシーが守られないということだろうし，自分のプライドも保たれない」ことが問題として指摘されるほど社会的にも「生活の場」としての意識が醸成されていたにもかかわらず，「八法改正法」と同時に刷新された「精神薄弱者援護施設の設備及び運営に関する基準」（平成2厚令57）を含め，1人あたり床面積，一居室あたりの人員数，職員配置数等にさしたる変化はなかった．しかも「あり方」は，「施設入所者の処遇水準の向上」，すなわち福祉サービスの質向上を図る必要性については提起したものの（「あり方」3(4)②），「八法改正法」において福祉サービスに関する条文の追加はなかった．

　以上より，法施策においてもサービス提供主体においても，入所型施設における「生活の場」への実質的な転換はなされなかったといえる．その背景として，入所型施設経営事業から在宅福祉・地域福祉へ軸足を移行しつつあったこと，その在宅福祉においても，ゴールドプランからうかがえるとおり量的確保が当面の課題であり，福祉サービスの質にまで拡げる観点がなかったこと，「八法改正法」自体が予算非関連法案であったこと等が関係していたと考えられよう．

第5節　小括——理念の改正と第2種社会福祉事業への移行

　「八法改正法」の背景には，①経済的・社会的変動では，束の間のバブル景気と介護問題の顕在化・深刻化が，②理念では，国際障害者年を契機とするノーマライゼーション理念の浸透が，③政治的動向では，第2次臨調行革路線が絶対条件ではあったものの，自民党政治の低迷によって，その具体的立案の舵取りを行政主導で行い得る状況が，④運動・活動では，革新自治体や運動団体等の抵抗勢力の衰退があったといえよう．中でも③は，権限移譲や民間活力の導入という第2次臨調行革路線に従いつつ，関連部・局の権限拡大を図ること，およびゴールドプランという莫大な予算を獲得することに成功した．とりわけ，バブル崩壊間際の1990（平成2）年は，「八法改正法」を主管した厚生省老人保健福祉部にとってまさに千載一遇の機会であった．

その「八法改正法」によって初めて改正された理念（90年法第3条）では，「あらゆる分野の活動に参加する機会を与えられる」こととされた．前時期の個別分野法における「更生」概念の拡大は，ノーマライゼーション理念を経て，ようやく「共通的基本事項」を定める90年法に反映されたといえよう．ただ，「与えられる」という受動的表現の継続は，福祉サービス利用者を主体として捉えていないという点においてノーマライゼーション理念の核心から大きな隔たりがあった．

また，当該理念に基づいて追加された第2種社会福祉事業は，多様な先駆的事業からすれば微々たるものであったが，当該事業が上記臨調行革路線の具現化であったことから，本時期以降，第1種社会福祉事業（入所型施設経営事業）に替わり社会福祉事業の主軸を担うこととなる．そして第2種社会福祉事業への移行は，さらなる事業手続の多様化をもたらし，「その他社会福祉事業を経営する者」の条文化（90年法第3条）による民間事業経営者の参入をも促進させ，社会福祉事業の整合性を喪失させる結果となった．そしてそれは，次章で検討する社会福祉法の法対象の拡大へと連鎖するものでもあった．

第5章

社会福祉法による対象事業の拡散期

第1節　はじめに

　本時期は，90年法以降2000（平成12）年の社会福祉法成立を中心とし，2015（平成27）年4月に国会へ提出された「社会福祉法等の一部を改正する法律案」までを対象とする．まず，1990年代における経済的・社会的・政治的動向，および1995（平成7）年の社会保障制度審議会勧告を中心とした理念の転換を押さえる．次に社会福祉法成立に至るまでの経過を，1990（平成2）年以降の関連法改正，中央社会福祉審議会社会福祉構造分科会報告および社会福祉法についての国会審議に分けて明らかにする．さらに社会福祉法以降の動向を経済・社会変動とともに追っていく．

　そして，これら経緯を踏まえた上で，社会福祉基礎構造改革および社会福祉法下における社会福祉事業の構成要素を検討する．そこで，社会福祉法における対象事業の拡大，契約制度への移行，法的手続の多様化等，構成要素の枠組みがさらに変容していく状況が明らかとなろう．

第2節　失われた10年と政治的混迷

第1項　バブル崩壊後の経済的動向

　投資家・資産家による過剰投資と金融機関による無制限に近い金融貸付によってもたらされたバブル景気は，前章第2節第1項でみたように，1990（平

成2)年の公定歩合引き上げを契機とする株価・土地価格の暴落によって一気に崩壊した．投資家・資産家の破産が相次ぎ，金融機関は貸付の焦げつき・担保地の価格暴落によって莫大な不良債権を抱えることとなる．その額は，1995（平成7）年3月時点で約40兆円にものぼった．[1]

また，円高傾向が続く同時期は，大企業の多国籍化が進み，1996（平成8）年の製造業における海外現地法人の売上高は，日本の輸出総額を初めて上回った．同時に国内設備投資の抑制，雇用の削減が一層進み，中小企業や傘下企業の事業規模縮小・リストラが相次ぎ，空洞化現象が拡大する．

しかし，橋本内閣は，一時的な景気回復（1995年度GDP実質7.4％増，1996年度同9.1％増）を根拠に，1997（平成9）年4月からの消費税3％から5％への引き上げ，特別減税の廃止等の財政再建策を進め，経済不況を再発させた．にもかかわらず同年11月には「六大構造改革」[2]の中核であった「財政構造改革の推進に関する特別措置法」を成立させる．本法は，2003年度までに国と地方の財政赤字を対GDP比3％以内とすること（第4条），「社会保障関係費」につき，「政府は，社会保障制度の構造改革を進め，…社会保障制度の在り方について検討」すること（第7条第1項）および前年度予算に3,000億円を加算した額を下回ること（第8条），「公共投資関係費の量的縮減目標」を対前年度比7％の削減とすること（第14条第1項）等，徹底した財政緊縮を目的としたものであった．ところが上記経済不況に，タイの通貨バーツの暴落に端を発するIMFアジア通貨危機が追い打ちをかけ，翌年，ついに実質マイナス成長に転じる．三洋証券，山一證券ほか，地方金融機関の相次ぐ経営破綻はその象徴で

---

1) 1995（平成7）年6月の大蔵省「金融システムの機能回復について」報告を参照．なお同報告は，橋本内閣による金融改革（いわゆる金融ビッグバン）のための規制のあり方を提示している．

2) 橋本内閣が掲げた金融改革，経済構造改革，財政構造改革，社会保障構造改革，行政改革，教育改革の総称．このうち，金融改革は，1997（平成9）年の「金融監督庁設置法」および「金融監督庁設置法に伴う関係法律の整備に関する法律」に基づく金融監督庁の設立が，行政改革では1998（平成10）年6月の「中央省庁等改革基本法」および1999（平成11）年7月の「地方分権の推進を図るための関係法律の整備等に関する法律」が規定された．

あった．これら経済構造改革の失敗が同年の参議院選挙における自民党大敗をもたらし，その後を受けた小渕内閣は直ちに上記「特別措置法」を廃止した．そしてバブル崩壊以降の長期経済不況は，のちに「失われた10年」と称されるようになる（東京大学社会科学研究所 2005, 建部・高橋 2010等）．

以降，これまで世界市場を支配していた欧米先進諸国に代わり，市場経済化を急速に進めた中国，韓国，東南アジア諸国が台頭し始めた．世界的規模の不況と相まって，これらの国の製品は，わが国においてもアパレル産業や100円ショップ等によって市場を席巻する．海外格安製品に対抗するため，国内企業は生産コストを削減せざるを得ず，経営者はその手段として雇用形態の多様化を求める．例えば日本経営者団体連盟は，1995（平成7）年のレポートにおいて，「長期蓄積能力型」のみを長期雇用対象に，「高度専門能力活用型」・「雇用柔軟型」は有期雇用契約にする雇用形態3類型を提唱した（新・日本的経営システム等研究プロジェクト編 1995）．1999（平成11）年12月，こうした提言を受けた「労働者派遣事業の適正な運営の確保及び派遣労働者の就業条件等の整備に関する法律等の一部を改正する法律」が成立し，それまで秘書などの26の業務に限定されていた派遣労働の対象業務が原則として自由化された[3]．

第2項　加速する少子・高齢化と家族扶養の限界

1970（昭和45）年に高齢化率7％に達したわが国は，わずか24年という未曾有の速度で14％に達した．その背景には，絶対的高齢者人口および相対的高齢者人口の増加があった．前者は，前章第2節第1項で述べた平均寿命・平均余命のさらなる延長があった．しかしそれは必然的に，要介護高齢者の増加をもたらすこととなる．高齢者介護研究会は，認知症高齢者数を2010（平成22）年で319万人，2020（平成32）年で446万人，2040（平成52）年で597万人と，前章第2節第1項でみた人口問題研究所の数値を大幅に上回る推計を発表した（高齢者介護研究会 2003）．また後者は，晩婚化，生涯未婚率の増加，有配偶女性の出生児数の減少等による合計特殊出生率の低下によるものであった[4]．

---

[3]　以降も，2004（平成16）年改正では，さらに派遣期間の上限が1年から3年へと延長され，危険度の高い業種として適用除外とされていた製造業も派遣対象に含まれた．

また高度経済成長以降,減少化してきた平均世帯人員数は,1990(平成2)年に2.99と初めて3人を下回り,2000(平成12)年には2.67と1950(昭和25)年当時(4.97)から半減した.それにともない,核家族世帯,1人暮らしまたは夫婦のみの高齢者世帯が増加した[5].

　こうした社会的動向により,家庭内の育児・介護機能は著しく低下する.その結果,児童関係では,保育所待機児童数が1995(平成7)年2万8,481人から1997(平成9)年4万523人に急増し[6],1993(平成5)年に定員充足率77.8%にまで低下していた児童養護施設入所児童数は「虐待」を理由とするケースで急増した.また高齢者関係でも,家庭内介護[7]の限界からとも倒れや虐待に至るケースも顕在化し始めた[8].

---

4) 厚生労働省大臣官房統計情報部「平成24年(2012)人口動態統計(確定数)の概況」http://www.mhlw.go.jp/toukei/saikin/hw/jinkou/kakutei12/dl/09_h5.pdf によると,1949(昭和24)年では,4.32であったが,2005(平成17)年では1.26にまで減少した.2012(平成24)年現在でも1.41と,人口置換水準を大幅に下回っている.

5) 厚生労働省大臣官房統計情報部「平成10年　国民生活基礎調査の概況」http://www1.mhlw.go.jp/toukei/h10-ktyosa/3-1_8.html によると,1998(平成10)年現在,高齢者の「単独世帯」18.4%,「夫婦のみの世帯」26.7%,「三世代世帯」29.7%であった.同「平成25年　国民生活基礎調査の概況」http://www.mhlw.go.jp/toukei/saikin/hw/k-tyosa/k-tyosa13/dl/02.pdf では,高齢者の「単独世帯」25.6%,「夫婦のみの世帯」31.1%,「三世代世帯」13.2%であり,高齢者のみ世帯の増加傾向が続いている.

6) 厚生労働省児童家庭局保育課「保育所入所待機児童数調査」http://www1.mhlw.go.jp/houdou/1111/h1118-1_18.html

7) 厚生労働省大臣官房統計情報部「平成13年　国民生活基礎調査の概況」http://www.mhlw.go.jp/toukei/saikin/hw/k-tyosa/k-tyosa01/3-3.html によると,主たる介護者は,「配偶者」(25.9%),「子」(19.9%),「子の配偶者」(22.5%)と,家庭内介護が7割近くを占めていた.同「平成25年　国民生活基礎調査の概況」http://www.mhlw.go.jp/toukei/saikin/hw/k-tyosa/k-tyosa13/dl/05.pdf では,「配偶者」(26.2%),「子」(21.8%),「子の配偶者」(11.2%)と,「子の配偶者」が減少しているが,依然として6割を占めている.

8) 高齢者虐待については,金子1987を嚆矢とする先行研究がこの時期に多数発表された.例えば,高齢者処遇研究会1993,東京医科歯科大学医学部保健衛生学科老人看護講座老人虐待研究プロジェクト1993,武田1994,大阪高齢者虐待研究会1996,高崎・谷口・佐々木・外口編1998,多々良2001等を参照.なお,児童虐待に対しては,2000(平成12)年に児童虐待の防止等に関する法律が公布されている.

第3項　政界再編による政治的混迷

1988（昭和63）年に発覚したリクルート事件（翌年，藤波元官房長官等の起訴・有罪），1992（平成4）年8月の佐川急便事件（金丸元副総理の略式起訴・罰金20万円），1993（平成5）年3月の政治資金規正法違反容疑による金丸逮捕等の政治スキャンダルは，政治不信を常態化させ無党派層の増大につながった．「政治改革」が声高に叫ばれるが，宮澤は，党内の反対から公職選挙法や政治資金規正法の改正等の政治改革関連法案を成立させることができなかった．これを発端とする宮澤内閣に対する不信任案は，小沢等の造反によって可決され衆議院解散・総選挙となる．そこで躍進したのは，日本新党や新党さきがけ等の新生政党であった．

これら非自民会派が中心となり，1993（平成5）年8月に細川内閣が誕生する．しかし細川は，政治改革関連法案を成立させるも，唐突に提案した国民福祉税構想と政治資金疑惑によって1年足らずで辞意を表明した．引き継いだ羽田内閣も社会党の離脱によって少数政権となり，わずか2ヶ月の短命に終わった．その後，1994（平成6）年6月の自民党・社会党・さきがけの連立による村山内閣，その連立を継承した1996（平成8）年1月の橋本内閣，同年11月のさきがけ・社会党離脱後の自民党単独政権，1998（平成10）年7月の小渕内閣，小渕急逝による2000（平成12）年3月の森内閣，2001（平成13）年4月の小泉内閣と，めまぐるしく与党体制および総理大臣が入れ替わった．

一方の野党でも，1993（平成5）年の新生党結成，1994（平成6）年の新生党および日本新党の解散，新進党結成，1996（平成8）年の民主党結成，1997（平成9）年の新進党解散および6派（自由党，改革クラブ，新党平和，新党友愛，黎明クラブ，国民の声）への分裂と，結党・解党が相次ぎ政治的混迷を極めた．

そして，このような1990年代後半の不安定かつ流動的な政局は，法政策の具体的な立案・推進の主導権を官僚が握る絶好の機会となった．

第4項　新たな社会保障の理念──社会連帯と対等な関係

(1) 「日本型福祉社会」の限界

1993（平成5）年10月に厚生大臣の私的懇談会として発足した高齢社会福祉

ビジョン懇談会が，翌年3月に「21世紀福祉ビジョン―少子・高齢社会に向けて」（以下：「21世紀福祉ビジョン」）を報告する．その主たる内容は本節第2項で述べた育児問題・介護問題への対応であった．本報告は，「これまで，家庭の中で担われてきた介護，育児機能が低下し，社会保障需要として今後ますます顕在化してくる」と，家庭内機能の低下の見通しから福祉を重視する社会保障制度への転換を求めた[9]．同年9月には，社会保障審議会社会保障将来像委員会が「第二次報告」を発表する．本報告では，「妻は家庭内に留まり夫に扶養されるのが一般的であった家族の姿…を前提とした社会保障・税制などの社会制度」および「主として常用男子労働者を念頭において構築されたこれまでの社会保障制度」を再編し，「世帯単位中心のものから，できるものについては個人単位に切り替える必要がある」とする．

いずれも，1970年代の日本型福祉社会論において「美徳」とされた家族間扶養の限界を明示し，新たな家族像のもとで新たなシステムを構築する必要性を提起した．

(2) 「社会連帯」による社会保障

では，今後の社会保障のあり方はいかなるものとなるのか．その方向性を示したものが1995（平成7）年7月の社会保障制度審議会「社会保障体制の再構築　安心して暮らせる二一世紀の社会をめざして（以下：「1995年勧告」）」であった[10]．

同勧告は，「1950年勧告」を一定評価しつつも，「21世紀にかけて…高齢化の一層の進展，…ニーズの多様化高度化，経済の低成長化」等の社会経済構造の変化に直面し，また「人権を基底に置く福祉社会形成への要望も強力」となる

9）　具体的な施策として，育児問題についてはエンゼルプランの策定，介護問題については，年金・医療・福祉の給付バランスの修正（5：4：1から5：3：2へ），新ゴールドプランの策定，高齢者の資産活用によるサービスの仕組みの整備，国民全体の公平負担，サービスの総合的提供システムの構築，居住環境の改善等を提起した．

10）　本勧告は，本文上記社会保障制度審議会社会保障将来像委員会「第一次報告」および「第二次報告」を下敷きとしている．「社会保障をみんなのために，みんなでつくり，みんなで支えていく制度」（第一次報告），「利用者の選択権を尊重する必要があるため，現在の措置制度を見直す必要がある」（第二次報告）等，本勧告が引き継いだ点は少なくない．

ため,「構想を新たにした理念と原則に立って,体系的整合的な再構築が行われなければならない」とする(第1章序文).「1995年勧告」の特徴をまとめれば以下の6点が挙げられよう.

第1に,社会保障の水準が「その時々の文化的・社会的水準を基準と考えるもの」となっている点である.これは,「1950年勧告」が「国民には生存権があ」ることを冒頭で示した上で,社会保障制度を「生活困窮に陥った者に対しては,国家扶助によって最低限度の生活を保障するとともに,…すべての国民が文化的社会の成員たるに値する生活を営むことができるようにすること」と定義し,社会保障4分野に生存権理念を貫徹していた点と大きく相違する.

第2に,「1995年勧告」は,「社会保障を支え,つくり上げていく」のは「す・べ・て・の・国・民・」であるとし,国民に「社会保障についてよく知り,理解し,自らの問題として受けとめ,社会保障に積極的」に「参・画・」することと「助け合って対処していくという精神に基づいた,社会に対する協力」を求める.すなわち「社会保障制度は,み・ん・な・のためにみ・ん・な・でつくり,み・ん・な・で支えていくものとして,21世紀の社・会・連・帯・のあかしとしなければならない」とする(第1章第1節1).上記社会保障の「水準」だからこそ,最低限の措置を行使する公的責任は後退し,「みんなのためにみんなでつくり,みんなで支えていく」もの,すなわち「社・会・連・帯・」によることを社会保障の「理念」として掲げたのである[11].要するに「1995年勧告」は,「公的責任による生存権保障」から距離を置き,今後の方向性を,「日本型福祉社会論」における家族間扶養の限界を踏まえた「社・会・連・帯・」すなわち国民間相互扶助とすることを示したものであったといえよう.

第3に,第1の特徴と関連するが,例えば「(「1950年勧告」:筆者)当時は戦

---

[11] 永山は,「1995年勧告」が「すべての国民」ではなく,「広く国民を」としている点に着目し,「1995年勧告」は,「『生存権』という理念を21世紀には継承しないこと」,「社会保障・社会福祉財源は…国民の相互扶助=『社会連帯』によって賄う方式に徐々に移行する」こと,「社会保障・社会福祉制度を〈新たな価値体系にもとづく国家秩序〉への『国民統合』への『手段』として活用するため」のものであることと分析する.そして「『社会連帯』とは,ひとことでいえば『価値福祉』という福祉概念なのである」と結論する(永山 2006:219-242,257-258).

後の社会的・経済的混乱の中にあったので，当面，最低限の応急的対策に焦点を絞らざるを得なかった」ため「生存権の保障は，従来ともすると最低限の措置にとどまった」(序)が，「今日の社会保障体制は，…もはや生活の最低限度ではなく」，「今後は，人間の尊厳の理念に立つ社会保障の体系の中に明確に位置づけられ，対応が講じられなければならない」(第1章第1節1)等の表現からうかがえるとおり，最低限度の生活の公的保障を否定あるいは克服すべきものとして捉えている点である．また，それにつなげて「一方的な措置によるものから利用者との契約に改めるよう検討」や「現在の社会福祉制度における措置制度を見直すことが求められている」(第2章第1節)とあるように，生存権保障の具現化の1つである措置制度から契約制度への移行を強く求めている．すなわち，最低限度の生活＝「生存権」と「措置制度」をセットにして過去の遺物もしくは制度疲労と評し，その代替として「文化的・社会的水準」生活と「契約」をセットにして提起する論理構造であることがわかる．

第4に，「社会福祉などについて給付を受けることがどこまで国民の権利であるかについては必ずしも明らかでなく，今後それを明確にしていかねばならない」，「利用者の意思で選ぶことのできる選択性を備えることが，その権利性を高めるうえで必要」(第1章第1節2)と，社会福祉の「権利性」にふれている点である．「権利性」については，第3章第2節2項で述べたように，すでに「1962年勧告」で提起されていた．しかし，「1962年勧告」は「一定条件にある低所得層」の経済的状況を「権利性」の要件としており，またその権利の内容についてふれていなかった．それに対し「1995年勧告」は，「国民の権利」とすることで普遍性を提示し，その内容について具体的に論じている点において前進しているといえる．[12] ただし，その「権利性」が，「選択性を備えること」と，サービス選択場面のみに矮小化されていることに留意しなければならない．

第5に，介護保険導入のための勧告であったという点である．すなわち，「今後増大する介護サービスのニーズに対し安定的に適切な介護サービスを供

---

[12] この点について，里見も「これまでは政府関係の文書でそれについて語られることがほとんどなかった」点から「評価に値しよう」(里見 1996：77)と述べる．

給していくためには，…主として保険料に依存する公的介護保険を基盤にすべきである」とする（第2章第2節2）．そして「社会保険料は，…社会連帯の責任に基づく国民としての義務的な負担と考えるべきである」と訴える（第1章第2節1）．その他福祉関連施策では，児童分野として「延長保育，乳児保育，学童保育…など多くのニーズに柔軟に対応」することが，身体障害者分野として「ノーマライゼーションの理念を深化させた社会づくり」や，「重度化への対応」が，精神障害者への施策では「雇用・就業，住宅，各種の福祉サービスに係る施策を早急に充実」させること等が提起されている（第2章第2節4～7）．しかしいずれも従前から議論されてきた課題を抽象的に再掲するに過ぎず，勧告の目的である「体系的整合的な再構築」を目指す姿勢はうかがえない．この点から，「1995年勧告」が「社会連帯」の具現化である「介護保険」導入に焦点を置いたものであったことがうかがえよう．

第6に，第2次臨調行革路線を引き継いだ民間事業経営者の積極的活用がある．それは，「非営利団体やシルバー産業・医療関連産業等の営利企業などもサービスを提供することが多くなって」おり，「これらの民間の活動が国民の生活をより豊かにするものであれば，これらが社会福祉や医療の分野に参入することには問題がない」「ばかりでなく，民間の活動が国民のニーズに合ったサービスを提供し，より効率的に行うものであれば，規制緩和を含めて競争条件を整え，積極的にこれらの民間サービスを活用していく必要がある」（第1章第2節5）としているところから明白であろう．[13]

以上のような「1995年勧告」の特徴は，以降の社会福祉基礎構造改革に大きく影響することとなる．

---

13) 民間事業経営者の参入や市場原理の導入は，「1995年勧告」だけに留まらず，同年11月の経済審議会「構造改革のための経済社会計画―活力ある経済・安心できるくらし」，翌年12月の財政構造改革特別部会「財政構造改革特別部会最終報告 活力ある21世紀への条件」においても，規制緩和と一体的に提起されている．

第3節　社会福祉法への過程

　本節では，2000（平成12）年に成立する社会福祉法に至る過程を，それまでの個別分野法改正，厚生省主導による社会福祉基礎構造改革の提起に分けて明らかにする．

第1項　1990年以降の主要な法改正
(1)　老人福祉法におけるサービスの質に関する条文の追加
　1994（平成6）年6月の「健康保険法等の一部を改正する法律」において老人福祉法の一部改正が行われ，「処遇の質の評価等」と題する条文が新設された[14]．本条は，社会福祉関連法制において，初めて福祉サービスの質について言及したものである．ただし，あくまで「設置者」が自ら行う努力義務とされ，施設最低基準の改正にまで至らなかった．

(2)　保育所の利用手続の改正
　1997（平成9）年6月の「児童福祉法等の一部を改正する法律」では，「保育所における保育を行うこと…を希望する保護者は，…申込書を市町村に提出しなければならない」とされた（第24条第5項）[15]．この利用手続の法的性格として，田村は「市町村長…は入所要件該当性の審査と入所の優先順位の判断を行ったうえで保育所入所を決定するのであり，これによって保育所入所という法的効果が生じるのだから，この決定は行政処分というほかない」（桑原・田村編 1998：142，田村 2000：73-74）とする．また，利用契約への移行を提起する

---

14)　なお，同法によって老人保健法の一部改正も行われ，老人保健施設の開設者および指定老人訪問看護事業者にも，「サービスの質の評価」，「看護の質の評価」の努力義務が課せられた（老人保健法第46条の8，第46条の17の3）．

15)　1993（平成5）年に，保育所入所措置費約1,200億円の国庫負担分を削減するため，契約制度に転換する「保育サービス法」なるものの構想があったが，連立政権の成立と保育団体・保護者による強硬な反対運動によって実現されなかった（伊藤 2007：210）．また翌年1月に「保育問題検討会」が発表した「報告書」でも，保育所の利用手続について「措置制度」の継続と「契約方式」への変更という両論併記に留まっていた．

堀さえも「不服申立ができるということは市町村の長による保育所入所の決定は行政処分と解する方が素直である」(堀 1997：179) と述べる．しかし厚生省は，「措置（行政処分）による入所方式から，…市町村と保護者が利用契約を締結する仕組みに見直した」とし，あくまで「契約」であるとの見解を示した（児童福祉法規研究会 1999：167）[16]．そして当該見解にある「契約」制度が，後述の介護保険法，ひいては社会福祉基礎構造改革から社会福祉事業法改正への突破口となっていく．

また，本改正によって児童自立生活援助事業，放課後児童健全育成事業，児童家庭支援センター経営事業を追加し，これら事業は第2種社会福祉事業となった（児童福祉法第6条の2第1項，同条第6項，第26条第1項，社会福祉事業法第2条第3項）[17]．

(3) 介護保険法の成立

「21世紀福祉ビジョン」，1994（平成6）年12月の高齢者介護・自立支援システム研究会「新たな高齢者介護システムの構築を目指して」報告，「1995年勧告」を踏まえ，1996（平成8）年6月には老人保健福祉審議会が「高齢者介護保障制度の創設について―審議の概要・国民の議論を深めるために―」報告書をまとめる．本報告書は，介護保険の導入を強調して述べているが，保険者，被保険者，保険料・公的負担の割合等の項目で複数意見の併記がみられ，具体的な制度設計については審議不十分であることを露呈していた．しかし，菅厚生大臣は，同月，本報告書を踏まえた厚生省素案をほぼそのまま「介護保険制度大綱」として老人保健福祉審議会および社会保障制度審議会に諮問し，概ね了承との答申を得る．そして同年11月に国会提出，2度の継続審議を経て1997（平成9）年12月に成立した．ただし，衆議院15，参議院19という異例の附帯決

---

[16] 2007（平成19）年12月の規制改革会議「規制改革推進のための第2次答申」では，「保育の実施が保護者からの申込みを前提とすることとなったとは言え，旧態依然とした『措置』の発想の下，官が保育サービスを配給するという実態に変わりはなく…」としている．

[17] また本改正により，母子寮から母子生活支援施設，養護施設から児童養護施設，教護院から児童自立支援施設等，「児童の自立を支援すること明確化」(「官報号外　第百十四回国会衆議院会議録」(1997：41)) する目的とした名称変更も行った（第38条，第41条，第44条等）．

議がついたことからも，本法案がいかに拙速であったかがうかがえる．

介護保険法によって，老人福祉法における介護を主たる目的とする老人福祉施設および在宅福祉事業は，要支援・要介護と判定された者が介護事業経営者との直接契約によって利用する手続に移行した．また，介護保険法成立にともない，痴呆対応型老人共同生活援助事業が老人福祉法における老人居宅生活支援事業として，また社会福祉事業法における第2種社会福祉事業として追加された（老人福祉法第5条の2，社会福祉事業法第2条第3項）[18]．

(4) **非営利法人の法制化**

1995（平成7）年1月の阪神淡路大震災では，組織化・連携化したボランティアが被災者の生活支援と復興支援に大きく貢献した．これを機に，非営利活動の促進を目的とする組織の法人化が政治の場でも議論されるようになり，翌年3月，特定非営利活動促進法が制定された．本法では，特定非営利活動法人設立を，宗教法人と同様，所轄庁の規制が最も緩やかな「認証」とし（第10条第1項），特定非営利活動として「保健，医療又は福祉の増進を図る活動」，「まちづくりの推進を図る活動」，「子どもの健全育成を図る活動」等の12の活動を列挙した（特定非営利活動促進法第2条第1項，別表）．

(5) **地方分権**

地方分権推進委員会勧告を受け，1999（平成11）年7月，地方分権の推進を図るための関係法律の整備等に関する法律（以下：「地方分権一括法」）が成立した．本法により法定受託事務となった社会福祉行政事務は，児童福祉法における国立児童福祉施設入所措置児童の費用徴収額算定に際しての負担能力認定（「地方分権一括法」第149条），生活保護法における保護の決定・実施・停止・廃止，保護施設への保護委託，保護施設の設置・休止・廃止の認可および事業監査・改善命令，事業停止・廃止命令（第171条），社会福祉法人の設立認可の受理・調査，定款変更等の認可，社会福祉法人への調査・改善命令・事業停止命

---

18) また，「指定介護老人福祉施設の人員，設備及び運営に関する基準」（平成11厚令39）第2条にともない，特別養護老人ホームおよび養護老人ホームの最低基準における「生活指導員」が「生活相談員」と改称された（「特別養護老人ホームの設備及び運営最低基準」第12条，「養護老人ホームの設備及び運営に関する基準」第12条）．

令（第175条）等，多岐に及ぶ．

　堀田は「福祉国家の発展と地方分権・地方改革が密接に関連している」とし，「福祉国家を効率的に維持していく上で，地方に権限と財源を付与することが求められていった」（堀田 2006：134-135）と述べる．しかし，機関委任事務廃止にともなう国の補助金および交付税削減とともに当然行われてしかるべき税財源の移譲は，「地方公共団体が事務及び事業を自主的かつ自立的に執行できるよう，…経済情勢の推移等を勘案しつつ検討」する必要性の提示に留まり（第251条），財源保障という観点からすれば不十分な改正であった．

第2項　社会福祉基礎構造改革と社会福祉法の成立

　「失われた10年」による経済状況を受け，「六大構造改革」の1つであった「社会保障構造改革」が矢継ぎ早に展開される．医療保険分野では，1994（平成6）年6月の「健康保険法等の一部を改正する法律」による「標準負担額」の導入（入院時の食費の自己負担化），付添看護料差額助成の廃止，1997（平成9）年6月の「健康保険法等の一部を改正する法律」による被保険者の自己負担額の経過措置廃止（2割負担へ），政府管掌健康保険の保険料引き上げ等が行われた．また年金では，1994（平成6）年11月の「国民年金法等の一部を改正する法律」等による老齢厚生年金等の支給開始年齢の段階的引き上げ，年金額の算出方法の変更，保険料対象の拡大等の改正，2000（平成12）年3月の「国民年金法等の一部を改正する法律」による報酬比例部分の支給開始年齢の段階的引き上げ等が行われた．

　そして，社会福祉分野において提起されたのが「社会福祉基礎構造改革」であった．

　社会・援護局内における社会福祉事業関係課長・室長の人事異動があった1997（平成9）年7月1日，初顔合わせの場で「社会福祉の共通基盤的な制度の改革に取り組むことが不可欠であることで認識が一致した」（炭谷編 2003：はじめに20）という．そしてその翌日，社会・援護局長に就任した炭谷が，社会福祉士国家試験委員会の席上で「基礎構造改革の必要性，柱立てについて10分以上，話」したことが起点となり（鼎談 2010：15），社会福祉基礎構造改

が開始される.

炭谷発言を受け同年9月に結成された社会福祉事業等の在り方に関する検討会は,同年11月に「社会福祉の基礎構造改革について(主要な論点)」(以下:「論点」)を発表した.また,「論点」が発表された2日後に設置された中央社会福祉審議会社会福祉構造改革分科会は,13回にわたって「論点」の内容を具体的に議論し,1998(平成10)年6月に「社会福祉基礎構造改革について(中間まとめ)」(以下:「中間まとめ」)を,同年12月には「社会福祉基礎構造改革を進めるに当たって(追加意見)」(以下:「追加意見」)を発表した.

その内容は,いずれも「1995年勧告」を社会福祉の領域から言葉を換えてくり返したに過ぎなかった.例えば,改革の必要性では「社会福祉の基礎構造ともいえる社会福祉事業,社会福祉法人,…は,戦後五十年の間,基本的な枠組みに変更が加えられていない」ため,「要請に十分対応していくことは困難」(「中間まとめ」Ⅰ)と,「1995年勧告」同様,何ら具体的な根拠の提示なく従来の枠組みが新たな「要請」に適応できないとする.理念でも,「個人の自己責任による解決に委ねることが適当でない生活上の問題に関し社会連帯の考え方に立った支援を行う」(「論点」1),「社会連帯の考え方に立った支援を行い」,「社会福祉を作り上げ,支えていくのは全ての国民である」(「中間まとめ」Ⅱ)と,「みんなのためにみんなでつくり,みんなで支えていく」「社会連帯」を理念とした「1995年勧告」そのままである.さらに,利用手続についても「措置制度を見直し,個人が自ら選択したサービス提供者との契約により利用する制度を基本とする必要」(「論点」2),「個人が自らサービスを選択し,それを提供者との契約により利用する制度を基本」(「中間まとめ」Ⅲ1(3))と,「1995年勧告」同様,「措置制度」批判から「対等な関係の確立」を目的とする契約制度への移行を推奨した.

なお,「中間まとめ」,「追加意見」に留まった同分科会の発表について,伊藤は「社会福祉基礎構造改革の具体的内容の大半を厚生省に白紙委任したに等しく,分科会の存在意義そのものが問われるものであ」り,また「『追加意見』を事実上の最終報告とし,社会福祉事業法の改正へと進んだ厚生省の姿勢は,国民への説明義務や合意形成を無視した官僚主導型の政策決定の典型」(伊藤

2007：221-222)とする．立法過程では，1998（平成10）年11月に結成された自民党社会部会・社会福祉基礎構造改革に関するプロジェクトチームによる関係団体とのヒアリングを踏まえた「社会福祉基礎構造改革に関する報告」（1999年3月），1999（平成11）年9月の中央社会福祉審議会，中央児童福祉審議会，身体障害者福祉審議会の答申を経ており，「厚生省に白紙委任」し「国民への説明義務や合意形成を無視」したとは必ずしもいえない．しかし，基礎構造改革のシナリオは，1997（平成9）年7月に炭谷が社会・援護局長に就任した時点から，ひいては「1995年勧告」から描かれていたものであり，また上記自民党内のプロジェクトチームによるヒアリングの対象が基礎構造改革に概ね賛同する12団体であったこと，各審議会審議が長くても1999（平成11）年8月10日諮問から9月30日答申というわずかな期間で行われたことからすれば，[19]「官僚主導型の政策決定」であったことは相違ないだろう．

以上のように，社会福祉基礎構造改革は，政治的混迷の中で可能となった官僚主導のもとで，「1995年勧告」が描いた方向に従い，老人福祉法改正による「処遇の質の評価」条文の新設，児童福祉法改正による保育所入所手続への「契約」制度の導入，介護保険法による「契約制度」および「民間事業経営者の参入」，地方分権一括法による「地方への権限移譲」等，90年代後半以降の関連法改正をすべて包摂したものとして創案され，推進されたものであった．

なお，社会福祉基礎構造改革の背景には，厚生省内の部・局間関係もあると思われる．栃本は，「大臣官房老人保健福祉部…および…『介護保険マフィア』とも呼ばれた面々によって医療や老人保健，老人福祉の大きな変革が行われようとするとき，他局である社会・援護局においても何らかの新しい施策や時代に対応したあり方を検討する必要性が生じていた」（栃本 2010：29）と述べる．炭谷も「福祉関係八法改正は，福祉の本来のあり方からみて本当にささやかなもの．…簡単にいえば，ゴールド・プランをいかに実施するかということなんだから．…しかも改正は老人保健福祉部の主導だから．本来は社会局が中心に

---

19) 中央児童福祉審議会には1999（平成11）年9月22日に，身体障害者福祉審議会には同月9月27日に諮問が行われ，いずれも同年9月30日に中央社会福祉審議会とともに「了承」との答申を行っている．

なる・べ・き・だ・ったんですね」(蟻塚 2009：242) と述べている．別稿においても「『福祉八法の改正はこれでよいのか』と発言したのですが，残念ながら相手にされませんでした．重要なのは福祉の理念を打ち立てることであり，個人の尊厳を重視することを根本に置かないかぎり，どんな福祉サービスを展開しようとも意味が薄くなってしまう．福祉八法改正にかかわった方には申し訳ないのですが，単に技・術・的・に・サービスの供給方法を示しただけの改正と思っています．また，地・域・という観点も欠けています」(鼎談 2010：16) と90年法を批判する．しかし，90年法は，ノーマライゼーション理念を念頭に置いた「あらゆる分野の活動」への「参加する機会」の提供を理念とし，また，「地域において必要な福祉サービスを総合的に提供されるように」(第3条),「医療，保健その他関連施策との有機的連携」,「地・域・に・即・し・た・創意と工夫」,「地・域・住・民・等・の・理解と協力を得る」(第3条の2) と，地域の視点を導入し，関連施策との総合的連携も視野に含めて規定していた．そしてそれを具現化したものが在宅福祉事業の第2種社会福祉事業化であり，市町村老人保健福祉計画であったはずである．その背景および筆者の評価・考察については前章第5節第1項で述べたとおりであるが，「福祉の理念を打ち立て」られていない，「地域という観点も欠けて」いるとの炭谷の90年法批判およびそれを克服するかのような論理の展開は，なかば強引とも思える．

　これら見解から，炭谷による社会福祉基礎構造改革構想は，上記「社会保障構造改革」を先行した医療・年金関係局，およびゴールドプランから「老人福祉法等の一部を改正する法律」を経て介護保険に至る一連の法施策を主管した高齢者関係部局に対抗する社会・援護局の「権力志向競争」の産物であったとみることもできよう．

　「追加意見」を受けた厚生省社会・援護局は「社会福祉基礎構造改革について(社会福祉事業法等改正法案大綱骨子)」を作成し，1999（平成11）年4月に自民党社会部会の了承を得た．そして，上記3審議会の答申を経て国会へ提出され，2000（平成12）年5月,「社会福祉の増進のための社会福祉事業法等の一部を改正する法律」が成立した[20]．

第4節　社会福祉法制定以降の動向

第1項　経済的・社会的動向

　2001（平成13）年6月には小泉政権のもと，経済財政諮問会議が「経済財政運営と構造改革に関する基本方針」（いわゆる「骨太の方針」）を発表する．本方針は，「聖域なき構造改革」をキャッチフレーズとし，「真の景気回復，すなわち持続的成長」のための「三位一体」改革，「行政への市場メカニズムの導入」，「地方分権」等を掲げ，「小さな政府」を目指す政治が推進された．小泉内閣以降は再び1年ごとに総理大臣が入れ替わる不安定な政局となったが（安部内閣2006年9月～2007年9月，福田内閣2007年9月～2008年9月，麻生内閣2008年9月～2009年9月），新自由主義路線は一貫して継続された．これに2008（平成20）年秋のリーマンショックによる景気後退および2010（平成22）年以降の円高ドル安による輸出産業への影響が追い打ちをかけ，多数の失業者や不安定就労層を生み出す．

　現在の雇用状況をみると，完全失業率はリーマンショック以降で再び急増し，2013（平成25）年現在も4％以上を継続している（図4）．とりわけ15～24歳の若年層（男性7.6％，女性6.2％）の比率が高い[21]．

　また，非正規職・従業員は，本章第2節第1項で述べた「労働者派遣事業の適正な運営の確保及び派遣労働者の就業条件等の整備に関する法律等の一部を改正する法律」が成立した1999（平成11）年以降で急増し，今や雇用者の3分の1を占めている（図5）．

　それにともない，ジニ係数は当初所得0.5536（2011年現在）と過去最大に拡がり[22]，相対的貧困率および子どもの貧困率も算出を開始した1985（昭和60）年

---

20)　社会福祉法の立法過程については，炭谷編　2003：14-102を参照．
21)　総務省統計局「平成25年労働力調査年報」http://www.stat.go.jp/data/roudou/report/2013/pdf/summary1.pdf
22)　厚生労働省政策統括官「平成23年所得再分配調査報告書」http://www.mhlw.go.jp/file/04-Houdouhappyou-12605000-Seisakutoukatsukan-Seisakuhyoukakanshitsu/h23hou_1.pdf

図4 完全失業率の推移

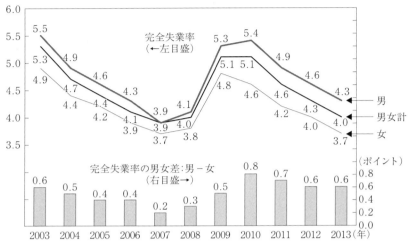

出典 総務省 2013：「平成25年 労働力調査年報」

図5 正規雇用・非正規雇用者の推移

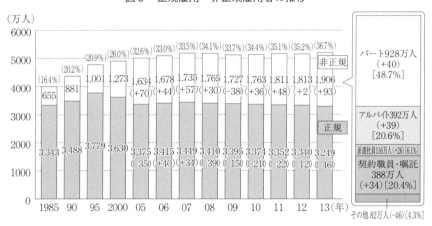

出典 厚生労働省 2014：「『非正規雇用』の現状と課題」

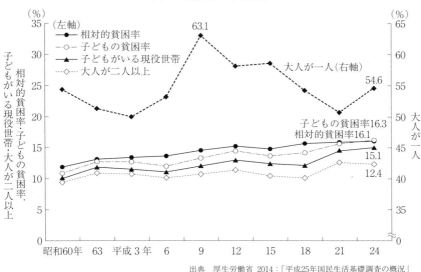

図6 貧困率の年次推移

出典 厚生労働省 2014：「平成25年国民生活基礎調査の概況」

以降，最悪となった（図6）．

そしてこれらの実態を表す「派遣切り」，「ワーキングプア」，「格差社会」等の言説が広がり，やがて第二次世界大戦後最大の生活保護受給者数を生み出すこととなった[23]．

民主党連立政権は，2009（平成21）年9月に支持率72%[24]もの大きな期待をもって迎えられたが，沖縄基地問題，子ども手当問題，尖閣諸島沖中国漁船衝突事件，東日本大震災への対応で，国民の支持は急落し，2012（平成24）年12

---

23) 2010（平成22）年度の「被保護世帯数」（1ヶ月平均）は141万49世帯となり，過去最高を記録した．世帯類型別前年比では，「高齢者世帯」が7.2％増，「障害者世帯・傷病者世帯」6.8％増であるのに対し，「その他の世帯」が32.2％増となっている点に特徴がある．本文上記のような経済状況や就業形態を反映しているものと思われる（厚生労働省「平成22年度福祉行政報告例の概況」http://www.mhlw.go.jp/toukei/saikin/hw/gyousei/10/dl/kekka_gaikyo.pdf）．
24) NHK放送文化研究所（2009）「政治意識月例調査」における成立直後の鳩山内閣支持率 http://www.nhk.or.jp/bunken/yoron/political/2009.html

月に第2次安部内閣となる．

安倍内閣は，円高・デフレ脱却を目的とした大胆な金融緩和政策を採る一方で，2013（平成25）年12月の生活困窮者自立支援法の成立と生活保護法の一部改正，2014（平成26）年6月の「地域における医療及び介護の総合的な確保を推進するための関係法律の整備等に関する法律」による介護保険法改正（一部の予防給付を地域支援事業へ移行，自己負担2割の導入，介護老人福祉施設入所対象の制限），生活保護の「住宅扶助」および「冬季加算」の削減（2015年度予算閣議決定）等，「医療・介護を中心にいわゆる『自然増』も含め聖域なく見直し，徹底的に効率化・適正化」（閣議決定「経済財政運営と改革の基本方針2014〜デフレから好循環拡大へ〜」第3章2．(1)）する法制度改革を推進している．

第2項　社会福祉法以降の社会福祉事業

社会福祉法以降の社会福祉事業関連法制は，こうした経済・社会動向に影響を受ける．

(1) 保育事業の多様化とワークフェア

児童福祉分野では，2001（平成13）年11月の「児童福祉法の一部を改正する法律」で認可外保育施設に対する行政監督の強化を図った（児童福祉法第59条）．また2008（平成20）年12月の「児童福祉法等の一部を改正する法律」では，新たに乳児家庭全戸訪問事業，養育支援訪問事業，地域子育て支援拠点事業等が第2種社会福祉事業として追加された（児童福祉法第6条の3，社会福祉法第2条第3項第2号）．これらは慢性的な保育所不足の解消を目的としたが，上記経済不況や不安定就労層の増加にともなう保育ニーズのさらなる増加・深刻化に対応できず，減少傾向だった保育所待機児童は2007（平成19）年4月の1万7,926人から一転し，2010（平成22）年4月には2万6,275人へと増加している．2014（平成26）年4月現在，待機児童は4年連続で減少しているが，なおも2万人を超えている（図7）．

こうした状況から2012（平成24）8月には，子ども・子育て支援法，就学前の子どもに関する教育，保育等の総合的な提供の推進に関する法律（以下：「認定こども園法」），児童福祉法の一部改正法（平成24法67）が可決され，小規模保

図7　保育所入所待機児童数の推移

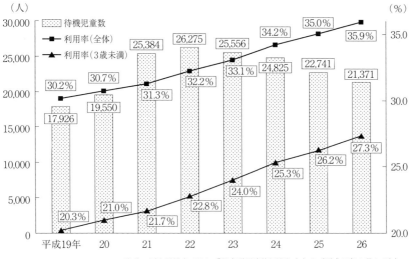

出典　厚生労働省 2014:「保育所関連状況取りまとめ（平成26年4月1日）」

育事業，病児保育事業，子育て援助活動支援事業および幼保連携型認定こども園経営事業が第2種社会福祉事業として追加された．なお，子ども・子育て支援法施行にともない，公私連携型保育所を設置・運営する公私連携保育法人が新たに導入されている（児童福祉法第56条の8第1項）．

　また，2002（平成14）年11月には，ワークフェアの考え方が反映された「母子及び寡婦福祉法等の一部を改正する法律」が公布された．本改正によって，育児支援については，保育所入所する児童の選考における母子家庭等への特別配慮（母子及び寡婦福祉法第28条），子育て短期支援事業（児童福祉法第6条の2第13項，第34条の8，社会福祉法第2条第3項第2号，第3号），母子家庭等日常生活支援事業（母子及び寡婦福祉法第17条，第33条）が規定された．就労に関しては，母子家庭等就業・自立支援センター事業の創設，自立支援教育訓練給付金の支給，母子家庭高等技能訓練促進費の支給が規定された（母子及び寡婦福祉法第30条，第31条，第35条）．さらに養育費の確保に関しては，扶養義務の履行を確保するために広報その他適切な措置を講ずるように努めなければならないものと

し（母子及び寡婦福祉法第5条），母子福祉資金貸付金のうち，児童本人のための資金（就学支度資金，修学資金，就職支度資金，修業資金）の児童本人への貸付，条例による当該貸付金の償還未済額の一部免除（母子及び寡婦福祉法第13条，第15条）が規定された．

そして2014（平成26）年10月には，父子家庭における経済的貧困，育児，孤立化問題に対応すべく，父子家庭を対象とする「父子福祉資金」制度や「就業支援専門員」を創設し，「母子及び父子並びに寡婦福祉法」へと名称を変更した．

(2) 障害者自立支援法の成立と「障害者総合支援法」への改正

障害児・者分野での最も大きなトピックスは，「障害者総合支援法」に至る一連の法改正であったといってよいだろう[25]．支援費支給制度は2003年度から施行されたが，急増するサービス利用に比して当該施行年度予算概算要求額は措置費予算総額の0.3％増に過ぎず[26]，初年度128億円，2004年度274億円の不足分（そのうち174億円を補正予算で補填）が生じ，市町村の歳入欠損として処理されることとなった．しかし，上記「三位一体」改革による特定財源の地方交付税移行が進められており，障害者福祉事業の財源確保が大きな問題として顕在化することとなった．厚生労働省は，当初，介護保険の被保険者の範囲拡大による支援費支給制度統廃合を目指したが，保険料の事業主負担増を懸念する財界，厳しい保険財政から反発を強める市町村等の抵抗により断念せざるを得ず，その代替策として出てきたのが，障害者自立支援法である．

しかし，「応益負担」に対する根強い反対が続き，導入1年でその見直しを迫られ，2008（平成20）年7月以降は「障害者自立支援法の抜本的な見直しに向けた緊急措置」によって，ほぼ応能負担と同様の利用料体系を導入した．それでも障害者関係団体による反対運動はさらなる高まりをみせ，2008（平成20）年6月には，埼玉，滋賀，大阪，広島の利用者と家族が利用者負担免除申請却

---

25) その他，2002（平成14）年5月には身体障害者補助犬法が，2004（平成16）年12月には発達障害者支援法が公布されている．

26) 峰島 2003：30を参照．峰島は，「施設の減価償却費等新たに加わる費用，利用者数の自然増を考慮すると，明らかに支援費予算は減額となる」としている．

下についての取消訴訟を,同年10月には,東京,埼玉,滋賀,京都,大阪,兵庫,広島,福岡において障害者およびその家族が障害者自立支援法集団違憲訴訟を提訴し,さらに翌年4月には第2次違憲訴訟が,同年10月には第3次違憲訴訟が各地で提訴された.

民主党連立政権は,2010(平成22)年1月に原告団と「障害者自立支援法違憲訴訟原告団・弁護団と国との基本合意文書」を取り交わし,遅くとも2013(平成25)年8月までに障害者自立支援法廃止と総合的な福祉法制の実施を確約した.そして2010(平成22)年12月の「障がい者制度改革推進本部等における検討を踏まえて障害保健福祉施策を見直すまでの間において障害者等の地域生活を支援するための関係法律の整備に関する法律」を経て,2012(平成24)年6月,「地域社会における共生の実現に向けて新たな障害保健福祉施策を講ずるための関係法律の整備に関する法律」によって障害者自立支援法は「障害者総合支援法」へと改正された.

(3) 高齢者介護サービスにおける種類の増加と経営主体の多様化

高齢者施策では,2001(平成13)年3月に閣議決定された「規制改革推進3ヵ年計画」を受け,翌年1月には「軽費老人ホームの設備及び運営について」が改正され(平成14老発0130002),ケアハウスに関して許可を受けた法人による設置,経営を認めた(「軽費老人ホームの設備及び運営について」平成14老計0130001 別紙11).翌年には,構造改革特別区域における特別養護老人ホーム不足地域での選定事業者(民間企業)の参入(構造改革特別区域法第30条,民間資金等の活用による公共施設等の整備等の促進に関する法律第2条第5項)が認められ,経営主体の多様化が第1種社会福祉事業にまで及ぶこととなった.

介護保険においても,2005(平成17)年6月の「介護保険法等の一部を改正する法律」によって,要支援1および2の導入,介護予防サービスの追加,地域包括支援センターの創設,施設の居住費・食費の自己負担化,地域密着型サービスの創設等がなされ,第2種社会福祉事業に小規模多機能型居宅介護事業が追加された.また2010(平成22)年11月の社会保障審議会介護保険部会「介護保険制度の見直しに関する意見」を踏まえた2011(平成23)年6月の「介護サービスの基盤強化のための介護保険法等の一部を改正する法律」では,社

会医療法人も社会福祉法人と同様の手続で養護老人ホームおよび特別養護老人ホームを設置・経営できることとなり（老人福祉法第15条第4項），合わせて第2種社会福祉事業に複合型サービス福祉事業が追加された（社会福祉法第2条第3項第4号）．

さらに2011（平成23）年の「高齢者の居住の安定確保に関する法律」改正において創設された「サービス付き高齢者向け住宅」は，有料老人ホームも同住宅として登録することができ，その際は老人福祉法での届出義務が免除されることとなった（高齢者の居住の安定確保に関する法律第5条，第23条）．

(4) **質の確保施策**

福祉サービスの質の確保に関する改正では，児童福祉法（平成17法123），「障害者総合支援法」における事業経営者の「質の評価」等による「良質かつ適切な福祉サービス」の提供努力等，福祉サービスの質の向上に関する条文の追加，および第三者評価事業の整備（「福祉サービス第三者評価基準ガイドラインにおける各評価項目の判断基準に関するガイドライン」（平成16雇児総発0824001・社援基発0824001・障企発0824001・老計発0824001），『福祉サービス第三者評価事業に関する指針について』の全面改正について」（平成26雇児発0401第12・社援発0401第33・老発0401第11）等）がある．

また施設最低基準では，介護保険の影響から特別養護老人ホームにおいて個室・ユニット化されるなど，生活の場としての快適性が向上した分野もある．しかし，社会福祉事業全体からすれば，そうした設備の抜本的改正はほとんどなく，逆に職員配置基準のさらなる緩和に向かった．そして2011（平成23）年5月および8月に公布された「地域の自主性及び自立性を高めるための改革の推進を図るための関係法律の整備に関する法律」では，社会福祉施設基準が都道府県の条例とされ，厚生労働大臣が定める一律の最低基準は社会福祉法から削除された（社会福祉法第65条，生活保護法第39条，老人福祉法第17条等）．

(5) **社会福祉法人改革**

社会福祉事業に関連する法改正として，社会福祉法人改革についてもふれておきたい．

「中間まとめ」Ⅲ1(2)では，「社会福祉法人に対する規制及び助成の在り方に

ついては，…他の事業主体との適切な競争が行われる条件の整備に配慮したものとする必要があ」り，「本部会計と施設会計との厳格な区分」の「撤廃」，「会計間の資金移動」の「弾力化」，「施設整備のための積立金や引当金を認める」ことが提起された．そしてそれらすべてが，「社会福祉法人会計基準」（平成12社援310）に反映された．すなわち，社会福祉法人は，他の民間事業者と互角に競争し得る効率的経営が求められたのである．以降，介護保険による事業経営主体のさらなる多様化にともない，社会福祉法人にイコールフッティングを求める見解（八代 2002：22-25等）が急増する結果となった．

一方で，内部留保の問題や公益法人としてのあり方も指摘されるようになり[27]，2014（平成26）年7月の社会福祉法人の在り方等に関する検討会「社会福祉法人制度の在り方について」第5部では，「地域における公益的な活動」の実施義務，「財務諸表等の公表」および「外部監査」の義務化等が提起された[28]．そして2015（平成27）年4月，第189回国会に提出された「社会福祉法等の一部を改正する法律案」により（以下：本法案第1条による改正を「2016年度施行社会福祉法」，第2条による改正を「2017年度施行社会福祉法」とする），「無料又は低額な料金で，福祉サービスを積極的に提供する」努力義務（「2016年度施行社会福祉法」第24条第2項），社会福祉法人の経営組織，資格要件，理事会等の権限（「2017年度施行社会福祉法」第6章第3節），「会計帳簿」や「計算書類」の作成・保存義務（同章第4節），余裕財産がある社会福祉法人の「社会福祉充実計画」の策定および「社会福祉充実事業」の実施義務（同章第7節）等が新たに改正・追加された．

---

27) 松山は，社会福祉法人の財務状況を「社会福祉法人全体では黒字額が4451億円…，純資産が12兆8534億円…となった」と推計し，「黒字や補助金が社会還元されず純資産が増え続けるとすれば，それは公に返還するか，他の社会福祉法人に移管されてしかるべき」とする（日本経済新聞2011（平成23）年7月7日付　松山幸弘「黒字ため込む社会福祉法人　復興事業への拠出議論を」）．その他，2013（平成25）年5月「第7回社会保障審議会介護給付費分科会介護事業経営調査委員会資料」http://www.mhlw.go.jp/stf/shingi/2r98520000 0032jrz-att/2r98520000032k1y.pdf 等を参照．

28) 2013（平成25）年8月の「社会保障制度改革国民会議報告書」第2部Ⅱ2(3)，2014（平成26）年6月の閣議決定「規制改革実施計画」Ⅱ1(2)②等も参照．

以上，社会福祉法以降における社会福祉事業関連法制の動向を概観した．その方向性は基礎構造改革の延長線上にあるといえるだろう．すなわち，地方分権の推進，第2種社会福祉事業の増加，民間事業経営者の参入をはじめとする経営主体の多様化，契約制度の導入，福祉サービスの質の担保・向上施策等である．そしてこれら法施策のベクトルは，社会福祉事業の実質的解体と福祉サービス産業化に向いているといえる．

第5節　この時期における社会福祉事業の構成要素

第1項　理　念

(1) 福祉サービスの基本的理念

　社会福祉法第3条は90年法第3条から刷新され，「福祉サービスの基本的理念」と条文見出しを改正し，「福祉サービスは，個人の尊厳の保持を旨とし，その内容は，福祉サービスの利用者が心身ともに健やかに育成され，又はその能力に応じ自立した日常生活を営むことができるように支援するものとして，良質かつ適切なものでなければならない」となった．

　理念の中核である「個人の尊厳の保持」について，社会福祉法令研究会は，「ともすれば，利用者の立場ではなく，提供者側の立場から行われがちであり，利用者の個人の尊厳の保持が，実際には行われていない場合がある」点を指摘し，「福祉サービスの提供にあたっては，利用者の立場に立って，その尊厳を保持するよう十分に配慮する必要があ」り，よって「『個人の尊厳の保持』が，まず福祉サービスにおいて第一に考えられなければならない旨を明らかにしているものである」（社会福祉法令研究会編 2001：109）としている．もっともであるが，肝心の「個人の尊厳」が何を意味するかについては具体的にふれられていない．

　そこで，「中間まとめ」や国会審議からその具体的意味を抽出してみる．「中間まとめ」では，「個人が人間としての尊厳をもって」（「中間まとめ」II）という表現を理念に掲げつつ，その具体的内容として「個人が自らサービスを選択」すること，そのため「提供者との契約により利用する制度」を基本とする

ことを挙げている(「中間まとめ」Ⅲ1(3)).つまり,「人間としての尊厳保持」を「選択・自己決定の尊重」と同義的に使用しているといえる.一方,国会審議では,丹波厚生大臣が法案の「趣旨説明」において「これまではどちらかというとサービスを施される立場にあったわけでございますけれども,今回の社会福祉事業法(ママ:筆者)の最大のねらいはあくまでも福祉サービスを受ける者と事業者との間が対等の関係にならなければならない」と述べている[29].また炭谷は,より明確に「個人の尊厳」について,「今回の改正では,個人の尊厳というものに基本を置きまして個人が選択をする,これによって,利用者と事業者が上下の関係ではなくて対等の関係になるということにいたしております[30]」,「あえてその意味を私なりに理解いたしますと,一人の人間として尊重されるということではないかなというふうに思っております.この趣旨が第三条に書かれているわけでございますが,これは,個人の選択が認められておらない現在の措置制度のもとでは,個人の尊厳という観点から考えますといかがかなというようなところがございます[31]」,「利用者がみずから自分の好むサービスの種類,事業者を選択するという形の利用制度に切りかえる必要がある.これによって,いわば個人の尊厳とか個人の自立,またノーマライゼーションといったような福祉の理念が確立される,向上されるというふうに考えているわけでございます[32]」等と答弁している.

以上より,個人の尊厳を,「サービスの種類,事業者を」「個人が選択する」こととし,それによって利用者と事業者が「対等な関係」になると捉えていると判断できる.そしてこれら見解は,「1995年勧告」,「中間まとめ」,厚生省社会・援護局いずれにも共通する考え方とみてよいであろう.

しかし,福祉サービスは,心身機能の低下・喪失等による日常生活や社会生活上の困難を対象とするからこそ,利用期間が長期に及ぶ場合が少なくない.とすれば,「契約制度は,…契約成立時の対等関係を前提にしているが,実際

---

[29] 「第百四十七回国会衆議院 厚生委員会議録」10(2000:1)
[30] 「第百四十七回国会衆議院 厚生委員会議録」10(2000:11)
[31] 「第百四十七回国会衆議院 厚生委員会議録」11(2000:10)
[32] 「第百四十七回国会参議院 国民福祉委員会会議録」21(2000:4)

に利用関係─生活実態になれば，必ずしも対等関係を保障するとは限らない」（浅井 1999：11）という浅井の警告を踏まえ，サービス利用過程における「尊厳の保持」にこそ焦点をあてるべきと考える．

さらに，「個人の尊厳の保持」という表現そのものも検討すべきであると考える．その抽象性故に，具体的に何を意味しているのかがその表現だけでは理解し難い．当該表現は，医療法第1条の2第1項，男女共同参画社会基本法第3条，ヒトに関するクローン技術等の規制に関する法律第1条，犯罪被害者等基本法第3条第1項，子ども・若者育成支援推進法第2条第1項第2号，教育基本法前文，死因究明等の推進に関する法律第2条第1項・第3項等，あらゆる領域の法律の理念に掲げられており，まるで51年法の名称を「社会事業」から「社会福祉事業」に変更した理由として木村が口にした「福祉ばやり」と同様の様相を呈している．こうした状況を鑑みれば，一層，福祉サービスにおける「個人の尊厳の保持」とは具体的にいかなるものであるのか，それを理念として明示することこそ必要ではないかと考える．

また第3条後半は，「心身ともに健やかに育成され」という受動的表現となっている．同表現は，前章第4節第1項で述べた90年法第3条を継受したものであるが，これら表現と上記福祉サービスの中核理念（「個人の尊厳の保持」）は，明らかに矛盾する．この点につき，国会審議では，「上から下にという意味合いの表現にしかとれない」，「個人の尊厳あるいは個人の人権，自立を，…考えたときに，…必ずしも一致しないのではないか」とする山本議員の質疑に対し，炭谷は「現行の障害者基本法の基本的な理念とか身体障害者福祉法などの規定ぶりを参考にしたもの」と答弁している．[33] 確かに，当時の障害者基本法第3条第2項，身体障害者福祉法第2条第2項，知的障害者福祉法第1条の2第2項および老人福祉法第3条第2項には，「参加する機会を与えられる」という表現があり，当該箇所はこうした既存法条分の「規定ぶり」に合わせたのだろう．しかし，本条，とりわけ前半および文末の表現のモデルとなったのは，1992（平成4）年6月のいわゆる第2次医療法改正によって追加された上

---

[33]「第百四十七回国会衆議院　厚生委員会議録」11（2000：11-12）

記医療法第 1 条の 2 第 1 項，すなわち「医療は，生命の尊重と個人の尊厳の保持を旨とし，…医療の担い手と医療を受ける者との信頼関係に基づき，および医療を受ける者の心身の状況に応じて行われるとともに，その内容は，…良質かつ適切なものでなければならない」ではないか．とすれば，むしろ当該改正医療法の「医療を受ける者」に関する「規定ぶり」を参考にすべきであった．[34]

　さらに，「有する能力に応じた自立支援」とする部分も問題である．国会に参考人として出席した金DPI障害者権利擁護センター所長は，第3条後半の「能力に応じた」という表現を問題として挙げ，「障害のあるなし，障害の程度に応じてそういう…権利がより薄められたり強められたりというようなことになりかねない」と指摘した．[35] 北野参考人も同箇所を取りあげ，「能力の範囲に応じた生活を強いられる可能性」と「その有する能力の違いによって，つまり，その障害の種類であるとか程度によってサービスの質量が限定される可能性」を指摘している．[36] 国会参考人が指摘したように，「能力に応じた」という表現は，身体障害者福祉法および知的障害者福祉法の条文に規定される「その有する能力を活用することにより…」とは意味が異なる．すなわち「有する能力を活用する」では，自立に向かって障害者自身が駆使し活用する手段として能力が捉えられているのに対し，「有する能力に応じた」は，自立する日常生活のレベルおよび支援の内容・範囲を他者が判断する基準として捉えている．よって，能力に限定された範囲内での自立こそが「その人らしい」生活として承認される危険性をもつ．そして能力以上の自立した日常生活を望むなら，それはもはや支援の範囲を逸脱したものであり，本人の自己努力のみに委ねられる危険につながる．

---

34) 医療法第 1 条の 2 第 2 項は，「医療は，…医療を受ける者の意向を十分に尊重し，…医療を提供する施設…，医療を受ける者の居宅等において，医療提供施設の機能…に応じ効率的に，かつ，福祉サービスその他の関連するサービスとの有機的な連携を図りつつ提供されなければならない」とあり，本条文も社会福祉法第5条の原型となっていることがうかがえよう．ただし，本条文を含め医療法総則には，「医療を受ける者」の受動的な表現は見当たらない．
35) 「第百四十七回国会衆議院　厚生委員会議録」12（2000：2）
36) 「第百四十七回国会衆議院　厚生委員会議録」12（2000：13, 20）

(2) 地域福祉

　法目的として，新たに「地域における社会福祉」（地域福祉）の「推進」が追加された（第1条）．これについては，同時に新設された第4条において「地域住民，社会福祉を目的とする事業を経営する者及び社会福祉に関する活動を行う者は，相互に協力し，福祉サービスを必要とする地域住民が地域社会を構成する一員として日常生活を営み，…あらゆる分野の活動に参加する機会が与えられるように，地域福祉の推進に努めなければならない」と具体的にその担い手と目的が規定されている．さらに，第5条では，「社会福祉を目的とする事業を経営する者は，その提供する多様な福祉サービスについて，…保健医療サービスその他の関連するサービスとの有機的な連携を図るよう創意工夫を行いつつ，これを総合的に提供することができるようにその事業の実施に努めなければならない」とされた．これらの条文は，「中間まとめ」にあった改革の7つの理念のうち，「地域における総合的な支援」，「多様なサービス提供主体の参入」促進，「住民の積極的かつ主体的な参加」による「福祉の文化」の「創造」が反映されたものであるといえよう．「総合的支援」や「主体的な参加」という意味においては，炭谷による「本来，社会福祉の仕事は，地域に出て『人』を見るべきであるにもかかわらず，『紙』を見ていたのである．これでは…深い意義を有するコミュニティ・ケアを理解し，実行しようとする動きは起こらないのも不思議ではない．また，社会福祉の研究者においても，蓄積は相当あるものの，行政や実務を動かすには力が不足していたのではないだろうか」（炭谷 2004：113）との指摘は妥当である．90年法第3条においてすでに「地域」という視点は包含されていたが，理念としてより明確に「地域福祉の推進」を掲げ，「地域に出て」「実行」する意図を反映させたという点においては評価できよう．

　しかし，以下のような問題も併せもつと考える．

　第1に，地域福祉の主体である．牧里は，地域福祉論の動向を踏まえ，「大くくりの定義」として「地域福祉とは，ある一定の地域社会において望ましいとされる快適水準に住民もしくは地域社会の生活が達しないとされるとき，その生活の改善・向上を生活者主体，住民主体の視点に立脚しながら国・地方自

治体，住民組織，民間団体が協働して，在宅福祉サービスの拡充をはかろうとする個別的，組織的，総合的な地域施策と地域活動の総称」とする（牧里 1999：331）．また野口は狭義の定義として「人権尊重とノーマライゼーション（社会的常態）およびソーシャル・インクルージョン（社会的包摂）の理念に基づき，地域コミュニティを基盤に 1 人ひとりの生涯にわたる生命と生活を総合的に守り支える仕組みを，当事者・利用者および住民・市民の主体的参加によって公共民セクター間および専門職間との協働の実践を通じてつくっていく集合的営為」とする（野口 2008：9-10）．いずれも，地域福祉は「国・地方自治体，住民組織，民間団体」あるいは「公共民セクター間および専門職」が「協働」して担うとされている．しかし，第 4 条は，「地域住民，社会福祉を目的とする事業を経営する者及び社会福祉に関する活動を行う者」と，実質的には「共」・「民」に限定し，国・地方公共団体という「公」が担い手となっていない点で上記牧里や野口の見解と相違する．「公」としての役割を「福祉サービスを提供する体制の確保に関する施策，福祉サービスの適切な利用の推進に関する施策その他の必要な各般の措置」に置き（第 6 条），その具体的な施策として，市町村地域福祉計画および都道府県地域福祉支援計画（第107条，第108条）等が想定されているならば，地域福祉における担い手としての「公」の責務は，90年法第 3 条の 2 から縮小したことになろう[37]．炭谷自身が述べるように，「公」も「地域に出て『人』を見るべき」であり，「実行」する主体となるべきである．

　第 2 に，地域福祉推進の「努力義務の主体」に「地域住民」までをも含めている点である（社会福祉法令研究会編 2001：110）．これは，「みんなのためにみんなでつくり，みんなで支えていく」とした「1995年勧告」，それを受け「福祉文化の土壌の形成」とした「論点」，および「社会福祉を作り上げ，支えていくのは全ての国民である」とした「中間まとめ」をさらに一歩強調したとい

[37) なお，平野は，地域福祉を「政策」として位置づけ，国・都道府県・市町村ごとに地域福祉推進のための課題を提起している（平野 2010：42-46）．また平野・原田 2010は，「地域福祉研究者」を「地域福祉の主体」に加えることを提起している．条文にはなじまないが，研究者をも「主体」とする見解は示唆的である．]

え る. 確かに，個人的・組織的活動が，地域福祉推進に不可欠な要素であることは，上記地域福祉理論においても趨勢であり首肯できる. しかし一方で，「地域住民」に対する地域福祉推進の努力義務化は，生活実態，生活環境，生活歴等から参加できる状況にない住民，参加する意思のない住民が，地域から疎外される危険をもたらす. そしてそれは，「1995年勧告」における「一人一人の自発性を尊重」（第2節9）および「中間まとめ」における「その人らしさ」（「中間まとめ」Ⅱ）を否定することにもつながるだろう. 地域福祉を支える個人的・組織的活動は，あくまで地域住民自身の自由意思による無理なき範囲での主体的な活動であることを明示する表現に改正されるべきであろう.

第3に，第5条は「社会福祉を目的とする事業を経営する者」に「関連するサービスとの有機的連携」や「創意工夫」を行い，「総合的に提供すること」を努力義務として求めている点である. 90年法における国，地方公共団体および社会福祉事業経営者等による「関連施策」との有機的連携から，「関連するサービス」との有機的連携となっているのは，まさしく「事業者による福祉サービスの提供の原則について定めているものである」（社会福祉法令研究会編 2001：111）からに他ならない. 90年法以降での在宅福祉事業の多様化と相まって，こうしたサービス相互間連携は一層重要になってくるものであると考える. しかし，関連サービスや個別分野を超えた連携を阻んできたのは，何よりも行政の縦割り主義であり，それが解消されない限り現場レベルの連携も困難であろう. また，上記「地域福祉」を推進するならば，有機的な連携を図らなければならないのは，事業者相互の連携のみならず，保健機関，児童相談所・福祉事務所等の福祉行政機関，公共職業安定所（ハローワーク）等の就労あっせん・相談機関，司法関係機関等，公的・行政機関との相互連携も不可欠である. さらに，サービスを提供する現場からすれば，「利用者の意向を十分に尊重」したサービス提供それ自体で職員は忙殺され心身ともに疲弊状態にある中，たとえ連携の必要性を痛感しているとしてもそれを実現・継続する心身的余裕がないという実態もあろう. そして，そもそも「社会福祉を目的とする事

---

38) 本文上記のとおり，「1995年勧告」が「国民としての義務的負担」としたのは，「社会保険料」のみである.

業」の経営者に含まれるであろう民間（営利）事業経営者が，利益にならないあるいは利益を阻害することにもなりかねない関連（競合）事業経営者との連携を積極的に実施するのかという懸念もある．

上記炭谷の見解が示すとおり，「深い意義を有するコミュニティ・ケアを理解し，実行」するには「行政や実務」が動くことが不可欠である．よって「社会福祉を目的とする事業を経営する者」のみならず，関連行政機関が権力志向競争による縦割り主義を超え，多様な組織や事業者と相互に「有機的連携」を図る積極的な主体として規定されるべきである[39]．また，事業者間の相互連携を可能とする専任職員配置や当該連携を促すようなインセンティブを，最低基準等を通じて行政から各事業者に提示することも求められよう．

第2項　社会福祉事業の範囲

(1) 社会福祉を目的とする事業

社会福祉法第1条は，法目的を「社会福祉を目的とする事業の全分野における共通的基本事項を定め，…福祉サービスの利用者の利益の保護及び地域における社会福祉…の推進を図るとともに，社会福祉事業の公明かつ適正な実施の確保及び社会福祉を目的とする事業の健全な発達を図り，もって社会福祉の増進に資すること」としている．

ここで注目すべきは，対象事業が従来の「社会福祉事業」から「社会福祉を目的とする事業」に改正されていることである．この点につき，社会福祉法令研究会は，「本法は…社会福祉を目的とする事業の健全な育成，利用者の利益の保護…などの諸規定を設けたことから，社会福祉事業に限らず，社会福祉全般について共通的基本事項を定める法律となり，その題名について『社会福祉法』…に改められた」（社会福祉法令研究会編 2001：53）としている．すなわち，

---

39) なお，伊藤が「国や地方自治体の公的責任」は「コーディネイト的な責任」（伊藤 2003：37）になったとし，古川が「『保護介入国家（インタービーナー）』から『条件整備国家（イネイブラー）』への転換である」（古川 2009a：231，2002：302）と分析するように，社会福祉法以降，地域福祉に限らず社会福祉法制全体においての公的責任の後退・変容が指摘されている．

「社会福祉事業」から「社会福祉を目的とする事業」へと対象を拡大したことが，名称変更の理由の1つであったとしている．

同条冒頭の「社会福祉を目的とする事業の全分野」には，当然，社会福祉事業が包含されるため，その意味では前章第4節第2項で析出した90年法における社会福祉を目的とする事業を受け継いでいることがわかる．しかし，同条後半には「社会福祉事業の公明かつ適正な実施の確保及び社会福祉を目的とする事業の健全な発達」と，社会福祉事業とは相対的・同列的な表現もある．以下，この点につき法立案者の意図を把握しつつ，その対象範囲を考察する．

社会福祉法における社会福祉を目的とする事業についての先行研究としては，社会福祉法令研究会の「『社会福祉事業』よりも広い概念である『社会福祉を目的とする事業』…とは，その範囲は必ずしも明確ではないが，自らの努力だけでは自立した生活を維持できなくなった個人が，人としての尊厳をもって，家庭や地域のなかで，障害の有無や年齢に関わらず，その人らしい安心のある生活を送ることができる環境を実現すること…を目的とする事業」であるとする見解がある（社会福祉法令研究会編 2001：61）．また蟻塚は，「社会にあるさまざまな福祉をめざす活動の総体を，とりあえず『社会福祉を目的とする事業』という概念で表現し，さらに第2条で『社会福祉事業』の独自性を明確にするという手法をとっているのです」，「社会福祉を目的とする事業は包括的な概念であり，社会福祉事業はその下位概念となる関係にあります．いいかえれば，社会福祉を目的とする事業とは，社会福祉事業を包含するとともに，住民参加型サービスやボランティア活動などの多岐にわたる事業で構成されているのです」（蟻塚 2008：111-113）とする（図8）．

これら見解は，社会福祉を目的とする事業の定義を一定表示した点において評価できる．しかしその範囲については，結局，社会福祉事業を含むものであるとしか述べておらず，不十分といわざるを得ない．また蟻塚の見解では，「事業」と「活動」（の一部）が混同されており，さらに定義が混乱してしまう危険がある[40]．

一方，古川は，社会福祉法の対象を「広義」・「狭義」という表現を用いながら，「『広義の社会福祉を目的とする事業』は，そのうちに『狭義の社会福祉を

第5章　社会福祉法による対象事業の拡散期

図8　蟻塚による社会福祉を目的とする事業の範囲

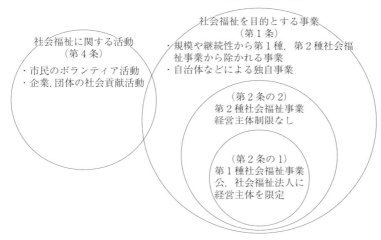

出典　蟻塚 2008：112

目的とする事業』『第一種社会福祉事業』『第二種社会福祉事業』を重層的に包
摂」し，後者3事業の関係は，「密度の濃い『第一種社会福祉事業』が中核部
分に位置し，より薄い『狭義の社会福祉を目的とする事業』が外周部分を構成
するという構造にある」と解釈する．概括すれば「『社会福祉に関する活動』
をもっとも周辺的な概念とし，『第一種社会福祉事業』をもっとも中心的な概
念とし，そのあいだに，『社会福祉を目的とする事業（広義）』『社会福祉を目
的とする事業（狭義）』『第二種社会福祉事業』がそれぞれの濃淡をもって位置
づけられる同心円的，あるいは入れ子的な構造をもつもの」という（図9，古
川 2005：157，163-165）[41]．「広義」および「狭義」の社会福祉を目的とする事業

---

40)　蟻塚は，別著においても「社会福祉事業法に規定された社会福祉事業ではないが，ボラ
ンティア活動のように社会通念上は社会福祉事業と認知されるものも当然のことながら存
在」し，「事業によっては共同募金の寄付金配分対象，社会福祉協議会の連絡，調整，助成
などの対象になっている」事業がある．これらは「『社会福祉を目的とした事業』であると
考えられており，また実施主体に特段の制限がないのが特徴である」とする（蟻塚
1998b：66）．

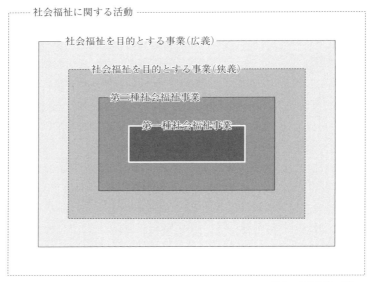

図9　古川による社会福祉を目的とする事業の範囲

出典　古川　2005：157

を設定する試みは，前章第4節第2項でも述べたように，90年法以降の社会福祉を目的とする事業の解釈において合理性があると考える．しかし，古川の見解にある「密度」の「濃」・「淡」，「中核」・「周辺」という表現が抽象的であり，それを区分する基準が不明である．仮にその表現が社会福祉事業における目的への適合性，社会的必要度等の高低を意味するものであるのなら，不適切といわざるを得ない．なぜなら，少なくとも第1種・第2種社会福祉事業は，「社会的意義に差のあるものではな」く，「国の保護に厚薄のあるわけでもない」（黒木 1951b：85）からである．また各事業を「同心円的」・「入れ子的」な

---

41)　古川は，別稿では「除外規定によって一度は社会福祉事業から除外された…事業」や「社会福祉事業法の埒外において展開されている事業」を「準社会福祉事業」とし，社会福祉事業の重層構造として，「社会福祉を目的とする事業を包括的上位概念とし，そのもとに第一種，第二種社会福祉事業，さらには準社会福祉事業という3通りの階層をなす事業を重階層的に包摂する概念として位置づけることによって整合性を与えられる」としている（古川 1999：32-33）．

構造として捉えるならば，第2種社会福祉事業は第1種社会福祉事業を包含する事業となってしまい，かつ何をもって「入れ子的」と捉えるのかが不明であることから，本見解にも疑問が残る．

本研究では，以下のように考える．

まず，「狭義の社会福祉を目的とする事業」は，「中間まとめ」での概念が該当すると考える．「中間まとめ」は，社会福祉を目的とする事業を「個人の自立した生活を支える福祉サービスを提供するため，様々な事業が展開されており，社会福祉事業法では，このような幅広い事業を『社会福祉を目的とする事業』としてとらえている」としており（「中間まとめ」Ⅲ1(1)），90年法における「狭義の社会福祉を目的とする事業」と同様の事業内容であることを示している．しかし一方，実施主体については「利用者の幅広い需要に応えるためには様々なサービスが必要であることから，それぞれの主体の性格，役割等に配慮しつつ，多様なサービス提供主体の参入を促進する」としている（「中間まとめ」Ⅱ(3)）．そして社会福祉法はこの「中間まとめ」を踏襲し，「社会福祉を目的とする事業を経営する者は，その提供する多様な福祉サービスについて…」（社会福祉法第5条）とした．すなわち，「狭義の社会福祉を目的とする事業」は実施主体を問わない多様な福祉サービスを提供する事業であることがわかる．この点は，「狭義の社会福祉を目的とする事業」の経営主体を「国，地方公共団体，社会福祉法人その他社会福祉事業を経営する者」と限定していた90年法第3条の2と相違する点である．

また，上記のように第1条後半における社会福祉事業と相対的・同列的な表現もある．これについて社会福祉法令研究会は，社会福祉事業と対比させながら，「まず『社会福祉事業』は，『社会福祉を目的とする事業』のなかでも中核的な位置を占める事業であり，この事業の実施・普及が国民生活に与える影響が特に大きいと判断されることから，…『社会福祉法人』…『社会福祉事業』という章を設けている．他方，『社会福祉を目的とする事業』は，『福祉サービス』を提供するために実施する事業であり，福祉サービスを国民生活のなかに普及させるためには，社会福祉を目的とする事業を発達させる仕組みが必要となる．同時に…福祉サービス市場に対する利用者の信頼が保持されるよう，健

全に行われる必要がある」(社会福祉法令研究会編 2001：62) としている．ここでは，社会福祉事業を包含する「社会福祉を目的とする事業」とは別の，社会福祉事業と相対的・同列的な事業，すなわち「狭義の社会福祉を目的とする事業」における社会福祉事業以外の事業を，「社会福祉を目的とする事業」と想定していることがわかる．よって本研究では，第1条の解釈として，社会福祉事業と相対的・同列的事業として「最狭義の社会福祉を目的とする事業」が存在すると考える．

さらに「広義の社会福祉を目的とする事業」は，51年法，90年法と同様の条文が存続することからも（社会福祉法第109条第1項第1号，第3号，第4号等），51年法以来引き継がれた概念，すなわち「地域社会組織化事業」と捉えることができる．上記蟻塚による「社会にあるさまざまな福祉をめざす活動の総体を，とりあえず『社会福祉を目的とする事業』という概念で表現し」たとの見解は，本研究でいう「広義の社会福祉を目的とする事業」を意味していると考える．

以上から社会福祉法第1条を換言すれば，本法は「社会福祉事業」の公明かつ適正な実施の確保と「最狭義の社会福祉を目的とする事業」の健全な発達を図る目的をもち，それらを併合した概念たる「狭義の社会福祉を目的とする事業」の全分野における共通的基本事項を定めるもの，となろう．そして，それに地域組織化事業を意味する「広義の社会福祉を目的とする事業」を含めると，社会福祉法では「広義」，「狭義」，「最狭義」と，それぞれ範囲を異にする「社会福祉を目的とする事業」が存在することとなる．これでは，法解釈上混乱するし，国民にとっても解し難い．それぞれの名称を修正し，かつそれぞれの事業の範囲を明示した定義を置く必要があろう．

こうした対象事業の拡大の背景には，社会福祉事業以外の福祉サービス提供事業，すなわち「最狭義の社会福祉を目的とする事業」をも法対象に包含することで（社会福祉法第4条・第5条・第8章第3節），「多様なサービス提供主体」（「中間まとめ」II(3)）の参入促進の整合性・正当性を法的に担保し，同時に社会福祉事業の法的位置づけを相対化・縮小化する意図があると考える．それは，第3条にいう福祉サービスの基本的理念にその実施主体が示されていないこ

と，90年法では総則にあった社会福祉事業の経営主体・事業経営の準則（90年法第4条・第5条）が，社会福祉法では第60条・第61条に移動されていることからもうかがえよう[42]．

なお，「2016年度施行社会福祉法」では，「社会福祉事業その他の政令で定める社会福祉を目的とする事業」を「社会福祉事業等」として規定する（「2016年度施行社会福祉法」第89条第1項）．また「2017年度施行社会福祉法」では，前節第2項で述べたとおり，余裕財産のある社会福祉法人に義務化された「社会福祉充実事業」も新たに追加されており，社会福祉関連事業の名称がさらに多様化している．

(2) **社会福祉事業**

今期に追加された社会福祉事業は，名称変更や統合されたものを除き，すべて第2種社会福祉事業である．前章第4節第2項および第5節でみた第2種社会福祉事業の主軸化・多様化は今期においてより強力に推進されたといえよう．その他，今期の社会福祉事業の改編について以下の4点が指摘できる．

第1に，福祉サービス利用援助事業の追加である．これは，「中間まとめ」において「新たに社会福祉事業として位置づけるべき」とされ（「中間まとめ」Ⅲ1(1)），社会福祉協議会によって実施されていた地域福祉権利擁護事業を取り込んだ事業である[43]．契約制度導入にともなって追加された点からすれば，当該事業の必要性はあるだろう．しかし，本事業が社会福祉事業として規定されることについては，以下の点で問題があると考える．まず，社会福祉事業は基本的に個別分野法において市町村等の公的機関を実施主体として規定されるが，本事業は都道府県社会福祉協議会および指定都市社会福祉協議会を実施主体としており（「セーフティネット支援対策等事業の実施について」平成17社援発0331021　別添10），公的機関の責任が明確ではない．また，社会福祉事業とは，上記「狭義の社会福祉を目的とする事業」での検討にもあったように，利用者に何らかの福祉サービスを提供する事業であるのに対し，本事業は社会福祉事業によって提供される福祉サービスの利用を支援する事業である．にもかかわ

---

42) 小川 2000：2-3, 6および浅井 2000：21を参照．
43) 厚生省社会・援護局企画課監修1999：9, 13等を参照．

らず追加されたのは，社会福祉事業に昇格させることによって，認知症高齢者や知的障害者の契約締結能力や一部負担金の支払行為等，契約制度移行によって生じるであろう問題や不安への先制という意図があったと考える．すなわち，社会福祉事業とは何かを考慮した上での判断ではなく，「政策的必要性」（新田 2000：208）を優先した結果であろう．これにより，ますます社会福祉事業の定義が曖昧化することとなった．

　第2に，公的質屋経営事業の廃止についてである．厚生省は，その根拠として全国で5施設と「事業数がごく少な」く，「代替的福祉施策」が充実してきたことを挙げる（厚生省社会・援護局企画課 1999：13）．しかし，「中間まとめ」に至る計13回の中央社会福祉審議会社会福祉構造改革分科会において，公益質屋経営事業廃止に関する発言は，第3回分科会における「社会福祉事業の範囲については，…たとえば公益質屋や授産について，制定当時の事情はあるものの，事業の内容から見直しをし，第1種，第2種の内容について整理をしておく必要があるのではないか」という1本のみである（厚生省社会・援護局企画課監修 1998：40　発言8）．こうした審議過程をみる限り，また前章第4節第2項で述べたごとく，90年法が無料低額診療事業等の廃止について慎重であったことからすれば，拙速であったとの批判は免れないだろう．田中による「…公益質屋は，公益質屋に期待され，担ったであろう機能や方法が時代の要望に即応しえない結果として，他にその座を譲った．だが，担った社会問題，特に生計上の課題がすべて解消されたわけではない．単に，課題そのものの姿が見えにくくなったにすぎないように思えてならない」（田中 2002：58）との見解どおり，社会福祉事業の廃止は，その長期的視野に基づく影響を慎重に検討する必要があると考える．すなわち，社会福祉事業としての採否判断のみならず，その廃止についても，専ら行政判断に委ねるのではなく，一定の基準あるいは該当要件および手続を法規定で示す必要があるといえよう．

　第3に，適用除外要件の緩和である．「社会福祉事業の規模要件は下回っているが，国民の福祉の増進に重要であり，かつ，適正な運営が期待される事業…については，規模要件を緩和」するという「中間まとめ」Ⅲ1(1)を踏まえ，社会福祉法では社会福祉事業適用除外要件において，身体障害者，知的障害者

および精神障害者を対象とする授産施設経営事業のみ「常時保護を受ける者」が20人未満から10人未満と改正され（社会福祉法第2条第4項第4号，社会福祉法施行令第1条），社会福祉法人設立が可能となった．長年の障害者団体による運動の成果であることは評価できよう．また，佐藤による「福祉サービスの多様化と財政上の問題からみて，適正な社会福祉サービスを前提とする以上，小規模事業の適用除外は検討に値いする問題である」との指摘（佐藤 1981：13）や小川の「（各種施設最低基準の：筆者）ほとんどが社会福祉事業法の適用除外条項に定める人員規模をかなり上まわる人員数をもって最低要求としているのは，社会福祉事業法と最低基準の趣旨に反するものというべく，きわめて不当」との批判（小川 1992：105-106）をようやく克服したともいえようか．現行では，小規模保育事業，「障害者総合支援法」における地域活動支援センター経営事業，生活介護・自立訓練・就労移行支援・就労継続支援の各事業のうち将来的に利用者の確保の見込みがないと都道府県知事が認める事業へと対象を拡大している（社会福祉法施行令第1条，同施行規則第1条）．しかし，なぜこれらの事業のみが「国民の福祉の増進に重要」で「適切な運営が期待される事業」なのかについては不明であり，他の社会福祉事業との整合性がさらに欠落したともいえる．

　最後に，「中間まとめ」は，社会福祉事業の「範囲の見直し」の「検討」等，「社会福祉の基礎構造ともいえる社会福祉事業…」の「抜本的改革」を提起したが（「中間まとめ」Ⅰ．Ⅲ1．(1)），社会福祉法に反映されたのは上記新規事業の追加と適用除外要件の一部緩和に留まり，結局「抜本的改革」には至らなかった点である．それによって，藤井による「訪問介護や在宅介護支援センターは社会福祉事業であるが，居宅介護支援や地域包括支援センターはそうではないなど，法律上の整理が直感的な理解に沿わなくなっている」（藤井 2007：55）との指摘どおり，社会福祉事業の法的範囲がさらに不明瞭となった．また法対象である「狭義の社会福祉を目的とする事業」の範囲が明確にされなかったことにより，当該事業と社会福祉事業との境界線も曖昧となった．

第3項　社会福祉事業の事業種別・形態

　上記のとおり，今期において新規追加された社会福祉事業はすべて第2種社会福祉事業である．しかし，介護保険法成立にともなって老人福祉法に規定された「痴呆対応型老人共同生活援助事業（平成17法77より認知症対応型老人共同生活援助事業と名称変更）」は，認知症高齢者が「共同生活を営むべき住居において食事の提供」等の援助を行う事業（老人福祉法第5条の2第6項）であり，形態は入所型施設といえる．また，児童自立生活援助事業についても，児童福祉法施行規則において「入居」，「共同生活を営むべき住居」（同規則第1条の19，第36条の2）という言葉が使用され，かつ事業者自らの質の評価，定期的な外部者の評価，委託児童・入居者の状況についての都道府県知事による定期的な調査が規定されていることから（同規則第36条の23，第36条の24），実態は入所型施設であり，児童の人権が侵害される危険性が高い事業であると捉えられる．「生活の大部分をその施設のなかで営む」入所型施設経営事業は，「個人の人格に非常に大きな影響を及ぼしうる」からこそ第1種社会福祉事業に分類される（木村 1955：34，社会福祉法令研究会編 2001：69）．ならば，これら事業は第1種として規定されるべきと考える．

　また，福祉サービス利用援助事業が社会福祉事業として規定されることについての疑問は前項のとおりであるが，仮に社会福祉事業に含まれるならば，「福祉サービスの利用に要する費用の支払」の代行を業務の1つとする以上，福祉サービス利用者の一定の金銭管理を行う点に留意する必要があるのではないか．すなわち，「不当な搾取が行われやすいという観点から，第1種社会福祉事業に分類」（木村 1955：34，社会福祉法令研究会編 2001：69）されている経済保護事業と同様，「強い公的規制」が必要な第1種社会福祉事業とすべきだろう．

　これらの事業が第2種社会福祉事業とされた背景に，当該事業の経営主体に制限が設けられていないこと，すなわち特定非営利活動法人，民間事業経営者等の多様な主体の参入があることは明白である．第3章第5節第3項・前章第4節第3項で述べたように，福祉六法体制の時期では第2種に相当する社会福祉事業が第1種となり，「八法改正法」の時期では既存第1種事業と同様の事

業が第2種となる等,時々の背景によって場当たり的な種別区分がなされてきた.この時期においてもそうした区分が踏襲され,かつこれまでにない規模で適用された.

なお,社会福祉法以降では,「介護保険法等の一部を改正する法律」(平成17法123)による小規模多機能型居宅介護事業,「介護サービスの基盤強化のための介護保険法等の一部を改正する法律」(平成23法72)による複合型サービス福祉事業等にみられるように,第2種社会福祉事業であるにもかかわらず,総合的・包括的なサービス提供を行う事業が追加されている.一方,入所型施設経営事業においては,「小規模グループケア」,「地域小規模」,「サテライト型」,「小規模分園型」等と称する定員・設備ともに小規模な施設が加わっている(「救護施設,更生施設,授産施設及び宿所提供施設の設備及び運営に関する基準」第9条,「特別養護老人ホームの設備及び運営に関する基準(以下:「特養基準」)」第12条第7項,「軽費老人ホームの設備及び運営に関する基準」第11条第12項,「地域小規模児童養護施設の設置運営について」平成23雇児発0330第3号,「児童養護施設等のケア形態の小規模化の推進について」平成23雇児発0330第2号,「母子家庭等及び寡婦の生活の安定と向上のための措置に関する基本的な方針」平26厚労告381等).

90年法の根拠となったノーマライゼーション理念や社会福祉法で導入された地域福祉の理念,さらに「障害のある人の権利に関する条約」第19条各項における地域社会で生活する権利からすれば,在宅福祉事業の総合的・包括的提供および入所型施設の小規模化・サテライト化は必然であろう.しかし,こうした動きが加速すれば,在宅福祉か入所型施設かという判別が困難となるような事業の増加が予想される.むしろ,その判別自体が無用になるほどに,両者は接近し統合されるかもしれない.とすれば,小笠原による「…法定社会福祉事業の第1種,第2種区分は実態面から流動化していくものと思われる」(小笠原 2002:32)との予想どおり,現行の種別区分では,ますます曖昧化し,あるいは種別区分そのものの是非が問われることにもなっていくであろう.

第4項　社会福祉事業の法的手続

今期においても,新規事業の手続は多様化した.例えば本章第3節第1項で

ふれた1997（平成9）年6月の「児童福祉法等の一部を改正する法律」によって同時に追加された事業はいずれも第2種社会福祉事業であるにもかかわらず、児童自立生活援助事業の事業開始手続は都道府県知事への事前届出、放課後児童健全育成事業は事後届出、児童家庭支援センターの事業経営者のうち、国、都道府県および市町村以外の者は都道府県知事の認可と、すべて相違する（児童福祉法第34条の3、第34条の7、第35条第4項）。

また、障害児・者福祉事業等では、支援費支給制度以降、介護給付費支給等を受ける場合、都道府県知事に事前届出をした上で、都道府県知事の「指定」を受けるという二重の手続が必要となった（「障害者総合支援法」第79条第2項、第83条第4項、第36条、第38条等）。第3章第5節第4項で述べたように、かつて身体障害者福祉法は肢体不自由者更生施設等経営事業の開始手続として、社会福祉事業法による設置届出と身体障害者福祉法による指定という二重の手続を採っており（昭和33法29）、老人福祉法ではそれが「煩雑にするだけで全く無意味」との判断から認可制とされた。しかし本改正は二重の手続を再び採用し、しかも同一法律内で規定したという点で、より「煩雑」かつ非合理的であるといえよう。

さらに、「認定こども園法」第3条第3項における幼保連携型認定こども園、および生活困窮者自立支援法第10条第1項における生活困窮者就労訓練事業では、新たな法的手続として都道府県知事の「認定」が追加された。

本時期において、同種別間における事業手続の相違とともに、事業手続のさらなる多様化が一挙に進んだといえよう[44]。

第5項　社会福祉事業の経営主体

本節第2項でも述べたように、90年法では「狭義の社会福祉を目的とする事業」の経営主体を「国、地方公共団体、社会福祉法人その他社会福祉事業を経営する者」と列挙していたのに対し（90年法第3条、第3条の2）、社会福祉法は

---

44) ちなみに、法定社会福祉事業ではないが、2012（平成24）年8月に公布された子ども・子育て支援法における特定教育・保育施設や特定地域型保育事業者は、市町村長の「確認」を必要とする（子ども・子育て支援法第31条第1項、第43条第1項）。

第5章　社会福祉法による対象事業の拡散期

「社会福祉を目的とする事業を経営する者」と一括した（社会福祉法第4条，第5条）．多様な事業経営主体の参入を前提とした表現であり，かつ「国及び地方公共団体は，社会福祉を目的とする事業を経営する者と協力して，社会福祉を目的とする事業の広範かつ計画的な実施が図られるよう…各般の措置を講じなければならない」とする第6条と相まって，社会福祉事業経営主体としての国，地方公共団体の存在が稀薄化することにつながった．

また，2000（平成12）年3月には，待機児童の解消のため「保育所の設置認可等について」（平成12児発295），「小規模保育所の設置認可等について」（平成12児発296），「夜間保育所の設置認可等について」（平成12児発298）によって，社会福祉法人以外の者でも一定の条件のもとに保育所設置認可を可能とした．一方で幼保連携型認定子ども園は，第2種社会福祉事業であるにもかかわらず，設置者は「地方公共団体，学校法人及び社会福祉法人」に限定されており（「認定こども園法」第12条），社会福祉法による経営主体の原則（社会福祉法第60条）および上記保育所経営主体の多様化との矛盾を生んでいる．さらに，2015（平成27）年度からは，子ども・子育て支援法施行にともない，公私連携保育法人が社会福祉法人とは別に規定された．

そして支援費支給制度が導入されて以降，障害児・者施設経営事業等では，介護保険法同様，事業者指定制度が導入され，特定非営利活動法人や民間事業経営者による社会福祉事業への参入が急速に進む．さらに，軽費老人ホームおよび特別養護老人ホーム経営事業についても社会福祉法人以外の民間経営事業者の参入が法制化された．これにより第1種社会福祉事業の経営主体を原則として国，地方公共団体，社会福祉法人とするとした社会福祉法第60条との矛盾が深まることはもちろん，種別区分の意義，あるいは現行区分の妥当性が問われることとなろう．

しかし，そもそもなぜ，このような経営主体の多様化が促進されたのか．この点につき，矢野は「社会福祉における『構造改革』路線が大きな抵抗もなく比較的立法化しやすかった理由」として，「社会福祉従事者の団体，ないしそれをサポートする労働組合等の運動団体がネオリベラルに関する動きに対して危機意識を有していなかったこと」，「政府から重要な案件の審議項目を託され

た学者・専門家たちが，審議会の段階で有効な反対意見を述べることができなかったこと」を挙げている（矢野 2009：118，106-110）．以下，この2点について検討する．

　前者については，炭谷自身が実施した関係団体との意見交換会が検討材料となる．同意見交換会は，1998（平成10）年1月から9月にかけ，5次にわたって実施された．また，「厚生省社会局のOB，学識経験者などにも個別に依頼してテーマ毎に説明や意見聴取の機会を設け」たという（炭谷編 2003：53-65）．厚生省社会・援護局企画課 1999：65-78には，関係団体の意見の概要が項目別に掲載されている．どの団体の意見なのか，共通する意見がどの程度あったのかについては不明のため詳細な検討はできないが，そこで示された各福祉団体の基礎構造改革に関する意見を通覧する限り，「危機意識を有していなかった」とはいえない．しかし，福祉団体ごとに意見交換を行うことで，福祉団体が合同で集約的・統一的な意見を表明する機会を逸し，結果，意見が各福祉団体の関心ある部分にのみに分散化され，発言力が弱まったといえよう．

　後者については，佐々木の研究がある．佐々木は，社会福祉構造改革分科会での発言を「制度変更に関する意見」，「市場原理・競争原理に関する意見」，「規制緩和・法人会計に関する意見」ごとに分析を行い，「圧倒的に賛成の意見が多く…」，あるいは「多くが賛成的な意見」であり，逆に「全面的な反対意見はなく，制度への懸念事項や部分的な反対意見に留まっている」，または「検討が必要とする意見や部分的な反対意見であり，懸念に近い内容」であったとする（佐々木 2009：67-70）．これは，本章第3節第2項で述べたように，結論ありきで進行された結果であろう．また，その結果に至る意見交換会や社会福祉構造改革分科会等の厚生省のスタンスとして，佐々木は「各福祉団体の意見に耳を傾ける姿勢を取ったこと」，「始めから議論をどこで収束させるかを設定せずに改革に臨んだこと」を特徴として挙げる（佐々木 2009：90，95）．しかし，「論点」から「中間まとめ」，「追加意見」に至るまで，少なくとも社会福祉事業に関連する項目に大きな変更はない．しかも，全国児童養護施設協議会との4回のヒアリングにおいては，「終始一貫，厚生省は『選択契約制度導入』の必要性を訴え」，社会・援護局長自らが「一年間にわたって全養協とデ

第 5 章　社会福祉法による対象事業の拡散期

スマッチをやってきた」と漏らしたとされている（座談会 1999：6）．これらからすれば，「耳を傾ける姿勢」で「どこで収束させるかを設定せず」に臨んだとの評価は難しい．むしろ「設定」された方向への誘導と圧力による「収束」があったのではないか．

　それにしても，上記意見交換や社会福祉構造改革分科会での発言をみる限り，経団連等による執拗かつ強力な民間事業経営者の参入要請に対し徹底して抵抗してきた医師会と比較して，いかに多数の研究者・専門家や社会福祉関係団体が社会・援護局に同調していたかがわかる．米本は「対等な関係」のための支援等，基礎構造改革における理念について，「福祉界からすれば，『主体化』が難しいとされている人びとを（無理やり）主体化して，その補完として種々の権利擁護システムを補完したと言える」とし，「このような華麗な語句とレトリックは歴史的にも掲げてきたところでもあって，馴染みやす」く，「それによる翻弄を経験してきたのである」との見解を示している（米本 2012：20, 23）[46]．今回もその「華麗な語句とレトリック」に翻弄される「福祉界」の「経験」が打破されることはなかった[47]．また，社会福祉関係団体，とりわけ社会福祉事業経営者（社会福祉法人）に絞れば，50年の間に自らの排他的専門性・独自性の追求を放棄してきた証左でもある．現在，経営主体という点からすれば，社会福祉法人，特定非営利活動法人，民間営利事業経営者の法的

---

[45]　唯一の例外といえるのは，本文上記でふれた全国児童養護施設協議会による選択契約制への反対であろう．児童養護施設についても選択契約制への移行を求める社会・援護局に対し，自民党社会福祉基礎構造改革プロジェクトチームへの働きかけを含め，終始，措置制度堅持のスタンスをもち続けた．しかしその背景には，社会・援護局と措置機関である児童相談所を所管する児童家庭局による権力志向競争もあったと思われる．

[46]　米本は，別箇所でより明確に，「ある意味で社会福祉あるいはソーシャルワークで使ってきた言葉が行政に取り込まれ，行政が『自立だ』『社会化だ』あるいは『公平な施政だ』というかたちでそれを使い，…それがスッと通ってしまう．その通り方が，ある意味では非自立支援，介護の家族化，不公平化，義務の強調というような，結果として追い込まれてしまう状態を生むにもかかわらず，…社会福祉の業界と行政のところできれいに共鳴する側面があるのです」と述べている（座談会 2007：171）．

[47]　大島も，「社会福祉基礎構造改革や支援費制度は一定の理解がされていたことは事実であり，障害者自立支援法はその延長での提案と受けとめられれば，修正で対処しようとする行動があることは理解できる」と述べる（大島 2007：282）．

位置づけは急速に接近しつつある．そして，蟻塚による「いまや営利事業者によって経営される老人介護事業や保育は，はたして社会福祉事業かという本質論である」との疑問（蟻塚 2008：260）のごとく，もはや，経営主体から社会福祉事業とは何かを論じることが困難になっている．

　本章第4節第2項でふれたように，社会福祉法人に対する不信・批判が高まりをみせている．それでもなお社会福祉法人に存在意義があるとするならば，当該意義を維持・向上させる施策や自己努力が求められよう．

第6項　福祉サービスの質確保施策
(1) 事業監査と第三者評価事業

　事業監査では，障害児・者福祉サービスへの支援費支給制度導入にともない，事業者はもとより，「事業者であった者」，「従業者であった者」等までを含め，報告や帳簿書類の提出・提示，出頭を求め，また職員による検査ができるとされ，その後の「障害者総合支援法」等にも引き継がれている（児童福祉法第21条の5の21第1項，第24条の15第1項，「障害者総合支援法」第48条第1項，第51条の27第1項等）．しかし，「従業者であった者」までをも事業監査対象としたのは，これら障害児・者福祉サービス事業および支援施設経営事業のみであり，社会福祉法をはじめ他の個別分野法には反映されていない．ここで，第3章第5節第6項で述べた監査対象の多様化がさらに進行した．

　また事業監査について，「中間まとめ」では「行政による監査は，外部監査の導入，経営情報の開示，第三者評価の導入，苦情処理体制の整備などを踏まえ，これらの仕組みを活用することにより，重点化，効率化する必要がある」（「中間まとめ」Ⅲ2(1)）としている．全国社会福祉施設経営者協議会編 1989や1993（平成5）年から実施された「特別養護老人ホーム・老人保健施設サービス評価事業」を嚆矢とする自己評価や第三者評価事業は，「中間まとめ」を受け，本時期において評価基準ガイドラインが局長通知にて提示される等，整備・充実化されてきた．事業経営者による福祉サービスの質向上に向けた自己努力は福祉サービス利用者にとって歓迎すべきことである．

　しかし，社会福祉事業が公的責任によって実施されるものである限り，第三

者評価事業等の「仕組みの活用」が，事業監査の「重点化，効率化」という名の代替・縮小となることがあってはならないであろう．「第三者評価で高評価であった高齢者介護施設での虐待事件（2006年8月に発覚した東京都東大和市の特別養護老人ホームでの男性職員による性的暴言：筆者）が発覚」（井上 2011：133-134）する事態においては，なおさらである．しかし，現に法人監査においては，2007年度より，法人運営や事業に問題がない場合で，福祉サービス第三者評価事業を受審しサービスの質向上に努めていると判断される場合は，一般監査を4年に1回にすることができるとされており（「社会福祉法人指導監査要綱」平成25雇児発0329第15・社援発0329第21・老発0329第23），事業監査に及ぶ危険性をはらんでいる．

(2) 福祉サービスの質に関する条文

福祉サービスの質については，関連条文が格段に増えたといってよいだろう．社会福祉法では，社会福祉法人による福祉サービスの質の向上を図る努力（社会福祉法第24条），社会福祉事業経営者による質の評価等による良質かつ適切な福祉サービス提供努力，事業経営者が行う福祉サービスの質向上を援助するための，国による福祉サービスの質の公正かつ適正な評価の実施に資するための措置を講ずる努力を追加した（社会福祉法第78条第1項，第2項）．個別分野法においても，本章第3節第1項で述べた1994（平成6）年の老人福祉法改正（第21条の2）を皮切りに，事業者等による「質の評価を行うこと」が規定された（児童福祉法第21条の5の17第2項，「障害者総合支援法」第42条第2項等）．

第7項 福祉サービス利用者の利益

(1) 施設最低基準

施設最低基準では，「サービスの提供過程，評価などサービスの内容に関する基準を設ける必要」とした「中間まとめ」Ⅲ2(1)，および前項で述べた福祉サービスの質に関する条文の増加を受け，サービスそのものに関する最低基準が新たに追加された．例えば，刷新された「特養基準」（平成11厚令46）における処遇の方針（第15条）では，個別性に配慮した処遇，理解しやすいような説明責任，身体的拘束その他入所者の行動を制限する行為の禁止等が，介護（第

16条）では，排泄自立への援助，おむつ使用者への適切な交換が，食事の提供（第17条）では，適切な時間での提供と離床が規定されている．その他，秘密保持（第28条），苦情処理（第29条），地域との連携（第30条）についても新たに追加され，これら基準に適した事業監査の重点事項についても規定された（「老人福祉施設に係る指導監査について」平成12老発481等）．設備や職員配置等のハード面のみならず，福祉サービスの質向上に関連する条文やサービス内容への最低基準が導入されたという点では評価できよう．

しかし，生活保護法，母子及び寡婦福祉法にはサービスの質に関する条文が規定されておらず，個別分野法間で不均衡が生じている．また，障害児入所型施設を除く児童福祉施設および婦人保護施設の「設備及び運営に関する基準」では，苦情への対応が新たに設けられたものの設備や職員配置に重点を置く基準がほぼそのまま継続され，「母子福祉施設の設備及び運営に関する基準」に至っては苦情への対応すら追加されない等，各個別分野間における最低基準に格差が生じた．

「良質かつ適切な福祉サービス」（社会福祉法第3条）を目指すのであれば，事業経営者の努力のみならず，すべての社会福祉施設の最低基準においてサービスの質に関する規定を追加・細分化し，その基準に基づいた事業監査方法が検討されるべきである．

(2) 福祉サービスの利益保護

社会福祉法では，第1条に「福祉サービス利用者の利益の保護」が新たな目的として加えられた．当該目的の対象と内容は，以下のように解釈できる．

1）福祉サービス利用者

前章第4節第2項で述べたように，「福祉サービス」が初めて条文に記されたのは90年法第3条であった．その意味を明確にする条文規定はなかったが，同条文に「国，地方公共団体，社会福祉法人その他社会福祉事業を経営する者は，福祉サービスを必要とする者が，…福祉サービスを総合的に提供されるように…」とあることから，「狭義の社会福祉を目的とする事業」によって提供されるサービスを意味していたと考える[48]．社会福祉法においても明確な規定はないが，第5条に「社会福祉を目的とする事業を経営する者は，その提供する

多様な福祉サービスについて」とあり，第6条にも「社会福祉を目的とする事業の広範かつ計画的な実施が図られるよう，福祉サービスを提供する体制の確保に関する施策，福祉サービスの適切な利用の推進に関する施策…」とあることから，本節第2項で明らかにした社会福祉法における「狭義の社会福祉を目的とする事業」によって提供されるサービスと解釈できる．ただし，福祉サービス利用援助事業に関する規定および社会福祉法第8章では，これを「社会福祉事業において提供されるもの」に限定している（社会福祉法第2条第3項第12号・第75条）．よって，福祉サービスについても「広義の福祉サービス」と「狭義の福祉サービス」があることとなる．すなわち，「広義の福祉サービス」は「狭義の社会福祉を目的とする事業」によって提供されるサービスを，「狭義の福祉サービス」は社会福祉事業において提供されるサービスをそれぞれ示しており，「狭義の福祉サービス」にのみ条文文中において括弧書きで限定する旨が示されていると解する．

以上より，第1条，第3条にある「福祉サービスの利用者」とは「広義の福祉サービス」利用者を指し，第75条第1項「福祉サービス…を利用しようとする者」，第76条「福祉サービスの利用を希望する者」，第78条第1項「福祉サービスを受ける者」は，社会福祉事業による福祉サービスの利用に関する者ということにあろう．

２）利　　益

利益保護の「利益」についても，社会福祉法は明確にしていない．しかし，助産施設・母子生活支援施設の利用「契約」制度への移行，および障害児在宅福祉事業・障害者福祉事業の支援費支給制度への移行にともなってこの利益保護が目的に加えられたことは明白である．当時担当官僚であった古都も，「社会福祉サービスを契約による利用制度とした場合，サービス利用者の特性から他の分野以上に消費者保護的な規制の整備が求められる．改正法案では，利用者保護のための諸規定を盛り込んだ新しい章を社会福祉法のなかに位置づけることにした」（古都 2000：59）と述べている．よって，利用契約制度に関連す

48）　社会福祉法令研究会編 2001：106を参照．

る新規条文，すなわち社会福祉法第8章において具体化されているものがその中心となると考える．そして，その具体的な利益保護規定は，契約準備から利用経過に至るまで，時系列的に社会福祉事業経営者，都道府県社会福祉協議会あるいは国等の努力義務等として列挙されている．

　こうした改正は，「1995年勧告」での「社会福祉にかかわる」「権利性」（「1995年勧告」第1章第1節2）が，そして「中間まとめ」における「利用者本位」（「中間まとめ」Ⅱ(2)）という理念が，最も反映されている部分であろう．炭谷は，自らが牽引してきた基礎構造改革を，「『上から与えられるもの』であり『してあげる』というもの」であったこれまでの社会福祉を「根底から改め」，「権利としての社会福祉を確立しようとするもの」という（炭谷編 2003：はじめに）．そして，成立した社会福祉法に対し，「社会福祉における『人権』の確立ができたのではないかと考えている」としている（炭谷 2004：2）[49]．これまで社会福祉事業経営者に対する補助と事業監査を規定するのみであった51年法および90年法から，利用者の視点を導入し，その利益の保護までを法内容に包摂した点は評価できるであろう．

　3）福祉サービス利用者の利益に関する問題

　しかし，上記「福祉サービス」および利用者の「利益」内容についての検討からすれば，少なくとも以下のような問題がある．

　第1に，総則「福祉サービス利用者の利益の保護」（社会福祉法第1条）では「広義の福祉サービス」利用者が対象であるのに対し，社会福祉法第8章では「狭義の福祉サービス」利用者に限定されている点である．もっとも社会福祉法第1条には「社会福祉を目的とする他の法律と相まって」とあり，「狭義の福祉サービス」以外の福祉サービス利用者に関しては他法での利益保護を期待しているとの解釈も可能であろう．しかし社会福祉法が「狭義の社会福祉を目的とする事業」の全分野を対象とする以上，福祉サービス利用過程においての

49）炭谷 2004：はじめに2，73では，社会福祉の理念として「個人の尊厳」を挙げ，「社会福祉において『人権を確立する』こと」を強調する．また阿部との鼎談で「私自身は基礎構造改革の趣旨として3つを考えていました．1番目は，人権の確立，個人の尊厳，…」（鼎談 2010：18）と述べている．

利益保護は，「広義の福祉サービス」利用者に対して規定されるべきと考える．これを踏まえた上で，個別分野法で各利用者の特性を考慮した具体的な利益保護規定を，その他関連法では福祉サービス利用過程以外での生活関連施策あるいは福祉サービス利用にともなう補足的・補完的な利益保護規定を設けるべきである．

　第2に，社会福祉事業には措置制度が存続する事業も含まれる．しかし第8章の規定は，上記行政官僚の説明どおり，利用契約制度を前提として規定されている．よって措置制度のもとでの福祉サービス利用者は，サービスの質の向上（社会福祉法第78条），事業経営者による苦情処理（第82条），運営適正化委員会による助言・調査，通知（第85条・第86条）以外の利益保護を事実上享受できないこととなる．「1995年勧告」と同様，「中間まとめ」でも「特に，サービスの利用者は行政処分の対象者であるため，その意味でサービスの利用者と提供者の間の法的な権利義務関係が不明確である．このため，サービスの利用者と提供者との対等な関係が成り立たない」（Ⅲ1(3)）と批判された措置制度だが，利用者の特徴から存続が必要な事業があるならば，むしろその利用者の利益保護こそを詳細に規定すべきと考える．[50]

　第3に，利益保護の規定方法である．第8章に規定される利益保護の大半が社会福祉事業経営者等の努力義務であり，またいずれも利用者の利益内容を具体的に列挙するものではない．その結果，社会福祉事業経営者等の努力義務等の遂行によって利用者は何らかの利益を保護されるに過ぎないという消極的な規定となっている．すなわち，あくまで「利用者の利益の保護」であり，利用者の権利として掲げられた規定ではない．この点に関し，国会審議でも金田議員による「利用者の権利性といいますか，権利がまずは高らかに全体を貫くも

---

[50] 眞野児童家庭局長は，社会福祉法案審議の場において，「…四施設につきましては，…親権者が存在しない場合がある．また，親権者が存在いたしましても，…親権者の意見と児童の利益が必ずしも一致しない，場合によっては相反するというようなケースがある．そういう場合に親権者に契約という形でお任せすることが本当に児童の保護にとっていいのかということでございまして，…行政が児童の保護に当たるという現行の措置制度を残すことにした」と答弁している（「第百四十七回国会衆議院　厚生委員会議録」11（2000：12））．

のになるべきである，それが非常に弱い，利用者の権利が明確になっていない」や，堀議員の「選択型に制度が変わっていくわけですので，私は，権利として請求権を何らかの形で明確にしていただきたかったなと思う」との指摘があった．これらに対し，炭谷の答弁が「契約という法形式をとることによりまして利用者の権利性というものにつながっていくものというふうに考えております」といささか歯切れが悪いのは，基礎構造改革への自画自賛とは裏腹に，権利として掲げたといえないことを炭谷自身が自覚しているからではないか．

　第4に，保護される利益が，上記「中間まとめ」および厚生省社会・援護局のいう「個人の尊厳の保持」に，すなわち福祉サービスの選択や事業者との対等な関係のもとでの契約場面に焦点化されている点である．そのため利用過程における利益は，わずか事業経営者による苦情解決と運営適正化委員会の設置に留まる．その運営適正化委員会についても，社会福祉事業経営者で構成される都道府県社会福祉協議会に置かれ，その機能も調査，申立人への相談・助言，あっせんに留まり，事業経営者に対する改善命令等の権限を有するものではない．また，社会福祉法と同時に改正された最低基準や障害者自立支援法以降の指定基準において運営適正化委員会の行う調査への「協力」が規定されたが（児童福祉施設の設備及び運営に関する基準第14条の3第4項，婦人保護施設の設備及び運営に関する基準第6条第3項，障害者の日常生活及び社会生活を総合的に支援するための法律に基づく指定障害福祉サービスの事業等の人員，設備及び運営に関する基準第39条第7項，養護老人ホームの設備及び運営に関する基準第27条第5項等），すべての社会福祉事業にわたって網羅されているわけではなく事業間格差を生んでいる．

　第5に，利用契約時における利益そのものにも問題がある．例えば情報提供に関しては，上記のように社会福祉法では事業経営者および国・地方公共団体による努力義務であるが（第75条第2項），児童福祉法は，市町村および都道府

---

51)　「第百四十七回国会衆議院　厚生委員会議録」13（2000：8）
52)　「第百四十七回国会参議院　国民福祉委員会議録」22（2000：11）
53)　運営適正化委員会の限界と課題については，奥村 2002：77-90，橋本 2007：15-27等を参照．

第5章　社会福祉法による対象事業の拡散期

県に対し「必要な情報の提供」義務を課すものの（第10条第1項第2号，第22条第4項，第23条第5項，第24条の19第1項等），事業経営者に対しては，保育所（第48条の3第1項）を除き努力義務すら求めていないといった社会福祉法・個別分野法間における整合性の欠如がある．また，岩村による「情報提供の義務が努力にとどめられている点と，義務の内容が曖昧な点…とくに，文章交付による情報提供が求められるのかが明らかでない」（岩村 2007：24-25，35）との指摘は，利用者の選択権の保障に関連する点で重要であろう[54]．さらに誇大広告については，「著しく事実に相違する」表示や「著しく優良」であると誤認させる表示が禁止され，違反した場合の不利益処分が規定されているが（社会福祉法第72条第2項，第79条），その対象事項が限定され（社会福祉法施行規則第19条），かつ「著しく」相違または優良に該当する範囲が不明であることから，ともすれば利用者の利益に相反する条文になりかねないという点が挙げられる．

以上より，利用者の利益が保護される福祉サービスの種類，利益保護対象となるサービス利用過程の範囲，利益保護施策の内実，福祉関連法間の整合性，いずれも不十分である．栃本は「明らかなことはわが国の社会福祉法は宛先人を市民とはしていない．わが国ではそのような法律は存在せず，…事業者に向けられた法律として社会福祉事業法，現在の社会福祉法が存在して」おり，「基礎構造は温存されている」とする（栃本 2010：34）．換言すれば，「1995年勧告」における利用者の「権利性」確立，あるいは「利用者の利益の保護…などの諸規定を設けたこと」（社会福祉法令研究会編 2001：53）が社会福祉法への改正理由であったにもかかわらず，利用者（市民）に向けられた法律としては，なおも未熟であるといえよう．

第6節　小括——対象事業の拡大と契約制度

本時期の特徴として，対象事業の拡大と契約制度への移行を挙げることがで

---

[54] なお岩村は，「情報提供の義務」については，「努力義務ではなく，本来の義務とするのが妥当であるし，…文書交付および説明とするのが適当」との見解を示している（岩村 2007：35）．

きよう．

　前者は，「狭義の社会福祉を目的とする事業」を対象とし，「最狭義の社会福祉を目的とする事業」の健全な発達を図ることを社会福祉法の法目的とした点である．しかし，社会福祉事業の法的定義はもちろん，「狭義の社会福祉を目的とする事業」の法的範囲も規定されていないことから，両者の相違や関係は未明であり，ともすれば，今後は「狭義の社会福祉を目的とする事業」が社会福祉事業を代替する─すなわち公的責任のさらなる縮小を招く危険をもつといえる．

　後者は，保育所利用手続，介護保険および支援費支給制度の導入にともなう改正であり，具体的には，理念の全面改正，第2種社会福祉事業への福祉サービス利用援助事業や各種相談事業の追加，事業経営者によるサービスの質向上を図る努力および利用者の利益保護規定の導入等が該当する．これらは，「1995年勧告」以降の審議会答申等における措置制度批判が根拠となっている．しかし，措置制度そのものに選択権や対等な関係を阻む根源的問題があるのか，契約制度の導入とそれに付随する上記一連の改正が選択権や対等な関係を法的・実態的に実現させたかについては，上記利用者の利益保護規定についての検討で論じたとおり大いに疑問である．

終　章

社会福祉事業の変容と今後の展望

第1節　はじめに

　以上，時期ごとに，社会事業法，51年法，90年法，社会福祉法の関連条文を中心として社会福祉事業における構成要素の実態を考察してきた．
　当該構成要素の関連条文の改正経過を掲出すれば，表15となる．
　これにより，理念の変遷をはじめ，他法による事業を適用除外とした社会事業法から対象事業の範囲の拡大および適用除外要件の緩和，契約制度にともなう質確保施策の追加，利用者の利益保護規定の新設および拡張等が看取できよう．
　本章では，これら社会福祉事業関連条文の改正経過を中心に，あらためて構成要素ごとにその変容を俯瞰する．その上で，社会福祉事業の現状と変容のルーツを析出していく．そしてそれを踏まえ，社会福祉事業の再構築に向けた今後の方向性を提起する．

第2節　社会福祉事業の変容

第1項　社会福祉事業の理念
(1)　経済的自立
　社会事業法は理念規定を置いていない．が，経済恐慌・農業恐慌による経済的困窮者の急増という経済・社会的背景や，同法が対象とした6分野の事業内

表15 社会福祉事業法および社会福祉法に

	社会福祉事業の理念	社会福祉事業の範囲	社会福祉事業の種別
社会事業法 (1938)		(第1条) 左に掲げる社会事業に適用する。ただし勅令で指定する事業は除外 生活扶助事業 児童保護事業 医療保護事業 経済保護事業 その他勅令で指定する事業 指導、連絡、助成事業 (昭和13年勅令第445号) 適用除外事業 他の法律・勅令による事業 軍事援護事業 司法保護事業 実施期間6ヶ月未満の事業 社員・組合員を対象とする事業 収容保護5人未満・その他の事業20人未満の事業 道府県の一部に限定した指導・連絡事業 小規模助成事業	
51年法	(第3条) 独立心をそこなうことなく、正常な社会人として生活することができるよう援助	(第2条第1項) 「社会福祉事業」とは、第1種社会福祉事業及び第2種社会福祉事業をいう (第2条第4項) 適用除外事業 更生保護事業 実施期間が6月をこえない事業 社団又は組合員のためにする事業 収容保護5人未満・その他の事業20人未満の事業 毎年度50万円未満および対象が50未満の助成事業	(第2条第2項) 第1種社会福祉事業 (第2条第3項) 第2種社会福祉事業
90年法	(第3条) 国、地方公共団体、社会福祉法人その他社会福祉事業経営者は、福祉サービスを必要とする者が、健やかな育成され、あらゆる分野の活動に参加する機会を与えられ、地域において福祉サービスを総合的に提供されるよう、社会福祉事業その他の社会福祉を目的とする事業の広範かつ計画的な実施に努める (第3条の2) 国、地方公共団体、社会福祉法人その他社会福祉事業経営者は、関連施策との有機的な連携を図り、地域に即した創意・工夫を行い、地域住民等の理解・協力を得るよう努めること	(第2条第1項) 「社会福祉事業」とは、第1種社会福祉事業及び第2種社会福祉事業をいう (第2条第4項) 適用除外事業 更生保護事業 実施期間が6月をこえない事業 社団又は組合員のためにする事業 収容保護5人未満・その他の事業20人未満の事業 毎年度50万円未満および対象が50未満の助成事業	(第2条第2項) 第1種社会福祉事業 (第2条第3項) 第2種社会福祉事業
社会福祉法 (2000)	(第3条) 個人の尊厳の保持を旨とし、福祉サービス利用者が心身ともに健やかに育成され、又はその能力に応じ自立した日常生活を営むことができるように支援するものとして、良質・適切なものでなければならない (第4条) 地域住民、社会福祉を目的とする事業経営者、社会福祉に関する活動を行う者は、相互に協力し、福祉サービスを必要とする地域住民が地域社会の一員として日常生活を営み、あらゆる分野の活動に参加する機会が与えられるように、地域福祉の推進に努めなければならない (第5条) 社会福祉を目的とする事業経営者は、利用者の意向を十分に尊重し、関連するサービスとの有機的連携を図るよう創意工夫を行い、これを総合的に提供することができるようにその事業の実施に努めなければならない	(第2条第1項) 「社会福祉事業」とは、第1種社会福祉事業及び第2種社会福祉事業をいう (第2条第4項) 適用除外事業 更生保護事業 実施期間が6月をこえない事業 社団又は組合員のためにする事業 収容保護5人未満・その他の事業20人 (障害者授産施設は10人) 未満の事業 毎年度50万円未満および対象が50未満の助成事業	(第1条) 法対象：社会福祉を目的とする事業 (第2条第2項) 第1種社会福祉事業 (第2条第3項) 第2種社会福祉事業

終章　社会福祉事業の変容と今後の展望

おける社会福祉事業の構成要素関連条文

法的手続(社会福祉法人等,民間事業経営者の事業開始手続)	社会福祉事業の経営主体	質確保施策	利用者の利益保護
(第2条) 地方長官への事後届出		(第4条) 地方長官による建物,設備の改良命令 (第6条) 地方長官による報告請求・書類帳簿の提出,事業監査の権限 (第7条) 地方長官による事業経営の制限または禁止	
(第57条) 施設設置をともなう第1種社会福祉事業：都道府県知事への事前届出 (第62条) 施設設置を要しない第1種社会福祉事業：都道府県知事への事後届出 (第64条) 第2種社会福祉事業：都道府県知事への事後届出 (第70条) 個別分野法に規定されている場合は適用除外	(第4条) 第1種社会福祉事業は,原則として国,地方公共団体,社会福祉法人に限定	(第65条) 都道府県知事による報告請求,施設・帳簿・書類の検査,経営状況の調査 (第66条) 都道府県知事による最低基準不適合施設への改善命令 (第67条第1項) 都道府県知事による事業経営の制限,停止,または許可の取消権限 個別分野法に規定されている場合は適用除外	(第67条第2項) 都道府県知事による被援護者等への不当な処遇行為を行った場合の事業経営の制限または停止命令
(第57条) 施設設置をともなう第1種社会福祉事業：都道府県知事への事前届出 (第62条) 施設設置を要しない第1種社会福祉事業：都道府県知事への事後届出 (第64条) 第2種社会福祉事業：都道府県知事への事後届出 (第70条) 個別分野法に規定されている場合は適用除外	(第4条) 第1種社会福祉事業は,原則として国,地方公共団体,社会福祉法人に限定	(第65条) 都道府県知事による報告請求,施設・帳簿・書類の検査,経営状況の調査 (第66条) 都道府県知事による最低基準不適合施設への改善命令 (第67条第1項) 都道府県知事による事業経営の制限,停止,または許可の取消権限 個別分野法に規定されている場合は適用除外	(第67条第2項) 都道府県知事による被援護者等への不当な処遇行為を行った場合の事業経営の制限または停止命令
(第62条) 施設設置をともなう第1種社会福祉事業：都道府県知事への事前届出 (第67条) 施設設置を要しない第1種社会福祉事業：都道府県知事への事後届出 (第2種社会福祉事業：都道府県知事への事後届出 (第74条) 個別分野法に規定されている場合は適用除外	(第60条) 第1種社会福祉事業は,原則として国,地方公共団体,社会福祉法人に限定	(第70条) 都道府県知事による報告請求,施設・帳簿・書類の検査,経営状況の調査 (第71条) 都道府県知事による最低基準不適合施設への改善命令 (第72条第1項) 都道府県知事による事業経営の制限,停止,または許可の取消権限 (第72条第2項) 都道府県知事による契約時の書面交付または誇大広告禁止に違反した場合の経営制限,停止,または許可・認可の取消権限 (第74条) 第72条第2項を除き,個別分野法に規定されている場合は適用除外	(第67条第2項) 都道府県知事による福祉サービスを受ける者への不当な処遇行為を行った場合の事業経営の制限または停止命令 (第75条) 社会福祉事業経営者による情報提供の責務および国・都道府県による情報を得られるような措置 (第76条) 社会福祉事業経営者による利用申込の際の説明責務 (第77条) 社会福祉事業経営者の利用契約時の書面交付義務 (第78条) 社会福祉事業経営者の良質かつ適切な福祉サービス提供の責務および国によるサービスの質評価等の措置 (第79条) 社会福祉事業経営者による誇大広告の禁止

251

容を踏まえるならば，経済的困窮からの経済的自立を理念としていたとみてよいだろう．

　第二次世界大戦後，51年法に至る法案では，「個人の尊嚴」と国の「國民が人たるに値する生活を営むに必要な生活の保障と援護を行う責任」に従って「人間の完成を目ざ」すとした50年１月23日法案第２条・第３条にみられるとおり，当初は，「個人の尊嚴」と生存権保障を意識した理念が続いた．また，50年５月法案第１条および50年６月法案第１条では，さらに「社会連帯」を加え，「平和的な国家及び社会の成員として，その能力を発揮できるよう，援護育成を行うものでなければならない」とした．さらに50年11月法案第１条および51年１月①法案第１条では，「個人の尊嚴」が理念から消えたものの，「日本国憲法の精神に則り」あるいは「日本国憲法第二十五條の精神に則り」という表現を法目的に明示し，「健康にして文化的な最低限度の生活を回復，保全することを図る」ことを理念とした点において，生存権保障をより強調した表現となった．いずれにおいても，憲法第13条や第25条との関連を意識した理念であったといえよう．

　しかし，51年２月24日法案第３条では，上記法案における「本旨」・「主旨」にみられた憲法に関連深い表現がすべて削除され，「援護，育成又は更生の措置を要する者に対し，その独立心をそこなうことなく，正常な社会人として生活することができるように援助すること」を「趣旨」とし，それがそのまま51年法第３条となる．

　本条が，マーカソン論文「公的扶助の理論と実際」にある公的扶助に関する見解から借用した表現であることは，第２章第５節第１項で述べたとおりである．すなわち，51年法の「趣旨」にある「正常な社会人として」の「生活」とは，上記社会事業法での潜在的理念であった経済的自立を条文上で明示したに過ぎなかった．その背景には，対外的にはシャウプ勧告や朝鮮戦争開戦等が，国内的には戦災者・失業者・引揚者を含む膨大な生活保護受給者の存在，大蔵省との予算折衝および児童局・社会局保護課との権力志向競争があったと考えられよう．

(2) 理念の複層化

いわゆる福祉六法が揃った1960年代は，身体障害者福祉法および精神薄弱者福祉法において更生概念の拡大がみられ，当事者団体等による運動や先駆的活動によって重症心身障害児・者を対象とする社会福祉事業が専門分化した．また老人福祉法における特別養護老人ホームは，経済的状況を入所要件から除外した．これら新たな動向は，理念が経済的自立から日常生活上の自立に移行してきたことを示すものであった．

ただし，既存の生活保護施設経営事業等，生活困窮者に対する経済的自立そのものを目的とする社会福祉事業が減少したわけではない．しかも老人福祉法では，養老施設から対象を非課税世帯に属する高齢者にまで範囲を拡大した養護老人ホームが加えられ，母子福祉法も，戦争遺族である未亡人や高度経済成長期における女性単親世帯の経済的自立（起業・就業の支援）を目的としてもつものであった．

すなわち，1960年代は，生活困窮者に対する経済的自立という従来の理念に，とりわけ障害児分野，身体障害者福祉分野，精神薄弱者福祉分野，老人福祉分野において日常生活・社会生活上の自立という理念が新たに追加された時期といえよう．仲村による，「自立」には「対象者自身の経済的自立」と「人格的自立」が「あるという点の認識は，当然のことながらきわめて重要である」（仲村 1976：9）との見解は，この時期の「自立」概念の複層化を適切に表現しているものである．そしてそれは，社会福祉事業全体からすれば，上記4分野における日常生活自立を理念とする社会福祉事業と，51年法第3条の「趣旨」との間に齟齬が生じた時期でもあった．

(3) 自立概念の拡大

90年法第3条は，51年法第3条「趣旨」を全面改正し，「基本理念」として「心身ともに健やかに育成され，又は社会，経済，文化その他あらゆる分野の活動に参加する機会を与えられる」ことを規定した．また，本条後半では，「地域において必要な福祉サービスを総合的に提供されるように」と，「地域」での生活の継続を理念に掲げた．本条は，上記更生概念の拡大やノーマライゼーション理念の影響を受けての刷新であり，上記齟齬の解消につながったと

同時に，既存在宅福祉事業の第2種社会福祉事業への昇格をもたらした．ただし，90年法においても経済的自立を理念とする社会福祉事業が存続していた点からすれば，「参加」・「地域生活」という新理念によって従前の経済的自立という理念が薄弱化されたともいえる．

(4) 自己決定と地域福祉

1) 個人の尊厳の保持

社会福祉法第3条は，福祉サービスそのものの理念として「個人の尊厳の保持を旨とし，その内容は，福祉サービスの利用者が心身ともに健やかに育成され，又はその有する能力に応じ自立した日常生活を営むこと」とした．そして，ここでいう「個人の尊厳の保持」とは，「中間まとめ」および立案した社会・援護局によれば，「自ら選択し，サービス提供者と対等な関係のもとで契約を履行すること」であった．

50年1月23日法案第2条から50年10月法案第2条まで存在した「個人の尊厳」が，封建的家族制度からの個人の解放を意味する憲法第13条を受け（宮沢 1978：197-198[1]），「個」の尊重を主眼としていたならば，社会福祉法における「個人の尊厳の保持」も契約時における「個」の意思の尊重という点で共通している．その意味で，50年10月法案まで存在した「個人の尊厳」が，半世紀を経てようやく社会福祉事業の理念として成文化されたといえようか．また，憲法第13条を「人格的自律権」と解する憲法学の議論を踏まえれば[2]，90年法における「あらゆる分野への参加機会」の保障から，より主体的・積極的な自律的人間像が想定されているともいえよう．ただし当該「個人の尊厳」は，利用契約場面に矮小化された理念であった．また経済的困窮からの自立は，「1995年勧告」等においてほぼ克服されたものとされ，介護サービス等による日常生活面での自立（自律）に焦点化された．さらに社会福祉法第3条後段においては，「個人の尊厳の保持」とは相容れない「育成され」，「参加する機会を与えられ」という受動的表現が既存法の「規定ぶり」を参考として置かれ，身体障害者福祉法・知的障害者福祉法の理念にそぐわない「能力に応じた支援」も規

---

1) 憲法第13条についての国会審議は，清水 1962：210-213, 274, 489-490を参照．またその他の学説については，佐々木 1949：394-395, 佐藤 1982：311等を参照．

定された.

2）地域福祉

90年法第3条の2は,「国,地方公共団体,社会福祉法人その他社会福祉事業を経営する者」に,「医療,保健その他関連施策との有機的連携を図り,地域に即した創意と工夫を行い」,「地域住民等の理解と協力を得る」ことを求めた.その背景には,東京都社会福祉協議会および中央社会福祉審議会によるコミュニティケア答申から「新経済社会7ヵ年計画」を経て強固に推進された第2次臨調行革路線,すなわち在宅福祉の推進,市場機構を通じたサービス提供,家庭・近隣の機能や地域資源の活用があり,以降の地域福祉政策の起点となった.

社会福祉法は,さらに一歩進め,「地域福祉」を新たな理念として追加した（第4条）.地域福祉そのものを理念として掲げたこと,その地域福祉に寄与すべく,「社会福祉を目的とする事業を経営する者」に,サービス相互間連携を求める点は妥当であると考える.しかし,前章第5節第1項でふれた牧里や野口の見解のとおり,地域福祉が「公私の多様な主体」による協働によって組織化され活動されるものと解されているにもかかわらず,第4条は「私」に限定し,国・地方公共団体という「公」が担い手となっていない点,地域住民を地域福祉の努力義務主体として含めている点,第5条における有機的連携の主体

2）人格的自律論の代表的論客である佐藤は,「人権とは,人が人格的自律の存在として自己を主張し,そのような存在としてあり続ける上で不可欠な権利であると解される.かかる権利は,道徳理論上各人に生まれながらにそなわる権利であり,その意味において,普遍的な道徳的権利である.したがって,道徳的権利としての人権は,国家の承認をまってはじめて存在する権利ではない.そうした意味において,人権は『自然権』であるということができよう」とする（佐藤 1995：392-393）.人格的自律とは,「人が他者の意思に服することなく,"自己の生の作者である"ということ」を指し（佐藤 1990：86）,自律は「即時的価値」を有するもの,すなわち「本質的に価値あるものであり,自身の人生を形成する存在であるということは本質的によいことなのだ」とする（佐藤 1988：11）.さらに佐藤は,この道徳的権利としての人格的自律権を憲法が導入しており,その根拠を憲法第13条に求める.すなわち,前段の「個人の尊重」が自律的・具体的人間を大切にしようとする主旨を,後段の「幸福追求権」が自律的生を可能とするよう包括的かつ一般的な権利として規定しているとする（佐藤 1994：7）.

に相談機関・司法関係機関等の公的・行政機関を含めていない点は不十分といえる．

第2項　社会福祉事業の範囲
(1) 列挙による法的範囲

社会事業法は，多様な社会事業が混在する中で，「社会事業」の法的な範囲を規定した上で，社会事業の種別の体系化，名称の全国統制化を果たした．すなわち第1条および勅令・施行規則で6分野ならびに具体的な適用事業名を列挙し，かつ適用除外規定によって社会事業の実施期間，経営主体，対象，規模等の消極的要件を明らかにしたのである．こうした対象事業の規定方法は，51年法にも大きく影響を与えるものであった．

しかし，法定社会事業が具備すべき要件（定員，設備，職員配置等の基準）が規定されていなかったことから，第1章第4節第2項で紹介した託児所の例のように，行政，民間事業経営者とも社会事業か否かの判断に戸惑うこととなった．結局，社会事業法が統制したのは，法定社会事業の事業名称のみということになろう．

また，社会事業そのものの定義，あるいはある事業が法定社会事業となるための該当要件が規定されなかったことから，適用除外要件を除けば，法定社会事業への採否を行政判断に委ねる結果となった．

さらに，第1章第4節第2項で述べたように，社会事業法の実質的な対象が，既存法の適用を受けない事業とされたことにより，社会事業法の性格は，民間事業経営者が望む「社會事業を網羅した法律」ではなく，既存法の補完的位置づけに留まった．

(2) 社会福祉事業法における法的範囲

51年法に至る法案では，当初，対象事業を大まかな分野のみで示す規定（50年1月23日法案第5条，50年1月25日法案第4，50年10月法案第2条）や個別分野法の適用を受ける事業とする規定（50年4月法案第5条，50年5月法案第2条，50年6月法案第2条）等が検討された．また，50年11月法案から51年2月6日法案にかけては，社会福祉事業の法的定義が試みられた．しかし，木村いわくその

「困難」故に断念し，51年2月24日法案以降は，結局，社会事業法と同様，社会福祉事業そのものの定義を置かず，個別分野法の適用事業を「列挙的に定め」る方法を採った．また，適用除外要件を例示列挙する点も社会事業法と共通であった．さらに，社会福祉事業の該当要件も社会事業法と同様に規定されなかったため，社会福祉事業としての採否が，福祉ニーズの顕在化やその増大といった経済的・社会的変動要因に加え，政策方針，政局の動き，他省庁との軋轢といった政治的動向や行政の都合に影響されるきっかけとなった．

また，社会福祉事業法における社会福祉事業の新規追加の過程では，個別分野法で規定される事業を社会福祉事業法において種別に分けた上で再掲するという手続と，いずれの個別分野法にも属さない社会福祉事業を社会福祉事業法で規定するという手続が並行されてきた．それは，50年5月法案・50年6月法案での社会事業法改正・復活案を50年10月法案で再廃案とした際に，社会事業法に規定されるはずであった事業を取り込んだことに由来する．そのため，51年法以降においても，結核回復者後保護施設経営事業，隣保事業，精神薄弱者援護施設経営事業，父子家庭居宅介護等事業，福祉サービス利用援助事業が後者の手続により社会福祉事業法・社会福祉法を根拠法として追加された．これにより，社会福祉事業法・社会福祉法は，「共通的基本事項を定め」るという法目的（各法第1条）を掲げる一方，社会事業法と同様に個別分野法の適用を受けない事業の事業手続や事業監査等を定める補完的性格を併せもつ法律となった．

(3) 第1種社会福祉事業の多様化

高度経済成長以降80年代前半までは，大きな経済的・社会的変動にともなう家庭内機能の脆弱化が新たな社会問題を生み出した．また高度経済成長期における財政状況と自民党単独政権の危機は，厚生省にとって権限拡張の好機でもあった．結果，三法体制から六法体制へと移行するとともに，とりわけ障害児・者，高齢者福祉分野における入所型施設経営事業，すなわち第1種社会福祉事業の多様化をもたらした．中でも，重度心身障害児・者を対象とする事業は，上記社会福祉事業の理念の変化，革新自治体の躍進，当事者運動および先駆的事業の活発化と相まって，飛躍的に拡大した．

しかし，第3章第5節第2項で述べたように，社会福祉事業の細分化による対象制限や利用抑制，利用者の同質化，閉鎖・隔離化といった状況を生み出した．また，上記社会福祉事業の該当要件が規定されず，その採否が行政判断に委ねられた結果として，全国的に展開されつつあった家庭奉仕事業をはじめ，盲人ホーム，重度精神薄弱児収容棟，重度精神薄弱者収容棟等が，通知等に基づく事業とされた．さらに他省庁間および省内部・局・課間の縦割り行政が次第に強化されるに連れ，婦人保護施設経営事業は第1種社会福祉事業とされたものの，勤労青少年ホームや働く婦人の家が社会福祉施設経営事業として採用されないといった矛盾も生じた．

(4) **第2種社会福祉事業への移行**

　1989（平成元）年の「あり方」は，「基本的考え方」の1つとして「公的部門が確保提供すべき部分として市町村の責任において提供される」分野を「新たに社会福祉事業として法的に位置づけることが適当」との見解を提示した．これを受け，90年法は，居宅介護等事業等の在宅福祉事業を第2種社会福祉事業としてようやく規定した．第2種社会福祉事業の増加や市町村への権限委譲は，第2次臨調行革が主眼に置いた行政改革・増税なき財政再建・民間活用，急速に進行する高齢化社会への対応，国際障害者年を契機とするノーマライゼーション理念の具現化という様々な要請に応えるものであった．

　しかし，第4章第4節第2項で述べたように，当時，市町村単独事業や先駆的事業として実施されていた数からすれば，わずか3事業しか取りあげられなかった．しかも，居宅介護等事業は，老人福祉法においては制定時より，身体障害者福祉法では1967（昭和42）年の改正時より家庭奉仕員派遣事業として市町村固有事務とされていたものである．またデイサービス事業および短期入所事業も，母子及び寡婦福祉法以外の個別分野法において1986（昭和61）年改正ですでに規定されていた．よって，以前より通知等によって「公的部門が確保提供」していた事業を単に法律による補助・監督を受ける事業に格上げしたに過ぎず，「あり方」がいう「在宅福祉の充実」は十分に果たされなかったといえる．とはいえ，ゴールドプラン以降による在宅福祉事業経営者数の大幅な増加と相まって，社会福祉事業の主軸が入所型施設経営事業（第1種社会福祉事

業）から在宅福祉事業（第2種社会福祉事業）へと移行する転換点になった改正でもあった．

なお，90年法の時点において，精神保健法に基づく精神障害者社会復帰施設が第2種社会福祉事業として追加されたにもかかわらず，在宅福祉の中核をなす在宅介護支援センターが社会福祉事業とされなかった点は，依然として社会福祉事業への該当要件が不明なまま行政権限に委ねられることを表していた．

(5) 社会福祉を目的とする事業と不明瞭な法的範囲

社会福祉法においては，その法対象を「社会福祉を目的とする事業」へと拡大させた．しかし，当該事業の範囲および社会福祉事業との関連が条文上不明確であるため，対象事業である「狭義の社会福祉を目的とする事業」と一般のサービス事業との相違，「最狭義の社会福祉を目的とする事業」と社会福祉事業との相違を不明確にしている．

また，第2種社会福祉事業への福祉サービス利用援助事業の追加は，いかなる事業が社会福祉事業であるのかを明らかにする必要性をあらためて浮き彫りにした．現行法においても，家庭的保育事業，居宅訪問型保育事業（児童福祉法第6条の3第9項，第11項），母子家庭生活向上事業（母子及び父子並びに寡婦福祉法第31条の5），生活困窮者自立相談支援事業，生活困窮者一時生活支援事業（生活困窮者自立支援促進法第2条第2項，第5項）等は，社会福祉法における社会福祉事業とはなっておらず，前章第5節第2項でふれた藤井の見解どおり，「直感的な理解」からますます乖離する状況にある．さらに適用除外要件の緩和が一部事業にのみ適用された点は，ノーマライゼーション理念や社会福祉法第4条での「福祉サービスを必要とする地域住民が地域社会を構成する一員」となるという地域福祉の理念からすれば整合性に欠けた改正であった．

第3項 社会福祉事業の種別・形態

(1) 社会事業法における一律列挙

第1章第3節第2項で述べたように，社会事業法案要綱では「収容保護ヲ目的トスル施設ヲ設置シ又ハ之ヲ變更セントスルトキハ…豫メ地方長官ノ認可ヲ受クベキコト」とされ，入所型施設とそれ以外の施設・事業との差別化が検討

されていた．しかし社会事業調査会修正案において，施設入所か在宅かを問わず，あるいは金銭給付か現物給付かを問わず，すべて一律に列挙された．その理由として，第1章第4節第3項でみたように，地方行政における運用の困難，社会事業が有する創造性・独自性の尊重があった．

(2) **51年法による種別区分**

51年法は，社会福祉事業を第1種，第2種と区分した．第2章第5節第3項で検討したように，50年11月法案までは黒木の意図どおりほぼすべての社会福祉事業経営主体に制限を課していたが，法令審査の席上で児童局・内藤による反対を受け，結局，以降の法案で社会福祉事業を「特定事業」と「一般事業」（51年2月6日法案），あるいは「第1種社会福祉事業」と「第2種社会福祉事業」（51年2月24日法案）に分け，「特定事業」や「第1種社会福祉事業」は，国，地方公共団体，社会福祉法人が原則経営することとし，「一般事業」・「第2種社会福祉事業」はこのような制限をしないとされた．児童局への譲歩として規定された種別区分は，「対象に対する影響の軽重」（木村 1955：33）という曖昧な根拠が後付けされた．それ故，以降，第1種，第2種いずれに該当するかについては，行政判断によることとなる．

(3) **政策意図に翻弄される種別区分**

上記「対象への影響の軽重」という曖昧な基準による行政判断は，時々の政策動向と大きく関連し，揺れ動くこととなる．

表16は，2015（平成27）年6月現在の種別ごとにみた社会福祉事業を示している．

これにより，51年法から福祉六法体制期では第1種社会福祉事業が障害児・者関連事業を中心に増加していることがわかる．福祉六法の成立をみた1960年代は，高度経済成長，世帯構造の変化および家庭内機能の縮小，当事者運動の隆盛，自民党政治の危機的状況から，精神薄弱児通園施設，肢体不自由児通園施設，情緒障害児短期治療施設，通所型身体障害者更生援護施設等，通所型あるいは短期入所型の在宅福祉事業さえも第1種とされた．

逆に，オイルショックから低成長期に入った80年代後半以降は，第2種社会福祉事業が大幅に増加している．とりわけ90年法以降は，高齢者介護と育児支

援に関する第2種社会福祉事業の多様化が顕著である．そしてその第2種社会福祉事業には，精神障害者授産施設経営事業のように身体障害者や精神薄弱者を対象とする同旨事業が第1種社会福祉事業として規定されていた事業や[3]，痴呆（認知症）対応型老人共同生活援助事業，児童自立生活援助事業等のように，対象・目的・事業内容や実態から，入所型施設経営事業—すなわち第1種社会福祉事業に相当する事業も含まれている．こうした種別区分の形骸化の背景には，オイルショック，バブル崩壊等の経済的変動，そしてそれに対応した第2次臨調行革等による財源抑制や民間事業経営者参入の推進があった．

また社会福祉法以降では，小規模多機能型居宅介護事業，複合型サービス福祉事業等の総合的・包括的なサービス提供事業が第2種とされる一方，入所型施設経営事業の小規模化・サテライト化が進行している．これにより，上記種別区分の形骸化のみならず，種別区分の意義そのものが問われることとなった．

第4項　社会福祉事業の法的手続

(1)　法的手続の成立

前項で述べたように，社会事業調査会に諮問された社会事業法案要綱段階では，「収容保護ヲ目的トスル施設ヲ設置シ又ハ之ヲ變更セントスルトキハ…豫メ地方長官ノ認可ヲ受クベキコト」と，施設を要する事業を開始・変更する際に地方長官の認可を課していた．しかし，社会事業調査会において，実際の行政運用が困難であるとの理由から届出制が提起され，それがそのまま法案となった．これによって社会事業における全国一律の法的手続が生まれた．その具体的手続をみると，東京市の場合，4通の届出書は区，市，府，厚生省社会局という順序で保存・送達されていた．

以上から，事業開始手続における行政関与を最小限としつつ民間社会事業へ

---

[3]　現行「障害者総合支援法」では，いずれの授産施設経営事業も障害者生活支援施設経営事業（第1種社会福祉事業），就労移行支援事業，または就労継続支援事業等（第2種社会福祉事業）に統一されている（「障害者総合支援法」第5条第11項，第14項，第15項等，社会福祉法第2条第2項第4号，第3項第4の2号）．

表16 各時期における種別

法律名	生活保護法	児童福祉法	身体障害者福祉法	精神薄弱者福祉法/知的障害者福祉法	障害者総合支援法	老人福祉法	売春防止法	社会福祉事業法/社会福祉法	児童福祉法
	第1種社会福祉事業								
51年法	養老施設経営事業 救護施設経営事業 更生施設経営事業 無料・低額入所生活扶助事業 助葬事業	乳児院経営事業 母子寮経営事業 養護施設経営事業 精神薄弱児施設経営事業 盲ろうあ児施設経営事業 虚弱児施設経営事業 肢体不自由児施設経営事業 救護院経営事業	身体障害者更生指導施設経営事業 中途失明者更生施設経営事業 身体障害者収容授産施設経営事業				婦人保護施設経営事業	公益質屋経営事業 授産施設経営事業 無利子・低金利資金貸付事業 共同募金事業	助産施設経営事業 保育所経営事業 児童厚生施設経営事業 児童福祉相談事業
福祉六法体制(1972年)	救護施設経営事業 更生施設経営事業 無料・低額入所生活扶助事業 助葬事業	乳児院経営事業 母子寮経営事業 養護施設経営事業 精神薄弱児施設経営事業 精神薄弱児通園施設経営事業 盲ろうあ児施設経営事業 虚弱児施設経営事業 肢体不自由児施設経営事業 重症心身障害児施設経営事業 情緒障害児短期治療施設経営事業 救護院経営事業	肢体不自由者更生施設経営事業 失明者更生施設経営事業 ろうあ者更生施設経営事業 内部障害者更生施設経営事業 身体障害者療護施設経営事業 身体障害者授産施設経営事業	精神薄弱者更生施設経営事業 精神薄弱者授産施設経営事業		養護老人ホーム経営事業 特別養護老人ホーム経営事業 軽費老人ホーム経営事業	婦人保護施設経営事業	公益質屋経営事業 授産施設経営事業 無利子・低金利資金貸付事業 共同募金事業	助産施設経営事業 保育所経営事業 児童厚生施設経営事業 児童福祉相談事業
90年法	救護施設経営事業 更生施設経営事業 無料・低額入所生活扶助事業 助葬事業	乳児院経営事業 母子寮経営事業 養護施設経営事業 精神薄弱児施設経営事業 精神薄弱児通園施設経営事業 盲ろうあ児施設経営事業 虚弱児施設経営事業 肢体不自由児施設経営事業 重症心身障害児施設経営事業 情緒障害児短期治療施設経営事業 救護院経営事業	身体障害者更生施設経営事業 身体障害者療護施設経営事業 身体障害者授産施設経営事業 身体障害者ホーム経営事業	精神薄弱者更生施設経営事業 精神薄弱者授産施設経営事業 精神薄弱者福祉ホーム経営事業 精神薄弱者通勤寮経営事業		養護老人ホーム経営事業 特別養護老人ホーム経営事業 軽費老人ホーム経営事業	婦人保護施設経営事業	公益質屋経営事業 授産施設経営事業 無利子・低金利資金貸付事業 共同募金事業	児童居宅介護等事業 児童短期入所事業 助産施設経営事業 保育所経営事業 児童厚生施設経営事業 児童福祉相談事業
社会福祉法(2015年6月現在)	救護施設経営事業 更生施設経営事業 無料・低額入所生活扶助事業 助葬事業	乳児院経営事業 母子生活支援施設経営事業 児童養護施設経営事業 障害児入所施設経営事業 情緒障害児短期治療施設経営事業 児童自立支援施設経営事業			障害者支援施設経営事業	養護老人ホーム経営事業 特別養護老人ホーム経営事業 軽費老人ホーム経営事業	婦人保護施設経営事業	授産施設経営事業 無利子・低金利資金貸付事業 共同募金事業	障害児通所支援事業 障害児相談支援事業 児童自立生活援助事業 放課後児童健全育成事業 子育て短期支援事業 乳児家庭全戸訪問事業 養育支援訪問事業 地域子育て支援拠点事業 一時預かり事業 小規模住居型児童養育事業 病児保育事業 子育て援助活動支援事業 小規模保育事業 助産施設経営事業 保育所経営事業 児童厚生施設経営事業 児童家庭支援センター経営事業 児童福祉相談事業

終章　社会福祉事業の変容と今後の展望

ごとにみた社会福祉事業

認定こども園法	身体障害者福祉法	精神薄弱者福祉法 知的障害者福祉法	精神保健福祉法	障害者総合支援法	母子福祉法 母子及び寡婦福祉法 母子及び父子並びに寡婦福祉法	老人福祉法	生活困窮者支援法	社会福祉事業法 社会福祉法
	第2種社会福祉事業							
	義し用具制作施設経営事業 点字図書館経営事業 点字出版施設経営事業 身体障害者更生相談事業							簡易住宅貸付事業 宿泊所提供事業 無料・低額診療事業 連絡・助成事業
	補装具制作施設経営事業 点字図書館経営事業 点字出版施設経営事業 身体障害者更生相談事業	精神薄弱者更生相談事業	精神薄弱者居宅介護等事業 精神薄弱者短期入所事業 精神薄弱者地域生活援助事業 精神薄弱者更生相談事業	知的障害者更生相談事業	母子福祉施設経営事業	老人福祉センター経営事業		生計困難者に対する日常生活必需品提供・金銭支給事業 生活困難者に対する生活相談事業 簡易住宅貸付事業 宿泊所提供事業 無料・低額診療事業 隣保事業 連絡・助成事業
	身体障害者居宅介護等事業 身体障害者デイサービス事業 身体障害者短期入所事業 身体障害者福祉センター経営事業 補装具制作施設経営事業 視聴覚障害者情報提供施設経営事業 身体障害者更生相談事業		精神障害者社会復帰施設経営事業		母子家庭居宅介護等事業 寡婦居宅介護等事業 母子福祉施設経営事業 父子家庭居宅介護等事業	老人居宅介護等事業 老人デイサービス事業 老人短期入所事業 老人デイサービスセンター経営事業 老人短期入所施設経営事業 老人福祉センター経営事業		生計困難者に対する日常生活必需品提供・金銭支給事業 生活困難者に対する生活相談事業 簡易住宅貸付事業 宿泊所提供事業 無料・低額診療事業 生計困難者に対する老人保健施設利用援助事業 隣保事業 連絡・助成事業
幼保連携型認定こども園経営事業	身体障害者生活訓練等事業 手話通訳事業 介助犬訓練事業 聴導犬訓練事業 身体障害者福祉センター経営事業 補装具製作施設経営事業 盲導犬訓練施設経営事業 視聴覚障害者情報提供施設経営事業 身体障害者更生相談事業			障害福祉サービス事業 一般相談支援事業 特定相談支援事業 移動支援事業 地域活動支援センター経営事業 福祉ホーム経営事業	母子家庭日常生活支援事業 父子家庭日常生活支援事業 寡婦日常生活支援事業 母子・父子福祉施設経営事業	老人居宅介護等事業 老人デイサービス事業 老人短期入所事業 小規模多機能型居宅介護事業 認知症対応型老人共同生活援助事業 複合型サービス福祉事業 老人デイサービスセンター経営事業 老人短期入所施設経営事業 老人福祉センター経営事業 老人介護支援センター経営事業	認定生活困窮者就労訓練事業	生計困難者に対する日常生活必需品提供・金銭支給事業 生活困難者に対する生活相談事業 簡易住宅貸付事業 宿泊所提供事業 無料・低額診療事業 生計困難者に対する介護老人保健施設利用援助事業 隣保事業 福祉サービス利用援助事業 連絡・助成事業

の中央集権体制の導入を目的としていたことがわかる．また，最小限の行政事務という点を換言すれば，できるだけ対象事業となる条件を低くし，より広範な民間社会事業を統制しようとする意図があったともいえる．さらに，松島等の民間社会事業経営者の批判から推測すれば，認可制にともなう助成額の増加を抑制する目的もあったと考えられる．

(2) 51年法と他法優先

50年5月法案，6月法案では，事業手続については個別分野法に委ねていたが，死文化していた社会事業法を復活させることに批判が集中したことから，50年10月法案以降では，改正社会事業法案の対象事業となるはずだった事業の手続を取り込んだ．と同時に，他の法律による事業手続がある場合はそれを優先する条文も50年4月法案を踏まえて復活した．また，「行政事務再配分に関する勧告」を受け，51年2月28日法案以降では市町村および社会福祉法人が事業を開始する場合等の手続を「許可」から「届出」へと変更した．

個別分野法優先としたことで，施設設置をともなう第1種社会福祉事業の事業開始手続は，福祉六法の段階で早くも4種類となっており，第1種社会福祉事業というカテゴリー内の共通性，整合性は当初から無きものとされた．

(3) 事業手続の多様化と種別区分の形骸化

「八法改正法」では，そうした事業開始手続の多様化が第2種社会福祉事業にも及ぶ．すなわち，90年法における第2種社会福祉事業の事業開始手続は，51年法制定時からの都道府県知事への事後届出を踏襲するのに対し，90年法で新たに追加された居宅介護等事業等は都道府県知事への事前届出となった．また，都道府県知事による事業の制限または停止を行う場合，老人福祉法および身体障害者福祉法に規定される事業のみ地方社会福祉審議会の意見聴取の手続が課せられた．以降でも，例えば1997（平成9）年の「児童福祉法等の一部を改正する法律」で追加された児童自立生活援助事業は事前届出，放課後児童健全育成事業は事後届出，国・都道府県および市町村以外の児童家庭支援センター事業経営は認可と，同じ第2種社会福祉事業でありながらすべて相違した．

表17は，2015（平成27）年6月現在の社会福祉事業を事業開始手続別・個別

分野法別にまとめたものである.

社会福祉法以降では,障害者自立支援法における都道府県知事・市町村長の「指定」,「認定こども園法」や生活困窮者自立支援法における「都道府県知事の認定」,小規模保育事業の「市町村長の認可」,放課後児童健全育成事業の「市町村長への事前届出」が新たな手続として加わった.結果,事業開始手続は計10パターンにも及ぶ.

そして「共通的基本事項」を定める社会福祉法との相違はもちろん,同じ種別でありながら個別分野法ごと・事業ごとに相違し,また第2種社会福祉事業でありながら第1種社会福祉事業と同様の手続を要する事業も存在する.個別分野法ごとに,あるいは事業手続ごとにみても,そこに何らかの法則性を見出すことはできない.これら縦割り行政がもたらした状況が,本節第3項で述べたと同様に,種別区分の意味,そして種別そのものの意義を形骸化させている.

第5項　社会福祉事業の経営主体

(1) 社会事業法における経営主体

社会事業法は,その事業経営実態から事業経営主体の制限を設けなかった.よって社会事業経営は,公営,財団法人,社団法人,私人等が混在していた.第1章第2節第3項で示した表2において「その他」や「寄付」が多いことから,とりわけ宗教者等をはじめとする民間篤志家による零細事業がその大部分を占めていたと推測できる.同時に,当時において社会事業固有の専門性,ひいては専門経営主体の必要性が認識されていなかったことを示すものでもあろう.

(2) 種別区分による経営主体の原則的制限

51年法立案過程において,黒木の意向を踏まえ,50年11月法案では,ほぼすべての社会福祉事業に経営主体制限を課していた.しかし,上記のとおり児童局に対する譲歩から最終的に第1種社会福祉事業にしか経営主体の制限をかけることができなかった.しかし木村は,第2章第3節第2項で述べたように,51年法の国会審議において「社会福祉事業というものを本来やる法人ならば,

表17　2015年6月現在での社会福祉事業における

	社会福祉法における規定	根拠法	都道府県知事の認可	都道府県知事への事前届出	都道府県知事への事後届出
第1種社会福祉事業	施設設置を要する事業は都道府県知事への事前届出（第62条第1項）、施設設置を要しない事業は都道府県知事への事後1ヶ月以内の届出（第67条第1項）	社会福祉法第62条第1項、第113条第1項、第114条	共同募金事業（共同募金会の設立）	授産施設経営事業	無利子・低金利資金貸付事業
		生活保護法第41条第1項	救護施設経営事業 更生施設経営事業 無料・低額入所生活扶助事業 助葬事業		
		児童福祉法第35条第4項、第24条の9第1項	乳児院経営事業 母子生活支援施設経営事業 児童養護施設経営事業 情緒障害児短期治療施設経営事業 児童自立支援施設経営事業		
		「障害者総合支援法」第83条第4項、第38条第1項			
		老人福祉法第15条第4項、第5項・介護保険法第86条第1項	養護老人ホーム経営事業	軽費老人ホーム経営事業	
		売春防止法 ※根拠条文なし		婦人保護施設経営事業	
第2種社会福祉事業	都道府県知事への事後1ヶ月以内の届出（第69条第1項）	社会福祉法第69条第1項			生計困難者に対する日常生活必需品提供・金銭支給事業 生計困難者に対する生活相談事業 簡易住宅貸付事業 宿泊所提供事業 無料・低額診療事業 生計困難者に対する介護老人保健施設利用 隣保事業 福祉サービス利用援助事業 連絡・助成事業
		生活困窮者自立支援法第10条第1			
		児童福祉法第34条の3第2項、第34条の4第1項、第34条の8第1項、第34条の10、第34条の11第1項、第34条の12第1項、第34条の15第2項、第35条第4項、第21条の5の15	助産施設経営事業 保育所経営事業 児童厚生施設経営事業 児童家庭支援センター経営事業	児童自立生活支援事業 小規模住居型児童養育事業 一時預かり事業 病児保育事業	子育て短期支援事業 乳児家庭全戸訪問事業 養育支援訪問事業 地域子育て支援拠点事業 子育て援助活動支援事業
		「認定こども園法」第3条第2項			
		身体障害者福祉法第26条第1項、第27条、第28条第3項		身体障害者生活訓練等事業 介助犬訓練事業 聴導犬訓練事業	手話通訳事業 身体障害者福祉センター経営事業 補装具製作施設経営事業 盲導犬訓練施設経営事業 視聴覚障害者情報提供施設経営事業
		「障害者総合支援法」第36条第1項、第51条の19第1、第51条の20第1項、第79条第2項		移動支援事業 地域活動支援センター経営事業 福祉ホーム経営事業	
		母子及び父子並びに寡婦福祉法第20条、第31条の7第4項、第33条第4項、第40条		母子家庭日常生活支援事業 父子家庭日常生活支援事業 寡婦日常生活支援事業 母子・父子福祉施設経営事業	
		老人福祉法第14条、第15条第2項、第5項、介護保険法第70条第1項、第78条の2第1項、第115条の2第1項等		老人介護支援センター経営事業	老人福祉センター経営事業

終章　社会福祉事業の変容と今後の展望

事業開始手続（社会福祉法人等の民間団体の場合）

都道府県知事の認可＋都道府県知事の指定	都道府県知事の認可＋都道府県知事の認定	都道府県知事への事前届出＋都道府県知事の指定	都道府県知事への事前届出＋市町村長の指定	都道府県知事への事前届出＋都道府県知事の認定	市町村長の認可	市町村長への事前届出
障害児入所施設経営事業						
		障害者支援施設経営事業				
特別養護老人ホーム経営事業（介護老人福祉施設）						
				認定生活困窮者就労訓練事業		
		障害児通所支援事業	障害児相談支援事業		小規模保育事業	放課後児童健全育成事業
	幼保連携型認定こども園					
		障害福祉サービス事業 一般相談支援事業	特定相談支援事業			
		老人居宅介護等事業 老人デイサービス事業 老人短期入所事業 老人デイサービスセンター経営事業 老人短期入所施設経営事業	小規模多機能型居宅介護事業 認知症対応型老人共同生活援助事業 複合型サービス福祉事業			

※子育て短期支援事業は，事業者の指定，事業者への委託，事業者からの申請等，市町村ごとに異なる

原則として社会福祉法人であるべきだ」と答弁し，また51年法の解説において
も「第二種社会福祉事業にぞくするもの…であっても，…社会福祉法人の本来
の目的となるものにほかならない」(木村 1955：146) としている．こうした答
弁や説明は，せめて運用面において黒木の意向を実現させようとしたからで
あった．実際，その後，内藤による批判の根拠となったと思われる保育所の経
営主体は，黒木が児童局長に就任した時期に第1種社会福祉事業と同様の制限
が課せられた．

　以上から，第2次臨調行革以前は，社会福祉事業の「純粋性」・「公共性」保
持のため，またそれによって「対世間的な信用」を回復・確保するため，さら
には「公的責任」の反映として，実質的には社会福祉事業の経営主体を国，地
方公共団体，社会福祉法人に限定していたといえる．

(3)　経営主体への民間事業経営者の参入

　第2次臨調行革路線の到達点ともいえる90年法第3条は，「国，地方公共団
体，社会福祉法人その他社会福祉事業を経営する者」という表現を用い，社会
福祉事業経営に社会福祉法人以外の民間事業経営者の参入を前提とする方向へ
と転換した．

　そして90年法以降による第2種社会福祉事業の増加にともない，「民間事業
者による老後の保健及び福祉のための総合的施設の整備の促進に関する法律」，
「保育所の設置認可等について」の一部改正，介護保険法および障害者自立支
援法・「障害者総合支援法」における事業者指定制度等，当該事業経営主体の
民間開放は急速に展開していく．児童局に対する譲歩によって生まれた第2種
社会福祉事業は，経営主体に制限が課せられていなかったことから，はからず
も第2次臨調行革路線以降においての格好の標的となった．

　そして社会福祉法以降，経営主体の多様化は，高齢者福祉施設経営事業を皮
切りに，第1種社会福祉事業に及ぶこととなった．90年法以降において，高齢
者福祉施策をリーディングケースとして社会福祉関連法制が展開されてきた点
を踏まえるならば，今後，障害児・者施設や児童福祉施設等にも波及すること
が想定される．

第6項　福祉サービスの質確保施策

(1) 行政監督の導入

　社会事業法は，民間社会事業への補助と行政による指導監督を導入した最初の法律である．これにより，福祉サービスの質を確保する体制が創られ，悪質な社会事業経営および劣悪な施設内環境や福祉サービスに対する行政指導が可能となった．ただし，事業監査においては，行政職員の社会事業に対する知識や実態把握が不十分であったこと，施設最低基準が存在しなかったことから，第1章第4節第6項で述べたとおり，民間事業経営者にとって必ずしも有益な指導にならない場合もあった．

(2) 質確保体制の整備

　51年法では，質確保施策として厚生大臣による施設最低基準を根拠とした事業監査規定，都道府県知事による改善命令，事業制限・停止権限を置いた．これらは第2章第2節第3項で述べたとおり，社会福祉事業の健全経営が51年法制定の目的の1つであったため，50年1月23日法案当初から盛り込まれ，その後大きな修正もなく51年法に規定されたものであった．

(3) 個別分野における事業監査の相違

　福祉六法体制以降，各個別分野法に基づく施設最低基準が出揃ったが，厚生省令，厚生省告示，厚生省各局（長）通知と，その位置づけは各担当部・局・課によって相違することとなった．また，第3章第5節第6項および前章第5節第6項で述べたとおり，事業監査の対象の範囲や表現も相違するものとなり，不均衡が生じた．こうした縦割り行政の弊害は，実際に監査を実施する都道府県行政および担当職員の縦割り運用に及び，利用する施設種別によって享受するサービスの質に格差を生む危険をはらむこととなった．

(4) 第三者評価事業の台頭

　前章第5節第6項で述べたように，第三者評価事業は全国的に展開されつつあり，それ自体は評価し得るものであるが，一方で「重点化，効率化」のもとに事業監査の代替策とされ，公的責任が縮小あるいは転嫁される危険が生じてきている．

第7項　福祉サービス利用者の利益保護
(1) 事業経営に向けられた法律

　社会事業法は，社会事業の健全経営と統制を目的とした法律であった．よって，第1章第4節第7項で述べたとおり，利用者という視点そのものが不在であった．

　51年法では，前項で述べたように厚生大臣による施設最低基準策定が導入された．しかし，いずれの施設最低基準においても，施設設備，職員の職種および人員数等のハード面の規定に比して，福祉サービスそのものについての基準はわずかに留まった．そこには以下のような背景があった．第1に，50年10月法案までは「食事，被服，居室，保健衛生，慰安教養及び作業その他すべての生活部面について適正を期し，その構造及び設備は，衛生上，防火上及び保安上適切と認められるものでなければならない」と具体的に例示していたが，51年2月24日法案以降では「設備の規模及び構造並びに被援護者等に対する処遇の方法について，必要とされる最低の基準を定めなければならない」と簡略化された点である．第2に，50年11月法案，51年1月①法案時において，生活保護法，児童福祉法，身体障害者福祉法等の「社会事業施設」すべてを一括して対象とする「社会事業施設最低基準」が模索されたが，結局，個別分野の管轄局・課ごとに定められることになった点である．第3に，そのため51年法第60条第1項が「処遇の方法について」の基準を含めたにもかかわらず，当該基準が既存の児童福祉施設最低基準等に反映されなかった点である．第4に，51年法の制定目的が民間事業経営者の財政行き詰まりの打破と悪質経営の排除にあり，社会事業法同様，利用者の視点が稀薄であった点である．第5に，障害児・者を「非社会的」・「反社会的行動をとる」犯罪予備軍として，あるいは障害を「不幸」として捉える対象観が行政に内在していた点である．

　福祉六法が揃った1960年代においても，第3章第5節第7項でみたように，サービス内容は未だ一般生活から乖離したものであり，また国会審議で取りあげられた「収容」や差別用語と捉えられていた「著しい欠陥」がなおも条文に規定された．

(2) 利用者観の変化

1970年代以降，更生概念の拡大にともなう重度障害児・者を対象とする社会福祉事業の新設や特別養護老人ホームの急増等にともない，入所型施設は収容の場から生活の場へ，入所者は，「非社会的あるいは反社会的行動」をとる者・「不幸な生涯」を送る者から生活主体者へ，という意識の転換が求められるようになった．1984（昭和59）年の身体障害者福祉法改正等で「収容」という表現が「入所」に改められたのは，そうした障害観，利用者観の変化と捉えることができよう．また第4章第4節第7項で述べたように，これら変化が，先駆的な施設の創意工夫によってサービス内容にも反映されてきた．しかし，法施策において改正されたのは当該条文表現のみであり，利用者の利益を掲げる条文の新設や，最低基準における居室面積や居室人員数等の抜本的改正はなかった．1989（平成元）年の「あり方」も「施設入所者の処遇水準の向上」という抽象的な提起に留まり，ノーマライゼーション理念を導入した90年法でも，当該理念が最低基準に反映されることはなかった．

(3) 社会福祉法における利用者の利益

上記のように，90年法までは抽象的な理念が先行するのみであった．利用者の視点に立った具体的規定は，社会福祉法以降ということになろう．

例えば施設最低基準では，個室・ユニット型特別養護老人ホームのように，「生活」主体者の視点から改正が行われ，次第に福祉サービスそのものの基準が導入された施設もあった．反面，職員配置や設備に重点を置く最低基準が継続する社会福祉事業も存在し，個別分野間での格差が拡大した．また，基礎構造改革以降，これまで詳細かつ厳格に規定されていた入所定員，設備，職員配置等の基準が緩和されるようになった．そしてその規制緩和の流れは，前章第4節第2項で述べた最低基準の条例化につながっていく．条例化が地方分権の象徴の1つとして評価できるものとなるのか，あるいは「自治体の財政事情」による「許容できない格差」と「実質的な最低基準の引き下げ」をもたらすのか（伊藤 2010：178-181），その是非を下すには尚早である．しかし，一律の基準による公平性の確保を目的とした最低基準が消滅したことにより，少なくとも，サービス内容の地域間格差および憲法第14条に抵触する危険を内包するこ

とになったといえよう．

　また，社会福祉法は，第1条において「福祉サービス利用者の利益の保護」を掲げ，第8章においてその利益保護の具体的内容を提示した．しかし，その利益を享受する対象が「狭義の福祉サービス」利用者に限定されている点，「利益の保護」が利用契約制度による福祉サービス利用者を主たる対象とされている点，利益保護の規定方法が社会福祉事業経営者等の努力義務とされている点，保護される利益が利用契約時における事業者との対等な関係の確立に焦点化されている点は問題である．とりわけ努力義務に留まった利益保護規定は，「1995年勧告」が「社会保障推進の原則」として挙げた社会福祉の「権利性」および炭谷が強調した「利用者の権利保障」という点からすれば，極めて不十分であるといえる．

第8項　変容の総括とそのルーツ
(1) 社会福祉事業の変容

　以上，構成要素ごとに社会福祉事業の変容を概観した．これらを踏まえ，変容を総括すれば，以下の7点に集約できよう．

　第1に，社会福祉事業の理念が矮小化され，あるいは単線的にある理念が別の理念へと置換されてきた点である．51年法では，法案ごとに多様な理念が削がれた結果，社会事業法と同様の経済的自立のみが残った．その後，高度経済成長や当事者運動等を背景に，日常生活上の自立へと「自立（更生）」概念を拡大し，ノーマライゼーション理念を経て90年法における「参加」となり，社会福祉法では「個人の尊厳」の保持および地域福祉へと改正された．しかし，「日常生活上の自立」，「参加」，「個人の尊厳」の保持へと移行するに連れ，当初の理念であった経済的自立は後景に退いた．

　第2に，社会福祉事業の定義が規定されず，また該当要件についても提示されていないため，行政判断による社会福祉事業の追加・廃止が進められてきたことである．それは，重度心身障害児・者施設や特別養護老人ホーム等の新規追加をもたらした反面，政権維持目的や省内局・課間における権力志向競争の手段としての「必要性」が優先され，全国規模で展開され継続の必要性が認め

られる事業が追加されず，逆に機能的共通性を見出すことが困難な事業が追加される事態をも生み出してきた．とりわけ基礎構造改革以降は，国民の生活実態から顕れるニーズよりも，経済的背景にともなう財政事情や政権維持目的が強く影響するようになっている．

　第3に，オイルショック以降，バブル崩壊・リーマンショックへと連なる低成長下において，第2次臨調行革や「骨太の方針」等の政策のもと，社会福祉事業の増加は専ら第2種社会福祉事業の多様化という形で実現されてきた．それは同時に，民間事業経営者の多様化を意味するものであった．とりわけ民間営利事業経営者の参入は，経営主体という点において，有料老人ホーム経営事業や認可外保育施設経営事業といった「最狭義の社会福祉を目的とする事業」との相違を見出すことを困難としている．

　第4に，多様化した第2種社会福祉事業には，入所型施設経営事業と同様の機能を有する事業が含まれる．逆に第1種社会福祉事業の中には，「小規模グループケア」・「サテライト型」をはじめとする小規模施設が増えており，両者の規模や機能が接近してきている．また，福祉三法から福祉六法へと個別分野法が展開されて以降，個別分野ごとあるいは事業ごとに事業手続が相違する事態が拡大し，中には第1種社会福祉事業と同様の事業手続を要する第2種社会福祉事業も存在している．これらは，現行種別区分の形骸化，意義の稀薄化をもたらしている．

　第5に，「最狭義の社会福祉を目的とする事業」に含まれるであろう有料老人ホーム経営事業や認可外保育施設経営事業の事業開始手続は，それぞれ都道府県知事への事前届出，事後届出となっており，社会福祉法における施設設置を要する第1種社会福祉事業および第2種社会福祉事業と同様である．すなわち，事業手続という点からみても，上記第3と同様，社会福祉事業と「最狭義の社会福祉を目的とする事業」との相違が不明確になっている．

　第6に，事業監査は，個別分野ごとあるいは事業ごとに対象や方法が相違する．また当該監査の指標となる施設最低基準等でも，苦情への対応が規定されていない事業や福祉サービスに関する基準が乏しい事業が存在し，社会福祉事業の質確保において統一性が図られていない．そのため，個別分野あるいは事

業によって利用者が享受できる利益や人権侵害が生ずる危険性の格差を生み出している．

　第7に，社会福祉法においては，利用者と事業経営者との対等な関係の構築や自己決定を内実とする「個人の尊厳の保持」を基本的理念に置いた．そしてそれらを実現する上で不可欠であった利用者の権利体系は，「1995年勧告」での「社会福祉にかかわる」「権利性」（「1995年勧告」第1章第1節2）や炭谷の「権利としての社会福祉を確立しようとするもの」（炭谷編 2003：はじめに）とする見解にあるとおり，基礎構造改革の重要なテーマなり目標であった．にもかかわらず，社会福祉法への改正では「権利」として規定されず，現在に至る．それがうかがえる利用者の利益の「保護」規定（社会福祉法第8章）ですら，情報提供や広告規制にみられるとおり不十分なままである．

(2) **変容のルーツ——存続から生まれる変容**

　以上のとおり，今日の社会福祉事業は，理念の矮小化・単線的置換，社会福祉事業の多様化，経営主体の多様化，台頭する関連事業・活動との境界線の曖昧化，事業種別の形骸化および手続の多様化等によって，いわば内部からの崩壊と外部からの侵食に晒されている．

　そしてそれら変容を遡及すれば，第1の点は，51年法案段階において「主旨」・「本旨」として憲法との関連を意識した理念を置いていたが，経済状況や既存個別分野法の影響から，結局，公的扶助に準拠したことをルーツとする．すなわち，社会福祉事業そのものの目的・機能から導出したものではなく，消極的に追従したに過ぎないものであった．以降も，社会福祉事業の本質の追究からではなく，ノーマライゼーション等を巧みに取り込んだ「華麗な語句」（米本 2012：20）を用いつつ，時々の経済・社会的動向や政治目的に適合した理念に改正されてきた．またその改正は，過去の理念や法施策の批判・否定による正当性の提示という手法が採られ，古き理念（パラダイム）からの転換・脱却が強調された．

　第2の点は，51年法案段階において社会福祉事業の法的定義を試みた法案もあったが，その「困難」（木村 1955：33）故に，「列擧主義」（灘尾 1938：3-4）を採用した社会事業法を踏襲したことをルーツとする．

また第3の点は，51年法案段階において児童局に対する社会局庶務課の譲歩によって種別区分が生み出された際に，第2種社会福祉事業の経営主体が規制されなかったことをルーツとし，90年法以降においてそれが「民間活力の導入」という第2次臨調行革路線の目標達成のための手段とされたことが転機となり，社会福祉法以降では第1種社会福祉事業にも及んでいる．

　第4の点については，種別区分を「その対象に対する影響の軽重」（木村1955：33）という抽象的な根拠に基づいて規定した51年法をルーツとし，「ノーマライゼーション理念」を取り込み「在宅福祉の充実」を目標とした「あり方」の具現化である90年法を糸口に，民間事業経営者の参入を積極的に促進する社会福祉法以降において加速した．

　さらに第4の点および第6の点にある事業手続および事業監査の多様化は，ともに51年法で社会事業法の対象事業に関する条文を取り込み，「行政事務再配分に関する勧告」を受けて「届出」としたと同時に，生活保護法，児童福祉法の規定を優先する適用除外規定を置いた点をルーツとする．その後，福祉六法体制の時期においても縦割り行政のもと，精神薄弱者福祉法，老人福祉法で独自の規定を置いたことから定着した．

　同様に，第6の点にある施設最低基準の格差についても，個別分野ごとに規定され相互に統一性が図られなかったことをルーツとし，とりわけ社会福祉法以降においては，契約制度を導入した事業とそれ以外の事業の格差拡大を招いた．

　第3，第5の点における「最狭義の社会福祉を目的とする事業」と社会福祉事業との関係については，51年法制定過程において，社会福祉協議会の事業内容を「社会福祉事業に関する…」から法務府への譲歩からさしたる意図もないままに「社会福祉を目的とする事業に関する…」に修正したことをルーツとする．そして第2次臨調行革を踏まえた90年法第3条では，「国，地方公共団体，社会福祉法人その他社会福祉事業を経営する者」の責務としてその「広範かつ計画的な実施」を理念として掲げ，ここで何らかの福祉サービスを提供する事業である「狭義の社会福祉を目的とする事業」が登場する．さらに社会福祉法が，経営主体を問わない「最狭義の社会福祉を目的とする事業」を法対象に包

含したことで顕在化した．

　第7の点は，措置制度下においてサービス請求権やサービスの具体的内容を求める権利が行政解釈や司法判断において否定されてきたことをルーツとする．また，「1995年勧告」および基礎構造改革では，その措置制度が行政自らによって批判され契約制度へと移行するも，同勧告等で声高に叫ばれた利用者の権利については未整備のままとされていることによる．

　以上から，①51年法制定時より社会福祉事業独自の理念が置かれず，以降も経済的・社会的・政治的動向の影響を受けた理念に置換されてきたこと，②対象事業の列挙，抽象的な種別区分根拠，個別分野法優先規定等，社会事業法および51年法当初から現在の変容につながるルーツが内包されていたこと，③当該規定が，形骸化等の危機に晒されながらも，改正されないまま等閑に付され続けてきたこと，④抽象的かつ曖昧な規定であったからこそ，第2次臨調行革，「あり方」，基礎構造改革によって政策目的に利用され，解釈される余地が存分にあったこと，⑤「共通的基本事項」を定めるという社会福祉事業法，社会福祉法の目的は，個別分野法を主管する省内局・課相互の権力志向競争によって当初から反故にされ続けてきたこと，⑥契約制度への移行を前提とした社会福祉法下においても，利用者の権利については，福祉三法以来の措置制度同様，未確立の状況が継続していることがうかがえよう．

　すなわち，社会福祉事業の変容は，社会事業法・51年法から社会福祉法に至る退嬰的存続の中から生み出されているのである．よって，上記変容をくい止めるには，当該存続から脱却し，社会福祉事業の再構築に向けた抜本的改革が不可欠である．

第3節　社会福祉事業再構築への方向性

　社会福祉事業の法的輪郭を明確にし，統一性・整合性をもった事業とするにはどうすべきか．本節ではその方向性を提示する．

　その検討の基軸として，社会福祉事業の「基本法」的性格を目指した50年法5月法案・50年法6月法案を継承したい．すなわち社会福祉法を，社会福祉事

業の総合法・基幹法と位置づける．具体的には，①憲法における基本的人権を踏まえ，利用者の特徴を踏まえた社会福祉事業全般に関わる総則的理念を置くこと，②対象事業，社会福祉法人を含めた事業経営主体，事業手続，事業監査等，社会福祉事業経営に関する規定をすべて社会福祉法に集約すること，③利用者の総則的権利規定を置くことを念頭に置いている．①および③によって社会福祉法は，憲法における基本的人権と個別分野法の法理念や具体的権利規定とを媒介する役割を担い，理念および権利の一貫性および体系化が可能となろう．また，②の事業手続，事業監査は，50年法5月法案・50年法6月法案においても個別分野法に委ねていたものである．しかし前節第8項で明らかにしたように，個別分野法ごとに相違する当該規定が曖昧化・形骸化した社会福祉事業の範囲や種別区分の要因になっていることから，この点については50年法5月法案・50年6月法案の限界を打破し，これら規定を社会福祉法で統一すべきと考える．それにより，関連事業との差異の明確化や社会福祉事業間の整合性向上につながるであろう．

　社会福祉法体系に関する先行研究において，社会福祉（事業）法は，福祉に関する事務所や社会福祉法人等の規定があることから「組織・財政に関する法」あるいは「事業運営規制にかかわる法制」として，他の個別分野法と並列に位置づけられてきた（小川 1992：3-4，佐藤 1998：183）．

　しかし，従来どおり，「社会福祉を目的とする事業の全分野における共通的基本事項を定め」ることを法目的（社会福祉法第1条）とするならば，また前節第8項で述べたように，現状において構成要素の多様化・複雑化・形骸化があり，かつそれらが社会事業法および51年法制定以降から存続され等閑に付されてきた法条文上の欠陥がもたらしたものであるならば，社会福祉法を総合法・基幹法として位置づけ，憲法─社会福祉法─個別分野法という構造的な法体系のもとで，すべての「狭義の社会福祉を目的とする事業」・社会福祉事業の「共通的基本事項」が必要であると考える．

　竹内は，51年法を「福祉事務所と，福祉主事とに重点を置いた」ものであり，「第一條に『社会福祉事業の全分野における共通的基本事項を定め』とあることが，何か『盲腸』的なものに思われて仕方がない」と評した．今日に至

り，51年法が「生まれるまでに永く要請された」社会福祉事業の「『基本法』の性格」(竹内 1951：15) の奪還が，あらためて要請されている．

社会福祉事業の総合法・基幹法については，佐藤と渡邉による見解がある．

佐藤は，「単一の社会福祉サービスにかかわる法が制定をみていないことから，…対人的な面で，児童，母子，身障者，精薄者，老人…などの対象別の社会福祉サービス法や生活保護法が，また社会福祉事業法が，また民生委員法などが制定をみているが，これらは寄せ集めの状態にあ」り，「きわめて複雑な性格を示している」との問題意識から，「対象別をこえた包括的な社会福祉サービス給付を目ざす『社会福祉サービス』法制定とその体系が求められている」とした (佐藤 1998：181-182)．しかし，その「『社会福祉サービス』法」が具体的にいかなる内容をともなうものであるべきかについては言及していない．本研究は，佐藤の見解を継受し，まさにそうした「寄せ集め」状態がもたらす「複雑な性格」から脱却するために，「単一の社会福祉サービスにかかわる法」としての社会福祉法のあり方を提起するものである．また渡邉は，「個別福祉法に依拠した縦割り的な実施システムでは対応が困難となりつつあ」るという実態から，「『社会サービス法…という包括的な横断的社会福祉関連法律』を成立させることが必要である」とする．そして，成人を対象とする「社会サービス法」，重篤な援護者を「包括的に支援する介護保険法」と「権利法」への再整備を基本とし，「『児童福祉法』を並立されたシステム」を提起する (渡邉 2013：26-27，83，212)．渡邉の見解について，「縦割り的な実施システム」がもたらす弊害に向けた「包括的な横断的社会福祉関連法律」の必要性については同意する．その点，筆者の描く上記法体系と共通する部分が多い．しかし，渡邉のいう「社会サービス」とは何か，社会サービス法や「権利法」とは具体的に何を規定する法律なのかが不明である．また，渡邉はイギリスをはじめとする欧州をロールモデルとしているが (渡邉 2013：26，205)，福祉六法をはじめとする個別分野法が既存するわが国に，欧州のシステムをほぼそのまま当てはめることは容易ではなかろう．筆者は，渡邉のいう「包括的な横断的」法律および「権利法」として社会福祉法を位置づけ，かつ既存個別分野法を継続することを前提とした上で，「縦割り的な実施システム」の弊害を克服

する方途を探りたい．

以下，「共通的基本事項」の確立に向けた構成要素ごとの方向性を提示していく．

第1項　福祉サービスの理念
(1) 個人の尊厳

まず，前章第5節第1項で述べた「個人の尊厳」ばやりの現状において，他の関連・隣接領域との相違が不明となることから，福祉サービスの特徴を踏まえた「個人の尊厳」の保持とはいかなる意味かを検討する必要がある．

かつて筆者は，尊厳性について，人間の「存在」そのものに認める見解に疑問を呈し，人格的自律的存在であることに求める見解を一定評価した上で[4]，ミード（Mead, G. H）やカウフマン（Kaufmann, A）の見解を参照しつつ，人格的自律への「過程」およびそれに不可避かつ不可欠である「他者との関係」にあると捉え，その基底に「関係形成的—自律過程的人間像」を置いた．その概要は，以下のとおりである．

われわれは生来的に人格的自律的人間ではない．また必然的に人格的自律的人間になるわけでもない．われわれは，①他者からの役割期待やその根拠となる価値観を習得し，その役割を遂行しようとする「他律的自我」，②他者との関係が多様化するにしたがって，これまで獲得してきた価値観と対立・矛盾する役割期待を求める他者の出現によって，他者と相違する自分，個としての自分を自覚する「個としての自我」，③自らに付与されてきた役割・価値観を内省し，再度その役割・価値観を自らのものとし，あるいはこれまでの役割・価値観を修正・刷新し，それらによって行為遂行する「自律的自我」といった3つの自我の形成プロセスを経て人格的自律へと向かう．

しかし，人格的自律へと至ることは極めて困難である．なぜなら，新たな他者との出会いの度に「他律的自我」からのプロセスをくり返し，あるいは長期にわたる特定の他者との関係でもこれまで気付かなかった当該他者の価値観と

---

4) 存在尊厳説については，青山 2004：70，木原 2014：125-130等を，人格的自律論については，古川 2005：253-256，菊池 2014a：104-109等を参照．

の衝突から「個としての自我」の覚醒があるからである．また，「個としての自我」が疑問とする役割期待を履行してしまい，「自律的自我」を封殺する場合もあるだろう．つまり，われわれは他者との関係を維持・拡張していく中で，常に「他律的自我」から「個としての自我」を経て「自律的自我」に向かうプロセスをくり返し循環する．

　われわれは，常に自己に流入する「他律的自我」に翻弄され，彷徨い，不安を抱き続ける存在である．しかし同時に，その「他律的自我」を糸口として新たな「自律的自我」を形成するプロセスにおいて，新たな自我への変容可能性を秘めた自己に高揚し歓喜する存在でもある．だからこそ，われわれは「他者との関係」をかけがえのないものとして認識する．現前する他者との関係の維持を切望し，その消滅に恐怖するのは，当該他者との関係そのものに尊厳性を認めるからに他ならない．

　そして，人生の中で出会い接触する他者は諸個人によって相違し，よってどのような「他律的自我」を得てどのような「自律的自我」を培うかも，諸個人によって異なる．それこそが，諸個人それぞれの生きてきた証しであり，何ものにも代え難い「個」としての生き様である．

　以上から，筆者は，尊厳性を「人格的自律への過程」に不可欠である「他者との関係」に見出し，さらに当該過程において他者との関係が常に先行することから，「関係形成的―自律過程的人間像」とした．そして，当該過程や目指すべき「人格的自律」の方向が諸個人によって相違する点を「個」の尊厳として捉えた．その上で，社会福祉の理念を「福祉サービス利用者各個人が，他者との関係を形成・維持・拡張することを通じて他者との相互作用を図り，『他律的自我』の萌芽から『個としての自我』を経て『自律的自我』に基づく役割・価値観を創造・構築し，かつその役割を遂行できるよう支援すること」とした（鵜沼 2009：183-208）．

　「他者との関係」を人間の社会的機能や特質と捉えるのみならず，「尊厳性」の根拠として理解する点については，岩崎による「『尊厳』を多様な関係性のなかで保障する援助」（岩崎 2002：121），中村の「互いにかけがえのない人としてある関係とは，人格的関係であり，そこに絆が生まれる．すなわち，福祉

の心は，人格的関係＝絆の創造をもたらす働きがある」とする見解（中村 2009：212），牛津の「共感的共同」による「トポス情況」（牛津 2012：120-121）等におけるアプローチと共通する．また，橋本による「人間は，環境や他者からの働きかけで自己を自己たらしめていく」存在であり，「多様な『個性』をもつ人々の相互作用（交歓）が，人間を『完結』（成長）させていく不可欠な条件」であるとする人間観（橋本 2015：78-82）とも近似性が高いといえようか．

　さらに岩田による「70年代以降の『パラダイム転換』論の中心軸となった多数者集団への自立型福祉と，これを克服すべきとした少数者集団への保護型福祉の両者が，『救貧型』→『普遍型』という直線関係にあるのではなく，そもそも社会福祉の本質とかかわって，異なった目標達成を求められた社会福祉の2つの路線として存在している」との見解（岩田 2007：20）は重要である．前章第2節第4項で述べたように，「1995年勧告」は，「いかにして最低限度の生活を保障するかが，現実的な理念であり，課題であった」時代から「広く国民に健やかで安心できる生活を保障することを，社会保障の基本的な理念として掲げなければならない」と理念の転換を提起した（「1995年勧告」第1章第1節1）．ここに，まさしく岩田のいう「直線関係」が，あるいは前節第8項で述べた古き理念からの転換・脱却が示されている．しかし，それが若年層にまで拡がる生活困窮者や貧困の拡大連鎖，社会的孤立の増加といった現代の深刻な社会問題を引き起こした要因の1つであることを踏まえれば，社会福祉が果たす複数の「路線」を包含する理念の構築が必要であるといえよう．[5]

　以上から，本研究では，社会福祉事業における「個人の尊厳」の保持を，人間的な健康的・文化的生活の保障（以下：理念ⅰ）と，個々人が創造・拡張する多様な他者との関係性のもとで自己を確立し，決定・選択していくための自律過程に向けての支援（以下：理念ⅱ）という2本の基軸で捉える．

5）　この点に関連し，近年における「社会的排除から社会的包摂へ」という言説も慎重に検討する必要がある．とりわけ法施策においては，部分的包摂・時限的包摂によって新たに生み出される排除（法施策の対象から除外されること），あるいは包摂されることにともなう排除（法施策の対象となると同時に地域内で差別・疎外の対象となること）もある．排除と包摂は決して直線的・一方向的ではなく，同時的・可逆的関係にあることに留意すべきであろう．

(2) 「個人の尊厳」と憲法との関係

　上記のとおり，本研究では，社会福祉法を総合法・基幹法とし，憲法—社会福祉法—個別分野法という法体系を意図している．よって以下では，上記理念ⅰ・理念ⅱと憲法との関係について検討していく．

　理念ⅰ・理念ⅱが，それぞれ憲法第25条，第13条に関連することはいうまでもなかろう．加えて，憲法第25条を公的責任に基づく介入とし（社会権的性格），第13条を公権力による束縛・支配からの自由と解すならば，そして社会福祉事業における公的機関・サービス提供者と利用者との関係を近年のパターナリズム論から捉えるならば，これらは相互補完・相互抑止関係にあるともいえる．

　１）公的責任に基づく介入の正当性を担保する自律

　パターナリズムへの批判が「自己決定」の尊重および契約制度の導入の根拠にあったことは，「1995年勧告」や「中間まとめ」から明らかである．学界における理論動向も概ね同旨見解が趨勢であった[6]．しかし，その標的とされた措置制度は，児童養護施設等の入所決定や「やむを得ない場合の措置」（身体障害者福祉法第18条第2項，老人福祉法第11条第1項第2号等）として残存している．また，虐待や孤立といった困難ケースに対する行政のアウトリーチとして，その意義が再び注目されている[7]．さらに，「契約」制度に移行した保育所利用についても，その申込の「勧奨」が市町村の責務において行われている（児童福祉法第24条第4項）．

　虐待に対するやむを得ない事由による措置は，「家族関係を悪化させ，後のフォローが大変」とする見解もある（東京都保健福祉局高齢社会対策部在宅支援課 2006：136）．しかし，行方不明高齢者，ともに認知症を抱える高齢者のみ世帯（いわゆる認認世帯），ゴミ屋敷をはじめとするセルフネグレクト，介護・虐待・多重債務等の複合的問題を抱える世帯等は，近年において増加傾向にある．そしてこれらのケースは，地域住民による支え合いはもちろん，民生・児童委員

---

6) この時期の理論動向については，八木 2009：1-10，中井 2009：91-104等を参照．
7) 積極的な行政措置の事例として菊池 2011：63-64，菅野 2012：22-23，久保 2013：106-107等を参照．

や介護支援専門員の活動・調整権限をもってしても限界がある場合が多い．また，家族関係調整や関係機関の連携については，行政権限が必要かつ有効になるケースや場面も存在する．こうした生活水準が低下している者，低下の危険性が高い者，にもかかわらず自ら支援を求めることができない・求めようとしない者，だからこそ住民からのサポートが届きにくい，あるいは敬遠され排除される危険性がある者に対しては，行政による把握と早期介入が求められ，そこに措置制度の積極的意義がある．

　以上より，社会福祉事業において憲法第25条にいう健康で文化的な生活を保障するためには，パターナリズムを忌避し排斥すべきものとして捉えるのではなく，むしろ不可避であるケースが存在すると認識しなければならない．とすれば，どのような介入が，どこまで必要なのかを見極める必要がある．そして問題の状況や発生要因は個々のケースごとに相違するため，当然，介入の方法や程度も各ケースに適応させることが，そしてそれを絶えず検証し続けることが必要であろう[8]．この点に関し，中村は「自律の実現・補完という観点を加えた自律の尊重の考え方」は，「価値観・合理性判断などをケアされる者へと強いる『押し付けのケア』…を『あしきケア』とし判別する上でも，有効であろう」と述べる（中村 2007：292）．すなわち第13条に基づく自由は，まさにその正当化の根拠となり，かつ過剰な介入や自由侵害の抑止につながるものである．かつて大山は，老人福祉法による措置について「老人からの申請を待つという態度を一歩進めて，措置の実施機関自ら管内の老人の実態を把握し，積極的に措置を要する老人の発見に努めることを要請する」ものであるが，「措置が老人の福祉を図るために講ぜられるものである以上，当該措置を受ける老人の意に反する場合において，強制的に措置することはできない」と述べた（大山 1964：125）．上記新たな社会問題に対する措置のあり方として，大山の見解は再評価・再検討されるべきであろう．

8）　木矢は，「パターナリズムとは確かに恣意的なものである」が，「不可避であ」る，そして「何が善意であるかは自明なことではな」く，「善意による行為がいついかなるときも善意による支配に転換してはならない」，だからこそ「批判という営み自体を手放してはならない」と述べる（木矢 2012：32）．

2）自由・自律を補完する介入

一方，憲法第13条は，その中核に上記「自己決定」の不可侵を置く．しかし，福祉サービス利用者には，児童，知的障害者，認知症高齢者等，意思決定そのものが未熟，あるいは困難な者も少なくない．そのため，福祉サービス提供場面における職員・利用者関係において，日常的に「助言」や「指導」といった利用者への方向付け（介入）が行われている．また，意思決定やその表明が極めて難しい利用者に対しても，当該利用者が望む健康で文化的な生活とは何かを福祉サービス提供者がくみ取り，可能な限りそれに沿ったサービスがなされている[9]．さらに，複合的な生活困難を抱え前途を見出し難い現状から，逃避や自虐を意思表明する者に対しては，時として当該意思に反する介入が必要な場合もある[10]．憲法第25条にいう「健康で文化的」な生活の実現を目的とする介入は，自己決定が困難な者や生き続けることを放棄する者に対する関わり方において不可欠であり，また自己決定と表裏にある自己責任に転嫁・放置されることを抑止する．

3）2つの福祉サービス理念における相関関係

こうした相互補完・相互抑止関係は，それぞれに照応する理念ⅰ・理念ⅱにも該当する．すなわち，理念ⅰの直接的な根拠は第25条であるが，健康で文化的な生活の理念モデルを自明とし，それを一律的かつ強制的に押しつけるのではなく，当該理念モデルを念頭に置きつつも，「広義の福祉サービス」利用者

---

9) ただし，黄・畑瀬 2014：25-26は，「セルフケア能力の有無とは関係なくサービスを提供する」，「自立を優先させる余裕が持てなく，自分でやってあげる」ことを経験した知的障害児・者施設職員が「9割前後」にのぼることを明らかにしている．福祉サービスには常に過剰介入の危険性があるということを認識する必要があろう．石川も「干渉者の特定の価値判断によって，選択肢の多様性どころか反対に矮小な選択肢しか提示せず，一定方向への誘導を駆り立てる危険性が現れる」と指摘する（石川 2007：13）．

10) 日本社会福祉士会「社会福祉士の行動規範」5-3参照．また中村は，「その人の自律というものをしっかり見詰め，その自律が本人に実現できない，あるいは表面上は自分の意思とは違うような，真意とは違うようなことを言っているような人間に対しても，…その自律を実現し，支えてあげる．こういうかたちのパターナリズムというのは，よきパターナリズムであるというふうに言うべきではないか」と述べる（中村 2012：65）．中村 2007：288も参照．

が希求する健康で文化的な生活とは何か，どのような筋道でその生活を実現していきたいかを個々のケースごとに探り問い返すこと，およびそれらを可能な限り配慮することが必要である．また理念iiの根拠は第13条であるが，当該利用者自身が他者との関係の中で自己を確立し自律に向けて歩むために，個々のケースに求められる適切な介入（調査，調整，保護，あっせん，利用の要請，助言，指導等）を探り実践することが不可欠であろう．

また，理念iによる健康的・文化的生活が保障されれば，理念iiでいう他者との関係の創造・拡張の機会の増加につながり，理念iiの多様な他者との関係性の確立は，理念iでの健康的・文化的生活への意欲を惹起させる原動力となるだろう．

そして，こうした理念i・理念iiを根拠とする具体的実践レベルでの福祉サービスの内容や量は，上記のとおり，心身機能，就労実態，意欲・意向といった本人自身の状況や，本人を取り巻く家族関係・近隣関係・住環境・地域文化等の環境・社会資源等により，個々のケースで相違する．よって，そうした個別性に対応することが不可欠であり，それでこそ「個人の尊厳」を保持することとなる．

以上より，「福祉サービスの基本的理念」を見出しとする社会福祉法第3条前段は，理念i・理念iiをその相関関係を含めながら，そして当該理念の基底的根拠である憲法第25条・第13条との関連を踏まえながら，より詳細に表現することが求められる．

この点につき，51年法に至る法案の理念に相当する条文，例えば50年1月23日法案第2条「個人の尊嚴をあらゆる社会関係の基礎として，すべての國民が等しくその保障せられた生活水準を向上し，民主的で文化的な生活を保持し得るよう…」，50年4月法案第2条「国及び地方公共団体は，すべての国民が健康で文化的な生活を保持できるよう必要な援護を行うとともに，…もって日本国憲法第二十五條の理念の実現に努めなければならない」，50年6月法案第3条「社会福祉事業は，個人の尊厳と社会連帯の理念に基づき…」等は，あらためて注目されてよいと考える．

それを踏まえ，われわれは，具体的な福祉サービス提供過程において，利用

者の多様な情報を収集した上で，利用者とともに，理念 i・理念 ii を総合した具体的な支援目標を立て，かつそれぞれの理念に向けた適切なサービスの種別・量，および具体的な支援方法や関わり方を導出しなければならないだろう．

(3) 福祉サービス利用者を主体とする表現

社会福祉法第 3 条後段における「有する能力に応じ」に関しては，すでに「障がい者制度改革推進本部等における検討を踏まえて障害保健福祉施策を見直すまでの間において障害者等の地域生活を支援するための関係法律の整備に関する法律」で，障害者自立支援法における第 1 条「その有する能力及び適性に応じ」の表現が削除されている[11]．また，「育成され」という受動的表現に関しては，「障害者総合支援法」第 1 条において「障害者及び障害児が基本的人権を享有する個人としての尊厳にふさわしい日常生活又は社会生活を営むことができるよう…」と，「障害者及び障害児」を日常生活または社会生活を「営む」主体とする表現になり，追加された同法第 1 条の 2 では「社会参加の機会が確保され」，「どこで誰と生活するかについての選択の機会が確保され」となっている．

「利用者本位」や「対等な関係」を目指して「社会福祉法」へと名称変更し，「個人の尊厳」の保持を理念と置くならば，上記個別分野法の動向を踏まえ，速やかに削除・改正されるべきであろう[12]．

(4) 地域福祉

上記理念 ii に向けては，多様な他者との関係を日常的に創造・拡張できる環境が不可欠である．よって，社会福祉法第 4 条は，まず，福祉サービス利用者を主語に置き，当該環境に居住し，他者との関係形成を実現できるような支援を受けること，およびその実現を妨げられないことを明示すべきである．これ

---

[11] 社会福祉法と障害者関連法との理念に関する比較検討について，例えば木全 2007：93-101，木全 2011：76を参照．

[12] 同様の指摘として矢嶋 2012：169を参照．なお，北野参考人は，国会の場で「福祉サービスは，利用者の基本的人権を尊重し，その自己選択に基づいて，利用者が可能な限り自立した日常生活が営めるよう，支援するものとする」との修正案を提起している（「第百四十七回国会衆議院　厚生委員会議録」12（2000：5））．

は,「障害者総合支援法」第1条の2における「相互に人格と個性を尊重し合いながら共生する社会」の「実現」や「地域社会において他の人々と共生することを妨げられないこと」と通底する理念ともいえよう.

　また福祉サービス利用者が当該環境での生活を維持するためには,「社会福祉を目的とする事業の経営者」による「相互」の協力のみならず,保健,医療,居住環境,教育,就業支援等,あらゆる生活領域に対応する施策を含めた包括的連携こそが不可欠である[13]. そのためには,公民間連携とともに,「権力志向競争」がもたらす省庁・部・局・課の縦割り行政を排した公的機関間連携も求められる. よって第4条での「相互に協力」する主体に地方公共団体を含めた当該機関連携の必要性についても明示すべきであろう.

　なお,地域福祉の担い手としての「地域住民」という点については,公的な福祉サービスになじまない細やかな生活課題が地域住民相互の配慮や気配りで解消され,単身高齢者や障害者が自立した日常生活・地域生活を継続できるケースも少なくないことからすれば,妥当である. そしてそのための「住民主体を確保するための条件」確保,「核となる人材」育成,福祉教育や啓発活動等による「地域がもっている負の側面」の克服(これからの地域福祉のあり方に関する研究会 2008:18-26)等,地域住民が地域福祉に参加できるような施策の推進は求められよう. しかし,地域福祉を支える地域住民の活動は,前章第5節第1項で述べたとおり,あくまで地域住民自身の自由意思による無理なき範囲内での主体的活動である. よって「地方公共団体,社会福祉を目的とする事業の経営者および社会福祉に関する活動を行う者」と「地域住民」とを分け,前者を地域福祉推進の責務を有する主体に,後者をその推進に協力するよう努める主体とすべきである.

---

13) なお,河野による「障がい法」や,伊藤による「高齢者・障害者総合福祉法」等がすでに提起されている. 前者は自由権的側面と社会権的側面を一体的に保障する「包括的な法領域」として(河野 2012:26-29),後者は「年齢により区分しない統一した法体系での制度設計」(伊藤 2011:164)が念頭に置かれている.

第2項　対象事業の範囲
(1) 社会福祉を目的とする事業

　ここでは,「狭義の社会福祉を目的とする事業」のうち,とりわけ「最狭義の社会福祉を目的とする事業」について述べる.

　「自主性」,「創意」(木村 1955：39),あるいは「自由な発達」(黒木 1951b：84-85) 等,本来,第2種社会福祉事業に期待されていた特徴を当該事業も有するであろうことから,また阪神淡路大震災以降,特定非営利活動法人をはじめとする様々な主体による事業や活動が活発化している現状から,さらにはそれらが理念 ii における多様な他者との関係形成やその具現化である地域福祉の一角を担うという点から,当該事業を法対象とすることについて異論はない.しかし,法対象とする以上,少なくとも以下のような範囲規定は必要と考える.

　「最狭義の社会福祉を目的とする事業」には,当然,適用除外規定(社会福祉法第2条第4項)にある事業が含まれるため,当該規定はいったん削除した上で,「最狭義の社会福祉を目的とする事業」の範囲を規定する条文中にあらためて例示列挙として規定し直すという作業が必要であると考える.その際,事業の規模要件は,一部事業のみ緩和した社会福祉法の規定を改正し,すべての社会福祉事業にわたって一律の最低利用人員数を規定した上で,当該人員数に満たない事業を「最狭義の社会福祉を目的とする事業」として加えるべきである.

　その他の「最狭義の社会福祉を目的とする事業」に該当する事業としては,前節第2項で挙げた家庭的保育事業等,社会福祉事業ではないが個別分野法において規定されている事業をはじめ,「老人の福祉を増進することを目的とする事業」(老人福祉法第10条の3第1項),無認可児童福祉施設や認可外保育施設を経営する事業(児童福祉法第59条・第59条の2),特定非営利活動(特定非営利活動促進法第2条第1項・同法別表),公益目的事業(公益社団法人及び公益財団法人の認定等に関する法律第2条第1項第4号・同法別表),民間営利事業のうち,①福祉の増進を目的とし,かつ②無料または利用者の過剰負担とならない程度の料金によって利用できる,という特徴を有する事業等が考えられる.「最狭義の社会福祉を目的とする事業」の範囲を厳格に規定する必要はないであろうが,当

該事業の無秩序な拡散は、一般的な顧客サービスに埋没してしまう危険をはらむ。そのため、当該事業の一定の範囲なり要件については、今後も検討していく余地はあろう。

また、「最狭義の社会福祉を目的とする事業」の他、「社会福祉に関する活動」（社会福祉法第4条）、上記「老人の福祉を増進することを目的とする事業」、福祉サービスに「参画する者の活動」（児童福祉法第21条の8、身体障害者福祉法第14条の2第1項、知的障害者福祉法第15条の3第1項）、等、福祉関連事業・活動の名称についても多様化する兆候がある。定義の混乱を避けるためにも、名称の統一を図る必要があろう。

なお、前章第5節第2項でふれたとおり、「2016年度施行社会福祉法」第89条第1項において、「社会福祉事業その他の政令で定める社会福祉を目的とする事業」が「社会福祉事業等」とされた。これにより、社会福祉を目的とする事業は、「広義の社会福祉を目的とする事業」、「狭義の社会福祉を目的とする事業」、「最狭義の社会福祉を目的とする事業」、「社会福祉事業等」に含まれる「政令指定の社会福祉を目的とする事業」の4つが存在することとなる。今後、それぞれの範囲の妥当性や名称変更の必要性の検討が求められる。また「2017年度施行社会福祉法」で新設された社会福祉充実事業は、所轄庁に承認を得た上で実施する社会福祉事業、公益事業、地域公益事業の総称であるが（「2017年度施行社会福祉法」第55条の2第1項、第3項、第4項）、今後、公益事業と地域公益事業、あるいは社会福祉充実事業と本研究でいう「狭義の社会福祉を目的とする事業」の異同性を解明する必要があろう。

(2) **社会福祉事業**

社会福祉事業の範囲規定については、51年2月24日法案以来、法的定義が置かれないまま、対象事業を列挙する手法が継続されてきた。

この点については、51年法から60年が経過した現在においても、未だ研究対象である「社会福祉」を定義し得ない社会福祉学研究者にも責任の一端はあるだろう。しかし、経済・社会的変動にともなって生ずる多様な生活困難に対し、その都度、新規事業が追加されてきた経緯を踏まえれば、社会福祉あるいは社会福祉事業の定義を論理的に導出することは至難であったことに相違な

い．また，社会福祉事業の定義が条文化されることによって当該事業の範囲が硬直化し，新たな問題への対応が困難となるという逆機能の危険性もある．さらに，「憲法における『慈善』『博愛』の概念は明確ではなく，社会福祉法における社会福祉事業も制限列挙方式」で「『概念』を規定していない」ため，「社会福祉事業に対する公金支出に関わる違憲性，あるいは抵触の可能性が回避された」という見解（佐橋 2011：73）は，第2章第2節第2項で述べた GHQ による徹底した公私分離施策からすれば首肯できるものであろう．

　しかし，対象事業の列挙という現行の手法を採る限り，社会福祉事業の採否は全面的に行政判断に委ねざるを得ない．それによって，50年11月法案立案の際の葛西・黒木のやりとりのごとくなかば官僚の思いつきによる採否決定や，政策的必要性のみで追加・廃止が決定され，省庁・部・局・課間の権力志向競争の手段とされ，あるいは時々の財政状況や政局に左右される危険性については，前節第2項・第8項で明らかにしたとおりである．そして社会福祉法が社会福祉を目的とする事業を法対象としたことからすれば，今後の政策的意図として「狭義の社会福祉を目的とする事業」の多様化・量的整備に重点が置かれ，結果，社会福祉事業の新規追加が抑制され，あるいは社会福祉事業から「最狭義の社会福祉を目的とする事業」への降格がなされることにより，上記理念ⅰ・理念ⅱが阻まれる危険性もある．

　新たな生活問題に遭遇し生活困難に陥った者が放置されることのないように，あるいは必要性の高い社会福祉事業の追加・廃止が，上記行政の都合や経済的・政治的動向等に左右されることのないように，社会福祉事業の定義の法定化に準ずる何らかの施策が講じられるべきである．すなわち，50年11月法案から51年2月6日法案において努力されていた，社会福祉事業の法的定義の確立をあらためて志向することが求められているといえよう．例えば，医師法における「医業」の解釈のごとく（「医師法第17条，歯科医師法第17条及び保健師助産師看護師法第31条の解釈について」平成17医政発0726005），時々の「社会福祉事業」についての「解釈」を，行政をはじめ，各学会等の学識経験者組織，日本社会福祉士会等の資格者組織，あるいは現場職員組織等が提示し，それらをもとに統一的に把捉し，かつ定期的に検証・更新していくことが考えられよう．こう

した実績の積み重ねが社会福祉事業の定義についての国民的関心をも喚起し，その範囲を行政判断にのみに委ねる現状の打破につながるのではなかろうか[14]．

なお，社会福祉事業を「何らかの福祉ニーズを持つ者に対し，公的責任により提供されるサービス」と緩く捉えたとしても，福祉サービス利用援助事業はそれに含まれない事業と考える．よって当該事業等を，社会福祉事業の「利用支援事業」という別のカテゴリーに属するものとして整理すべきであろう．

また，売春防止法を根拠とする婦人保護施設経営事業は，現実態においてDV，経済的貧困，社会的孤立等の複合的問題を抱える女性を対象にしている．横田は，当該実態を踏まえ，「女性支援法」への改正を提起する（横田2013：30-33）．福祉新聞2015（平成27）2月9日付記事「売春防止法改正しよう」でも，東京都社会福祉協議会婦人保護部会主催の集会を取りあげ，「支援を必要とする女性の実態と同事業の法令の間に開きがあり，現場で開きを埋めようと努めてはいるが限界がある」とする意見で一致したと報じている．これら動向を踏まえ，通知による運用を廃止し，新たに個別分野法を立法化した上で，当該法に基づく社会福祉事業とすべきであろう．さらに，第3章第5節第3項で述べた勤労青少年福祉法は，若年無職・不安定就労層が増加する現在において再びその重要性が増している．生活困窮者自立支援法との連携・統合，あるいは勤労青少年ホーム経営事業（勤労青少年福祉法第15条）の社会福祉事業化が検討されるべきであろう．

第3項 社会福祉事業の種別

前節第3項でみたように，入所型施設経営事業がより小規模化・サテライト化し，在宅福祉事業がより総合化・包括化していく現状がある．上記理念 ii からすれば，こうした入所型施設経営事業と在宅福祉事業の機能的接近は評価できるものであろう．

---

14) この点に関連し，岩崎による「近年の理論史研究の特徴」として「社会福祉の原点回帰を志向する研究が見られる」とする見解のとおり（岩崎 2012：27），基礎構造改革以降，「社会福祉とは何か」を志向する研究が蓄積されつつある．大友 2013：106-132は，その問いを真正面から捉えた注目すべき研究の1つである．

しかし，上記現状は，多人数を「収容」する入所型施設経営事業とあくまでその補完に過ぎない在宅福祉事業を峻別して立案された51年法が想定していなかった事態である．よって，上記現状は第１種・第２種いずれに該当するかの判断を困難とし，また種別区分そのものの意義の薄弱化をももたらす．種別区分の必要性の是非，必要である場合の現行種別区分の妥当性，現行種別区分が妥当しない場合の新たな種別区分が模索されるべきである．例えば，上記理念，事業の目的・内容および利用者への人権侵害の危険性という視点から社会福祉事業を区分すれば，以下の３類型が考えられる．
　すなわち，理念ⅰに関連する①経済保護事業，医療保護事業等の経済的困窮者支援事業，理念ⅱに関連する②無料，低額あるいは応能負担において，利用者に対して何らかの人的サービスを提供する事業，および③手話通訳事業，補装具製作施設経営事業，介助犬訓練事業，老人福祉センター経営事業等，他者や社会との関係を取り結ぶための手段，機会，情報，環境を製造・提供・整備する事業である．
　なお，②は，基本的に利用者の「自宅」において福祉サービスを提供する事業を前提としている．理念ⅱにおける多様な他者との関係を日常的に創造・維持できる環境とは，地域社会の中で生活を営める「自宅」に他ならない．特別養護老人ホーム等で推進される個室・ユニット化での「居室は施設の中の『一つの部屋』であって，必ずしも『自宅』ではない」(岡田・岡田 2011：194)．居住福祉を提唱してきた早川は，「心身障害者・高齢者などハンディキャップのある人たちが自己実現を遂げながら生きてゆくには，それを支える住宅と生活環境が整備されていなければならない」と述べる(早川・岡本 1993：15)．入浴・排泄・調理等，一定の日常生活行為が可能な設備を有する個人的所有空間こそ，自律の基盤となる基本的環境であろう[15]．
　入所型施設のさらなる小規模化を進め，せめて認知症対応型老人共同生活援助事業や「障害者総合支援法」における共同生活援助事業等と同等程度の規模の「小さな『自宅』の集合体」(岡田・岡田 2011：195)として再整備され，か

---

15)　高橋は，「住まいのあり方」を重視し，「居住確保機能」と「居住環境維持機能」を「一体的」に提供する「地域居住支援法」を提起している(高橋 2014：25-27)．

つ他者との関係を創造・拡張できる場所（地域）に配置される必要がある．また，障害者の地域生活の実現，および潜在的路上生活者や経済的理由等でサービス付き高齢者向け住宅に入居が困難な高齢者への対応のため，住宅確保補助金の支給[17]，社会福祉法第2条第3項第8号における「簡易住宅」貸付事業へのバリアフリー住宅の追加等，理念ⅱに基づいた社会福祉事業を上記類型①および③に含めていくことも求められよう．

ただし，共同生活援助事業は，高橋が指摘するように，「共同生活住居の規模の拡大傾向」によって「施設性が持ち込まれ」，「人間としての住まいから遠のいている」（高橋 2011：84）．また河東田は，「生活の場がグループホームなどに変わっただけで，施設的な伝統とか考え方，培ってきたものが依然として残り続けている実態」を「"再施設化"（ミニ施設化)」と指摘する（河東田 2013：98）．これら見解は，モデルケースになるはずの共同生活援助事業そのものの目的と定員が乖離しつつある現状（「障害者の日常生活及び社会生活を総合的に支援するための法律に基づく指定障害福祉サービスの事業等の人員，設備及び運営に関する基準」第207条，第210条第4項）の是正，住環境のさらなる改善・整備とともに，理念ⅱに応じた事業経営者・サービス提供者の意識や関わり方の変革も求められることを示唆している．

第4項　対象事業の事業手続

(1) 社会福祉を目的とする事業の事業手続

2009（平成21）年3月に入居者10名の死亡という大惨事を引き起こした高齢者施設は未届であった．またそれを受けて厚生労働省が行った調査では，同年

---

16) 2014（平成26）年5月に公布された改正都市再生特別措置法（平成26法39）は，市町村が医療施設や福祉施設を一定の区域に誘導できる「立地適正化計画」の策定を可能とした．拡散した都市機能・施設を集約し，コンパクトシティを目指すという目的は評価できる．ただし，「居住誘導区域」と都市機能増進施設（医療施設，福祉施設等）の立地を誘導する「都市機能誘導区域」を分離した同「計画」（第81条第1項・第2項）は，居住区域から福祉サービス利用者が疎外される懸念を生む．

17) 生活困窮者自立支援法第5条における住居確保給付金の支給は，限定付きながら居宅の確保を福祉施策に取り込んだ嚆矢として評価できよう．

5月末の時点で有料老人ホームに該当し得る未届施設が525施設もあり，そのうち複数人部屋によるプライバシーの未確保（6件），居室面積の狭さ（4件），夜間の人員配置不備（3件）等の問題があったことが判明している[18]．また，大都市を中心に増加しつつある通所介護事業者による宿泊サービスについても，その環境が劣悪であることが指摘された[19]．さらに2015（平成27）年2月には，医療法人の訪問介護事業所が未届の高齢者マンションに入居する高齢者に対し，緊急やむを得ない場合以外の身体拘束を含む虐待を行ったとして東京都福祉保健局および北区から改善勧告・指導を受けている[20]．

　しかし，今後も「『法制度の狭間にある施設』を『必要』」とするならば（武原 2009：46），そしてこうした「最狭義の社会福祉を目的とする事業」を法対象とし，その「健全な発達を図る」ことを目的とする（社会福祉法第1条）ならば，これら実態・事件を踏まえ，上記当該事業の特徴を踏まえつつも，「最狭義の社会福祉を目的とする事業」の健全経営および利用者の利益保護を担保する手続的規定は，一定必要であろう．児童福祉法における認可外保育施設や公私連携型保育所，老人福祉法における有料老人ホーム等，社会福祉事業以外の事業に対する現行の事業手続を参照すれば，①事業経営者は，事業開始前に，事業責任者，住所，事業内容，職員配置，利用者負担等を記載した書面を主管行政庁へ届け出ること，②行政庁は当該書面の記載事項に誤記がないことを確認した後，「社会福祉を目的とする事業」経営者を公表すること，③これら手続を一律に社会福祉法において条文化すること，等が考えられる．

18）　厚生労働省老健局振興課（2009）「未届の有料老人ホームに該当しうる施設に対する対応等について」http://www.mhlw.go.jp/shingi/2009/06/dl/s0629-1l.pdf
19）　「在宅サービス関係」（第45回社会保障審議会介護保険部会資料2）http://www.mhlw.go.jp/stf/shingi/2r98520000033t43-att/2r98520000033t8u.pdf および朝日新聞2014（平成26）年1月23日付記事「『雑魚寝ホーム』託す老後」参照．
20）　東京都福祉保健局（2015）「介護サービス事業所の監査結果及び勧告について」http://www.metro.tokyo.jp/INET/OSHIRASE/2015/02/20p2h500.htm，東京都北区（2015）「報道されている北区内の高齢者向け『制度外ホーム』へ改善指導を行いました」http://www.city.kita.tokyo.jp/korefukushi/kenko/koresha/shido.html を参照．

(2) 社会福祉事業の事業手続

　51年法以来，社会福祉事業の事業手続は，施設を設置して第1種社会福祉事業を経営する場合，施設を必要としない第1種社会福祉事業を経営する場合，第2種社会福祉事業を経営する場合に分けて規定されている．また，行政監督についても，事業監査，改善命令，許認可取消権限等を定めている．しかし，上記のとおり個別分野法を優先する規定も，社会福祉法まで存続する．結果，同じ社会福祉事業でありながら，あるいは同じ種別区分でありながら，事業手続や事業監査の対象等が相違し，社会福祉事業の，あるいは種別区分の整合性が図られないまま現状に至っている．

　社会福祉法と個別分野法とで事業手続が相違する点については，51年法70条（社会福祉法第74条）を根拠に，51年法（社会福祉法）と個別分野法との関係を「一般法」と「特別法」の関係として捉える見解が通説であり（黒木 1951b：78, 146, 小川 1992：117），これまで不問とされてきた．

　しかし，社会福祉法と個別分野法間，個別分野法相互間，あるいは各事業間において事業手続が相違する点に，論理的必然性，整合性があるのかは甚だ疑問である．当該相違が縦割り行政によるものに過ぎないならば，こうした状況が種別区分を形骸化させていることに鑑み，社会福祉法に社会福祉事業すべてに共通する（あるいは今後も種別区分が必要であるならば，当該区分ごとの）統一的な事業手続が規定されるべきであろう．少なくとも，同一法律内で事業開始手続と都道府県知事の指定を課している「障害者総合支援法」第36条，第79条や児童福祉法第21条の5の15，第34条の3等の規定は，複雑であり，かつ二重の行政手続の煩をきたしている点から改正すべきと考える．

　また，ある事業が社会福祉事業として列挙される手続（過程）についても規定される必要がある．そしてそれは，上記と同様，「最狭義の社会福祉を目的とする事業」と社会福祉事業との相違を明確にする点からも必要と考える．第3章第3節第1項・第2項で明らかにした精神薄弱者援護施設，特別養護老人ホーム等，先駆的・開拓的実践から法定化された事業を参照すれば，①「最狭義の社会福祉を目的とする事業」として届出があった事業のうち，②同様の事業が全国的に展開され，③当該事業が，経済的・社会的変動から重要であると

の認識が拡がり，④当該事業の継続的運営およびより広範な事業展開が求められると判断された場合に，⑤個別分野法による事業の新規追加と同時に，⑥社会福祉法第2条に規定される，という流れが想定できよう．その際，④における判断は，最終的には審議会や国会の場となろうが，その前提として当該「最狭義の社会福祉を目的とする事業」経営者やその利用者の意向を踏まえることが不可欠の条件となる．

なお⑤・⑥に関連し，51年法からの個別分野法によらない社会福祉事業，例えば助葬事業，生活保護以外の経済保護事業，医療保護事業等は，生活困窮者自立支援法への統合もしくは「経済医療保護法」とでも称する法律の立法化を行い，それらの法律の対象事業として目的，対象，内容，人員基準等を規定することが求められる．とりわけ前者について，社会福祉法第2条第2項第1号，第3項第1号，第8号～第10号にいう「生計困難者」が「生活保護法の対象となるものだけでなく，生活保護法による生活扶助，住宅扶助等の対象とはならなくても，これに準ずる低収入を得て生計に困難をきたしているものをも包含」（木村 1955：36）し，生活困窮者自立支援法にいう「生活困窮者」が「現に経済的に困窮し，最低限度の生活を維持することができなくなるおそれのある者」（生活困窮者自立支援法第2条第1項）であるならば，双方共通の対象が含まれていると捉えられ，よって社会福祉法第2条第2項・第3項における生計困難者に対する事業を生活困窮者自立支援法に基づく事業とするともに，当該法を根拠とする社会福祉事業として社会福祉法第2条に再掲することも可能ではないかと考える．

さらに，社会福祉法第2条に列挙されている社会福祉事業が削除される場合においても，①長期的視点に立って利用可能層の推計，②事業経営者の意向の把握，③現利用者の他事業移行への同意，④現利用者の他事業への移行実施等，その条件および削除過程が規定されるべきであろう．

第5項　社会福祉事業の経営主体

上記のように，51年法以来，第2種社会福祉事業の経営者は制限されてこなかった．そのため，1980年代以降，とりわけ社会福祉法以降における民間営利

事業経営者の積極的参入を招き，前章第5節第5項でふれた蟻塚の「はたして社会福祉事業か」という疑問に至る結果となっている．この点も51年法当時において想定されていなかったことであろう．

　民間営利事業経営者につき，古川は，序章第2節第2項でふれたように「②規範性や③公共性，⑥継続性，⑦安定性の確保」が「求められる」と述べる．しかし，介護保険における介護サービス事業者の「平成12年度〜平成24年度までの指定取消の状況」をみると，指定取消総数1,022件のうち796件が営利法人であり，[21]「規範性」，「継続性」が民間営利事業経営者に求められ得るのか疑問である．さらに前章第5節第1項で述べたように，民間営利事業経営者が理念や地域福祉の推進に向けて競合する他の事業経営者と有機的な連携をするのか，むしろ囲い込みに向かうのではないかという疑問もある．

　そもそも社会福祉事業への多様な経営主体の参入は，社会福祉事業の法的輪郭の稀薄化をもたらす一方ではなかろうか．

　第1章第4節第6項および第2章第2節第3項で述べたように，社会事業法および51年法制定の背景には，「一種の企業慾に驅らるゝ徒輩」や「社會事業屋」と称される悪質事業経営者の「取締」・「締出し」・「粛正」による「対世間的な信用」の回復があった．また第2種社会福祉事業である宿泊所提供事業が「ホームレスの受け皿ビジネス」・「貧困ビジネス」と称され，利用者の人権侵害を招く事態を引き起こした事例（中川 2003：108，湯浅 2008：143-154）や上記介護保険における指定事業者の指定取消の状況を踏まえるならば，さらには「最狭義の社会福祉を目的とする事業」や関連事業との相違を明確化するならば，社会福祉事業経営は，原則として国，地方公共団体，非営利法人が担うべきと考える．この点において，「高齢者・障害者総合福祉法」を提起する伊藤の，「委託を受けて福祉サービスの提供を行う認可事業者」を「非営利法人に限定」する見解に同意する（伊藤 2011：177-178）．

21）　厚生労働省老健局総務課（2014）「全国介護保険・高齢者保健福祉担当課長会議資料について」http://www.mhlw.go.jp/file/05-Shingikai-12301000-Roukenkyoku-Soumuka/0000038308.pdf 参照．また，平成24年度のみをみても，指定取消総数63件のうち60件が営利法人である（http://www.mhlw.go.jp/stf/shingi/2r9852000002xhcw-att/2r9852000002xhnq.pdf）．

そして，本節第3項で示した種別区分案での①および②は，利用者からの搾取や不正経営，あるいはサービス提供過程における人権侵害の危険性が高いことから，国，地方公共団体および社会福祉法人に限定することが必要である[22]．
　ただし，社会福祉法人に対する規制や社会福祉法人自身による自己改革も同時に求められる．
　前章第4節第2項で述べた「社会福祉法人制度の在り方について」等の内容については，一部の社会福祉法人の事例を取りあげつつすべての社会福祉法人に対し一律に方向付けられている点，第4章第4節第6項で述べたような社会福祉法人ならではの優れた先駆的・開拓的活動や創意工夫が正当に評価されていない点，その背景や要因の分析なく内部留保の金額のみがクローズアップされている点[23]，そもそも内部留保や不正流用・不正請求等については，社会福祉法人のみならず民間営利事業者を含めたすべての社会福祉事業経営者においてその在り方が検討されるべきである点を指摘しなければならない．また，前章第4節第2項で述べたように，一方で競争原理の中での効率的経営が求められ，他方で公益性が要請されることに，戸惑いや苦悩を抱える社会福祉法人もあるだろう．
　しかし，「地域における公益的な活動」（「社会福祉法人制度の在り方」第5部）あるいは「2017年度施行社会福祉法」における「無料又は低額な料金で，福祉サービスを積極的に提供する」事業（社会福祉法第24条第2項），「社会福祉充実事業」（55条の2第1項，第3項）については，かねてより指摘され続けてきたものであった．例えば木村は「ヴォランタリの社会福祉事業は，民間の社会福祉事業である」が，「現在では，こういった実態をもっているものではなく，公の社会福祉事業の委託をうけて実施しているものが極めて多い」といった「ていたらくであって，純粋に民間の社会福祉事業とはいえない」との批判を

---

22) なお，芝田は「社会福祉事業は基本的人権の具現化であり，『人権原理』を基本に実施されなければならない」という前提のもと，「今後とも社会福祉事業の主体は当然社会福祉法人が担うべきである」とする（芝田 2014：90）．
23) 濵本は，「内部留保」の金額のみをもって不当な利益を図っているとはいえないことを指摘し，「内部留保」と「資金的裏付け」との関連から今後の課題を提起する（濵本 2014：68，77-80）．

福祉六法体制期に行っている（木村 1963：29-30，その他菊池 2008：118-119，北場 2012：25等）．また，特別養護老人ホーム経営事業を行う者の中には，悪質と判断せざるを得ない社会福祉法人が存在することも確かである．例えば永和は，市・県の内部資料の分析から，介護保険事業を行う社会福祉法人の中で高利益を得ている社会福祉法人が存在することを明らかにし，その要因に，人件費の削減，「総合福祉施設」化，利用者の生活の楽しみである教養娯楽費や食費（食材費）の削減があると分析している．そして「元々，社会福祉事業を行う意思のない社会福祉法人にとっては，…介護保険は，絶好のビジネスチャンスだった」とする（永和 2008：20-29）．

　これらの現状において社会福祉法人に関し，以下の2点が求められる．
　第1に，実施している社会福祉事業および公益事業の実績を具体的・実証的データで公表すること，公益性に則した事業・活動の計画を提示すること，そしてそれらを通じて，民間営利事業者とは一線を画する存在であるとの住民理解を浸透させていくことである．
　社会福祉法人の独自性・優位性については，以下の点が考えられる．まず，①複雑多様な生活問題を抱える者への対応が可能であり，②低所得者・無所得者にも公平にサービスを提供でき，③地理的・人口的事情に影響されない事業所配置が可能である．また④経営基盤は安定しており，だからこそ定着する職員も比較的多く，「行けばそこにある」，「行けばあの人がいる」という⑤安心感と継続的・長期的支援を提供できる．しかも定着する職員が多ければ，それだけ利用者の多様性やあらゆる場面への適切な対応技術・方法の蓄積・維持・伝授の機会が増加し，⑥サービスの質や専門性の維持・向上につながる．さらに，「癒着」と揶揄される市町村行政との関係は，他方で一定の信頼を得ていることを意味し，だからこそ⑦現場や地域の実態に基づいた「最狭義の社会福祉を目的とする事業」や地域公益事業を福祉サービス利用者や住民とともに創造・開発し，かつ，その実施・充実・拡大を彼らの代弁者として市町村議会や行政に訴求できる存在でもある．そのうえ理念ⅱや地域福祉理念との関係でいえば，⑧「広義の社会福祉を目的とする事業」の中心的担い手である社会福祉協議会の会員であることから，市町村社会福祉協議会，都道府県社会福祉協議

会との情報共有や連携のシステムも一定確立されており，総合的・包括的な事業展開も可能である．こうした，いわば社会福祉法人の強みを量的・質的に立証し公表すること，それによって理解促進を図ることが重要であろう．「当たり前のことをしてきたまで」との謙遜から，自らの実践の提示・公表を躊躇する法人もあるかもしれない[24]．しかし，一方でその「当たり前」の行為や事業が国民に理解されてこなかった現実もある．社会福祉法人自身によるこうした努力がなければ，行政の下請けとして安閑を貪っていた「ていたらく」を自ら肯定することとなり，前章第4節第2項でふれたイコールフッティング論のもとでたちまち解体されることとなろう．

第2に，明らかに「企業慾に駆らる々徒輩」・「社會事業屋」に堕した社会福祉法人については，「2016年度施行社会福祉法」・「2017年度施行社会福祉法」での経営組織改革，会計帳簿・計算書類等の開示等による透明性の確保を速やかに実施していくとともに，非営利性・公益性・専門性を具備した法人であることについての自省・自己改革，行政による適切な法人監査（「2016年度施行社会福祉法」第56条，第57条の2），そしてこれらによる「対世間的な信用」の回復があらためて課題となってこよう．

第6項　福祉サービスの質確保施策

(1) 社会福祉を目的とする事業

本節第4項での私見を前提とすれば，届出をした「最狭義の社会福祉を目的とする事業」の経営者および行政庁は，当該事業によるサービスの質確保を目的とする取り組みを実施する必要があろう．上記家庭的保育事業，認可外保育

---

[24] 福祉新聞2014（平成26）4月7日付論壇において，社会福祉法人理事長である辻村は，「『特に取り立てて言うほどのことは何もしていませんなあ』などと謙遜して答えると，今時の社会福祉法人はけしからんとくる．改めて何か地域に貢献する事業は，などと問われると，思わず戸惑ってしまうのである」と述べる．また高岡も，「多くの社会福祉法人が地域への貢献活動をしているのですが，法人側も積極的なアピールをしてこなかったことから，急に『アピールしてください』といっても，『新しい取り組みではないから』などと消極的で，実践を知らしめるところまで至っていないのが残念」と発言している（徳川・高岡・松島 2015：37）．

施設，有料老人ホームの設置者・経営者等に対する質確保施策を参照すれば，①事業経営者は，利用申込があった場合に，サービスや契約の内容を説明すること，②契約時に書面を交付すること，③一定期間ごとに事業報告を行政庁に提出すること，④提供するサービスの質確保を目的とする自己点検を実施すること，⑤行政庁は，利用者に対する不当な行為がないかを一定の頻度で調査すること，⑥調査で明らかになった不正等について指導を行うこと，⑦指導に従わず，あるいは利用者の権利侵害があった場合は，事業制限，事業の停止あるいは廃止を命ずること，⑧ただし，事業手続および行政監督等につき他の法令に基づく事業は，その限りにおいて本法の適用除外とすること等が考えられる[25]。

また，「最狭義の社会福祉を目的とする事業」に対する補助規定も必要であろう。社会福祉法における「狭義の社会福祉を目的とする事業」経営者に対する支援としては，都道府県社会福祉協議会による請求事務代行や支援事業の実施が規定されている（社会福祉法第88条）。それに加え，「最狭義の社会福祉を目的とする事業」については，各事業経営者の自主財源による経営および他法優先を原則としつつも，例えば社会事業法施行規則第19条にあった将来性，継続性（事業開始後3年以上），規模（入居10人以上・その他の場合30人以上）等のような該当要件を定め，それに該当するすべてあるいは一部の事業に，一定の事業経営費補助がなされるべきであろう。

(2) 社会福祉事業に対する事業監査

サービス利用希望者が利用したいサービスや事業者を選択・決定でき，あるいは必要なときに他のサービス・事業者へ自由に移行できるだけの量的確保は，現実的に極めて厳しい。絶対的・慢性的サービス不足の長期継続は，競争原理が働くことを前提とした選択・契約制度の導入およびサービスの質向上を破綻させ，「高かろう，悪かろう」になるのは当然の帰結である。だからこそ，安定した経営を可能とする財源の確保を前提に，その財源を享受する者が果た

---

[25] 例えば，高齢者の居住の安定確保に関する法律第5条〜第9条，第24条〜第26条および国土交通省・厚生労働省関係高齢者の居住の安定確保に関する法律施行規則第5条，第8条〜第11条にある，サービス付き高齢者向け住宅事業に関する条文等が該当しよう。

すべきサービスの質の維持・向上の指針となる設備およびサービス基準の詳細化・充実化，そしてそのサービスの質の維持・向上を担保できる事業監査が求められる．

事業監査の規定方法については，本節第4項で述べた事業手続と同様，個別分野ごとあるいは事業ごとに相違する必然性はないと考える．「共通的基本事項」を定める社会福祉法において，事業監査の対象，方法を統一的に規定すべきであろう．具体的には，「障害者総合支援法」第48条第1項等にある，事業者，事業者であった者，従事者であった者を対象とし，報告，帳簿書類等の提出・提示や出頭の要求，職員による関係者への質問，立入調査等を方法とする規定が妥当であると考える．同様に，都道府県知事による事業停止等の不利益処分を規定する社会福祉法第72条において，第1項，第3項のみが適用除外となっている点も，第72条各項をすべての社会福祉事業に適用する統一的規定として整序することが望ましい．

(3) 第三者評価事業等の関連施策

事業監査と第三者評価事業は，利用者に対する権利侵害の実態やその危険性を見落とさないための重層的質確保施策である．よって，「重点化，効率化」のもとで第三者評価事業が事業監査を代替するようなことがあってはならない．また，社会福祉法以降，第2種社会福祉事業においても全生活面を支援対象とし，かつ長期継続利用を前提とする事業が増加している．そのため，用意された評価基準項目のみでの自己評価やわずかな滞在期間による訪問調査で確認・検証された評価結果は，部分的・断片的な評価にならざるを得ず，「第三者評価制度をそれだけで完結したシステムと考えることは，弊害をもたらす」（平田 2007：200）．よって後述する運営適正化委員会等の苦情処理システムの整備やオンブズマン制度の導入等により，幾重にもサービスを点検し権利侵害やその危険に対する早期発見・介入を行うことが必要であろう．

第7項 利用者の利益

(1) 福祉サービスの基準

福祉サービスの質に関する基準については，前章第5節第6項および本章第

2節第7項で述べたように，介護保険や「障害者総合支援法」等，契約制度へ移行した事業での具体化が進む一方，婦人保護施設や母子・父子福祉施設等は，依然として乏しい現状にある．後述の利用者の権利規定を具現化するためにも，施設の対象や目的に沿った福祉サービスそのものの基準が全個別分野において導入されるべきであろう．また公平性という観点から，少なくとも，例えば「特養基準」にある週あたりの入浴回数やおむつの随時交換等，サービスの質に関する基準は「従うべき基準」とすべきである．また，「参酌すべき基準」においては，当該基準の決定過程において都道府県民が情報収集を行い意見表明する機会の確保が求められよう．

(2) **利用者の権利規定**

本節第1項で述べた理念i・iiから導出し得る権利として，まず，①健康で文化的な人間らしい生活を営む権利，②「他律的自己」形成に寄与する他者との関係を取り結ぶ機会や手段を確保する権利，③「自律的自己」によって創造した役割・価値観に基づく行動を遂行する権利等が考えられる．ただ，これらの権利については，対応する義務の主体・範囲・具体的内容を明確にすることが困難であるため，社会福祉法に具体的な権利として掲げることはできないであろう．しかし，国・地方公共団体が，社会福祉事業の採否基準，社会福祉事業の設備基準，福祉サービスの質の基準，事業監査の重点項目等を設定する際に，あるいは福祉施設・事業所の職員が福祉サービスを提供する際に，常に合理的配慮が求められる基底的「視点」として社会福祉法第5条・第6条をはじめ，児童福祉法第2条，「障害者総合支援法」第2条第4項，老人福祉法第4条第2項・第3項等に包含していくことは必要であると考える．また，同時に，パーソナルアシスタントやコンタクトパーソン制度の導入等，理念i・ii[26]の実質的内実化を図る具体的施策の推進も求められよう．[27]

その他，理念i・iiに関連し，かつ「中間まとめ」のいう「利用者と提供者

---

[26] コンタクトパーソン制度については，スウェーデンの Lag om stöd och service till vissa functionshindrade（1994）第9条第1項，第3項を参照．
[27] この点において，秋元が提唱する「不完全義務」と「緩やかな制度化」は示唆に富む（秋元 2010：150-153，199-207）．

との対等な関係」を「確立」(「中間まとめ」Ⅱ①) するために，少なくとも以下の権利を条文上で明示することが必要であろう．すなわち，④社会福祉事業の種類や事業者を選択する権利，⑤そのために必要な最低限度の情報の開示請求権，⑥具体的なサービス内容を決定する権利，⑦当該決定過程への参加権および意見表明権，⑧不適切なサービスに対する苦情申立権，⑨サービス提供職員による権力的・隷属的関係の強制に対する拒否権である[28]．

そしてこれら権利規定を受け，社会福祉法第8章は，その具体的保障施策を社会福祉事業経営者や国，地方公共団体の義務として規定すべきである．例えば④では，やむを得ない事由を除く事業経営者の受け入れ義務が相当しよう．そして希望どおりの社会福祉事業および事業者の選択が不可能である場合は，代替事業・事業経営者を当該希望者の了承を得ながら一定の期間内に調整・決定する地方公共団体の義務が考えられる．また⑤では，情報提供および広告については医療法第2章第1節・第2節各条のような具体的規定とすることが必要であろう．さらに⑧では，運営適正化委員会による調査への協力義務をすべての社会福祉事業経営者に課すこと，かつ苦情解決を図る最終的な責任を事業監査主体である行政庁に置くこと，およびオンブズマン制度を導入することが求められる．

また個別分野法では，対象の特徴，属性に応じたより具体的あるいは補完的な権利として掲げ，かつより多くのサービス基準に反映させることによって，利用者の権利の体系化を整備すべきであろう．例えば，児童福祉法第21条の5の17等における「意思」の「尊重」あるいは知的障害者福祉法第15条の3および「障害者総合支援法」第42条等における「意思決定の支援」への「配慮」は，上記権利⑥および⑦に対応する実施主体および事業経営者の義務を社会福祉法第8章に掲げた上で，個別分野法における利用者の意思決定の権利および実施主体・事業経営者の義務とする等，憲法—社会福祉法—個別分野法の法体

---

28) 福祉サービス利用者の権利体系についての見解は，例えば河野 2006：第3章，菊池 2014a：総論第2章等を参照．なお，秋元 2014：5-12，菊池 2014b：13-19は，いずれも「合理的配慮」と「主観的利益（権利）」を重要なキーワードとして取りあげており，たいへん興味深い．社会保障法学における社会福祉権利論の新たな展開が期待される．

系に基づく権利体系として再構成されるべきである．同時に各個別分野法を根拠とするすべての社会福祉事業の設備及び運営に関する基準にも反映される必要があろう．

第4節　本研究の成果と今後の課題

　以上，本研究では，社会福祉事業の成立を法立案過程から解明し，当該事業の変容過程を7つの構成要素から析出した．そして，当該現状を踏まえた上で，今後の社会福祉事業の方向性を試論的に提起した．
　本研究は，以下のような成果をもたらしたと考える．
　第1に，社会福祉事業全体を俯瞰して法制史分析を行う点である．個別分野法や特定の事業あるいは要素の成立史についての先行研究はあるが，社会福祉事業に焦点化し，かつ社会事業法から現在までを貫通した研究は希少であると考える．
　第2に，立法過程の分析において政局や行政の権力志向競争が社会福祉事業の構成要素に与えた影響を解明した点である．これまで，種別区分，経営主体等に関する条文に何らかの積極的意味があるとの行政解釈が所与の前提とされ，議論の俎上に上がることはなかった．しかし，それらが権力志向競争における妥協の産物であるとする本研究は，法制研究を行政官僚による建前から解放し，社会福祉事業の法的枠組みに関する開かれた議論を可能とした．
　第3に，社会福祉事業を構成する7つの要素それぞれの変容過程を社会的背景との関連から明らかにした点である．先行研究では，経営主体や質確保等，部分的な分析・課題提起のみであった．また社会福祉事業の共通要素を抽出した上でその存否を分析するものであった．これらを踏まえ，本研究は，さらに社会福祉事業を網羅的・動態的に分析するための視点と枠組みを提示したといえる．
　第4に，社会福祉事業における構成要素の変容過程から，社会福祉事業の内外において法的輪郭が次第に曖昧化していること，および当該変容のルーツが社会事業法および51年法制定時から内包されるも等閑視され続けてきたことを

明らかにした点である．これにより，第2の点と相まって，社会福祉事業のあり方を問い返し，当該事業の独自性を踏まえた法制改革の必要性が確認された．

しかし本研究が提起した立法課題については，以下を踏まえ，さらなる具体化・精緻化が求められる．例えば，①福祉サービスの理念では，憲法第13条・第25条や医療倫理学における人間の「尊厳性」についての先行研究の検討が，②経営主体では，社会福祉法人の史的経緯の解明や他の公益法人との比較分析が，③質確保施策については，地方社会福祉行政機関の機能・権限・体制，福祉関連資格における養成課程についての史的経緯や現状分析，および第三者評価事業の項目・評価過程の実態把握，検証委員養成分析，当該事業の効果測定等が，④利用者の権利体系については，消費者契約等の関連領域における法体系や諸外国の社会福祉関連法との比較研究が考えられる．

さらに重要なのは，利用者の生活・意識の変化や満足度の測定，法対象からこぼれ落ち周辺化された人々の生活歴や生活実態の把握，そしてそれらを踏まえた社会福祉法制分析および立法課題の提起である．[29]利用者にふれ，気持ちにより添い，支援にアクセスできない者の小さな声に耳を傾けること――これこそ社会福祉学の法制論にも求められる視座であり研究方法であろう．

「障害者総合支援法」や子ども・子育て支援法，あるいは社会福祉士養成における新カリキュラム等からうかがえるとおり，「社会福祉」なり「福祉」という言葉そのものが排除されようとしている．無論，それらの積極面を踏まえ具体的内実を丁寧に分析することが重要である．しかし，「社会福祉」が消えると同時にその本質までも削がれていく危険について，われわれは絶えず警戒しなければならない．そのためにも，社会福祉事業とは何であったのかを歴史的視点から問い返し，社会福祉事業とはいかなるものか，いかにあるべきかを模索し，その具現化のための法的課題を追求していくことが，今，まさに，社会福祉学に求められていると考える．

---

29) こうした当事者の実態からの分析を提起として，永岡 2007b：29-30，永岡 2013：102-103を参照．

引用文献（50音順）

相田良雄（1938）「發表せられたる社會事業法案要綱に就て」社會事業研究26(3)
青山良子（2004）『福祉の価値と倫理　いのち・ひと・生活』考古堂書店
秋元美世（2010）『社会福祉の利用者と人権　利用関係の多様化と権利保障』有斐閣
秋元美世（2014）「社会福祉における権利構造の特徴と課題」社会福祉研究120
秋山智久（1978）「『施設の社会化』とは何か」社会福祉研究23
秋山智久（1981）「社会福祉法人の理念・現状・課題」社会福祉研究28
浅井春夫（1999）『社会福祉基礎構造改革でどうなる日本の福祉』日本評論社
浅井春夫（2000）「検証・成立した社会福祉法」賃金と社会保障1277・1278
芦澤威夫（1951）「養老事業の回顧と將來への希望―老人の福祉増進のために―」社會事業34(9)
新しい地方自治を考える会（1979）『「革新自治体」とは何だったのか』千代田永田書房
阿部實（1990）「社会福祉事業法その改正概要と今後の課題」厚生45(8)
荒敬・内海愛子・林博史編（2006）『国立国会図書館所蔵 GHQ/SCAP 文書目録』蒼天社出版
蟻塚昌克（1998a）「社会福祉基礎構造改革と社会福祉事業法のカテゴリー」社会福祉研究71
蟻塚昌克（1998b）『社会福祉行財政論』中央法規
蟻塚昌克（1999）「社会福祉事業形成の基礎過程把握によせて」埼玉県立大学紀要1
蟻塚昌克（2002）「社会福祉事業概念の再検討」埼玉県立大学紀要4
蟻塚昌克（2008）『入門　社会福祉の法制度［第3版］』ミネルヴァ書房
蟻塚昌克（2009）『証言　日本の社会福祉　1920～2008』ミネルヴァ書房
飯原久彌（1951）「社会保障の勧告と社会福祉事業法について（1）」社会保険旬報284
池田敬正（1986）『日本社会福祉史』法律文化社
池田敬正（1999）『現代社会福祉の基礎構造　福祉実践の歴史理論』法律文化社
池田敬正（2007）「現代社会の成立と日本社会福祉の時期区分」社会事業史研究34
池田敬正・土井洋一編（2000）『日本社会福祉綜合年表』法律文化社
石川時子（2007）「パターナリズムの概念とその正当化基準―『自立を尊重するパターナリズム』に着目して―」社会福祉学48(1)
石野美也子（2007）「知的障害者福祉の変遷　京都，滋賀を中心として①」京都文教短期大学研究紀要46
一番ヶ瀬康子（1976）「母子寮問題の展開」吉田久一編『戦後社会福祉の展開』ドメス

出版

一番ヶ瀬康子（1981）「第1章　日本における社会事業の歴史　Ⅱ　社会事業の成立，展開，変質」仲村優一・佐藤進・小倉譲二・一番ヶ瀬康子・三浦文夫編『講座社会福祉2』有斐閣

一番ヶ瀬康子（1988）「社会福祉『改革』の問題点―とくに『在宅福祉問題』に関して」季刊社会保障研究23(4)

伊藤周平（2003）『社会福祉のゆくえを読む』大月書店

伊藤周平（2007）『権利・市場・社会保障　生存権の危機から再構築へ』青木書店

伊藤周平（2010）『医療・福祉政策のゆくえを読む』新日本出版社

伊藤周平（2011）『保険化する社会福祉と対抗構想』山吹書店

井上貴詩（2011）「社会福祉基礎構造改革の理念と今日の社会福祉への継承　分権化，多元化，国際化，公共福祉の視座からの考察」キリストと世界21

井上哲男（1956）「戦後十年の母子福祉」社會事業39(3)

今村譲（1950）「身体障害者福祉法について」雇用研究4(4)

岩崎晋也（2002）「第2章　なぜ『自立』社会は援助を必要とするのか」古川孝順・岩崎晋也・稲沢公一・児島亜紀子『援助するということ』有斐閣

岩崎晋也（2011）「序論」岩田正美監修・岩崎晋也編『リーディングス日本の社会福祉1　社会福祉とは何か　理論と展開』日本図書センター

岩崎晋也（2012）「理論史研究―社会福祉原論の歴史的社会的分析の到達点と課題―」社会事業史研究42

岩田正美（2007）「『パラダイム転換』と社会福祉の本質―社会福祉の2つの路線と『制約』をめぐって―」社会福祉研究100

岩村正彦（2007）『福祉サービス契約の法的研究』信山社

岩本華子（2011）「方面委員制度・活動へのケースワーク導入：1917年から1931年に焦点づけて」社會問題研究60

上西朗夫（1985）『ブレーン政治　内閣機能の強化』講談社

上乃園佳子（2005）「老人福祉法制定過程の介護概念に関する一考察」社会学論叢154

牛津信忠（2012）『社会福祉における場の究明　共感的共同からトポスに至る現象学的考察』丸善プラネット

鵜沼憲晴（2009）『社会福祉における共通的基本事項　その軌跡と課題』港の人

宇山勝儀（2006）『新しい社会福祉の法と行政　第4版』光生館

永和良之助（2008）「介護保険制度下における社会福祉法人の経営変化」佛教大学社会福祉学部論集4

江口隆裕（1991）「平成2年老人福祉法等改正の立法過程」北大法学論集42(1)

江口隆裕（1996）『社会保障の基本原理を考える』有斐閣

引用文献

江森盛彌(1938)「社會事業の新しき使命」社會事業22(9)
大阪高齢者虐待研究会(1996)「全国における在宅高齢者虐待の実態」1996
大島正彦(2007)「『社会福祉基礎構造改革』の問題点」文京学院大学人間学部研究紀要9(1)
大友信勝(2000)『公的扶助の展開 公的扶助研究運動と生活保護行政のあゆみ』旬報社
大友信勝(2013)「序章」・「第4章 社会福祉政策・理論研究の動向と社会福祉原論研究」大友信勝・永岡正己編『社会福祉原論の課題と展望』高菅出版
大橋謙策(1978)「施設の社会化と福祉実践—老人福祉施設を中心に—」社会福祉学19
大山正(1964)『老人福祉法の解説』全国社会福祉協議会
岡弘毅(1938)「社會事業法 今後の課題」私設社會事業69
小笠原浩一(2002)「社会福祉法人の改革と施設運営の課題」社会福祉研究85
小笠原祐次(1980)「老人ホームにおける施設社会化の諸問題と展開の課題」社会老年学12
小笠原祐次(1985)「老人ホームの100年 戦後篇(3) 老人福祉法の成立と特別養護老人ホーム」老人福祉71
小笠原祐次(1986)「老人ホームの100年 戦後篇(4) 老人ホームの量的整備と近代化,処遇向上への努力」老人福祉72
小笠原祐次他共著(1985)『老人ホームは誰のもの』あけび書房
岡田耕一郎・岡田浩子(2011)『スウェーデンの老人ホーム 日本型ユニットケアへの警鐘』環境新聞社
尾上輝造(1939)「社會事業法運用上の若干問題」社會事業23(4)
岡本多喜子(1993)『老人福祉法の制定』誠信書房
小川政亮(1990)「社会福祉事業法先行諸案と本法の意義—公的責任問題を中心に—」日本福祉大学研究紀要82
小川政亮(1992)『社会事業法制 第4版』ミネルヴァ書房
小川政亮(2000)「憲法的にみた社会福祉事業法等改正法の問題性」総合社会福祉研究17
荻島國男(1992)「第Ⅰ部 高齢者社会の社会保障政策の課題」荻島國男・小山秀夫・山崎泰彦『年金・医療・福祉政策論』社会保険新報社
奥村昭(2002)「福祉サービスの苦情解決ならびに運営適正化委員会の現状と課題—滋賀県における取組みを通じての考察」地域福祉研究30
小澤一(1938)「社會事業法の基本問題と運用」社會事業22(4)
葛西嘉資・吉田久一・一番ヶ瀬康子(1974)「昭和社会事業史の証言(4)」社会福祉研究15

片岡直（1981）「福祉の多様化と社会福祉事業」月刊福祉64(7)
勝尾鐐三（1956）「売春防止法概説」法曹時報8(7)
河東田博（2013）『脱施設化と地域生活支援：スウェーデンと日本』現代書館
金子善彦（1987）『老人虐待』星和書店
河合克義（1991）「福祉関連八法『改正』と地域福祉充実への展望」障害者問題研究66
河合幸尾（1981）「第２章　日本における社会福祉の展開　Ｖ『日本型福祉社会』と社会福祉の課題」仲村優一・佐藤進・小倉譲二・一番ヶ瀬康子・三浦文夫編『講座社会福祉２』有斐閣
河野正輝（1974）「老人福祉をめぐる訴訟―実質的平等の要請―」ジュリスト臨時増刊『特集福祉問題の焦点』
河野正輝（2002）「第３章　戦後社会福祉法制の展開」三浦文夫・高橋鉱士・田端光美・古川孝順編『講座　戦後社会福祉の総括と二一世紀への展望Ⅲ　政策と制度』ドメス出版
河野正輝（2006）『社会福祉法の新展開』有斐閣
神崎清（1956）「売春防止法の成立まで―日本はまだ売春自由国である―」社會事業39(5)
菅野道生（2012）「高齢者の孤立問題の構造と対策の課題(上)」ゆたかなくらし365
菊池いづみ（2011）「介護サービス利用制度化における老人福祉法の意義―高齢者虐待への措置を通して―」長岡大学研究論叢9
菊池馨実（2008）「社会福祉の再編と公共性　社会福祉法人と社会福祉事業のあり方をめぐって（公共性の法社会学）」法社会学68
菊池馨実（2014a）『社会保障法』有斐閣
菊池馨実（2014b）「日本国憲法と社会福祉の権利」社会福祉研究120
岸勇（1949）「日本経済保護事業の歴史的役割と必然的方向―防貧の意味するもの」社會事業32(12)
岸田到（1938）「社會事業法雑感」社會事業22(4)
北場勉（2000）『戦後社会保障の形成　社会福祉基礎構造の成立をめぐって』中央法規
北場勉（2005）『戦後「措置制度」の成立と変容』法律文化社
北場勉（2012）「社会福祉法人制度の沿革と今どきの『公共』」月刊福祉95(12)
木下賢志（1985）「身体障害者福祉法　制定前夜」時の法令1242
木原活信（2014）『社会福祉と人権』ミネルヴァ書房
木全和巳（2007）「『障害者自立支援法』第１条（目的）に関する批判的検討ノート」日本福祉大学社会福祉論集116
木全和巳（2011）「障害者自立支援法の『改正』に関して」子どもと福祉4
木村忠二郎（1955）『社会福祉事業法の解説（改訂版）』時事通信社

引用文献

木村忠二郎（1961）「社会福祉よもやまばなし3」共済新報2(11)
木村忠二郎（1962）「老人福祉法制定の動き」共済新報3(12)
木村忠二郎（1963）「社会福祉事業の新しい途」月刊福祉46(1)
木村忠二郎（1966）「社会福祉事業の二，三の問題」月刊福祉49(2)
木村忠二郎先生記念出版編集刊行委員会（1980）『木村忠二郎日記』社会福祉研究所
木村忠二郎・吉田久一・一番ヶ瀬康子（1978）「昭和20年代の社会事業行政をめぐって」社会福祉研究23
木矢幸孝（2012）「パターナリズムと批判をめぐるアポリア―内／外の思考の可能性と限界」宮代真司監修・現代位相研究所編『統治・自律・民主主義 パターナリズムの政治社会学』NTT出版
京極高宣（1988）「社会福祉事業法改正の基本論点」季刊社会保障研究24(1)
久保英樹（2013）「養護者による高齢者虐待に対する分離対応に関する一考察―『やむを得ない事由による措置』に焦点をあてて―」九州社会福祉研究38
窪田暁子（1971）「戦後の母子保健・母子福祉」日本福祉大学社会福祉研究所年報4
熊沢由美（2000）「社会福祉事業法の制定」現代社会文化研究19
熊沢由美（2002）「社会福祉法人制度の創設―社会福祉事業法の制定をめぐって―」社会福祉研究83
黒木利克（1951a）「社会福祉事業法について―戦後社会福祉行政の展開―」法律時報23(8)
黒木利克（1951b）『現代社会福祉事業の展開』中央社会福祉協議会
黒木利克（1951c）「社会福祉事業法成立の意義―戦後社会事業の展開―」社會事業34(4)
黒木利克（1952）『社会福祉の指導と実務―とくに市町村における―』時事通信社
黒木利克（1958）『日本社会事業現代化論』全国社会福祉協議会
黒木利克（1961）「想い出」福祉事務所十年の歩み編集委員会編『福祉事務所十年の歩み』全国社会福祉協議会
桑原洋子（2006）『社会福祉法制要説 第5版』有斐閣
桑原洋子・田村和之編（1998）『実務注釈 児童福祉法』信山社
桑原洋子編（1988）『日本社会福祉法制史年表』永田文昌堂
桑原洋子編（1999）『社会福祉法制史年表Ⅱ―戦後編―』永田文昌堂
桑原洋子編（2006）『日本社会福祉法制史年表 平成編』港の人
桑原洋子編集代表（2000）『近代福祉法制大全1～8』港の人
桑原洋子編集代表（2005）『現代社会福祉法制総覧1～15巻』港の人
厚生省（1951）『社會福祉事業行政執務提要』
厚生省医務局（1955）『国立病院十年の歩み』

厚生省五十年史編集委員会（1988a）『厚生省五十年史　記述篇』中央法規
厚生省五十年史編集委員会（1988b）『厚生省五十年史　資料篇』中央法規
厚生省社会・援護局企画課監修（1998）『社会福祉基礎構造改革の実現に向けて』中央法規
厚生省社会・援護局企画課監修（1999）『社会福祉基礎構造改革の実現に向けて（Ⅱ）』中央法規
厚生省社會局（1938）「第七十三回帝國議會　社會事業法案資料」
厚生省社會局（1950）「身体障害者福祉法について」月刊刑政61(10)
厚生省社会局更生課（1990）「１．身体障害者福祉法施行40周年を迎えて」厚生の指標37(6)
厚生省社会局更生課編（1960）『精神薄弱者福祉法　解説と運用』新日本法規出版
厚生省社会局保護課編（1981）『生活保護三十年史』社会福祉調査会
厚生省社会局老人福祉課（1974）「老人福祉の十年のあゆみ」老人福祉研究7
孝橋正一（1952）「社会事業・その本質探求への旅路」大阪社会福祉研究1(4)
高齢者介護研究会（2003）「2015年の高齢者介護～高齢者の尊厳を支えるケアの確立に向けて～」http://www.mhlw.go.jp/topics/kaigo/kentou/15kourei/4.html
高齢者処遇研究会（1993）「高齢者の福祉施設における人間関係の調整に係わる総合的研究―わが国における高齢者虐待の実態に関する基礎研究」
児島美都子（2005）「調一興さんへの鎮魂歌」職リハ通信46　http://www.normanet.ne.jp/~vocreha/block/04/ol_tube/ol_tube_46.html#鎮魂
小林浩（2011）『愛することからはじめよう　小林提樹と島田療育園の歩み』大月書店
小山進次郎（1950）『改訂増補　生活保護法の解釈と運用』中央社会福祉協議会
小山秀夫（1992）「第Ⅲ部　医療・福祉政策の展開と政策課題」荻島國男・小山秀夫・山崎泰彦『年金・医療・福祉政策論』社会保険新報社
財団法人社会福祉研究所（1978）『占領期における社会福祉資料に関する研究報告書』
佐々木正太郎（2009）「社会福祉基礎構造改革の政策過程　～福祉関係団体を中心として～」大東法政論集18
佐々木惣一（1949）『日本國憲法論』有斐閣
これからの地域福祉のあり方に関する研究会（2008）「地域における『新たな支え合い』を求めて―住民と行政の協働による新しい福祉―」報告書　http://www.mhlw.go.jp/shingi/2008/03/s0331-7a.html
座談会（1963）「実現されるか老後の保障　老人福祉法成立と今後の課題」生活と福祉88
座談会（1974）「老人福祉法制定10周年記念座談会」老人福祉研究7
座談会（1999）「社会福祉基礎構造改革と児童養護施設」季刊児童養護29(4)

座談会（2007）「混迷する人びとの暮らしと社会福祉実践・研究の未来」社会福祉研究100
佐藤幸治（1982）『憲法』青林書院新社
佐藤幸治（1988）「日本国憲法と『自己決定権』」『法学教室』98
佐藤幸治（1990）「憲法学において『自己決定権』をいうことの意味」日本法哲学会編『法哲学年報1989』有斐閣
佐藤幸治（1994）『ファンダメンタル憲法』有斐閣
佐藤幸治（1995）『憲法（第三版）』青林書院
佐藤信一（1950）「いわゆる"共同募金白書"再論　地域社会組織化運動と社会福祉協議会の問題」社會事業33(10)
佐藤進（1981）「社会福祉事業法の理念とその問題点」月刊福祉64(7)
佐藤進（1998）『社会保障と社会福祉の法と法政策［第5版］』誠信書房
佐藤達夫・佐藤功（1994）『日本国憲法成立史　第3巻・第4巻』有斐閣
里見賢治（1996）「社会保障制度審議会『1995年勧告』の意義と限界」社會問題研究45(2)
真田是（1997）『地域福祉と社会福祉協議会』かもがわ出版
真田是編（1979）『戦後日本社会福祉論争』法律文化社
佐野利三郎（1951a）「身体障害者福祉法施行一周年を顧みて」社會事業34(4)
佐野利三郎（1951b）「身体障害者福祉法の一部改正について」社會事業34(8)
佐野利三郎・實本博次・仲村優一（1989）「身体障害者福祉法制定時の思い出」月刊福祉72(11)
佐橋克彦（2011）「福祉サービスにおける措置委託制度の理論的意義と契約化の課題」北星学園大学社会福祉学部北星論集48
重田信一（1970）「福祉関係等の公共施設の運営に関する行政査察　勧告の概要とその意味するもの」社会福祉研究6
児童福祉法規研究会（1999）『最新児童福祉法母子及び寡婦福祉法母子保健法の解説』時事通信社
児童福祉法研究会編（1979a）『児童福祉法成立資料集成　上巻』ドメス出版
児童福祉法研究会編（1979b）『児童福祉法成立資料集成　下巻』ドメス出版
品田充儀（2012）「社会福祉法制の構造と変容」日本社会保障法学会編『新・講座社会保障法2　地域生活を支える社会福祉』法律文化社
柴田敬次郎（1940）『救護法実施促進運動史』嚴松堂書店
芝田英昭（2014）「社会福祉法人制度の意義や役割の変遷と今求められる機能」立教大学コミュニティ福祉研究所紀要2
渋谷光美（2014）『家庭奉仕員・ホームヘルパーの現代史　社会福祉サービスとしての

在宅介護労働の変遷』生活書院
清水伸（1962）『逐条日本国憲法審議録第2巻』有斐閣
自民党研修叢書編集委員会（1979）『研修叢書8　日本型福祉社会』自民党広報委員会出版局
社會事業研究所（1943）『日本社會事業年鑑（昭和十七年版）』財団法人中央社會事業協會
社會事業研究所（1944）『日本社會事業年鑑（昭和十八年版）』財団法人中央社會事業協會
社会福祉事業振興会編（1964）『新しい老人ホーム』社会福祉振興会
社会福祉法令研究会編（2001）『社会福祉法の解説』中央法規
社会保障制度審議会（1950）「社会保障制度に関する勧告　第4編　社会福祉　前文」
「資料・革新自治体」刊行委員会（1990）『資料・革新自治体』日本評論社
城山英明・鈴木寛・細野助博編（1999）『中央省庁の政策形成過程―日本官僚制の解剖―』中央大学出版部
新川敏光（2005）『日本型福祉レジームの発展と変容』ミネルヴァ書房
新藤宗幸（1996）『福祉行政と官僚制』岩波書店
新・日本的経営システム等研究プロジェクト編（1995）『新時代の「日本的経営」―挑戦すべき方向とその具体策』日本経営者団体連盟
菅沼隆（1997）「訳者解説」Toshio Tatara『占領期の福祉改革』筒井書房
菅沼隆（2005）『占領期社会福祉分析』ミネルヴァ書房
杉本章（2008）『障害者はどう生きてきたか　戦前・戦後障害者運動史［増補改訂版］』現代書館
炭谷茂（1998）「社会福祉基礎構造改革の展望と課題―社会福祉システムの再構築をめざして―」社会福祉研究73
炭谷茂（2004）『社会福祉の原理と課題』社会保険研究所
炭谷茂編（2003）『社会福祉基礎構造改革の視座　改革推進者たちの記録』ぎょうせい
精神保健福祉研究会（2007）『三訂　精神保健福祉法詳解』中央法規
芹沢栄之（1964）「母子寮というもの―母と子を守る施設の立場から―」月刊福祉47（10）
全國社會事業大會事務局（1950）『昭和二十五年全國社會事業大會要綱』
全国社会福祉協議会（1958）『日本の社会福祉』全国社会福祉協議会
全国社会福祉協議会編（1961）『全国社会福祉協議会　10年史』全国社会福祉協議会
全国社会福祉協議会編（1964）『民生委員制度四十年史』全国社会福祉協議会
全国社会福祉協議会編（1966）『全養協20年の歩み』全国社会福祉協議会
全国社会福祉協議会編（1979）『在宅福祉サービスの戦略』全国社会福祉協議会

全国社会福祉施設経営者協議会編（1989）『社会福祉施設運営指針』全国社会福祉協議会
全国社会福祉協議会老人福祉施設協議会編（1984）『老人福祉施設協議会五十年史』全国社会福祉協議会
全国社会福祉協議会老人福祉施設協議会編（1986）『老人ホーム白書』全国社会福祉協議会
荘田智彦（1983）『同行者たち　絶望の福祉はこうしてつくられた　「重症児施設」島田療育園の二十年』千書房
高木武三郎（1939）「社會事業運營の問題」社會事業2（4）
高木武三郎・吉田久一・一番ヶ瀬康子（1977）「昭和社会事業史の証言(9)　私設社会事業をめぐって」社会福祉研究21
高崎絹子・谷口好美・佐々木明子・外口玉子編（1998）『"老人虐待"の予防と支援　高齢者・家族・支え手をむすぶ』日本看護協会出版会
高沢武司（1998）「『社会福祉事業』の概念とその枠組み」社会福祉研究73
高沢武司（2001）「敗戦と戦後社会福祉の成立」右田紀久恵・高沢武司・古川孝順編『社会福祉の歴史政策と運動の展開　新版』有斐閣
高沢武司（2005）『福祉パラダイムの危機と転換』中央法規
高島進（1986）『社会福祉の理論と政策　現代社会福祉政策批判』ミネルヴァ書房
高田真治（1999）「第2章　社会福祉政策の視点」一番ヶ瀬康子・高島進・高田真治・京極高宣編『講座　戦後社会福祉の総括と二一世紀への展望Ⅰ　総括と展望』ドメス出版
高田正己（1951）『児童福祉法の解説の運用』時事通信社
高橋貞三（1951）「行政事務配分の方向―『行政事務再配分に關する勸告』の批判にあわせて―」同志社法學9
高橋紘士（2014）「老人福祉法から"高齢者生活支援法"へ―新たな構想の必要性―」社会福祉研究119
高橋流里子（2011）「障害のある人の地域生活移行と『住まい』を取り巻く問題―グループホーム入居者の地域生活の質を問う―」社会福祉研究110
高柳賢三・大友一郎・田中英夫編（1972）『日本国憲法制定の過程Ⅱ　解説』有斐閣
竹内愛二（1938）『ケース・ウォークの理論と実際』巌松堂書店
竹内愛二（1951）「社会福祉事業法についての所感」社會事業34(4)
竹内愛二（1952）「社会福祉事業と社会事業」大阪社会福祉研究1(3)
武田京子（1994）『老女はなぜ家族に殺されるのか―家族介護殺人事件―』ミネルヴァ書房
竹中勝男（1938）「『社會事業』といふ名稱」社會事業研究26(12)

武原光志（2009）「無届高齢者施設はなぜ増加したか」月刊福祉92(10)
田多英範（1994）『現代日本社会保障論』光生館
田多英範（2009）『日本社会保障制度成立史論』光生館
Tatara, Toshio（1997）『占領期の福祉改革』筒井書房
多々良紀夫（2001）『高齢者虐待―日本の現状と課題―』中央法規
建部正義・高橋由明（2010）『失われた10年　バブル崩壊からの脱却と発展』中央大学出版部
田中利宗（2002）「公的扶助と経済保護政策：公益質屋法の成立をめぐって」弘前学院大学社会福祉学部研究紀要2
田中壽（2005）『戦後社会福祉基礎構造改革の原点　占領期社会事業と軍政』筒井書房
谷川貞夫（1950）「社會事業基本法案要綱について」社會事業33(3)
田原啓介（1985）「制定前夜　老人福祉法」時の法令1261
田村和之（2000）「1997年児童福祉法改正について―保育所入所制度改革を中心に―」総合社会福祉研究17
地方行政調査委員会議（1950）『行政事務再配分に関する勧告　附・国庫補助金制度の改正に関する勧告　事務配分の現状』出版社不明
中央社会保障推進協議会編（2008）『人間らしく生きるための社会保障運動』大月書店
辻村禎彰（1978）「老人ホームにおける自主的な組織活動―養護老人ホームにおける"入所老人の会"を中心に―」月刊福祉61(5)
辻村泰男（1964）「精神薄弱児施設における『独立自活』論争の経過」精神薄弱問題史研究1
鼎談（2010）「社会福祉事業法から社会福祉法へ―改正の背景と目指した理念―」社会福祉研究108
寺脇隆夫（2007）『救護法の成立と施行状況の研究』ドメス出版
寺脇隆夫（2008）「身体障害者福祉法（1949.12）の立案過程の検討（上）」浦和論叢39
寺脇隆夫（2013）「解説　社会福祉事業法の立案・制定過程」寺脇隆夫編『資料集　戦後日本の社会福祉法制度Ⅲ』5巻　柏書房
寺脇隆夫編（1996）『続児童福祉法成立資料集成』ドメス出版
寺脇隆夫編（2007）『救護法成立・施行関係資料集成』ドメス出版
寺脇隆夫編（2010）『マイクロフィルム版　木村忠二郎：戦後創設期社会福祉制度・援護制度史資料集成〈第1期〉』柏書房
寺脇隆夫編（2011）『マイクロフィルム版　木村忠二郎：戦後創設期社会福祉制度・援護制度史資料集成〈第2期〉』柏書房
寺脇隆夫編（2012-2013）『資料集　戦後日本の社会福祉法制度Ⅰ～Ⅸ』柏書房
東京医科歯科大学医学部保健衛生学科老人看護講座老人虐待研究プロジェクト（1993）

「老人虐待と支援に関する研究」
東京市（1939）『社會事業法の施行に就て』
東京大学社会科学研究所（2005）『「失われた10年」を超えて（Ⅰ）経済危機の教訓』東京大学出版会
東京都保健福祉局高齢社会対策部在宅支援課（2006）「高齢者虐待防止に向けた体制構築のために―東京都高齢者虐待防止対応マニュアル」
德川輝尚・高岡國士・松島紀由（2015）「社会福祉基礎構造改革からの15年を振り返る」月刊福祉98（7）
戸沢政方（1982a）「座談会生活保護30年新法の源流と，新法の展開について④」総合社会保障20（1）
戸沢政方（1982b）「座談会生活保護30年新法の源流と，新法の展開について⑤」総合社会保障20（4）
特集（1990）「モンスター・マネー」世界537
栃本一三郎（2010）「社会福祉法成立の思想的背景―10年を経ての遠近法―」社会福祉研究108
登丸福寿・渡辺実（1961）「精神薄弱者の福祉」精神薄弱者問題白書1961年版
富永健太郎（2007）「総合的な障害者支援への接近と後退　支援ニーズが先行する改正障害者自立支援法の制定に向けて」田園調布学園大学紀要2
内藤誠夫（1947）『生活保護法の解釈』日本社会事業協会
内務省社会局（1920）『救濟事業調査會報告』
中井健一（2009）「続・戦後日本社会福祉論争　その3　措置制度論争」東邦学誌38（2）
永岡正己（2006）「愛知県における社会事業の成立―故・三上孝基氏インタビュー記録―」日本福祉大学社会福祉論集114
永岡正己（2007a）「社会福祉における『対象論』の系譜と課題―古いものと新しいもの―」社会福祉学48（2）
永岡正己（2007b）「社会福祉における対象論のパラダイム転換―歴史的系譜を踏まえて―」社会福祉研究100
永岡正己（2013）「社会福祉政策・実践の歴史的関係と社会福祉理論の再検討」Human-Welfare 5（1）
中川和雄（1980）「めぐりあいと思い出」黒木利克追悼録刊行会編『黒木利克追想録』非売品
中川昌輝（1978）「老人ホームの医療保障」ジュリスト増刊総合特集12『高齢化社会と老人問題』
中川正美（2003）「路上探訪　第2種社会福祉事業」季刊 Shelter-less 18
中川幽芳（1950）「社会福祉事業基本法案並に社会福祉協議会についての私見」社會事

業33(10)
中村孝太郎（1938）「社會事業法を通じて我國社會事業の運営指針を展望す」社會事業22(5)
中村剛（2009）『福祉哲学の構想　福祉の思考空間を切り拓く』みらい
中村直美（2007）『パターナリズムの研究』成文堂
中村直美（2012）「よきパターナリズムとあしきパターナリズム―人の自律と保護的干渉」京女法学2
仲村優一（1976）「社会福祉における『自立』の意味を考える」月刊福祉59(8)
永山誠（2006）『社会福祉理念の研究　史的政策分析による21世紀タイプの究明』ドメス出版
灘尾弘吉（1938）「社會事業法の運用に就て」社會事業22(4)
灘尾弘吉（1940）『社會事業行政』常磐書房
灘尾弘吉・吉田久一・一番ヶ瀬康子（1978）「昭和社会事業史の証言⑽　昭和前期の社会事業行政をめぐって」社会福祉研究22
生江孝之（1923）『社会事業綱要』東京厳松堂書店
錦織義宣（1982）『老人ホームからの発想　その転換のたたかい』ミネルヴァ書房
新田秀樹（2000）『社会保障改革の視座』信山社
日本社会事業大学社会事業研究所（―）「戦前社会事業主事（補）名簿」
日本統計研究所（1958）『日本経済統計集』日本評論社
ネフ，ネルソン・吉田久一・葛西嘉資・松本征二等（1979）「昭和社会事業史の証言⑿戦後社会福祉行政の骨格」社会福祉研究24
野口定久（2008）『地域福祉論―政策・実践・技術の体系―』ミネルヴァ書房
野口典子（2000）「1970年代以降の『老人ホーム』の実践とその課題―白十字ホームの利用者と処遇　実践の分析を通して―」社会事業史研究28
野口友紀子（2011）『社会事業成立史の研究―防貧概念の変遷と理論の多様性―』ミネルヴァ書房
野口友紀子（2013）「社会福祉事業本質論争の諸相―社会福祉理論史上の再評価として―」社会事業史研究43
橋本宏子（1972）「老人福祉法改正とこれからの老齢保障」賃金と社会保障603
橋本宏子（1976）「Ⅳ　老人福祉法の成立とその意義」福島正夫編『家族　政策と法2　現代日本の家族政策』東京大学出版会
橋本宏子（2007）「社会福祉サービス法と自立―個人と国家をつなぐ架橋の発見とその構築―苦情解決制度を素材として」社会保障法22
橋本宏子（2015）「中間媒介組織としての社会福祉協議会へ―研究の視角と方向性」橋本宏子・飯村史恵・井上匡子編『社会福祉協議会の実態と展望　法学・社会福祉学

の観点から』日本評論社
長谷川匡俊編（2007）『戦後仏教社会福祉事業史年表』法藏館
濱本賢二（2014）「社会福祉法人の内部留保問題の分析―内部留保と資金の乖離に着目して―」会計検査研究49
早川和男・岡本祥浩（1993）『居住福祉の論理』東京大学出版会
林弘子（1979）「社会福祉施設の最低基準と生存権―養護老人ホーム1人1室入居請求事件―」荒木誠之・林迪廣編『判例研究社会保障法』法律文化社
平田厚（2007）「権利擁護と施設リスクマネジメント」社会福祉学48(1)
平野隆之（2010）「地域福祉の推進をめぐる政策課題―新たなパラダイムの意味―」社会福祉研究108
平野隆之・原田正樹（2010）『地域福祉の展開』放送大学教育振興会
広田伊蘇夫（2007）『立法百年史　精神保健・医療・福祉関連法規の立法史』批評社
黄京性・畑瀬智恵美（2014）「保健福祉専門職における『内的適応』及び主観的健康観を中心とした仕事特性―福祉職と看護職との比較を通して―」名寄市立大学社会福祉学科研究紀要3
福田繁・安嶋彌（1950）『私立學校法詳説』玉川大學出版
福原徹（1938）「社會事業法の實施せらるる迄」社會事業22(4)
藤井克徳・佐藤久夫・小川浩他編（2011）『調一興著作選集　明日をひらく言霊』社団法人ゼンコロ
藤井賢一郎（2007）「社会福祉事業と経営(上)」月刊福祉90(12)
藤田貴恵子・阪野貢（1985）「戦前の社会事業教育研究報告」社会事業研究所年報21
古都賢一（2000）「社会福祉基礎構造改革⑪　社会福祉基礎構造改革の実現に向けて」週刊社会保障2079
古川孝順（1999）「社会福祉事業範疇の再構成」社会福祉研究76
古川孝順（2002）「第2章　社会福祉政策の再編と課題」三浦文夫・高橋紘士・田端光美・古川孝順編『講座　戦後社会福祉の総括と二一世紀への展望Ⅲ　政策と制度』ドメス出版
古川孝順（2005）『社会福祉原論［第2版］』誠信書房
古川孝順（2009a）『社会福祉の拡大と限定』中央法規
古川孝順（2009b）「変革の時代の歴史研究」社会事業史研究37
星野信也（1997）「社会福祉事業区分の撤廃を」週刊社会保障1920
堀田健男（1939）「社會事業法施行一周年を迎へて」社會事業23(4)
堀田学（2006）「わが国における福祉国家の再構築と地方分権改革の諸相―中央―地方関係の変容と社会福祉基礎構造改革」早稲田政治公法研究82
堀勝洋（1997）『現代社会保障・社会福祉の基本問題』ミネルヴァ書房

本間新一(1950)「社会事業基本法案に教えられるもの」社會事業33(6)
マーカソン,アーヴィン(1950)「第二章　公共扶助(生活保護)実施に必要な民主々義の諸原則」日本社会事業専門学校編『現代社會事業の基礎』日本社会事業協会
牧賢一(1933)「社會事業助成法の制定に就いて」私設社會事業9
牧賢一(1938)「戰時下に於ける社會事業觀念の轉換に就て」社會事業研究26(11)
牧里毎治(1999)「第8章　地域福祉」一番ヶ瀬康子・高島進・高田真治・京極高宣編『講座　戦後社会福祉の総括と二一世紀への展望Ⅰ　総括と展望』ドメス出版
益田武(1957)「母子福祉対策考」社會事業40(5)
松島正儀(1938)「社會事業法と私設社會事業」社會事業22(4)
松島正儀(1939)「社會事業法實施一ヶ年の批判—私設社會事業を通して—」社會事業23(4)
松島正儀・吉田久一・一番ヶ瀬康子(1973)「昭和社会事業史の証言(1)　松島正儀に聞く」社会福祉研究12
松本征二(1954)『身体障害者福祉法の解説と運用』中央法規
松本征二編(1951)『身体障害者福祉法解説』中央社会福祉協議会
丸山一郎(1998)『障害者施策の発展　身体障害者福祉法の半世紀』中央法規
三浦文夫(1978)「社会福祉における在宅サービスの若干の課題—在宅福祉サービスの概念を中心に—」社会福祉研究23
三浦文夫・高山照英・樋口恵子(1983)「急ピッチ老齢化に福祉貫く　てい談　老人福祉法の20年をふりかえって」月刊福祉66(9)
三上孝基(1981)「六十年前における福祉愛知の回顧　初代県社会事業主事としての体験」同朋大學論叢44・45
峰島厚(2003)「障害者福祉における支援費制度とは何か—内容・性格・問題点と課題　下」賃金と社会保障1340
宮城洋一郎(2010)「老人福祉法の制定と『敬愛』をめぐる問題」皇學館大学社会福祉学部地域福祉文化研究所報4
宮崎隆次(1995)「時期区分論としての戦後史」日本史研究400
宮沢俊義(1978)『全訂版　日本国憲法』日本評論社
宮田和明(1996)『現代日本社会福祉政策論』ミネルヴァ書房
宮本太郎(2008)『福祉政治　日本の生活保障とデモクラシー』有斐閣
三好豊太郎(1924)「『ケース・ウォーク』としての人事相談事業」社會事業8(7)
三好豊太郎(1929)「社會診断の發展過程」社會事業13(8)
三和治(2000)『戦後社会福祉の展開と課題』学文社
村上貴美子(1987)『占領期の福祉政策』勁草書房
村上泰亮他(1975)『生涯設計計画—日本型福祉社会のビジョン』日本経済新聞社

村松岐夫（1994）『日本の行政　活動型官僚制の変貌』中央公論社
百瀬孝（2002）『「社会福祉」の成立―解釈の変遷と定着過程―』ミネルヴァ書房
森幹郎（1964）「養老事業から老人福祉事業へ―わが国における老人福祉対策の歴史―」共済新報5（11）
森幹郎（1974）「Ⅱ　戦後老人対策のあゆみ」老人福祉研究7
森幹郎（1983）「老人福祉法20年の回顧と展望―施設ケアシステムを中心に―」社会福祉研究33
森長英三郎（1938）「我國最近に於ける社會事業の動向」社會事業22（3）
八木敬雄（2009）「社会福祉サービス利用システムについての一考察―措置制度批判についての検討―」大阪青山短期大学研究紀要33
矢嶋里絵（1997）「身体障害者福祉法の制定過程」人文学報281
矢嶋里絵（2012）「第9章　障がい者法の到達点と求められる新たな視点」日本社会保障法学会編『新・講座社会保障法2　地域生活を支える社会福祉』法律文化社
八代尚宏（2002）「社会福祉法人の改革―構造改革の潮流のなかで―」社会福祉研究85
安田亀一（1938）「私は社會事業法を此く観る」社會事業22（4）
矢野聡（2009）『保健医療福祉政策の変容―官僚と新政策集団をめぐる攻防』ミネルヴァ書房
山口安憲（1950）「東京都社會事業協會の社会事業基本法研究試案について」社會事業33（10）
山田明（1987）「第3章　日本における障害者福祉の歴史」一番ヶ瀬康子・佐藤進編『障害者の福祉と人権』光生館
山田明（2009）『戦前知的障害者施設の経営と実践の研究』学術出版会
山田知子（2005）「わが国のホームヘルプ事業における女性職性に関する研究　1956年長野県上田市社協『家庭養護婦派遣事業』を中心として」大正大學研究紀要90
山高しげり（1953）「母子福祉法の問題」社會事業36（5）
山高しげり（1964）「再び『母子心中』を繰り返すな―母子福祉の現状と問題点―」月刊福祉47（10）
山本茂夫（1988）「老人福祉法『地方自治からみた25年』」月刊福祉71（11）
山本信孝（1981）「戦後社会福祉の変化と社会福祉事業法の果たした役割」月刊福祉64（7）
山本実（1969）「岩手県下における，ある精薄一家の生存実態と特殊教育就学指導に関する臨床報告」岩手大学教育学部研究年報29
湯浅誠（2008）『反貧困―「すべり台社会」からの脱出』岩波書店
横田千代子（2013）「売春防止法から女性支援法へ　婦人保護施設の現場から」女性＆運動225

吉田久一(1974)『社会事業理論の歴史』一粒社
吉田久一(1979a)『現代社会事業史研究』勁草書房
吉田久一(1979b)「社会事業法・社会福祉事業法の成立」日本社会事業大学研究紀要25
米本秀仁(2012)「社会福祉の政策と実践を計画するための視座―『利用者本位』を手がかりに―」社会福祉研究113
歴史科学協議会編(2000)『日本現代史　体制変革のダイナミズム』青木書店
渡邉洋一(2013)『コミュニティケアと社会福祉の地平　社会サービス法という到達点』相川書房

あ と が き

　本研究は，曖昧なまま放置されてきた，だからこそ関連事業との境界が判然としなくなった社会福祉事業の法的輪郭を，あらためて明確にすることを意図するものであった．その成否については，読者諸賢のご指導を賜りたい．

　本研究の元となったのは，日本福祉大学大学院福祉社会開発研究科より博士（社会福祉学）の学位を授与された博士論文「構成要素からみた社会福祉事業の変容と今後の展望」（2014年3月15日授与）である．

　また当該博士論文の下敷きといえる初出著書・論文は，『社会福祉における共通的基本事項』（2009, 港の人），「社会福祉事業の史的研究における予備的考察―目的，意義，方法および時期区分についての枠組―」（2010, 皇學館大学社会福祉学部紀要13），「社会福祉事業の史的研究(2)―社会事業法成立過程と社会事業の特徴」（2012, 皇學館大学日本学論叢2），「社会福祉事業の史的研究(3)―社会福祉事業法成立過程と社会福祉事業の特徴―」（2013, 皇學館大学紀要51）等である．しかし，博士論文を執筆する際に，そして本著出版に向けた改稿においても，大幅な加筆・修正を加えていることを付記しておきたい．

　さて，学位授与において，主査をお引き受けいただいた野口定久先生と副査をご担当いただいた永岡正己先生には，心から感謝申し上げたい．筆者は，日本福祉大学大学院の院生でも研究生でもない．にもかかわらず，毎月1回の個別論文指導をご快諾いただき，貴重な時間を頂戴した．講義や会議が長引いても約束の時間に玉の汗をかきながら駆けつけていただいた野口先生，いつも新幹線の最終ぎりぎりの時間までお付き合いいただいた永岡先生のお姿は，これからも忘れることがないであろう．お二人の先生にご指導いただいた1年間は，まさに至福の極みであった．

　また，副査をご担当いただいた児玉善郎先生には，口頭試問において，社会福祉事業を定義することの功罪や「社会福祉を目的とする事業」の監督権限のあり方等において，貴重な示唆をいただいた．

　論文執筆において長きにわたってご指導いただいた大友信勝先生にも感謝に

堪えない．大友先生には，論文指導はもちろん，精神的にもサポートをいただいた．ある事由により立ち上がることができないほどのショックを受けた筆者に，励ましのお言葉を毎日のようにかけていただいた．再び執筆に励み，学位授与に漕ぎつくことができたのは，偏に大友先生のご指導・サポートのおかげである．そして大友先生が主催されている社会福祉原論研究会の皆様にもあたたかく迎え入れていただき，報告の度に有益かつ貴重なご意見を賜った．

　阪野貢先生，川田誉音先生にもご指導を賜った．阪野先生には，戦前の社会事業主事養成や戦後の福祉教育について，川田先生からは，岡村理論における社会福祉法制度の位置づけについて学ばせていただいた．また，このお二人の先生にも，あたたかいお言葉で精神的サポートをいただいた．

　桑原洋子先生には，龍谷大学大学院社会学研究科博士課程在籍時から20年以上にわたりご指導いただいている．本研究においても，体調がすぐれないにもかかわらず，文章表現に至る細かなご指摘を賜った．定年退職後も研究に勤しみ，『前近代における社会福祉法制』（2014年・信山社）を上梓されるお姿に，心から敬意を表するとともに研究者としての生き方を学ばせていただいている．

　歴史研究の領域においては，寺脇隆夫先生から，社会福祉事業法案に関する史・資料の収集方法や分析手法について多くのご指導・ご助言を賜った．また，引用文献に掲げさせていただいた寺脇先生の業績なくしては，本研究は成り立たなかった．

　社会保障法学の領域では，品田充儀先生，新田秀樹先生に感謝申し上げたい．品田先生と初めてお目にかかったのは，筆者が博士課程在籍時，小室豊充先生主催の研究会の場であった．その後も，国際社会保障法研究会等にお誘いいただき，社会保障法学なる学問領域を知るきっかけを作っていただいた．新田先生の「社会福祉事業の範囲に関する一考察」（1999年・名古屋大学法制論集177）は，まさに本研究の出発点である．くり返し拝読し，多くの示唆をいただいた．お二人とも研究はもちろん，人格面でも尊敬する先生方である．

　現場実践においては，社会福祉法人宇治明星園の辻村禎彰先生に育てていただいた．辻村先生には，筆者が博士課程在籍時に宇治市社会福祉協議会による

あとがき

「ふれあいのまちづくり」事業担当職員としてお世話になり，福祉現場の現実をご教示いただいた．その後も当園発行の実践活動報告集「１年のあゆみ」をご恵送いただいており，現場の素晴らしさを学ばせていただいている．

筆者が勤務する皇學館大学ゆかりの先生方にもたいへんお世話になった．櫻井治男先生には，博士論文に挑戦するよう促していただいた．また宮城洋一郎先生には，わざわざ筆者の研究室に足を運んでいただき，激励とご指導を賜った．宮川泰夫先生，新田均先生には，さりげなく実務的な仕事を調整していただき，博士論文に割く時間を確保いただいた．学位授与のご報告にうかがった際，いずれの先生もわがことのように喜んでいただき感激した．

さらに，龍谷大学大学院研究生の堺恵氏には，入手にたいへんご苦労された貴重な資料の複写を快諾いただいた．記して御礼申し上げる．

法律文化社編集部の小西英央氏には，本研究の出版を快くお引き受けいただいた．またご多忙の中，幾度も打ち合わせの時間を賜り，出版・編集に関するご助言・ご指導をいただいた．感謝申し上げたい．

なお，本著の出版にあたっては，平成27年度日本学術振興会科学研究費補助金（研究成果公開促進費・学術図書）の交付を受けた（課題番号 15HP5151）．

本書は，上記の方々をはじめ筆者が関係したすべての人・機関・団体の支えあってこそ実現したものである．あらためて他者との関係と自己実現が不可分の関係にあると実感している．

最後に，筆者にとって，その他者との関係の核をなす父・憲章，母・和子に本書を捧げたい．

  2015年　9月28日

                    鵜沼　憲晴

索　引

あ 行

アウトリーチ　282
医　業　290
委　託　44
委託料　44
著しい欠陥　151
一般事業　91
医療事業　34
医療法人制度　65
失われた10年　195
宇治明星園　188
運営適正化委員会　245, 304
オイルショック　156
大蔵省的感覚　105
覚書「救済並福祉計画ノ件」　52
覚書「社会救済」　52

か 行

介護保険法　203
改正社会事業法案　80
外部監査　217
革新自治体　120
学校法人　64
関係形成的―自律過程的人間像　279
看護老人ホーム　130
関東大震災　26
基礎構造改革　3
救護所　35
救護法　27
救護法実施期成同盟会　27
救済事業調査会　26
旧生活保護法　52
狭義の社会福祉を目的とする事業　181,　229
行政管理庁　150
行政事務再配分に関する勧告　96
共同生活援助事業　293
居住福祉　292
勤労青少年福祉法　142
勤労青少年ホーム　142
勤労婦人福祉法　142
軍事扶助法　28
経済医療保護法　296
経済財政諮問会議　209
経済的・社会的変動　18
経済的困窮者　34
経済白書　106
経済保護事業　34
結核回復者後保護施設経営事業　100
結核予防法　100
公益法人　1
広義の社会福祉を目的とする事業　181
合計特殊出生率　195
公娼廃止ニ関スル覚書　101
公私連携型保育所　294
更生緊急保護法　94
厚生事業　47
厚生省設置法　48
厚生白書　106
更生保護事業　65
構成要素の形成期　51
構成要素の萌芽期　25
公的機関の動向　18
公的質屋　232
公的社会事業施設　70
公的社会福祉事業　13
合理的配慮　303

327

高齢者保健福祉推進十か年戦略　163
国際障害者年　164
國民社会事業法案　64
国民所得倍増計画　118
国民による運動もしくは活動　19
国立光明寮設置法　58
個人の尊嚴　79
　──の保持　218
個人貧　28
国家総動員法　28
個としての自我　279
子ども・子育て支援法　212
子どもの貧困率　209
コミュニティケア　138
今後の社会福祉のあり方について　170
コンタクトパーソン制度　303

さ　行

サービス付き高齢者向け住宅　1, 216
最狭義の社会福祉を目的とする事業　230
再施設化　293
在宅介護支援センター　177
在宅福祉サービスの戦略　168
山水園　188
GHQ　4, 5
シーボーム報告　137
時期区分　16
事業監査　302
私設社会事業　28
私設社會事業法案要綱　31
施設の社会化　161
市町村地域福祉計画　223
指定事業者制度　8
私的社会事業施設　70
児童狩り込み　54
児童虐待防止法　27
児童自立生活援助事業　234
児童福祉施設最低基準　114

児童福祉法案　55
児童保護事業　34
ジニ係数　209
シャウプ勧告　60
社会局施設課　144
社会局庶務課　68
社会事業基本法要綱　64
社會事業主事　76
社會事業助成法　30
社會事業助成法要綱　30
社會事業團體法　29
社会事業調査会　31, 38
社会事業統制法　30
社會事業法案外二件委員會　33
社會事業法案特別委員會　33
社会的福祉　75
社会の福祉　75
社会貧　28
社会福祉・医療事業団法　186
社会福祉基礎構造改革　205
社会福祉協議会　94
社会福祉史　16
社会福祉事業　12, 73
　──の共通要素　9
　──の経営主体　14
　──の構成要素　13
　──の再構築　276
　──の事業種別　13
　──の趣旨　93
　──の範囲　13
　──の変容　249
　──の法的手続　14
　──の理念　13
社会福祉事業基本法　82
社会福祉事業共通法　90
社会福祉事業施設　84
社会福祉事業振興会　152
社会福祉事業等　289

社会福祉施設緊急整備5ヵ年計画　136
社会福祉士の行動規範　284
社会福祉充実計画　217
社会福祉充実事業　217
社会福祉主事　76
社会福祉に関する活動　289
社会福祉の範囲の基準　8
社会福祉法　205
社会福祉法人改革　216
社会福祉法人の独自性・優位性　299
社会福祉を目的とする事業　178, 225
社会連帯　79, 199
重症心身障害児施設　134
重度身体障害者更生援護施設　135
収容　150
宿泊サービス　294
授産施設経営事業　62, 233
主要地方浮浪児等保護要綱　54
傷痍軍人対策　57
障害者自立支援法　214
障害者総合支援法　214
少年救護法　27
処遇の質　202
職業能力　99
女性支援法　291
私立学校法　64
自律的自我　279
新生活保護法　61
身体障害者更生援護施設　60
身体障害者療護施設　136
生活困窮者緊急生活援護要綱　52
生活困窮者自立支援法　212
生活扶助事業　34
生活保護専門分科会　79
精神障害者社会復帰施設　166
精神薄弱者福祉法　122
精神薄弱者問題懇談会　124
精神保健法　166

世界恐慌　26
摂津訴訟　120
1995年勧告　198
全国総合開発計画　118
全国未亡人団体協議会　132
全国養老事業協会　129
戦災孤児等保護対策要綱　53
相対的貧困率　209
措置制度　283

た　行

第2次臨時行政調査会　159
第2次臨調行革　3
第一種社会福祉事業　94
第三者評価事業　302
対象事業の拡散期　193
第二小山田特別養護老人ホーム　188
第二種社会福祉事業　94
他律的自我　279
地域住民　287
地域福祉　222, 286
地方私設社会事業助成金　42
地方社会事業審議会　48
地方分権一括法　204
中央共同募金会　179
中央更生保護委員会　94
中央児童福祉審議会　146
中央社会事業審議会　48
東京市　39
特定事業　91
特定非営利活動促進法　204
特定非営利活動法人　1
特別養護老人ホーム　129
ドッジライン　60
都道府県地域福祉支援計画　223
届出制　38

な 行

内部障害者更生施設　136
長島和光園　188
21世紀福祉ビジョン　198
日本型福祉社会論　159
日本社会事業協会　64
日本労働組合総連合会　167
任運荘　188
認可外保育施設　294
認可制　38
人間裁判　121
認知症対応型共同生活援助事業　2
認知症対応型老人共同生活援助事業　234
認定こども園法　212
ノーマライゼーション理念　165

は 行

パーソナルアシスタント　303
売春等処罰法案　102
売春防止法　103
パターナリズム　282
働く婦人の家　142
八法改正法　155
バブル崩壊　156
PHW　4
貧困ビジネス　297
福祉サービス　242
　　──の質確保　14
福祉サービス利用援助事業　231
福祉サービス利用者の利益　14
福祉六法体制　117, 122
父子家庭居宅介護等事業　7
父子家庭日常生活支援事業　7
婦人保護施設　103
フラナガン神父　55
浮浪児　54
ヘレン・ケラー　31, 58
変容のルーツ　274
保護請求権　61
母子及び父子並びに寡婦福祉法　214
母子福祉資金の貸付等に関する法律　132
母子福祉法　131
母子保護法　27
補助内申団体数　42
母子寮　114
骨太の方針　209

ま 行

美吉野園　188
民間事業経営者による社会福祉事業　12
無料低額診療事業　181
盲人福祉法　58

や 行

有料老人ホーム協会　161
幼保連携型認定子ども園　237

ら 行

リクルート事件　197
理　念　18
利用者の権利規定　303
隣保事業　107
列挙主義　36
老人医療支給制度　120
老人の福祉を増進することを目的とする事業　288
老人福祉法　125
老人保健法　160
六大構造改革　194

■著者紹介

鵜沼　憲晴（うぬま　のりはる）

1966年　岡山県生まれ
現　在　皇學館大学現代日本社会学部社会福祉分野　教授
　　　　博士（社会福祉学）

[主な著書]

『日本社会福祉法制史年表Ⅱ』永田文昌堂　1999年（共著）
『社会福祉の思想と制度・方法』永田文昌堂　2002年（共著）
『日本社会福祉法制史年表　平成編1990―2003』港の人　2006年（共著）
『社会福祉における共通的基本事項　その軌跡と課題』港の人　2009年（単著）
『社会保障・福祉と労働法の新展開』信山社　2010年（共著）

Horitsu Bunka Sha

社会福祉事業の生成・変容・展望

2015年11月30日　初版第1刷発行

著　者　鵜沼憲晴
発行者　田靡純子
発行所　株式会社　法律文化社

〒603-8053
京都市北区上賀茂岩ヶ垣内町71
電話 075(791)7131　FAX 075(721)8400
http://www.hou-bun.com/

＊乱丁など不良本がありましたら、ご連絡ください。
　お取り替えいたします。

印刷：共同印刷工業㈱／製本：㈱藤沢製本
装幀：前田俊平
ISBN978-4-589-03709-1

Ⓒ 2015 Noriharu Unuma　Printed in Japan

JCOPY〈(社)出版者著作権管理機構　委託出版物〉

本書の無断複写は著作権法上での例外を除き禁じられています。複写される
場合は、そのつど事前に、(社)出版者著作権管理機構（電話 03-3513-6969、
FAX 03-3513-6979、e-mail: info@jcopy.or.jp）の許諾を得てください。

訓覇法子・田澤あけみ著
実践としての・科学としての社会福祉
―現代比較社会福祉論―
　　　　　　　　Ａ５判・322頁・3300円

社会福祉を歴史的産物と捉え，実践・科学としての相互依存関係に論究（Ⅰ部），国際比較（Ⅱ部）によって日本の特質を描出する（Ⅲ部）。Ⅱ部は国別ではなく，所得保障，児童・障害者・高齢者福祉を比較軸にして多様なレジームを考察する。

増田雅暢・金　貞任編著
アジアの社会保障
　　　　　　　　Ａ５判・172頁・3000円

中国，韓国，台湾，タイ，日本の5か国における社会保障制度を比較，概観する。各国の歴史・人口の変遷・政治経済状況をふまえ，主には社会福祉・医療・年金について詳解し，課題と展望を探る。

障害者差別解消法解説編集委員会編著
概説　障害者差別解消法
　　　　　　　　Ａ５判・170頁・2000円

障害者の自立と社会参加への道を拓くため，2013年に成立した「障害を理由とする差別の解消の推進に関する法律」（2016年4月施行）の制定経緯や概要を詳解。法案に関わった関係者の思いを伝える。丁寧な逐条解説も所収。

ウィリアム・ベヴァリッジ著／
一圓光彌監訳・全国社会保険労務士会連合会企画
ベヴァリッジ報告
―社会保険および関連サービス―
　　　　　　　　Ａ５判・310頁・4200円

日本の制度構築に大きな影響を与え，社会保険の役割と制度体系を初めて明らかにした「古典」の新訳。原書刊行後70年が経過し旧訳を手にすることができないなか，監訳者による詳細な解題を付し，歴史的・現代的な意義を再考する。

石田慎二著
保育所経営への営利法人の参入
―実態の検証と展望―
　　　　　　　　Ａ５判・196頁・4200円

戦後の保育政策における営利法人の位置づけの変容を歴史的に検証し，その経営実態についても比較的・実証的に分析。営利法人参入の検証と今後の保育政策の課題と展望を提示する。

―法律文化社―

表示価格は本体（税別）価格です